谨以此书纪念任仲夷百年诞辰

中共广东历史研究与资料丛书

任仲夷与广东改革开放

中共广东省委党史研究室 编

中共党史出版社

图书在版编目(CIP)数据

任仲夷与广东改革开放/中共广东省委党史研究室编．—北京：中共党史出版社，2014．9

ISBN 978-7-5098-2726-0

Ⅰ．①任… Ⅱ．①中… Ⅲ．①任仲夷(1914～2005)—传记 ②改革开放—研究—广东省 Ⅳ．①K827＝7 ②D676．5

中国版本图书馆 CIP 数据核字(2014)第 142852 号

出版发行：中共党史出版社
责任编辑：潘　鹏
复　　审：韩冬梅
终　　审：汪晓军
责任校对：龚秀华
责任印制：谷智宇
责任监制：贺冬英
社　　址：北京市海淀区芙蓉里南街6号院1号楼
邮　　编：100080
网　　址：www．dscbs．com
经　　销：新华书店
印　　刷：北京汇林印务有限公司
开　　本：175mm×247mm　1/16
字　　数：430 千字
印　　张：26．5　　9 面前插
印　　数：1—3000 册
版　　次：2014 年 9 月第 1 版
印　　次：2014 年 9 月第 1 次印刷

ISBN 978-7-5098-2726-0
定　　价：48．00 元

此书如有印制质量问题，请与中共党史出版社出版业务部联系
电话：010—82517197

编辑委员会

主　任： 杨汉卿

副主任： 陈弘君　李淼翔　杨　建

成　员： 王　涛　李次岩　谢　涛

编审组

主　审： 陈弘君

主　编： 王　涛

成　员： 师春苗　王　莹　杨海霞

1980 年 10 月底至 11 月初，任仲夷和梁灵光在赴任广东前先后接受九位中央领导同志的接见。图为任仲夷在中南海

任仲夷、梁灵光刚到任广东就赴深圳、珠海特区视察。图为 1980 年 11 月 25 日任仲夷、梁灵光视察珠海特区时的合影，右起：吴南生、吴健民、任仲夷、范希贤、梁灵光、关相生

1981年1月，任仲夷在中共广东省代表会议上传达中央工作会议关于实行经济调整的精神。图为任仲夷在广州珠岛宾馆临时住处起草讲话稿

任仲夷在1981年5月至6月中央、国务院召开的广东、福建两省和经济特区工作会议上，提出对外更加开放，对内更加放宽，对下更加放权。图为任仲夷在广州传达这一会议精神的会场外

1981 年 8 月，任仲夷到韶关地区各山区县视察指导工作。图为任仲夷（前左）、杨应斌（前右）视察乐昌县坪石镇

1981 年 10 月 29 日，任仲夷率团访问港澳期间，在澳门与港澳知名人士合影，前排右起：霍英东、何贤、任仲夷、柯正平、王匡；二排右起：曾定石、马万祺、梁湘、李菊生

1982 年 4 月 1 日，任仲夷在传达贯彻中央关于打击经济领域中违法犯罪活动的文件精神的省三级干部会议上作总结讲话。图为任仲夷在起草讲话稿

1982 年 5 月 13 日，任仲夷（左三）到走私活动较严重的海丰县，在海边考察并部署打击走私贩私

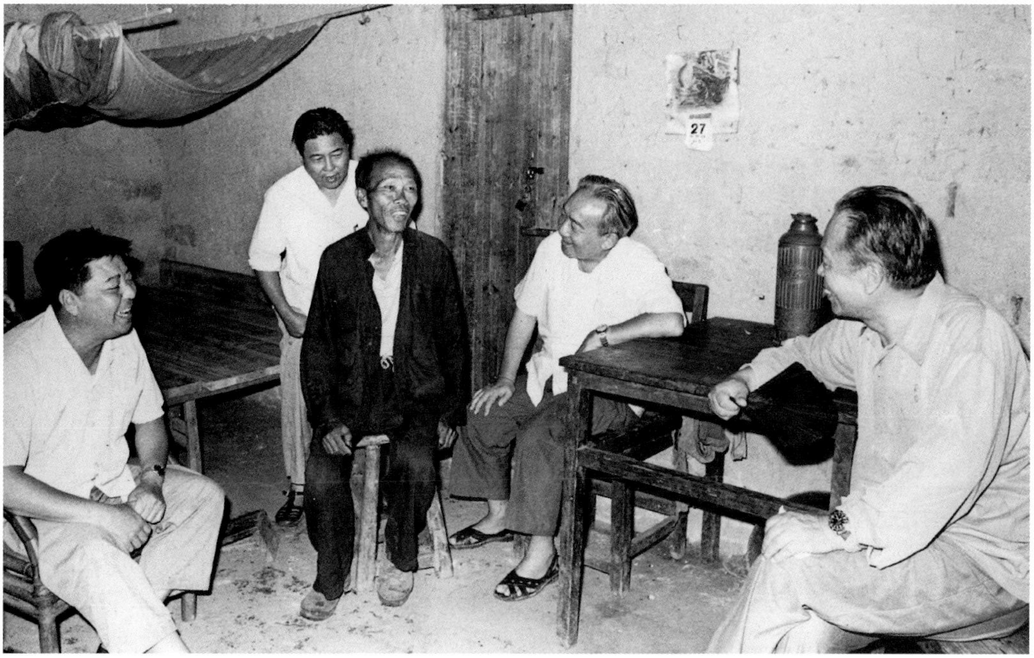

1982 年 5 月 27 日，任仲夷（右一）与刘田夫（右二）、郭荣昌（左一）到肇庆地区怀集县遭受特大水灾的群众家里慰问

1982 年 6 月 9 日，经任仲夷倡议并批准在深圳举行广东省第一次经济特区学术研讨会。图为任仲夷（右一）到与会者住地与大家亲切见面，右二为会议筹办者之一的张汉青

1982年10月14日,任仲夷(前左)应香港爱国人士霍英东(前右)之邀,前往霍英东兴建的全国第一家外商投资的五星级宾馆广州白天鹅宾馆赴宴,以示支持

1983年11月,任仲夷陪同谷牧视察深圳特区,实地考察了在建的深圳市第一幢超高层楼宇深圳国贸大厦。它的施工进度“三天一层楼”,成为深圳速度的象征

1984 年 12 月，任仲夷在汕头市为汕头特区题词

1986 年 5 月，任仲夷（右三）在深圳蛇口与梁湘（右四）、袁庚（右五）亲切交谈

任仲夷的全家福。图为1987年春节期间任仲夷、王玄夫妇与儿子、儿媳及孙子、孙女在珠海拱北合影

任仲夷、王玄夫妇70年来彼此一往情深。图为1998年8月任仲夷在云南玉龙雪山下的草地上采了一束鲜花献给已结婚61年的妻子

任仲夷和梁灵光临赴任广东前，时任中共中央总书记胡耀邦写了一副成都武侯祠的治蜀对联“能攻心,则反侧自消，从古知兵非好战；不审势,即宽严皆误，后来治蜀要深思”，把下联换了一个字为“后来治粤要深思”赠给他们。图为任仲夷在1985年用毛笔再书写这副对联

任仲夷从领导岗位退下来后，从未停止学习探索的步伐，时刻关注党和国家大事，发表了大量文章、讲话、访谈。图为任仲夷晚年在家中写作

2004年9月22日，任仲夷身边工作人员为他90诞辰祝寿。图为任仲夷(前排中)与他的历任秘书合影

这九年，你是怎么走过来的？（代序）

范敬宜[①]

“同志们！九年来的实践，证明了我们的党不愧为伟大的、光荣的、正确的党，证明了十一届三中全会以来的路线是一条马克思主义的正确路线。……”

当党中央领导同志在庄严的人民大会堂里用洪亮的声音讲这番话的时候，我环顾四座，看见不少代表眼睛里噙满了激动的泪水。

是啊，“九年来”，多么不平凡的九年来！党的十三大报告的第一部分，就连续讲了七次“九年来”、“九年间”。在听到每一个“九年”的时候，每个人心中的反响可能是各不相同的，而我想得最多的是：九年来，你是怎么走过来的？你做得怎么样？你是否无愧于这不平凡的九年？

透过模糊的泪水，我看见前几排座中一位多年未见的穿着灰夹克的老同志[②]，顿时勾起许多九年来难忘的往事：

八年前，正当十一届三中全会以后不久社会上出现“倒春寒”的

---

① 作者范敬宜（1931—2010 年），江苏苏州人，范仲淹第 28 世孙。1951 年起先后在《东北日报》、《辽宁日报》等报社从事新闻工作。1983 年任《辽宁日报》副总编，1984 年任文化部外文局局长，1986 年任《经济日报》总编辑，1993 年任《人民日报》总编辑。1998 年起任全国人大常委、教科文卫委员会副主任委员。本文原载 1987 年 10 月 31 日《经济日报》。

② 这里所说的“老同志”指任仲夷同志。

时候，一位普通记者写了一篇《莫把开头当过头》的农村述评，立即招来一些非议，这位老同志立刻在一个全省农村工作干部会议上毫不含糊地表态："我不但支持这个观点，还要给它加一句下联：莫把支流当主流！"

八年前，正当社会上还是"谈富色变"的时候，他却在全省提出了"农村抓富"的口号，并且理直气壮地回答那些认为这是"资本主义口号"的人："共产党在取得政权以前，主要任务是领导人民由奴变主；取得政权以后的主要任务，是领导人民由穷变富！"

八年前，正当农村专业户像小苗刚刚拱土被人视为"毒草"的时候，他却带着省委干部到专业户家拜年，并且说出当时令人瞠目咋舌的一席话："杜甫描写盛唐时期的农村是'稻米流脂粟米白，公私仓廪俱丰实'，为什么我们这些以为人民服务为宗旨的干部，见到农民粮囤冒尖反而怕得要命？"

八年前，他就提出要搞企业承包试点，提出对已经不适应生产力发展的某些政策实行"变通"……

当时，不少人窃窃私议：思想解放过头了！然而，历史的发展证明他都说对了，做对了，他对许多问题的认识比别人超前了好几年。他在九年中的政绩已经得到公认。"北雁南来怀壮志，为求治粤谱新诗；喜看万户升平乐，谁知多少不眠时。"李坚真同志赠给他的这首诗，就是对他的公允评价。

在29日的《人民日报》上，我又看到他就价值规律问题"率先发言"，提出"必须把计划工作建立在商品交换和价值规律的基础上"。他退居二线了，但思想没有老，观念是新的，精神境界也是新的。

那么，他在听到"九年来"的时候，心里在想些什么呢？恐怕也是心潮起伏，激情难抑吧！

我特别喜欢《报告》中的这句话："这九年之所以不平凡，之所以举世瞩目，就是因为许多适应社会进步趋势的新思想是在这个时期产生的，具有开创意义的新体制的基础是在这个时期开始奠定的。"作为一个个人，由于经历不同，素质不同，水平不同，对新事物的认识可以有早有晚，对党中央的战略意图领会有深有浅，做出的贡献有大有小，但是只要永远不脱离广大人民群众的社会实践，思想就可能紧紧跟上社会进步的趋势，并发挥自己的作用，就能够无愧于伟大的时代、伟大的人民。

“后之视今，亦犹今之视昔。”不平凡的九年过去了，新的更不平凡的年代开始了，亲爱的同志，你将怎样迎接这新的年代？

目　录

任仲夷生平

怀念任仲夷

任仲夷研究

任仲夷文选

任仲夷治粤要事录

任仲夷生平

任仲夷同志生平

中国共产党的优秀党员，久经考验的忠诚的共产主义战士，原中共中央顾问委员会委员、中共广东省委原第一书记、广东省军区原第一政委任仲夷同志，因病于2005年11月15日13时46分在广州逝世，享年92岁。

任仲夷同志1914年9月出生于河北省威县。青年时期，积极投身抗日救亡工作。1935年参加“一二·九”学生运动。1936年2月加入中国共产主义青年团，同年6月转为中国共产党党员。先后担任北平中国大学党支部书记，北平西北区委书记。抗日战争时期，历任鲁西抗日游击第三纵队司令部秘书长，泰西八路军六支队军政干部学校校长，山东聊城政治干部学校专职政治教员、党总支书记，冀南行署教育处副处长、处长、冀南区党委干部教育处副处长、党校校长、党总支书记，冀南政治干部学校校长，冀南五地委、二地委常委兼专员，邢台市委书记、市长。解放战争时期，历任大连市副市长、市长（市政府党组书记）、市委书记，旅大行署秘书长兼党组副书记，旅大市委常委兼秘书长。新中国成立后，历任松江省委常委兼秘书长，哈尔滨市委第一书记兼市政协主席、军分区第一政委，黑龙江省委书记。在“文化大革命”中受迫害，下放农村劳动。1972年6月重新工作，任黑龙江省委常务书记兼省革委会副主任，1977年3月后任辽宁省委第二书记兼省革委会第一副主任，辽宁省委第一书记兼省军区第一政委，1980年10月任广东省委第一书记兼省军区第一政委，1985年9月当选为中央顾问委员会委员。

任仲夷同志是中共八大、十大、十一大、十二大、十三大、十四大、十五大、十六大代表，第十一届、十二届中央委员，在1985年9月中共全国代表会议和中共十三大分别增选、当选为中央顾问委员会委员；是第一届、二届、四届、五届、六届、七届全国人大代表。

20世纪30年代中期，任仲夷同志在具有革命传统和进步思想的中国大学读书，他在这里系统地学习了马克思主义，培养了追求真理、敢于探索的品格和为中国人民的民主、自由以及中华民族的富强而奋斗的精神。1935年，在中国革命处于低潮和民族危亡的关头，他参加了“一二·九”学生运动，毅然走上了革命道路，在国民党反动统治和白色恐怖的年代参加了中国共产党，为中国人民的解放事业出生入死。从抗战胜利到全国解放后，他长期担任地方领导职务，为党和国家的事业作出了重要贡献。

“文化大革命”结束后的1977年，任仲夷同志受中央委派，从工作了26年之久的黑龙江省，调辽宁省委工作。当时，粉碎“四人帮”不久，“两个凡是”的极左思想还严重束缚着广大党员、干部和群众。他以坚定的政治立场，敏锐的政治眼光，清醒的政治头脑和大无畏的革命精神，撰写了《理论上根本的拨乱反正》和《解放思想是伟大的历史潮流》两篇理论文章，深刻论述了“实践是检验真理的唯一标准”，带领广大干部群众旗帜鲜明地捍卫马克思主义、批判“两个凡是”、坚持党的实是求是的路线。在他主持下，通过深入开展“揭、批、查”，粉碎了“四人帮”在辽宁的帮派体系，解放了一大批干部，平反了张志新等一批冤假错案。他提倡农民致富，率先提出搞活农贸市场；主张对企业放宽政策，松绑放权；主持制定了辽宁省发展城市集体所有制经济“三十条”；他兢兢业业地为党和人民工作，有力地推动了辽宁省的经济社会发展。

改革开放初期，任仲夷同志担任广东省委第一书记，他解放思想，开拓创新，敢为天下先。团结和带领省委一班人，率领全省广大干部群众，在中央改革开放的总方针和经济发展的总体规划下，大胆探索，积极实践，把党的方针政策与广东的实际情况结合起来，创造性地贯彻执行，克服了重重艰险，经受了严峻考验，为探索广东的改革开放和在全国先行一步作出了重大贡献。1980年底，他审时度势，把发展和调整有机地结合起来，提出“一定要把调整同执行特殊政策、灵活措施很好地结合起来，努力做到特殊政策真特殊，灵活措施真灵活，先走一步真先走”的“三真”方针，确保了广东经济稳定健康和更加活跃地发展。1982年初，他果断提出了坚持打击经济犯罪不动摇，坚持改革开放不动摇，主张对外更加开放，对内更加搞活，对下更加放权。为避免“一活就乱”、“一管就死”的恶性循环，他又创造性地提出“越活越管，越管越活”和“排污不排外”的方针。在广东的改革开放遇到错综复杂的局面时，他善于驾驭全局，敢于承担责任，为经济特区的创立和发展从思想上、政策上、组织上做了大量的工作。

任仲夷同志主持广东省委工作的五年，是为广东改革开放奠定基础的五年，为广东改革开放做了开创性、基础性工作，也为全国改革开放探索和创造了经验，作出了突出贡献，在广东干部群众中享有很高的威望。

1992年10月，任仲夷同志从中央顾问委员会委员的岗位上退了下来，但他依然十分关注党和国家的事业，关注社会主义市场经济的发展、社会主义政治文明的建设、党的民主集中制的贯彻和反腐败斗争的深入，一如既往地关心着广东省的改革开放和现代化建设。他坚决拥护邓小平理论、“三个代表”重要思想和科学发展观，坚决拥护党的基本路线和基本纲领，始终坚定不移地同党中央保持高度一致。

任仲夷同志在大半个世纪的革命生涯中，无论是在革命战争年代，还是在社会主义革命和现代化建设时期，都始终牢记全心全意为人民服务的宗旨，始终保持坚定的共产主义理想信念和饱满的革命热情，勤奋工作，为中国人民的解放和社会主义建设事业，鞠躬尽瘁，贡献了自己的毕生精力。他一生勤于学习，尊重客观规律，孜孜不倦地追求真理；他政治坚定，对党忠诚，有强烈的革命事业心和政治责任感；他工作勤勤恳恳，为党和人民的事业奋斗不息；他远见卓识，富于开拓创新精神；他公道正派，坚持五湖四海，顾全大局，维护团结，不计较个人得失；他注重领导艺术，关心、爱护干部，心系群众，把人民的疾苦时刻记在心上，竭力为群众排忧解难；他高风亮节，光明磊落，乐观豁达，无私无畏，勇于批评与自我批评；他严于律己、宽以待人，艰苦朴素，廉洁奉公，严格要求自己和家属子女以及身边工作人员，始终保持了共产党人的本色。

任仲夷同志一生忠于党，忠于人民。他的一生是坚持实事求是的一生，革命的一生，战斗的一生，是为共产主义事业无私奉献的一生。任仲夷同志的逝世，是广东人民的一大损失。我们为失去了一位深受群众尊敬和爱戴的老领导、老同志深感悲痛。斯人已逝，风范长存。任仲夷同志的崇高品德、优良作风、光荣业绩，将永远铭记在我们心中。

任仲夷同志永垂不朽！

从“一二·九”抗日救亡到主政南粤先行一步

“一二·九”和校园里消失的大钟

1934年，刚满20岁的任仲夷（时名任兰甲）从河北省立法商学院转学到当时中国的最高学府之一北平中国大学政治经济系。

历史不会忘记，1935年12月9日，那个滴水成冰的早晨，北平各大、中学校的数千名青年学生像潮水一般地冲上街头……

在中共北平临时工作委员会的领导下，北平6000余爱国学子们，高呼“停止内战，一致对外”、“为祖国自由而奋斗”、“全国武装起来保卫华北”、“中华民族万岁”等口号，举行了声势浩大的抗日救国示威游行运动。年轻的任仲夷和中国大学的同学们一起，在游行队伍里振臂高呼。

1936年2月29日，中国大学召开全体师生大会，学生领袖董毓华向全校同学作“一二·九”运动的经验总结报告，以及北平学生在寒假期间深入农村、南下宣传的情况。全校师生正在倾听董毓华生动感人的演说时，忽然之间，一大群武装军警包围了学校，他们在校内特务分子的指引下，冲入会场，进行大逮捕。那天，正逢大雪纷纷，中国大学的同学把这次大逮捕称为“二月事件”或“二月雪天”。

“二月雪天”刚过去，中国大学校园被一片白色恐怖的气氛笼罩。全校同学无不悲痛万分，有的甚至经常泣不成声。可是事件发生后，学校按点上课的钟声，照样当当地响。学校当局对被捕学生不闻不问、熟视无睹的做法激怒了年少气盛的任仲夷。有一天，任仲夷借用同学的油印机，编写和印制了许多传单，还邀同学杨易辰秘密在校内散发。传单的内容是："爱国无罪，抗议当局逮捕爱国同学"、"全校同学罢课，誓做被捕同学的后盾"、"要求立即释放被捕同学"等。

任仲夷和杨易辰还悄悄商定，设法把那只每天按时打点的大钟搬掉，以示学生罢课决心。说干就干，一个漆黑的夜晚，两个年轻人在夜深人静的时候，偷偷溜到挂钟的地方。那只大钟牢牢地系在学校院内紧靠一棵大树的木架上，树身高达三丈，若想把它搬下来，十分困难。任仲夷放哨，杨易辰攀登上树，将系钟的绳索解开，然后用一只胳臂挟住大钟，使尽全身力气爬了下来，俩人合力，把钟藏进校园西边的一座假山的石洞之中。

第二天，钟声不响了，全校同学都感到惊奇，有些同学高兴地说："大钟也和我们一同行动，罢响了！"但是那只大钟究竟到哪里去了呢？对很多人来说，至今都是个谜。

绚丽的青春之歌

"二月雪天"后没几天，任仲夷被上级团组织批准参加了共青团。入团后，被分配参加中国大学团支部的工作。当时的团支部书记是黄铮。中大的团支部刚建立不久，上级正式通知，根据中共中央决定，取消共产主义青年团，所有共青团员一律转为共产党员。1936 年 6 月，任仲夷正式接任中国大学党支部书记。年轻的任仲夷为实现自己追求的自由、民主、平等的价值和独立的人格，从中国大学这绚丽的一页，开启不凡的人生序幕。

因为那时的党是处于地下，一切活动都是绝对保密的。所以，使每个党员都能自觉地遵守党的纪律和严守党的秘密的教育，成为党支部的首要任务。而每次支部会议上和党员小组会上，党员最希望听到和看到的，是有关国际和国内形势，有关中国共产党的抗日主张和政策、战略和策略，全国抗日救国运动发展情况的文件、消息和评论，这种宣传和教育，不仅影响了党员本人，也在很大程度上影响了中国大学的很多同学，激发了他们的爱国热情和革命觉悟。

在任仲夷等党员的影响、倡议和领导下，内容广泛、形式多样的学术团体像雨后春笋般建立起来了，中国土地问题研究会、国际问题研究会、哲学研究会……七七事变前，他们还成立了“前线慰问团”和“伤病救护队”等，中大的党员们除个别有特殊任务的，都积极参加群众组织和活动，和同学们紧紧地团结在一起。在这样的氛围中，中国大学校内的爱国进步力量空前壮大，学生运动日益高涨。民族主义（抗日救亡）和民主主义（反对国民党蒋介石的独裁和专制）是任仲夷和千千万万爱国知识青年群体投身共产主义运动的基本思想动因。青年知识分子们受到马克思主义的熏陶，相信共产党是能够实现民族复兴的力量。对真理的追求，对科学、民主、自由的向往，成为他们的所有希冀。

而中国大学的一批进步教授，更是学生们动力的源泉。在这些进步教授的思想影响下，任仲夷和中国大学的同学们逐渐养成了追求真理、敢于斗争的精神。

任仲夷这个在国家最危难的时期投入党的怀抱的年轻人，热情正直，并以强烈的爱国情怀和鲜明的社会责任感，反对日本侵略者，反对国民党政权的独裁和妥协政策，紧紧跟随中国共产党，积极投身抗日救亡工作。从中国大学党支部书记到北平市西北区区委书记，他从学生时代，就已经把生命置之度外，为中国的自由、平等奉献力量。

1937 年 8 月，任仲夷离开北平，和当时北平的绝大部分党员一样，分赴河北、山东、山西、河南、延安、重庆以及全国各地。他们满怀对党和国家的一片忠心，奔赴抗日前线，走上各种战斗岗位，继续为党和国家、为伟大的中华民族，贡献自己的一切，抒写了英雄的篇章……

卢沟桥枪声响起之后

1937 年 7 月 7 日夜，日本侵略军在北平西南的卢沟桥附近，以军事演习为名，突然向当地中国驻军第 29 军发动进攻，第 29 军奋起抵抗。中国抗日民族解放战争从此开始。而此时的任仲夷，和许许多多甘愿为抗日抛头颅、洒热血的爱国青年们一样，义无反顾地投入到抗日救国的最前线。

从鲁西抗日游击第三纵队司令部秘书长，到泰西八路军六支队军政干部学校校长，到山东聊城政治干部学校专职政治教员、党总支书记，再到冀南行署教育处副处长、处长，冀南区党委干部教育处副处长、党校校长、党总支书记。任仲夷（此时化名任夷）服从组织安排，根据战斗的需要随部队转战南北。1941年3月，任仲夷出任冀南五分区行政干部学校校长，负责学校的全面工作。早在1938年曾在山东聊城第六专区专员范筑先创办的政治干部学校任教官的任仲夷曾自己编写《政治经济学常识教程》向学员讲解，很受学员欢迎。而冀南五分区行政干部干校的主要职责是轮训在职的县、区行政干部和工作骨干，后来该校与冀南民运干部学校合并成“冀南政治学校”。

“铁壁合围”，人民群众筑起铁壁铜墙

严峻的考验，摆在任仲夷面前。1941年到1943年正是日寇进行铁壁合围、反复扫荡的残酷时期，当时在冀南广袤的平原上，每个村庄几乎都能看到敌人的碉堡。冀南政治学校随冀南党政机关一起活动，生活完全军事化、战斗化。每个学员身上都身背四颗手榴弹、一个米袋子和一床被子。清晨，号声响起，学员就开始打背包，吃饭、上课、讨论、出操全部是打着背包。遇到敌情，马上就出发。

那些日子，任仲夷和他的学员经常是三五天、甚至一天一转移，有时夜行百里，周旋在敌人的炮火之下。一般情况下，任仲夷和警卫员两个人一起，头上扎条白毛巾，腰里掖个盒子炮，肩上再扛个锄头，或者担一个粪筐，一副农民打扮。不止一次，枪子儿就从任仲夷的耳边呼啸而过。

1941年4月29日，敌人突然发动了大合围、大扫荡。整整一天，敌人的飞机在天上迂回盘旋，进行疯狂的扫射和轰炸，把冀南区委、行署、军分区搞得天翻地覆，银行的钞票被炸得漫天乱飞。此时，任仲夷和夫人王玄都被包围。情况紧急，大家开始分散开来，实施突围。王玄躲到一家油坊院内，一个老乡帮她藏身在铡碎的稻草堆里。一群挥舞着刺刀的日寇闯进院内四处搜查，并把刺刀几次狠狠插进稻草堆。从刀尖下躲过一劫的王玄后来终于突围成

功与大部队会合。

任仲夷与学校同志们开始由故城小杨庄向东北转移，到了饶阳店附近，日寇的飞机开始俯冲下来进行低空扫射和轰炸。情况危急，大家为了减小敌人袭击目标，自动拉开距离，各自寻找敌人分布稀疏的区域向外突围。

开始任仲夷身边还有十几个人跟随，后来就只剩下了一个交通员，还因伤不得不一瘸一拐艰难行走。任仲夷知道这样很危险，赶紧让他到不远的一个村庄躲藏起来，自己按照上级传达的指示方向，拼命向南奔袭。三个小时后，任仲夷放缓脚步，午后时分，枪声渐渐稀疏，这时候他知道自己已经成功突围了。

夜宿老乡家。第二天任仲夷焦急地赶到集合点，庆幸的是，绝大多数同志包括他的夫人王玄都安然无恙。大家回味着从血腥屠杀中突围的经历，无不感慨万分。一次次的脱险，实际上完全依赖于人民群众无私的爱护和坚强的支持。

为了理想，枪林弹雨不足畏惧

战争是残酷的，为了民族的解放和百姓的幸福，革命者总是在最艰难的时候，选择了牺牲，并且义无反顾。

任仲夷和他的爱人王玄，这一对革命夫妻用一种不屈的精神，诠释了奉献的伟大和辛酸。他们的第一个孩子出生在 1939 年，这个孩子未出生时，就随着母亲跋山涉水、日夜行军。出生后，因革命需要送给家乡的亲人抚养，在 1943 年的大饥荒中，这个没有享受到父爱母爱的孩子因饥饿离去。而孩子的父母任仲夷和王玄此时正转战在冀南平原，与敌寇浴血奋战。

他们的第二个孩子出生在敌人“铁壁合围”的 1941 年，幼小的他被母亲王玄抱着经常钻进青纱帐躲避呼啸的枪子儿，不得已也送给人抚养。万幸的是，后来这个孩子又健康地回到了父母的怀抱。

危险无时不在，为了革命，任仲夷也是一次次与死神擦肩。

1943 年夏日的一天，时任冀南五分区专员的任仲夷外出到村里检查工作，为了开会，他要连夜往军分区赶。因天色太晚，村干部建议拂晓再出发。第二天一大早，任仲夷、王玄还有警卫员3个人正走在半道上，突然听到从南面传来“嘟嘟嘟”的机枪扫射声，许多乡亲赶着牛、驴惊慌失措地往北跑。

敌人从正南方气势汹汹逼近，任仲夷他们选择了东南方向突围。凭借青纱帐的掩护，他们从一条缝隙中安全脱险。此时，他们昨晚留宿的村庄方向，爆炸声响成一片。后来，他们得知，军分区司令部被敌人合围在水齐腰深的河沟内，司令员和一个副司令员牺牲了，地委书记李尔重脱险但左腕中弹。

这一次，如果任仲夷晚走一步，就会被包围在留宿的村庄，如果当晚赶回军分区，就会被包围在河沟里，一切后果，都很难预料。

实际上，这样的危险，在那些残酷的岁月里，随时都会发生。任仲夷也不止一次送别了战友，擦干眼泪更加坚强地向前。

后来的日子里，任仲夷接连出任冀南五地委、二地委常委兼专员。1945年9月，冀南二分区常委兼专员任仲夷率部队从东门突破，同时攻破南门，与从北门突破的太行一支队、从西门突破的冀南四分区部队汇合，几个不同建制，来自于太行、冀南两个军区的部队，为达成一致的作战目的而主动协同，联合作战，使得河北省邢台市成为全国第一个全面解放的地级市，同时也为中国的解放奠定了良好的基础。与此同时，任仲夷被组织上任命为邢台市第一任市委书记、市长，开启了人生路上崭新的一页。

1945的新征程

这一年，任仲夷被任命为中国第一个全面解放的地级市——河北省邢台市第一任市委书记兼市长（时名任夷）。邢台是任仲夷的家乡，六年平原战争，在这片土地出生入死的他见证了家乡父老乡亲们为邢台乃至中国的革命胜利所付出的血泪代价，他希望在这片土地上成就一番事业，为家乡新时期的建设和发展做出自己的贡献。

此时的中国，尚未全面解放。中国共产党在华北一带取得胜利，东北人民还生活在水深火热中。党组织号召一批东北籍的干部回东北去，与任仲夷生死与共在华北战场的爱人王玄迫切又坚定地选择回东北老家。

在担任邢台市委书记兼市长 15 天之后，任仲夷艰难而又决绝地选择了陪同爱人王玄回乡。就这样，他们接回寄养在老乡家里的两岁多的儿子任念崎，在党组织的安排下，一路向北，奔向一段新的征程。

据一些任仲夷当年的同事回忆，从 1946 年到 1952 年，任仲夷先后在辽宁省担任中共辽南三地委三专署副专员，中共大连市委书记兼副市长，中共旅大行政公署党组副书记、行政公署秘书长，旅大市委常委兼秘书长。在担任一个方面或一个地区领导的过程中，虽然也受到多方面的制约，但他在一些重要问题上逐步展现出他实事求是、智勇兼备的政治风格。

1951 年至 1952 年初，中国开展了“三反”、“五反”运动。新中国成立之初，反对贪污、浪费和官僚主义，树立社会的正气，这样的运动是必要的。但在运动中许多地方有“左”的错误做法，“大会围，小会攻”，搞“逼、供、信”。有人回忆说，时任旅大市委秘书长的任仲夷曾多次向旅大市委提出：“运动中一定要注重调查研究，实事求是，一定要强调证据，特别要重物证。不能轻信口供，绝对不能搞逼、供、信，不能搞‘车轮战’、体罚和各种威胁、恐吓的办法。”当时旅大市委的主要领导同意任仲夷的意见。但东北局的工作组认为任仲夷在运动中思想“右倾”，将他从旅大调到松江省（黑龙江省当时叫松江省）。

哈尔滨制造，他成就了“共和国之子”的佳话

1953 年 7 月，年富力强的任仲夷来到了哈尔滨，出任哈尔滨市委第二书记，主要负责基本建设。此时，正值新中国成立后的第一个五年计划，中国人民在工业化发展的道路上阔步前进，把实施第一个五年计划看成是改变中国落后状态走向强大的必由之路。第一个五年计划的重要任务是集中力量进行苏联帮助我国设计的 156 项工程建设。由于特殊的战略地位，哈尔滨承担了其中的 13 项，为全国城市之最。

哈尔滨的电机厂、汽轮机厂、锅炉厂、飞机厂等国家安排的“十三项”大型企业项目建设进行得如火如荼。为了加强对基本建设集中统一领导，哈

尔滨市委决定成立由市委书记挂帅的市委基本建设部。1953 年 11 月 23 日市委分工时，再次明确任仲夷主抓基本建设。1956 年 6 月，任仲夷任哈尔滨市委第一书记。任仲夷深知自己肩负的责任，按照市委提出的“城市工作中心是工业，是生产，要把基本建设放在首位，其它工作也要抓好，都要为中心服好务”而努力。他身体力行，带领各级领导干部以扎实的作风，深入基层，下工厂、工地调查研究时，与职工同吃、同住、同劳动、同娱乐，同职工交朋友。他善于思索，勤于总结经验，讲话从不照本宣科。为了保证 101 厂自动化锅炉房按期向厂区送气，不误厂区冬季施工，任仲夷亲自主持甲乙双方采取“大包”、“二包”责任承包方法开展工作。他要求全市一切与基本建设有联系的单位，特别是设计和材料设备供应与加工部门，都要全力以赴，积极支援重点工程建设。

更为难能可贵的是，任仲夷认识到，地方工业不仅要为国家重点项目服务，也要借重点项目形成的有利环境发展自己。当为国家重点建设项目服务的同时，哈尔滨市市长吕其恩提出了如何发展地方工业的问题时，任仲夷高度重视这个问题。第一个五年计划开始后的较长时间，轻工业落后于重工业所带来的问题在哈尔滨尤为突出。哈尔滨的职工人数和城市人口骤增，日常生活用品需求量大增。电灯泡、肥皂、火柴、面碱等轻工业产品满足不了市民需求，当时被称为“三大件”的自行车、手表、缝纫机更是稀缺商品，不得不凭票定量供应……任仲夷为此多次召开会议研究地方工业发展，解决民生问题。

哈尔滨市委、市政府从实际出发，确定了发展轻纺、医药和食品工业的计划。任仲夷在抓国家重点项目的建设和国营大厂的生产建设外，开始对地方工业两手一起抓，并且抓得很紧很实。哈尔滨的机械、炼钢、工具模具以及自行车、缝纫机、毛织、针织、制糖、制药等工厂和作坊，都常常有他的足迹。

坚持真理，却难逃一劫

1966 年，中国历史翻开沉重的一页。就在这一年，“文化大革命”的风暴开始席卷全国。9 月，中共中央东北局批准对省委书记王一伦、陈雷、任仲夷等“停职反省”。任仲夷随即作为哈尔滨市头号走资本主义道路的当权派被打倒，被扣上一系列的帽子，接受造反派的批斗。

任仲夷在“文化大革命”一开始就被打倒，固然和他当权有很大关系，他从 1956 年到 1966 年“文化大革命”爆发之前一直是哈尔滨市委第一书记。但更重要的是，他在“文化大革命”前作为哈尔滨市的主要领导发表了许多被认为是“反动的”、“资产阶级的”、“修正主义的”言论。当时的造反派断章取义根据任仲夷的这些言论编辑整理了一份《任仲夷反毛泽东思想言论 120 例》以揭露他的“滔天罪行”。

关于政治，他说：“坚持政治挂帅绝不是空谈，它必须同正确贯彻党的政策，同加强各项业务工作的具体领导，同正确的物质鼓励结合起来，并收到实际的经济效果。这是衡量是否真正实行政治挂帅和挂好的主要标志。”关于学习，任仲夷讲要根据人民的实际情况和需求来推广学习毛主席著作，鉴于当时一些极端虚假的做法，他讲了一些要纠正而犯忌讳的话。他说：“学习毛主席著作的‘三因四自，（即因人、因时、因地制宜；自愿参加、自愿结合、自选内容、自选进度）是个好经验值得推广。”在参观一些工厂时，他说：“工人吃饭时还看毛主席著作，那是形式主义。不要把毛主席著作带到饭桌上。”关于经济，他说：“工人在业余时间搞点副业，不要怕，成不了资本家。我们生产的小商品又满足不了需要，工人利用业余时间搞点小商品，给居民修修补补，有很大好处。”他还说过：“社会主义制度优越，但管理企业落后，不如资本主义企业管理的好。因此，应该学习他们的经济、技术、管理、经验。”

任仲夷 60 年代初的这些言论在当时的政治情境中，按当时的政治标准来评判，确实是“右倾”的言论，有“走资本主义”道路的倾向。而从这些历史史料中，可以非常清晰地看到，尊重经济规律、尊重价值规律、尊重客观规律和主张对外开放的思想因子一直深埋在任仲夷的骨髓里。任仲夷本人为此承担了很大的政治风险，并且终究难逃一劫。坚持真理，高扬发展生产、搞活经济的大旗，任仲夷无悔，只是时不与我，遇上了“左倾”潮流，付出了巨大的代价。

根据任仲夷自己的回忆：“在文化大革命中批斗我的会大大小小有 2300 多场次，大的批斗会有十几万人参加，小的批斗会也有几百人，而且集中在‘文革’的头 3 年里，凡是我在哈尔滨到过的单位，必然要斗我一次。”

当时记者李振盛的镜头见证了其中疯狂的一幕：在无数造反派的愤怒声讨声中，任仲夷头戴高帽，低头弯腰，红卫兵将一盆墨汁从他的后脖颈灌入，一路流淌，从头到脚……

从批判“两个凡是”，到《解放思想是伟大的历史潮流》

1971年的林彪事件后，许多被打倒的干部重新恢复工作。任仲夷的生活也出现了转机，1972年重新担任黑龙江省委书记兼省革命委员会副主任。1976年11月，中央决定调任仲夷为辽宁省委第二书记，由于辽宁的特殊情况，辽宁省委第一书记由沈阳军区政委曾绍山兼任，任仲夷实际负责全面工作；1977年2月抵辽宁上任；1978年9月正式担任辽宁省委第一书记。

粉碎“四人帮”后一段时间，中国仍然面临着向何处去的问题。当时，任仲夷从黑龙江调任辽宁工作不久，他毫无顾忌，挺身而出，勇敢地举起鲜明的旗帜，投入捍卫马克思主义，批判“两个凡是”的战斗。1977年7月，也就是在真理标准公开讨论约一年前，任仲夷就在辽宁省委召开的宣传工作会议上讲话，响应邓小平针对“两个凡是”提出“我们必须世世代代地用准确的完整的毛泽东思想指导我们全党、全军和全国人民”的观点，并对这一观点进行深刻的阐述。1978年6月30日，也就是邓小平在全军政治工作会议上畅谈“实事求是”，支持开展思想大讨论的当月，任仲夷又立即响应，在辽宁省委信访工作会议上，做了“一定要坚持实事求是的根本观点”的讲话，鲜明地批判“两个凡是”。

真理标准大讨论发动以后，辽宁第一省委书记任仲夷及甘肃省委第一书记宋平、黑龙江省委第一书记杨易辰等先后表态支持。就在北京发表《实践是检验真理的唯一标准》第三天，任仲夷就着手撰写一篇论述“实践是检验真理的唯一标准”、批判“两个凡是”的文章。此文6月写出初稿，经过几次修改，8月定稿，题为《理论上根本的拨乱反正》，全文8600多字，刊登在辽宁省委的理论刊物《理论与实践》1978年第8、第9期合刊上。

该文系统地提出针对“两个凡是”的“三个不要”：（一）不要迷信“特殊

身份”；（二）不要单凭朴素的阶级感情看问题；（三）不要以政治需要为借口反对实事求是。同时，提出坚持“实事求是”的“四个必须”：（一）必须完整地、准确地领会和掌握毛泽东思想体系。这是坚持实事求是的思想基础。（二）必须充分发扬民主，认真执行民主集中制。这是坚持实事求是的组织保证。（三）必须和广大人民群众站在一起，时刻倾听群众的呼声。这是坚持实事求是的方法路线。（四）必须承认实践高于认识，实践是检验真理的唯一标准。这是坚持实事求是的鉴别标准。

作为省委第一书记，在 1978 年那个特定时期就能在刊物上发表如此尖锐泼辣、针对性强、理论和实践结合较好的文章旗帜鲜明地参加关于真理标准问题的讨论，是非常难能可贵的，除了需要敏锐的政治眼光、清醒的头脑外，也确实需要“舍得一身剐”的大无畏勇气。看到他的文章后，新华社国内部立即发了通稿，转发全国。《光明日报》全文转载了这篇文章。

邓小平到辽宁视察工作，任仲夷曾把这篇文章送他一份，并谈了自己对这个问题的看法，小平同志表示赞赏。

任仲夷并未就此止步，而是有更深层次的思考。他认为，坚持实践是检验真理的唯一标准，是从马克思主义的根本原理上，揭露“两个凡是”的谬论；提倡解放思想，则是从思想上冲破“两个凡是”的牢笼。这前者是后者的基础，后者是前者的继续。因此，他从 9 月起着手撰写以解放思想为主题的文章，11 月完成了题为《解放思想是伟大的历史潮流》，刊登在 1978 年 12 月号《红旗》杂志上。这篇文章针对性、战斗性更强。与“两个凡是”针锋相对，任仲夷提出了坚持实事求是，坚持实践是检验真理的唯一标准的“两个凡是”：“凡是被实践证明是正确的东西’就要坚持；凡是被实践证明是错误的东西，就要坚决纠正。”这是批判“两个凡是”观点的极其有力的战斗檄文。

绕过禁区，为张志新平反昭雪

任仲夷从黑龙江调到辽宁时，张志新烈士已牺牲近两年了。1979 年 1 月，在辽宁省委扩大会议上此事被揭露出来，引起任仲夷的高度重视，他一再强调

“公安司法部门应抓紧清查这一案件”,“这个冤案,一定要迅速查清,给予平反。”由于任仲夷的高度重视和督促,辽宁省委政法小组、省委宣传部于同年3月写出专题报告,随后报省委认真研究,作出《关于为张志新同志彻底平反昭雪,追认她为革命烈士的决定》。

对张志新冤案如此处理,并在全省大张旗鼓地开展向张志新学习活动,同样要冒政治风险。因为张志新不仅坚定地同林彪、“四人帮”进行斗争,同时对“文革”和毛泽东的错误(包括庐山会议对彭德怀的错误批判),也坦诚地提出尖锐批评。这两个问题,当时属于绝对“禁区”,甚至是极其敏感的政治“雷区”。因此,这样做是需要大智大勇的。

对于任仲夷为第一书记的辽宁省委这样做,时任中央组织部部长胡耀邦给予了充分的肯定和支持。任仲夷请正在辽宁视察工作的中共中央主席、国务院总理华国锋为张志新烈士题词,华国锋没有题词。于是,有人问任仲夷怎么办?任仲夷说:“他不题可能有别的考虑,这不要紧,我们还是按省委的决定办。”

“按省委的决定办”是怎样掷地有声的一种决定啊!任仲夷以其大智大勇,绕过“禁区”,为张志新平反昭雪。这是他敢于实事求是、敢于坚持真理的一个真实写照。

鼓励民众致富,为经济松绑

1979年的中国,在“富则修”极左思想的枷锁下,人们谈“富”色变。刚开始主政辽宁的任仲夷了解到,当时辽宁的粮食、猪肉、豆油短缺,城市每人每月只供应3两油、半斤猪肉和8斤豆饼做的豆腐,蔬菜、副食也都要凭票供应。

肚子都填不饱,谈何稳定大局。任仲夷很清楚,只是一味地“搞好对‘四人帮’及其党羽的揭批查”,而忽视经济,无视人们疾苦,到头来,事情只会竹篮打水一场空。于是,他率先在辽宁省开展“敢不敢富,能不能富,让不让富,会不会富和怎样富”的致富大讨论,鼓励农民“一定要变穷为富”。长期被视之为“资本主义尾巴”的自由市场在辽宁大地“复苏”。

然而好景不长，1979年初，全国出现了否定十一届三中全会路线的“倒春寒”。一时间“三中全会的政策过头了”、“可能诱发资本主义势力泛滥”等声音甚嚣尘上。

为此，《辽宁日报》记者范敬宜撰写题为《莫把开头当过头》的农村形势述评文章。文章见报时适逢辽宁省委召开二级干部会议，不少干部看了报纸纷纷议论，“现在农村资本主义势力如此猖獗，还说是没有过头，纯粹是胡说八道！”“范敬宜这个右派还没有当够！”保守势力痛斥此为“大毒草”，形势甚为紧张。

这时候，任仲夷挺身而出，公开宣称：“我完全赞同范敬宜记者的观点。我认为，文章的标题还应加上一句：莫把支流当主流！”他还亲自到辽宁日报社，约见该文记者范敬宜，以实际行动表明自己的支持态度。三天后，《人民日报》在头版全文转载了这篇述评，并以编者按形式予以肯定。

即使这样，任仲夷仍无法在短时间内扭转人们的观念。

一次，任仲夷到营口县参加一个大队干部会议。营口县农村人均收入达到200元，大家都认为“已经富到了顶，不可能再富了”。任仲夷就在大会上说，“200元就到顶了？我相信，只要坚持这样干下去，三年以后完全可以达到500元。”话音刚落，得到的却是一片哄笑。

“你们笑什么？你们的笑不是好笑，是被我吓笑了。500元算什么，你们连这点胆子都没有，还能真富起来吗？”任仲夷深深体会到，要完成卸下人们“富则修”的枷锁，还有很长的路要走。

“接下来还要允许个体经营，大力发展集体所有制企业，为国营企业‘松绑’。”在这样复杂的环境下，能如此思想解放，实属不易。

在实行农村土地承包制改革初期，中央一度规定不要“包产到户”，地方官员顺应或支持农民的正当要求，被视为“违纪”、“违法”。1980年9月，中央召开省委书记座谈会。会上，时任国务院副总理万里建议把“不要包产到户”改为“可以包产到户”或“支持包产到户”，引发激烈争论。任仲夷和贵州省委第一书记池必卿、内蒙古自治区第一书记周惠公开表示支持万里，成为极少数最先支持“包产到户”的省委第一书记。

与此同时，任仲夷还推出一系列改革之举，为经济“松绑”。

受命南下，先行一步

从东北，到岭南，是任仲夷不经意间的一个转身。然而，就是这样一个精彩转身，成就了这位中国改革开放先驱在广东改革开放中的历史篇章。

1980年10月，中共中央决定任仲夷担任中共广东省委第一书记，梁灵光任广东省委书记兼广州市委第一书记。为什么要抽调任仲夷和梁灵光到广东做领导工作？中央书记处书记、国务院副总理谷牧最早找他们两个人谈话时曾说：广东现在实行特殊政策、灵活措施，需要人去加强领导，为广东和经济特区的起飞进行探索。从10月31日至11月6日，邓小平等中央领导同志先后接见了他们，并作了重要指示。邓小平对他们说：特区不是仅仅指深圳、厦门、珠海、汕头那几个地方，而是指广东、福建两个省。单搞那一点地方不行，中央讲的是两个省，要实行特殊政策、灵活措施。你们要充分发挥这个有利条件，摸出规律，搞出个样子来。临行前，任仲夷的老战友黑龙江省委书记杨易辰对他说：“仲夷同志，此去广东，你不是立大功，就是犯大罪。”

智者的赠言，饱含着惺惺相惜的关切，也昭示着前途未卜的凶险。然而，使命如天，任仲夷坚定地出发了，向南，再向南，向着木棉花开的地方。

任仲夷走马上任之际，适逢全国实行经济调整之时。在这种大背景下，怎样加快广东的经济发展步伐？

任仲夷履新后立即开始了实地调查。1981年，他遇到了上任后的第一个难题。当时，中央召开工作会议，讨论国民经济的调整，这自然涉及改革开放，涉及广东特区的问题。会上有同志提出“缓改革，抑需求，重调整，舍发展”12字方针。

任仲夷并没有真正的“缓改革，舍发展”，只是在调整上做了“文章”，把发展和调整有机结合，调整的目的，仍是发展。

这一年，针对深圳等地的发展变化，有一种争论在内地蔓延：特区到底姓社姓资？但其实在风暴中心的深圳，更多的是务实创业，议论的并不多。当时一位中央领导也问到任仲夷这个问题，任仲夷回答：对一个企业，无论是合营企业或者外资独资企业，可以用国家资本主义这个词，但就整个特区来讲，则不能说这个特区是国家资本主义，因为特区是社会主义国家领导的，实行特殊政策、灵活措施，是社会主义的经济特区。

任仲夷根据广东的实际情况，一方面坚决贯彻执行中央从大局出发提出的经济调整方针；另一方面根据中央赋予本省的“特殊政策、灵活措施”，坚持发展生产和对外搞活。任仲夷在省委常委会上提出：要“以调整为中心，安排广东省的经济工作，继续执行特殊政策、灵活措施，进一步搞好特区建设，把经济调整和实行特殊政策统一起来，把‘集中’和‘搞活’统一起来，把‘退后’和‘前进’统一起来”。

1980年，广东省工商局出台全国第一个鼓励支持个体经济发展的具体措施。

1981年上半年，老百姓上街，还用46种票证，连香烟、火柴也要票，任仲夷经过调查后，按照先农副产品后工业产品，先消费品后生产资料的顺序，在全国率先进行购销改革。之后，广东街市的商品开始琳琅满目……

解放思想，从雇工事件到包产到户

1981年，一个叫陈志雄的农民，把偌大个岭南，搅得天旋地转。那时候，任仲夷来到广东刚刚半年。事情的起因，是源于《人民日报》1981年5月29日的一篇文章《一场关于承包鱼塘的争论》。一时间，全国刷地一下把目光聚焦广东，各种声音嘈杂得能把广东吃了的阵势。而争论的焦点就是：“雇工算不算剥削？”“能不能跨队承包？”

陈志雄就被时代推上了风头浪尖，当然，真正在浊浪中被冲击的是任仲夷。

在登出第一篇文章后，《人民日报》又开辟了专栏，就《怎样看待陈志雄承包鱼塘问题？》展开讨论，至当年8月30日，历时3个月，共发表20余篇讨论文章，最后以发表北京读者佘大奴、黄克义题为《进一步解放思想、搞活经济对陈志雄承包有争论的两个问题的看法》的文章，作为讨论总结。该文对“能不能跨队承包”问题，作了肯定回答。对于“陈志雄雇工算不算剥削”，认为“陈志雄的收入比其他人高，主要是多劳多得的表现，是无可非议的”。

任仲夷当时是坚决支持这种承包方式的。事情到此，本该风平浪静，皆大圆满。

然而，接下来广东社会科学院经济研究所提供的一份调查报告，却认为陈志雄的大户承包已经不是以个人劳动为基础的经营，而是以雇佣劳动为基础的大规模经营，其资本主义性质是明显的。新华社记者随即以《广东沙浦公社出现一批以雇佣劳动为基础的承包大户》为题，于 1982 年 1 月 17 日登在《国内动态清样》上。这一下，小小陈志雄再次惊动了中央。有位中央领导专门来信说：我个人认为，按这个材料所说，就离开了社会主义制度，需要作出明确规定予以制止和纠正并在全省通报。事关农村社会制度的大局，故提请广东省委考虑。为此，任仲夷专门责成省委领导班子跟进事件，并形成了一份专门的情况报告，对此加以说明。

自始至终，任仲夷对农村雇工经营未作出任何规定予以“制止”和“纠正”的做法，更未向“全省通报”，未对全省专业大户承包经营和农村商品经济蓬勃发展带来任何负面影响。相反，他挺直脊梁，赴汤蹈火，为广东改革开路。

中国的改革从农村开始，而农村改革则从“包产到户”突破。因此，对“包产到户”的态度如何，是检验对中国改革态度的一块试金石。实践证明，任仲夷经受得起这个检验，他是全国最先支持“包产到户”的省委第一书记之一。万里后来说，原来中央决定中有不要包产到户的规定，我们支持农民“包产到户”的正当要求，会始终被看作“违纪”、“违法”。而且，当时反对包产到户的人手里有权，他不同意你就干不成。因此，耀邦同志接受我的建议，于 1980 年 9 月为此召开省委第一书记座谈会。我在会上说，我的意思是想把“不要包产到户”改为“可以包产到户”或“支持包产到户”。但是，会上争论很激烈，看来通不过。和我一起公开赞成“包产到户”比较突出的人物，一个是贵州的池必卿，一个是内蒙古的周惠，一个就是辽宁的任仲夷，这是少数；多数表示沉默，有的还坚决反对。

任仲夷调任广东省委第一书记仅 3 个月，他在召开的全省地、市、县委书记会议作总结讲话，用包产到户、包干到户、增产增收、经济发展、市场活跃等大量事实，说明农村形势的主流是好的，党同农民的关系密切了。强调已实行“双包”的地方，都是符合群众意愿的，就不要改过来了。任仲夷的这一席话，为“包”字之争画上了句号。

坚持改革，“排污不排外”

在改革开放的路上，任仲夷始终坚持认为，至少在广东，改革不能缓，发展不能舍，而是改革要坚持，发展要加快。不搞改革，舍掉发展，一切都谈不上。

他的指导思想，就是后来他多次说的一段话："思想不解放，特别是领导同志的思想不解放，搞不了四个现代化，工作也不可能大治快上。实践证明，哪个地方和单位的领导同志思想比较解放，那里的工作办法就多，步子就快。反之，就慢慢腾腾，工作很少起色。有的人老于世故，凡事'一慢、二看、三通过'，认为解放思想这个头不能带，还是'稳当'一点好。在新形势下，已有许多事实说明，那种思想僵化、四平八稳、无所作为的人，是不受群众拥护的，是站不住脚的。这样的同志如不转变，在新长征中，早晚要被淘汰。"

他还说：允许"变通"，不许"变相"。任仲夷的解释是："变通"，就是要全面理解和掌握中央的政策，从实际出发，灵活运用这些政策去解决工作中的矛盾。讲"变通"，不应形成"变相"地违反政策。

商品经济，打开国门，广东试水，示范全国。成则全局盘活，败则时机错落。任仲夷主政广东，不但要思考"变通"的经济布局，还要思考"打通"种种质疑非难的保守思想。那个时候，什么广东"放羊"了，广东"精神污染严重"了，"资产阶级又一次向我们猖獗进攻"了，等等，各种说法都有。有的老同志从广东回来后，甚至痛哭流涕地说：广东变成了资本主义，资本主义复辟了！……

当年有一篇很有影响的文章：《旧中国租界的由来》适时发表出来，矛头直指广东经济特区。面对各种复杂的、甚至是艰难的局面，作为一名老共产党员，任仲夷挨过批评，也写过检讨，但有一条他坚决守住了，就是决不让广东就改革开放的政策搞大辩论，因为那只会导致乱抓辫子、乱扣帽子；对于"加强统管"的要求，他提出"对外开放，对内搞活；思想先行，管要跟上，越活越管，越管越活"的24字方针；对于对外开放的利弊取舍，更言简意赅地归纳出“排污不排外”的逻辑与口号。

1982 年，中国第一家国际酒店白天鹅宾馆部分试营业，霍英东请了任仲夷，但心里没底。结果，任仲夷到场，并应要求题词：两岸猿声啼不住，轻舟已过万重山。意味深长，表达他对中国和广东坚持改革开放的乐观态度。

1983 年 11 月 15 日，第一批“香港游”旅客从广东出发到香港，改变了过去长期限制内地居民走出境外的情况……

“特区情结”

创办经济特区，是长期积淀在任仲夷内心深处的一种“情结”。也可以说，他是创办特区的倡导者之一。

任仲夷在大学时读的是政治经济学系。他比较系统地学习过马克思主义经典作家的政治经济学著作，也大量阅读了西方一些具有代表性的政治学家、经济学家、社会学家的著作。他深深懂得对外进行经济文化交流的重大意义。

在一次中央工作会议上，任仲夷提出建议说：“我们国家大，资金少且分散，如果平均用力，大家都上不去。不如选择经济比较好的地区，集中力量先把它搞上去，建设成我国现代化建设的‘根据地’，利用这个‘根据地’出人才，出技术，出经验，出成套设备，支援带动全国，那样，国家实现四个现代化的进程将会更快一些。世界上所有经济发达的国家，都是这样搞起来的。”

任仲夷曾说，我国第一个五年计划期间之所以发展较快，并且短期内搞了 156 项重点工程，就是由于大规模地利用了来自苏联的外资和技术。中央提出要在广东、福建搞经济特区的时候，大连具备（距离日本、韩国较近，港口沿海等地理优势）建成一个对外开放的特区的条件，1980 年 7 月向在辽宁视察工作的中共中央主席、国务院总理华国锋提出。当时华国锋频频点头。此后，谷牧受中央领导委托，曾到大连考察创办特区的条件。后来种种原因，中央决定还是先在深圳、珠海、汕头、厦门建立特区，进行试验。

给“蛇口”放生，打造特区之“特”

原蛇口管委会主任袁庚曾说，他最感激任仲夷三件事，一是“给蛇口放生”的那个“31号文件”；二是最终同意他不担任深圳市长，留任蛇口；三是保护清华学生周为民。

1984年下达的中共广东省委31号文件，给了蛇口4个“特殊”的权力：任何进来投资的商人，蛇口自己可以批，批了之后，报上备案就行了；进人、干部转户口，蛇口自己就可以批，另外，地界问题也解决了。这个“31号文件”是广东省委常委开会定的，会议由任仲夷主持。就是这个“31号文件”使蛇口真正成了特区，成为了“改革试管”。

此外，任仲夷支持蛇口接收清华学生周为民，也叫袁庚一直念念不忘。周为民是清华大学很有名的“四五”英雄，后来“四人帮”把他抓到青海去了。直到胡耀邦出来才给他平反。平反之后袁庚把他招到蛇口来了。到蛇口之后，周为民就写了一封信给他的同学，说蛇口这里很民主、自由，如何如何……说蛇口今后的前景怎么样怎么样。不料这封信落到有关部门那里，因为周为民1979年在北京“民主墙”写过大字报，有过这样一个不良记录。所以周为民到了蛇口之后，又被抓住不放。但是，这个问题任仲夷一直另有看法，他一直支持为周为民平反，反对再次查办周。后来，周为民终于在蛇口留下来了。这对蛇口吸引高级人才、坚持改革开放起了很大推动作用。

任仲夷作为广东省委第一书记，肩负着中央的重托和广东人民的期望，加之自己又早有建设特区的强烈愿望，他在大会小会上都曾反复强调，建设特区要突出一个“特”字。1981年广东省委常委研究特区建设的会上，任仲夷提出，特区要真正“特”起来，比如要海关免税（除个别品种外，绝大部分进出口商品免税）；比如要进出比较自由（客商以及他们办企业所需要的物资、资金进出都比较自由），要有更加特殊的政策，必要时可以“先斩后奏”或“斩而不奏”；要多开绿灯少开红灯，要解放思想，真正做到“特事特办”。

遭遇"殖民地"非议

1982年春，由于广东沿海一些地方出现了较大规模的走私贩私情况，任仲夷和刘田夫两次被召进京向中央汇报和"讲清楚"，这就是广东改革史上著名的"二进宫"。

特区初创，任务很重，还要面临一些指责。当时有"特区除了国旗是红色的以外，已经没有社会主义的味道了"的说法。对此，任仲夷和省委班子利用各种机会和方式，以自己的认识和理解为特区正名。1981年5月，任仲夷在省委常委会上指出："有的同志怀疑办特区会有损主权，会变成殖民地，我们要肯定回答不会。办特区是对主权的运用，是行使主权的表现。"

1983年4月25日，在省委常委会上，任仲夷又说："搞特区不是走资本主义道路，不会损害社会主义，而是大大地有利于社会主义。"

1982年1月，任仲夷在地市委书记会议上提出：既要注意吸引港澳资金和技术，也要吸引日本、欧美的资金和技术。对前者，广东是"近水楼台"；对后者，要学会"长袖善舞"。

1984年，全国铁路系统第一个独立的经济实体广深铁路公司成立。

这一年的春天，中国改革开放的总设计师邓小平南下，视察了深圳特区，之后又视察了珠海、厦门经济特区。他说："办特区是我倡议的，中央决定的，能否成功，我要亲自来看一看。"小平同志亲眼见证了特区生机蓬勃的崭新景象后，抑制不住那份喜悦，给经济特区题词，他给深圳的题词是：深圳的发展和经验证明，我们建立经济特区的政策是正确的。他给珠海的题词是：珠海经济特区好。

激流勇退，他笑着"安全着陆"

在任仲夷主持广东省委工作将近五年的时间里，非但没有出现人们担心的改革开放被夭折，而是迎来了新中国成立以来最兴旺的时期，并为广东和特区日后的腾飞，打下了牢固的思想基础和坚实的物质基础。

曾几何时，在广东的珠三角涌现出了举世闻名的“四小虎”。同时，因为广东的经济发展一直保持着高昂的势头，而且可持续发展的后劲十足，在国际上也普遍看好。英文版的《远东经济评论》上，曾发表一篇文章称：“在中国，广东的发展总是名列前茅。”“继香港、新加坡、台湾和南朝鲜之后，广东正有希望成为亚洲第五‘小龙’。在向其目标奋发前进的过程中，广东正变得越来越与众不同。”

1985 年 9 月 16 日，在参加了党的十二届四中全会后，任仲夷在有叶剑英、邓颖超、徐向前、王震、李德生等 64 人向全会请求不再担任中央委员或候补委员的信上签下了自己的名字。这是中国共产党有史以来最大的一次主动请求不担任中央委员或候补中央委员的集体行动，为中央领导机构成员新老交替带了个好头，受到全党和全国人民的尊敬。

9 月 23 日，任仲夷在党的全国代表会议上增选为中央顾问委员会委员，完成了他从一线领导工作岗位退到二线的人生转折。原听说他将被提名担任中顾委常委，不知怎么只当了委员，一些人向他表示惋惜，他却坦然面对。

也是在这个 9 月底，这位从北平中国大学党支部书记开始、到 71 岁退出广东省委第一书记岗位的老人，在这半个世纪里经历了无数次从一个领导岗位到另一个领导岗位的交替和挑战后，再次回到当年工作过的大连，一面治疗身体的疾病，一面放飞自己的心情。一天，秘书李次岩和裴广明陪他外出散步，路到尽头，他却不肯回头，而是猛然一跳，跳到了下面的断层沙滩上。尔后他朗朗大笑：“我终于安全着陆了！”

的确，他在广东改革开放的风口浪尖苦苦拼搏了五年，经历了是是非非，风风雨雨，这一刻，终于平安着陆了。

（节选自潘东生主编：《任仲夷——岁月留迹》，
中央文献出版社2012年版）

怀念任仲夷

怀念任仲夷同志

林　若[①]

仲夷同志离开我们已经快一年了，留给我们的是对这位睿智老人深深的怀念。

仲夷同志是1980年来广东工作的，接替离任的习仲勋同志任省委第一书记。当时我还在湛江地委工作，到省里开会机会不多，所以对他了解也不多，不过在他来广东工作之前我就知道他在辽宁省委任第一书记时，主持平反了张志新等一批冤假错案，解放了一大批干部，这件事在全国影响很大，说明他思想比较解放，敢作敢为，这种为人民负责的精神，是深得民心的。我是1982年底到省委工作的，跟仲夷同志共事的时间不算长，只三年多，他就退了。

仲夷同志作为当时省委领导集体的“一把手”，给我印象最深刻的是他在对关键问题的掌握上抓得很准确，如80年代初期抓“松绑放权”。“松绑”，按现在的话来说就是解放思想，放下包袱，轻松前进。80年代初，改革开放才刚刚起步，不少人一时适应不了，用疑惑的眼光来看待这个新事物。凡事先问姓“社”还是姓“资”；过去凡事都要请示报告，领导没有点头的事不能办，就算办了也要挨批评，因此多一事不如少一事的求稳怕乱思想在各级干群中普遍存在，工作毫无生气。要使干部积极主动工作，就得排除这些疑虑，打破思想束缚。仲夷同志及时提出对下级干部要“松绑放权”，我觉得提得很及时和很中肯，是十分正确的意见。在过去那种高度集权、搞计划经济的体制下，

① 林若，曾任中共广东省委书记、广东省人大常委会主任。此文写于2006年9月。

广大干部处于思想束缚之中，不首先解决思想解放的问题则一切工作无从谈起。仲夷同志提出“松绑放权”是十分重要的。“松绑放权”除解放思想之外，还有一个让各地从本地区的实际情况出发、因地制宜地决定当地的具体工作方针和措施的问题。各地发展情况、条件差别很大，发展快慢甚至发展方针都不完全一样。各地该抓什么工作，什么时候抓，都是个十分具体的问题，如果上级领导还是按照旧模式，像“步兵操点”那样来统一步调，今天要这样干，明天又要那样干，不仅自身会忙得一塌糊涂，而且效果不见得会好，有时甚至会陷入瞎指挥，是很容易出问题的。放手给各地方去闯，在当时条件下，有利于各地从实际出发，解决当地的实际问题，省委只是把握大的方针政策，鼓励各地根据自己的具体情况，选择适合自身发展条件去干，这样就容易发展起来。

广东兴办经济特区、率先实行改革开放之后，出现许多新事物。对这些新事物，一时非议颇多，甚至认为广东已经在实行资本主义了，特别是对外开放出现走私现象，中央强调要严厉打击走私现象。仲夷同志既坚决贯彻中央的指示，又反复强调两个坚定不移。既要坚定不移地打击经济犯罪，也要坚定不移地坚持改革开放。对各地干部更多的是鼓励，在思想上给同志们鼓劲，要“排污不排外”就是那个时候提出来的。我当时还在湛江工作，在地方工作还没有那么强烈地感受到这种压力，后来到省里工作了，才发现解放思想是多么的重要，因为只有在思想上解放了，才能轻松上阵，才能放开手脚去开展工作，广东的改革开放才能坚定不移地向前推进。

另一方面，改革开放初期由于干部对这种新情况、新问题还缺乏经验，一时犯错是难于避免的。如果一犯错误就大加挞伐，不是从宽处置，这样一来就会使干部小心翼翼，不敢大胆处理问题，甚至束手束脚，绕开问题走，产生多一事不如少一事的心理，就会使工作打不开局面而无所作为。仲夷同志十分注意这个问题，也处理得很好。那几年，广东的经济就上来了，多种经济成分也开始成长，慢慢壮大起来了。

仲夷同志睿智、达观、幽默，善于思考，敢说实话。跟他共事是件幸事，可惜一起的时间不长。大家先后退下来后，在一起聊天、交流的机会倒多了，思想也跟着解放。谈关心的、忧虑的，每每是件快事。像李锐同志说的：“关怀莫过朝中事，袖手难为壁上观。”

怀念仲夷同志！

回忆任仲夷（节选）

张岳琦①

任仲夷是那种罕见的完美领导人。无论是在人格、思想、作风、胆略方面，还是在廉洁、亲民、勤政、业绩方面，几乎无可挑剔。在他所处的位置上，可以说做到了大仁、大智、大勇。

刚刚实行离退休制度的时候，仲夷即于1985年从广东省委第一书记的位置上退下来。那时他已经71岁了，但许多干部群众并不觉得他老，还公认他依然朝气蓬勃、思维敏捷、思想解放，对他怀着依依不舍的情怀。在历届党代会、人代会上，人们继续投他的票，选他做代表。省内外许多领导干部和各界名流，还经常怀着敬意拜访他，请教他。老话说，"政声须看人离后"。在他这级干部中，一些人退下之后立刻"人走茶凉"，贬声四起，连人大代表都选不上。相形之下，任仲夷令人景仰的声望和影响就显得特别突出了。

2005年11月15日，任仲夷因病在广州去世，享年92岁。中共中央政治局委员、广东省委书记张德江正在国外出访，闻讯后立即发回电报，高度评价任仲夷对改革开放做了开创性、基础性工作，并指示成立治丧领导小组，由他亲自任组长。仲夷生前郑重留下书面嘱咐，不搞遗体告别，不开追悼会，丧事一切从简。夫人王玄和子女都主张尊重任老遗愿，丧事简办。尽管如此，来自全省全国各界的自发悼念者，仍是人潮如涌，多日不断。他生前只是一个省委书记，但对他的悼念打破了朝野喜恶不同那种常见的现象，而是党内外、境

① 张岳琦，曾任任仲夷秘书，中共广东省委常委、秘书长，吉林省政协主席。

内外，从官方到民间，从偏左的到偏右的，从纸上到网上，一致好评，真心哀悼。有的说他是“改革开放的先驱”，有的说他是“一面旗帜”，有的说他是“南天一柱”，有的说他是“真正的共产党人”。中央新老常委都发了唁电，有的还特地亲自赶到广州他家里表示深切悼念之情。任仲夷高尚、健全、强烈的人格力量，可以说是常人难以企及。一个省委书记，做到这种境界，何其难得！任老如地下有知，亦足堪欣慰。我在悼念他的诗中称其有圣贤之风，表达的就是这种发自内心的深切感触。

……

1980年10月的一天，仲夷同志忽然对我说，咱们准备一起去广东。他说，胡耀邦同志对他讲，你曾要求在大连办特区，这不可能，但中央决定调你到一个有特区的地方去工作，就是广东。他向耀邦同志提出，习仲勋、杨尚昆两位领导能否留一位在广东继续做“一把手”。耀邦同志说，他们两位都不能留，另有任用。此后仲夷同志就抓紧做工作交接和离开辽宁的准备。雷宇也希望随仲夷同志去广东。我向仲夷同志汇报说，雷宇会广东话，一起去比较好。仲夷同意了。于是在1980年11月，仲夷同志带我、雷宇和警卫员李华伟一起去了广东。我初次到广州，虽是冬季，在白云机场一下飞机，还是觉得又湿又热，像进了澡堂。仲夷和我们都是先单身到广东，暂住珠岛宾馆6号楼，那里既作宿舍又作办公室。那时没有空调，房子也旧。室内有潮湿发霉的味道，室外却飘着白玉兰的香气。我还像在辽宁一样，主要是做仲夷同志的秘书，兼任省委办公厅副主任。起初几个月雷宇也在仲夷同志那里工作，然后调到广东省委政策研究室。和我一起给仲夷当秘书的先后还有琚立铭、李次岩。李次岩跟仲夷同志一直到他离休以后。

仲夷临来广东前，老战友杨易辰对他说：“仲夷同志，此去广东，你不是立个大功，就是犯个大罪。”可见，到一个“有特区的地方”去，做改革开放的开拓者和排头兵，大家都看得出是有风险的。

我认为，在广东的时期，是仲夷同志事业的顶峰。他的思想、智慧、能力、业绩都达到了新的高度。在这里，他经历的政治坎坷、承受的压力，也非同寻常。

一到广东，仲夷同志首先注意做团结、调动省委一班人的工作。当时在广东，南下干部和本地干部的关系，各个方言区干部的关系，以及历次政治运动遗留的矛盾，都是需要认真小心处理的敏感复杂问题。仲夷同志强调，旧的伤疤要让它逐渐愈合，不要老是去揭它，要共同向前看，革命队伍内部的历史恩怨让它过去吧，引用毛主席词中一句话，“俱往矣”。仲夷同志这样倡导，实际效果很好，显著地增进了干部队伍的团结，增进了和谐气氛。但就是这样一句话，也被反映到上面去，说这是不讲斗争性，是无原则的团结。甚至曲解说，我们和“四人帮”死党的矛盾也“俱往矣”吗？仲夷同志为此还向中央领导同志作了解释，说明讲的是革命队伍内部的问题嘛。可以看出，始终有人盯着。但仲夷同志还是坚持自己维护干部队伍团结的主张，没有动摇。仲夷有一次跟我说，不少人反映某某老干部是地方主义的代表，是广东不安定的因素，但接触后证明并不是那样，这位老干部对省委工作很支持，是很好的同志嘛。实践证明，仲夷同志越是宽以待人，越是相信同志，就越有利于化解矛盾，干部队伍越能和谐团结，并非把斗争搞得越尖锐越好。

仲夷同志在做领导班子建设、干部队伍团结工作的同时，开始大力推动广东的改革开放和特区建设。他深入全省各地，一次次到特区各主要建设场地，了解情况，统一认识，解决问题。当时中央要求广东实行特殊政策、灵活措施，先走一步，做改革开放的排头兵，正式发了文件。仲夷同志对中央的这个决策衷心拥护。他觉得，有了中央文件是重要的，但必须在一系列实际工作中落实。所以提出，特殊政策要真特殊，灵活措施要真灵活，先走一步要真先走。又提出，广东要对外更加开放，对内更加放宽，对下更加放权（这几句话的意思后来被吸收到中央文件中）。为落实这个指导思想，陆续制定了一系列政策措施。有些政策，如放宽进出口和引进外资的某些规定等，需要到中央、到国务院各部门去反复汇报，做工作。有些则要自己变通解决。对特区如何放权，对广州市如何放权，对海南岛（当时属广东省）如何放权，对农村联产承包如何推进，对农副产品价格如何放开等大问题，仲夷同志都亲自调研、开座谈会、听汇报、分析资料，日夜操劳，然后主持省委常委会议，一项一项专门研究解决。全省面貌迅速发生了变化。干部群众意气风发，大家感到有希望、有奔头。此前广东经济社会发展的一些指标低于全国平均水平，很快变成全国最快的。各项统计数字显示的进步，令人振奋。仲夷同志说：“关键在政策。过去我们推广先进典型，开多少现场会都推不开，现在联产承包、放开价格，都没开现场会，搞得很好。政策得人心，就一顺百顺。”有件小事，我至今还有印象。离开沈阳时，一位同事开玩笑说，你到广东，吃香蕉方便了。可是到广东以后才发现买香蕉很困难。农民说，台风把香蕉都刮倒了。杜瑞芝同志（先是惠阳地委书记，后来是分管农业的省委常委）对仲夷同志说，其实是因为政府规定的香蕉价格太低，农民不愿意种。杜瑞芝同志多次向仲夷汇报，积极主张加快推行联产承包,放开农副产品价格。仲夷同志很赞成。后来省委省政府决定把香蕉、塘鱼等许多农副产品价格放开，很快市场供应就丰富起来了。在全国还实行严格计划经济的年代，这样做是超前的。不久就有反应了，说“你们广东收入水平高，吃得起，北京还要吃香蕉呢”。怎么办?仲夷同志主张，有些食品我们宁可贴钱供应北京，价格既然放开了，不能再收回。

正当经济蓬勃发展、群众高兴的时候，1982 年发现，沿海县市走私问题多了起来。从香港走私进来的物品主要是电子表、收录机、电视机、衣袜等。走私被称为经济犯罪，引起了上级领导的高度重视。广东、福建两省实行特殊政策，走私现象又最多，所以中央专门召开了“两省会议”。广东由仲夷同志带队出席。有的领导讲得很严厉，认为这是资本主义的猖狂进攻。还特别讲到珠江三角洲干部的问题。因为“文化大革命”后已经宣布不再搞政治运动，所以就讲这场打击经济犯罪是“不叫运动的运动”，决不能手软，“要杀一批头”。当时按照刑法规定，走私构不成死罪，走私杀头不行，就提出修改刑法，但是也不行，修改了刑法，以前的事还得按照以前的法律；那时又想出了另一方办法，五一以前不自首的，按照新的刑法，就要杀头，非常严厉，说珠江三角洲的干部都是不可靠的，有些问题很严重。两省会议的气氛异常严峻。会后仲夷对我说：“我总的觉得珠江三角洲干部是好的，他们听省委的话，他们工作很认真，很有成效。”回省召开各市地领导干部参加的大型会议进行传达贯彻，仲夷同志在会上的讲话，有两点给人印象很深。一是讲“改革开放坚定不移，打击经济犯罪坚定不移”。会后有的领导同志好心地说：“仲夷同志，到什么时候啦，还讲改革开放坚定不移?最近中央报刊都不讲啦。”仲夷同志说，反正中央文件的提法没改。二是讲，各地领导干部，只要没往自己腰包装钱，而是按省委部署抓改革开放的，即使出些问题，也应由省委负责，主要由我负责。各地干部反映，这样大家就能继续大胆工作了。有人说，我们这次来省里开会，原估计回不去了，连行李都带来了。会后，各地打击经济犯罪迅速开展起来，经济发展也没受影响。许多干部至今还记得仲夷同志当时的处理方式，没有不分青红皂白地整干部，没有扩大化。大家感激他。

这时上面传来消息，说广东对两省会议精神的传达贯彻不够得力。主张计划经济的领导同志一直认为广东的改革是对计划经济的冲击，很不喜欢。不久又专叫广东领导人去北京，后来人们称之为“二进宫”。当时有人对广东的形势看得特别严重。甚至说，广东已经改变了颜色，要收复失地。说过去的租界就是糊里糊涂送给外国人的，经济特区就像当年的租界。还认为，广东这样的地方，资本主义熟门熟路，不应当用思想解放的人，必须用金刚钻。那次任仲夷是和省长刘田夫一同去北京的。胡耀邦同志说，你们这样贯彻，上面认为力量不够。又对仲夷同志说：“你是不是做个检讨？”仲夷同志说：“我们认真执行了中央的方针政策，怎么检讨呀？”耀邦同志用关心的口吻问：“仲夷同志，你是否说过提倡投机倒把的话？”仲夷同志想了想，回答说：“我在一次会上谈到蔗糖进出口问题时，曾讲我们总是在甘蔗丰收、国际糖价下降时出口糖，而在甘蔗歉收、糖价升高时进口糖，很吃亏。应该反过来，争取低进高出。国内不许投机倒把，在国际贸易中要学会搞点‘投机倒把’。那也是带点幽默的说法。”耀邦同志听了哈哈一笑：“原来如此！”接着又说：“总之你们要好好想想，写个检讨。”他做了一个两手摊开的姿势，说：“我都检讨了啊！”回到住处，经过商量，由我执笔，连夜起草了一份检讨，怎么写呢？不能说瞎话，还得像个检讨的样子，我们就写得比较长，大意是说：我们在工作中对如何打开改革开放的局面，如何更好地引进外资、引进项目，考虑得多，而对改革开放中可能出现的问题考虑得少，一些问题直到出现了才发现、才解决，见事迟。次日呈送耀邦同志，他说可以了。当时的国务院领导也和仲夷同志谈了话，强调要认真解决问题。不久前，他对广东改革开放和创办特区的成绩曾给以很高的评价，这次他说，以前的话我不收回，但也不能再说了。事后仲夷跟我说：“以前的话既然是对的，为什么不能再说？”总之“二进宫”之后，气氛仍然紧张。广东感受的压力很大。上面的领导说广东这个地方，要思想解放，更得要金刚钻，这个脑袋像金刚钻一样硬才行。当时还传出要撤了任仲夷这种话，但最后邓小平没有表态，拖下来就没有动。人家说广东的任仲夷热衷于办特区，热衷于改革开放，邓小平是支持的，胡耀邦是支持的，但是也还有一些同志是持反对意见的，因为当时计划经济是正统。现在人们都懂得欢迎别的地方来自己这里采购商品，当时可不是这样。那时还是计划经济，有的地方防堵广东的采购人员，认为广东的采购会抬高当地的物价。有人说，广东办特区，把我们这里变成了灾区。

其实1982年春节，邓小平就是在广东过的。他来之前预先打招呼说是去休息，不听汇报，也不谈工作。我估计当时啊，也确实很敏感，可能是连小平同志都要谨慎说话了。小平同志在珠岛宾馆住下后，允许“一把手”去见见面，不要超过20分钟。我给仲夷同志准备了材料，争取以较短时间，把主要情况汇报清楚。着重讲广东前一段改革开放的主要做法和突出成效。特别是突出地讲到，由于执行中央的政策，广东许多发展指标已从全国平均水平以下变为居于前列甚至首位，群众生活明显改善，深圳在不依赖国家投资的条件下从一个边陲小镇正在建成现代化城市。小平听得很认真，边听边沉思，偶尔问一问，基本不表态。看情形，他听进去了。实际汇报了一个多小时，超过了限定的时间。

1982年到1983年，是广东改革进程中最为艰难的时期，处于低潮，中央的两次会议后，没有人再说改革开放，没有人再说特区，广东处于很臭的时候。而任仲夷承受的压力也非同寻常，也就是在这个关口，1984年初邓小平来到了广东。那时候中央的领导人已经很少来了，后来小平说：任仲夷不也讲了深圳发展多么快、多么好，也没有国家投资，没有国家财政的钱，一个现代化城市起来了，他提出要去看看。这次视察小平同志兴致很高，很满意。深圳的领导同志请他题词，他当时没写。回到广州，在珠岛宾馆住下后，小平同志经过深思熟虑，终于写下了这样的题词：“深圳的发展和经验证明，我们建立经济特区的政策是正确的。”这不是一般那种说好话的题词，这是一句论辩性很强的话，是斩钉截铁的政治结论。从此以后，支持改革开放、支持经济特区的舆论又多了起来。根据小平同志意见，不仅要办好现有的特区，还要再开放14个沿海港口城市。大家说，改革开放的春天又回来了。后来有一次，来广东视察的中央领导身边的一位同志对我讲，仲夷同志的重大贡献是，在十分不利的情况下，他对改革开放能够坚持，顶着巨大压力，坚定不移，使小平同志来视察的时候有实际成绩可看。如果仲夷同志当时不坚持，自己承受的压力固然会小一些，但后来就没有什么东西可以证明改革开放和创办特区是正确的。他如果退一步，内地会退得更远。那时持反对意见的人就可以理直气壮地说，我们把错误的东西反对掉了。这位同志的话，给我留下很深的印象，至今还记得很清楚。

据我所知，仲夷同志和谁都没有个人恩怨。如果说有分歧，那也都是工作上和政见上的。他热心改革，热心开放，热心创办特区，因为他认为这是正确的，是国家兴旺、人民幸福的希望所在。但当时并不是大家都这样看。他认为计划经济弊端很多，必须改。说他讲计划经济不力，那也不假。贯彻“两省会议”精神时，他仍然强调“坚持改革开放坚定不移”，这也使有些人不满意。在 1983 年初，上面传来消息说，要安排仲夷同志做全国人大常委会副委员长。仲夷同志跟我说：“这不可能，不会都赞成。”他估计对了。在 1985 年，仲夷同志从省委领导岗位退下来。他说：“我安全降落了。”回想这些年的风风雨雨，我能体会这句话的分量。当时上面的离退年龄并不严格，所以后来又有几次让他去中央某机关任职的说法，仲夷同志幽默地说：“闲散惯了，不能再干了。”

接仲夷同志做广东省委书记的，是林若同志。他们前后任之间的关系很好。好多年后我回广东时，仲夷同志还对我说：“林若是个好同志，公道正派。很多前任的干部他都继续用，没有都换成自己的人。你也是林若时期提为秘书长的。”仲夷同志还举了好几个例子。前后任之间的和谐关系，和仲夷同志的开明、大度也是分不开的。按照当时的通行做法，新班子上任后，仍请老领导参加常委会。仲夷同志主动提出，为了便于新班子工作，自己不再参加常委会，对省委的决策不再过问。当时有个说法，老领导对接班人要“扶上马，送一程”。仲夷有一次跟我说：“我不赞成送一程的说法。老的不放手，新的怎么大胆工作？究竟谁负责？”

仲夷同志为人忠诚。他忠于党，忠于人民，忠于职守。他思想解放，同时尊重优秀传统，包括传统文化、传统美德。他是孝子。我跟他工作的时候，他亲生父母已过世，有位继母生活在济南，他按月给她寄钱，我还随他一起去看望过。仲夷同志学识多、能力强，但不苛求别人，对人和气。我从未见过他暴跳如雷或疾言厉色，包括对身边工作人员，他总是以理服人。他洞察干部，了解干部的优点、缺点，善于因才施用，爱惜人才，体谅干部，不求全责备。听他讲干部，多是讲某某人有什么优点。他从不疑神疑鬼。他想方设法让群众富裕，一再讲革命是为了让人民由奴隶变成主人，建设是为了让人民由穷人变成富人，他要求群众要“想富、敢富、会富”，他为使自己工作地区的人民脱贫致富而辛勤工作，但他本人一贯安贫乐道，生活十分简朴，作风十分清廉。他刚到广东时，人们以为省委第一书记总该吃得好一点，“吃在广东”嘛。

每到一地，人家问他想吃什么，令人意外的是，他常问有没有苞米面粥？他说他是穷人肚子，吃惯了简单的东西。他对家人要求很严，不许干政。在黑龙江的时候，他最小的儿子任克雷大学毕业，他若想给儿子找个好一点的工作还是能够办到的，但他不愿意利用职权为家人谋任何利益，还认为让年轻人到艰苦地方锻炼有必要，就让克雷到铁路上干体力活。就按当时的情况看，那工作也算是非常艰苦的。

我在仲夷同志身边工作约 15 年时间。这是我大长见识、深受熏陶、广经磨练的 15 年，也是最愉快的一段时光。他是好领导，又是好老师。工作之外，我们时常谈天说地，谈古论今，使我受到很多教育和启发。他有一次讲到中文的简练，举了一个例子，并背出了全文："某幼学文，屡试不第。改习武，一发毙鼓吏。更学医，三年无一顾者。偶患小恙，自试一方，卒。"三十四个字，写出了一事无成之人的一生。我知道他讲这些是要我写文章注意精彩、精炼，这对我以后写东西有很大影响。又有一次他说，古诗词和楹联都讲对仗，写好对仗不容易，必须懂词义、懂词性、懂平仄。他讲了很多有趣的对联。他说有的很难对，例如"烟锁池塘柳"，不仅有意境，符合平仄要求，而且这五个字包含着"五行"（金木水火土）。后来我写了一个下联"燕钟汉室梅"，燕字的四点属于火部，也暗含赵飞燕的意思。仲夷同志说，算对上了，还是有点勉强。我以后在研究诗词上用工夫、写著作，和仲夷同志当年的熏陶也是分不开的。他说我当秘书办事不出漏洞，不仗势欺人，外界反映好。他这样说，等于给我指出了方向，我越是觉得必须时刻保持谦虚谨慎。我以后多年工作中，一直牢记这个教诲。仲夷同志要我集中精力帮他做政务上的事，生活上的事不要求我做。一般外出会客、出席应酬活动，也只带警卫员去。在辽宁最初几年，警卫员小秦跟他外出参加活动多。仲夷同志有一次以幽默的口吻跟我说："别人都知道有个秦秘书，不知道有张秘书。"仲夷还说："以前讲话稿都是我自己写，自从你来了以后就靠你，使我变懒了。"我起草讲稿、报告、文章都是按照他的思想，有时我写个大体提纲向他汇报。思路、观点经常是高度合拍，时间久了，他也越来越信任我。有时稿子字很乱，正在誊清，他说不用抄了，你写的和改的我都能看清。最狼狈的是有一次，会都开上了，前面讲话的人快讲完了，我才把讲稿写完送上去。虽然是按他的意思写的，但讲前连看一遍都来不及，实在太仓促了。事后仲夷同志并无责备之意，却说："只有你写的稿子我能这样拿过来就讲。”主要报刊特别是全国性报刊发表他的文章，当时都给高稿酬。他坚持把稿费全给我。我说：“文章写的是您的思想，发表用的是您的名字，稿费理所当然给您。”他风趣地说：“我要名，你要利。就这样定了。”作为高级领导同志和工作人员的关系，我觉得他真是给了我最充分的信任。那时经常加班熬夜，过年过节也不休息。有一次我和仲夷深夜离开办公室，他回头看看大楼说：“每天关灯最晚的是咱们两个人的办公室。”在仲夷身边工作的日子，虽然辛苦，但非常愉快，好像有用不完的精力。

回想当年，许多事历历在目。每当想到他已经走了，怀念和悲伤的心情就油然而生，难以抑制。那句名言也自然地涌上心头：“整个说来，再也看不到他那样的人了。”

忘年之交的良师益友（节选）

于幼军①

2005 年 11 月 15 日，我在北京参加一个会议，突然接到任仲夷同志辞世的噩耗。会议一结束，我就急匆匆直接飞抵广州。在任老家简朴的灵堂中，面对他的遗照，紧握王玄大姐的双手，我百感交集，欲哭无泪，一时竟说不出话来。时光荏苒，转眼快一年过去。这期间，任老那清癯、睿智、慈祥的面容时常在脑海里浮现。此刻，当我提笔追忆与这位老人交往的点滴片段，不禁油然想起鲁迅先生说过的话：“长歌当哭，是必须在痛定之后的。”

任老于我，既是领导前辈，更是良师益友。20 世纪 80 年代初，他从北国辽宁来到南国广州，出任广东省委第一书记。短短四五年间，他打开了广东干部群众思想解放的闸门，大刀阔斧推进改革开放，在极左思想观念和计划经济体制的重重围困中，率先“杀出一条血路来”，广东从原来经济发展相对落后的省份，一跃成为全国改革开放和现代化建设的排头兵。任老因此赢得广大干部群众的衷心拥戴。那时候，我还在广州市社会科学研究所（市社科院的前身）从事科研工作，虽然无缘与他近距离见面交谈，却一直深为他非凡的胆略、气魄和风范所折服。1985 年 7 月，因年事已高，任老从领导岗位上退下来，只担任中顾委委员。就在这年临近岁末的一个晚上，我怀着十分景仰又有点忐忑不安的心情，揣着厚厚一叠文章材料，首次敲开了任老的家门。此行的目的，是向他请教有关文化发展战略的事情。

---

① 于幼军，曾任中共广东省委常委、宣传部部长，深圳市市长，山西省省长。

这年2月，我以市社科所副所长的身份，领着一班平均年龄不到28岁的伙伴，凭着一股“初生牛犊不怕虎”的闯劲，创办了按照市场化、社会化规则运作的智力服务机构——广州软科学开发服务公司，由我兼任总经理。公司成立伊始，我提出要“选择‘四化’建设中迫切需要解决的实际问题，拿出有价值的对策方案，把公司办成领导机关的‘院外智囊团’，厂长经理们的好参谋”。为此，我们立足广州，面向全国，承揽各种研究课题，组织省内外专家学者开展研究。短短几个月，就相继拿出了《改善广州市交通管理方案》、《优化广州社会治安可选方案》、《以第三产业为导向，带动广州国民经济全面起飞》等一批具有较高质量的应用对策研究成果，在省内外产生较大影响，引起了广州市委书记许士杰等领导同志的关注和重视。出于对年轻人勇闯科研新路的信任支持，市委决定把研究起草广州市文化发展战略文件的任务交给我们。

这可是一项颇具挑战的课题。那时候，虽然改革开放的春风已经吹进经济领域，但文化领域依然比较封闭。广州实行对外开放，促进了生产力大发展，经济事业蓬勃兴旺，国人有目共睹。然而，对于广东地区思想文化和社会生活方面的变化，却是众说纷纭、褒贬不一。国内不少人当时把外来文化尤其是港台文化视如洪水猛兽，认为其只会腐蚀毒害青少年，给人们精神文化生活带来消极影响。因此，对外开放只能局限于经济领域，思想文化则不能越雷池半步。基于这种认识偏见，当时国内某地甚至出现了“抵制来自广州的精神污染”这类大幅标语。怎样正确对待外来文化，客观全面地评价对外开放给思想文化领域带来的影响？这是完成好市委交办的任务，制定好文化发展战略的关键所在。为此，我们一方面组织力量开展深入细致的调查研究，通过发放问卷，收集数据，摸清真实情况，用活生生的事实说话。同时，邀请省内外知名专家学者，围绕文化发展战略的相关问题，召开了一系列研讨会，力求从理论上正本清源，厘清认识。调研结果表明，对外开放既促进广州经济的迅猛发展，也给广州的精神文明建设带来了积极影响，特别是在宣传文化基础设施建设、社会风气改善、对党的基本路线和邓小平改革开放思想的认同等政治觉悟提高方面，都实现了前所未有的大踏步发展。据此，我们认为：“从促进中国社会主义现代化事业出发，不仅经济建设要开放，而且文化建设也要对外开放；不仅在物质文化方面要开放、引进，而且在精神文化方面也要开放、引进。文化全面开放，是现代化的客观要求，应从战略的高度自觉把文化全面对外开放，作为对外开放总政策的重要组成部分。”我们明确提出：“广州处于我国对外开放的前沿，负有促进我国文化全面对外开放，促进中外文化交融发展的特殊使命。应该把文化全面对外开放，作为广州文化发展重要战略指导思想之一。”这些思想观点，今天人们看来也许算不了什么，因为文化的全面、全方位对外开放已经写进中央文件，在媒体上已屡见不鲜。但在当时引起了一场轩然大波，遭到了理论界某些权威人士和省内省外一些同志的批评责难，被认为是主张“全盘西化”，是“资产阶级自由化”的反映。一时间，我们承受着巨大的压力。压力之下，市委宣传部的领导支持我们，并建议我们去找仲夷同志，听听这位思想敏锐深刻、德高望重的老领导的意见。

任老的家，出乎意料的简朴。眼前的任老，灰白的头发，宽阔的前额，饱经沧桑的脸庞，炯炯有神的双眼，隐隐透出睿智、坚毅、豁达的不凡气度。他迎上来握了握我主动伸出的手，微笑着打量着我，说许士杰同志曾经提起过我，还知道我写过《社会主义四百年》。听我说明了来意，他说：“好啊，有什么想法你尽管说，我这里不设禁区，也没有‘帽子’和‘棍子’。我已不是省委书记了，今天就权当一回‘厅（听）长’吧。”几句风趣幽默的开场白，打消了我内心的不安，拉近了我俩的距离。于是，我把我们提出的关于广州市文化发展的指导思想、战略思路、重大举措等构想，特别是有关“文化全面开放”的问题，一五一十地做了汇报。任老饶有兴趣地听着，没有轻易表态，只是不时提出问题，引导我陈述己见，把话题一步步引向深入。不知不觉地我讲了一个多小时。这时，又有一批客人来访，我不得不中断话题，起身告辞。任老让我把文字材料留下来，说要消化消化，另约时间继续谈。

新年刚过，我就接到任老约见的电话，兴冲冲地再次登门造访。刚坐下任老就说：“你们的文章材料我都看了。基本观点没有错，我赞同。”接着，他针对我们提出的观点和遇到的问题，侃侃谈了这么几个观点。首先，他认为经济和思想文化不可分割。经济基础的变革与开放，必然要求并带来上层建筑包括思想文化领域的变革与开放。这是马克思主义的ABC，是不以人的主观意志为转移的。其次，他认为邓小平倡导的对外开放政策，不仅适应经济，也适应于思想文化。如果经济上开放而文化上封闭，那是违背客观规律的，事实上也行不通。再次，他认为开展对外经济、技术、文化交流，对于任何一个国家和民族来说，都是社会进步的条件。尤其是近现代，任何一个国家如果把自己封闭起来，就必然要落后挨打。说到这里，任老特意举了中、日近代史上两场变法为例。中国在历史上曾经是日本的老师，中华文化对日本影响至深。19世纪中叶，中、日两国同时遭遇西方列强的侵掠，面临着严重的社会危机和民族危机。面对危机，两国的有识之士分别发起了救亡图存的“洋务运动”和“明治维新”运动，但是结果迥异。日本的明治维新推行“富国强兵”、“殖产兴业”、“文明开化”三大政策，前两条与中国的洋务运动基本是一样的。明治维新之所以取得成功，关键在于“文明开化”这一条，也就是勇于承认自身文化的落后，实行思想文化的全面对外开放，虚心学习汲取西方先进的思想文化成果，积极推进国民教育的深层改革，从而大大提高了国民的文化素质，日本从此顺利走上现代化发展道路。相反，中国洋务运动的主办者虽然也主张要“睁开眼睛看世界”、“师夷长技以制夷”，但他们看到的只是西方列强的“船坚炮利”、科技发达，并没有意识到自身思想文化方面的差距。因此在思想文化上仍然搞闭关自守，夜郎自大，死死抱住以儒家文化为正统的封建文化不放，搞“中学为体、西学为用”，结果错失发展良机，洋务运动归于破产。自此，“老师”与“学生”的差距越拉越大，最后在中日甲午海战中一败涂地，不得不割地赔款，沦为半殖民地半封建社会。前车之覆，后车可鉴，教训十分深刻！

谈起这段历史，任老感慨万千。后来我知道，任老解放初期就在大连、旅顺担任领导职务。那里，正是中日甲午战争的发生地！

最后，任老强调，广东地处沿海，毗邻港澳，应当好好利用这个有利条件，及时了解世界文化信息，积极开展对外文化交流。当然，对外来的东西也不能囫囵吞枣，良莠不分，一概照搬。他说：“前些年我提出要‘排污不排外’，既要反对资产阶级腐朽思想的侵蚀，排除精神污染，但决不能因噎废食，笼统地反对一切外来思想文化。盲目排外是错误的、愚蠢的；自觉排污是必要的、明智的。而排污还要分清界限，要排真正的污。对资本主义国家先进的科学技术和优秀的文化成果，我们不仅不能排斥，还应当积极吸取借鉴。排污既要注重排外污，更要注重排内污，这就是禁锢中国长达几千年的封建主义、专制主义。这是思想文化建设一项更为长期艰巨的历史任务。”

任老宽广的视野、深邃的思想、精辟的语言，豁然解开了我心中的疑虑，使我平添了几分底气和勇气。回去后，我们对广州市文化发展战略研究报告再次认真修改补充，正式提交市委。许士杰书记主持召开市委常委会，讨论并通过了这个报告，使其成为指导全市文化建设的一个重要文件。

两次登门求教，加深了我对任老的认识和景仰。此后，每当思想上、工作上遇到什么疑难困惑，我都主动找任老倾诉、请教。任老成了我的良师益友，我和任老成了一对忘年知己，开始了长达 20 年的交往。

……

让子孙后代记住任仲夷这个名字（节选）

杜瑞芝①

任仲夷同志离去，失去一位最真挚的同志，一位最敬重的良师益友，我感到很孤独，很失落，很悲痛！回顾过去我们之间无话不谈，开怀交心，使我获益匪浅。如今失去最可信赖的兄长，内心的痛楚，谁人知晓？！唯一能做到的是按照任仲夷同志的忠告，多读各家的书，多听各家之言，多想问题，继续发挥余热，又不患痴呆症。

仲夷同志是“立德”、“立言”、“立功”的楷模

在任仲夷同志病逝前两个多月的2005年9月初，广东省顾委联谊会，组织原省顾委部分老同志去华东参观学习，原定仲夷同志带队，我陪同前往。未料，仲夷同志患病住院，我成了领队。临行前的9月8日，我特地到医院看望仲夷同志。在华东各地12天，我天天挂念着仲夷同志。9月22日下午返穗，23日和月底，我又两次到医院看望仲夷同志，彼此亲切交谈。我还和仲夷同志夫人王玄，一起听医生讲述病情与治疗方案。10月18日我第三次去看望仲夷同志，他已转到重症监护室，谢绝探望了。据医生介绍，已请专家会诊，还看不准，

① 杜瑞芝，曾任中共惠阳地委书记，中共广东省委常委、省农委主任。此文写于2006年。

在观察。11月12日，我和老伴李秀文去看望仲夷同志。医生说，他病情严重了，仍在观察。此时，我还在想，仲夷同志那么乐观豁达，相信他会像以往那样战胜病魔，康复过来，我们又能天天见面，晚上一起散步聊天的。我万万没想到，3天后，仲夷同志竟然驾鹤西去，从此永别了。

在仲夷同志家，协助王玄同志办理丧事时，我无法克制住自己的情感，痛哭了一场。也就在这时，我接到《南方都市报》记者来电，要求专访，介绍和任老交往的详情和感受，我当即答应。然而，没过两天报社同志告知，采访任老的报道都不让发表了。对此，我深感遗憾。

仲夷同志说“我的一生很平凡”，这是他的谦虚，事实决非如此。可以这样说，打从1935年参加“一二·九”抗日救亡学生运动算起，仲夷同志长达70年的社会经历，可歌可泣。他长期担任地方领导职务，为党为国家和人民做了很多工作与贡献，积累了丰富的经验。特别是从1976年10月粉碎“四人帮”以来这个阶段，是仲夷同志人生历程中最辉煌的一段乐章。在拨乱反正的年代，仲夷同志就充分显示其在政治上、在大是大非面前，立场坚定不移，态度鲜明果断的大智和“舍得一身剐”敢为人先的大勇。早在1978年5月11日《光明日报》发表《实践是检验真理的唯一标准》重要文章，揭开思想大论战帷幕第三天，仲夷同志便着手撰写，随后发表题为《理论上根本的拨乱反正》这篇深刻论述“实践是检验真理的唯一标准”，批判“两个凡是”的文章。同年，他还发表了题为《解放思想是伟大的历史潮流》这篇针对性、战斗性更强的文章，提出“凡是被实践证明是正确的东西，就要坚持；凡是被实践证明是错误的东西，就要坚决纠正”。正因为如此，仲夷同志成为参加全国思想大论战、批判“两个凡是”、“跻身于地方大员领先集团之‘三甲’”。在改革开放的年代，在我国处于两个历史转折关头，仲夷同志均被赋予重任：一是在粉碎“四人帮”不久的1977年2月，他从黑龙江调任到被毛远新把持多年的辽宁拨乱反正、正本清源。期间，他冒着政治风险，伸张正义，为当代奇冤张志新平反昭雪，震撼全国。二是在1980年11月，他从辽宁调任到作为全国改革开放前沿和先走一步的广东担纲、领航，历尽艰辛，顶住压力，排除干扰，为坚定地贯彻落实党的十一届三中全会路线，实行特殊政策、灵活措施，奠定了坚实的政治思想基础，并开始搞活经济，为全国的改革开放带了个好头。我把仲夷同志的生平业绩，概括为“三立”，就是立德——树立良好的道德风尚；立言——

敢于和善于独立思考，坚持与时俱进，常有富于哲理和深度、令人信服的理论观点的创新；立功——千方百计为人民多办实事好事。仲夷同志是“三立”的楷模。

给“包”字之争画上句号

中国的改革从农村开始，农村改革则以“包产到户”突破。因此，对“包产到户”态度如何，是检验我们对中国改革态度的一块试金石。全国如此，广东也不例外。广东当时的情况怎样呢？应当说，相当复杂。主要是各级领导班子，特别是省委领导班子，对“包产到户”的认识分歧很大。在省、地和农口部门领导中，往往形成各唱各的调，各吹各的号。对农民，主要的、更多的是采取硬纠硬扭，越扭农民越不接受，搞“双包到户”和所谓单干的就越多。作为主管农口的省委领导，我在1980年省委召开的一次会议上说：“从1979年、1980年，同农民打了两年的拉锯战、消耗战。最后是两面都消耗，出力不讨好，没有解决问题。”

因为我支持农民“包产到户”，曾受到某些领导的责难，是有压力的。好在到了1980年11月，仲夷同志到任广东省委第一书记。众所周知，仲夷同志思想解放，很能坚持实事求是。仲夷同志到广东还不到两个月，在1981年1月22日省委召开的地市县委书记会议上讲话，针对农村承包的问题，表达了自己的意见。用搞了“双包到户”增产增收、经济发展、市场活跃等大量事实，说明农村形势的主流是好的，党同农民的关系更密切了；已实行“双包到户”的地方，只要群众满意，能增产，对国家贡献增多，就不要硬改过来。他强调对农村出现的新问题，要分清主流支流，不要把问题看得过重，甚至夸大，走回头路；又不要不重视解决，放任自流。大家反映是“右”了，就是你没有按照三种地区来搞，普遍的都搞开了，你不是“右”了吗？不是对号入座吗？在任仲夷看来，在这个会议上争论这个“右”，合乎不合乎中央文件精神，是争这个。任仲夷出来一番讲话，只要生产是增产了，只要群众是拥护，那么就不要去纠正了，不要再去扭转了，这才为“包”字之争，总算打上了句号。

诚然，此时仍有个别领导思想不通，甚至很不满意。据说听了仲夷同志的讲话后，有位县委书记忿忿不平地说：“原来任仲夷和杜瑞芝是一丘之貉。”这不奇怪，因为长期受到“左”的思潮影响，有人一时很难消除。但是，如要继续反对“双包到户”，已不成气候。

此后，争论还很多。“包”字之争解决后，到争一个“富”字，即允不允许一部分人先富起来；到争一个“商”字，即允不允许农民务工经商；到争一个“股”字，即允不允许农民搞股份制；到争一个“雇”字，即允不允许农民雇工，等等。其焦点是姓“社”还是姓“资”，是前进还是倒退，是战略措施还是权宜之计。在这些重大问题上，仲夷同志和我的观点不谋而合，完全一致，他不但支持，支持得比我还厉害。例如，在1982年时，广东对鱼、菜、果等已放开市场经营，部分专业户开始富起来了，“万元户”成为议论的热点，被患“红眼病”的人责难。仲夷同志和我都认为，专业户靠勤劳致富，完全正常，应当给予支持。因此，在省农委召开的一次专业户座谈会上，仲夷同志特地赶来讲话，他说：“‘万元户’不算富，富了还要富。”一语惊人，流传甚广，影响很大，给带头搞商品经济的专业户吃了“定心丸”。又如，关于冲破“雇工”这个禁区，更是令人难以忘怀。农民搞了包产到户，解决了温饱问题后，部分能人带头拓展生产领域，扩大经营规模，追求生活富裕，这样就在种植业、养殖业乃至加工业方面，出现了十分活跃的搞雇工经营的承包大户。他们在千家万户中起了推动商品生产、繁荣市场经济的示范带头作用。但是，党的十一届三中全会后一段时间的红头文件，如1980年中央75号文，还规定“不准雇工”。而承包大户都有一定的生产规模，当时“生产技术科学化、生产工具机械化、生产服务社会化”的程度很低，基本上靠手工操作，不准雇工，就不能扩大经营规模，承包大户也就很难存在了。所以，如同包产到户一样，对于“雇工”这个“不准”，更是一个严重的“禁区”，甚至可以说是个“雷区”。从某种意义上说，它是继包产到户后出现的另一场姓“社”还是姓“资”的尖锐论争。就因为这样，仲夷同志和我在支持承包大户发展过程中，曾遭受到现在看来完会没有必要的责难，但在当时却是不可避免的麻烦。我们碰到最棘手的一件事，就是如何对待陈志雄这个闻名全国的承包大户问题。

从仲夷同志和我当时的想法看，对雇工问题看得并不重。因为我们懂得，寻求生产要素的最佳组合，必须允许土地、资金、技术、劳力等多种生产要素的合理流动，必然会出现各种形式的联合，会出现各种形式的雇工；这个雇工，是在农民人人占有集体土地使用权的前提下进行的；是在农村实行包产到户出现了大量剩余劳动力以后出现的；这同旧社会农民的破产被雇，不能相提并论。据当年部分到经济特区的外来工反映，在这里干活一个月能赚几百块，比在家里不知要好多少倍。“你说雇工剥削不好，我情愿受其剥削”。这就是我国农村生产力不发达，而且各地经济发展很不平衡的客观现实。不能只为捍卫马克思主义的“纯洁性”，而无视这个活生生的现实。

那么，陈志雄的承包经营状况是怎样的呢？这位高要县沙浦公社沙一大队第六生产队社员，从1978年起搞承包经营，当年他承包8亩鱼塘放养鱼苗出售，没有雇工；1980年他跨越两个大队，投标承包鱼塘141亩，除放养鱼苗，还养大鱼、种茨实，夫妻俩参加劳动，雇请固定工1个，临时工400个工日；1981年他继续投标扩大承包，全年承包面积共497亩，有部分是别人投标转包给他经营的，主要是种茨实和养鱼，自身投劳两个，雇请固定工5个，临时工1000个工日；1982年他跨越4个大队，继续大面积投标承包，承包面积354亩，计划搞“茨实——水稻——鱼苗”轮作，拟雇请固定工两个，临时工1500个工日。

对于陈志雄这样搞承包经营，敢于解放思想、实事求是的高要县委和肇庆地委的主要领导，向来采取热情鼓励和积极支持的态度。省委有关部门以及省委领导，总的来说也是采取肯定态度。早在1981年初，肇庆地委办和高要县委办调查组，联合采写了《关于陈志雄承包鱼塘三百多亩的情况调查》，认为陈志雄这样做，“集体增加了收入，承包者也有所得益”。同年2月26日，省委办公厅将此调查材料加按语打印送省委领导同志参阅。既然如此，为什么陈志雄这样一个承包户会在全国引起激烈争论，而且惊动中央一位领导同志出面要广东制止、纠正，并通报全省呢？起因是1981年5月29日，《人民日报》发表《一场关于承包鱼塘的争论》一文，介绍陈志雄承包集体鱼塘的情况后说，此事有人赞赏，也有人提出疑问。争论的焦点是：“雇工算不算剥削？”“能不能跨队承包？”为此，《人民日报》开辟《怎样看待陈志雄承包鱼塘问题？》专栏，开展讨论，至同年8月30日，历时3个月，共发表21篇讨论文章，最后以发表北京读者佘大奴、黄克义题为《进一步解放思想、搞活经济——对陈志雄承包有争论的两个问题的看法》的文章，作为讨论总结。该文对“能不能跨队承包”问题，作了肯定回答。对于“陈志雄雇工算不算剥削”，认为“陈志雄的收入比其他人高，主要是多劳多得的表现，是无可非议的”。

但是，事情并非到此了结。1982 年 1 月，在昆明召开的全国农业生产责任制问题讨论会上，印发了广东社会科学院经济研究所两位同志写的一份调查报告，认为陈志雄的大户承包已经不是以个人劳动为基础的经营，而是以雇佣劳动为基础的大规模经营，其资本主义性质是明显的。而且，随着这种经营的发展，出现了一系列值得注意的问题：一、社员之间的关系逐渐起变化。大户承包一发展，其他社员就被挤在一个越来越小的空间劳动，有些农民甚至被迫失去土地，只得外出谋生，或者当承包大户的雇工。承包大户则借此发了财。二、生产队收入的性质起了变化。随着这种包金收入在生产队总收入中的比重越来越大，按劳分配就失去了基础。三、冲击粮食生产。对这份上了“资本主义性质”大纲的调查报告，新华社记者以《广东沙浦公社出现一批以雇佣劳动为基础的承包大户》为题，于 1982 年 1 月 17 日登在《国内动态清样》上，引起中央领导重视，作了批示。耀邦同志在“内参”登出当天，即 1 月 17 日作了如下批示:“请润生同志注意并提醒广东省委。”润生同志 1 月 19 日批示:“瑞芝并仲夷同志此事请酌处。”一个是“请注意并提醒”，一个是“请酌处”，这种温和、商量的语气，有利于下面实事求是地对待问题。然而，在 1 月 18 日，有同志所作的批示，就大不相同了。他给仲夷同志的信抄送耀邦、万里同志和国家农委各一份，是这样写的：“附上材料一份，不知确实性如何。如果属实，不知省委怎样看法？我个人认为，按这个材料所说，就离开了社会主义制度，需要作出明确规定予以制止和纠正并在全省通报。事关农村社会制度的大局，故提请省委考虑。”下发这个批示，无疑是下了一道讨伐“雇工”令！

这些批示信发到仲夷同志和我手里，虽然我们对批示中吓人的话不以为然，但一方面作为下级要遵守服从上级的组织原则；另一方面为了进一步弄清事实真相，任仲夷批给我叫我组织农委的人下去调查，并于同年 4 月 22 日，我签发了以广东省农委致省委并报国家农委《关于陈志雄承包经营的情况报告》。报告通过摆事实、讲道理，首先肯定陈志雄开创了专业承包先例，对承包双方均带来好处。强调“这种承包方法和经营方式，就其经济效益来说，比原来‘吃大锅饭’的集体经营要好，这是发生在特殊的历史条件下产生的效益”。其次，针对省社科院经研所两同志所说的沙浦公社“出现了一批以雇佣劳动为基础的承包大户”，作了重要更正，经营者也是劳动者，亲自劳动的，被雇佣的人并不是一无所有的农民，是劳动力，不是当做商品去当雇工的，他是来学技术的，从这个角度回答了这个问题，另外农村自古以来一直有农忙农闲互相请帮工的情况存在，临工不是资本主义性质的。值得庆幸的是，仲夷同志和我自始至终对农村雇工经营未作出任何规定予以“制止”和“纠正”，更未向“全省通报”，因而也就未对全省专业大户承包经营和农村商品经济蓬勃发展带来任何负面影响。调查了、报告了以后，在一次中央的座谈会上，提起了陈志雄的问题，当时的中央领导讲了“四不”的原则，也就是不戴帽、不表扬、不报道、不搞尾巴。

仲夷同志“一进宫”、“二进宫”顶风前进

身为同一届省委领导班子成员的我，感到仲夷同志处理广东农村经济体制改革中面临的棘手问题，得心应手。但是，对于贯彻落实中央关于广东实行特殊政策、灵活措施的重大决策，仲夷同志和广东省委“一班人”驾驶着这艘“先驱号”航船，开辟一条前人从未驶过的航线，做到改革开放真正先行一步，并非一帆风顺。因为遇到上下左右压力很大；同级告状，左右干扰，特别是来自上边的压力。所以，仲夷同志差一点过不了关。这是从我于1982年2月参加中央召开的广东、福建两省座谈会（我把它叫做“一进宫”会议），以及后来仲夷同志和我多次交谈中，所得出的真切体会，使我深深懂得仲夷同志为改革开放用心良苦，懂得作为“班长”的他工作艰辛。

这是仲夷同志调任广东后，面临着改革开放以来最大的一次冲击。1982年1月11日，中共中央发出《紧急通知》，要求在全国开展严厉打击走私贩私、贪污受贿等犯罪行为。起因是中央一位领导同志看到中纪委一份报告，反映广东省的一些干部甚至担负一定领导职务的干部，有极其严重的走私贩私的犯罪行为。这位领导同志随即在报告上写了极为严厉的批语，并且认为中央纪委的报告反映的问题，是严重毁坏党的声誉、关系到党的生死存亡的重大问题，全党全军全国必须极端地重视，雷厉风行地加以解决。通知虽然是向全国发出的，

但事因广东而起，广东当然首当其冲，是重点之重点。同年2月，我有幸参加了中央召开的广东、福建两省座谈会，听到了会上严厉地批评广东，也听到了对广东的改革开放存在着各种各样的看法和非议。由于对会上的议论，别人已作过详细介绍，我就不必赘述了。

……

就在这种极为复杂的形势下，在广东的改革开放存在着各种各样的看法和非议中，仲夷同志是怎样正确传达贯彻"一进宫"和"二进宫"中央领导的指示精神的呢？原来，仲夷同志早有思想准备。他对我说，在中央召开第一次两省座谈会后，我就深感如何传达会议精神的为难。如若是不将上头各位说的都传达，会违反组织原则；如若是把上头各位说的和盘托出，那就很有可能造成思想紊乱，后果严重。究竟怎样传达好呀？他向耀邦同志作了请示。请示时，他特别向耀邦同志汇报说："现在，就在珠海码头附近'文革'中的'千万不要忘记阶级斗争'的大字标语还未刷掉，澳门那边看得清清楚楚。如果我们这次又提出这一个口号，恐怕更会引起港澳和海外的疑虑，也会引起内地的人，怀疑我们的政策变了。"耀邦同志回答得很干脆："哪些话可以传达，哪些话不可以传达，由你自己定。"我认为，仲夷同志真明智。明智之一在于他这一步棋走的实在好：因为有了耀邦同志的尚方宝剑，他就获得了如何传达的选择权；明智之二在于具有"特区情结"的他，非常珍惜上级特许的这个权力，懂得传达的内容如何"扬弃"。正因为如此，在1982年3月20日至4月3日，省委用15天召开的省、地、县三级党政主要领导干部会议上，仲夷同志传达两省座谈会精神时，对那些不利于广东改革开放，不利于在广东实行特殊政策，甚至容易引起党内外思想混乱的话他都没有传达。当时有中央领导建议要对存在问题进行大辩论，以统一认识，广东省委也没有采纳。因为仲夷同志经过慎重考虑，认为搞一次大辩论，就会出偏差，弄不好就像过去政治运动一样，上纲上线，乱抓辫子，乱扣帽子。他认为，既要清醒地认识到经济犯罪问题的严重性，又要清醒地看到执行特殊政策和灵活措施的成就。在这期间，他还果断地提出"三个坚定不移"，即打击经济领域中的严重犯罪活动，坚定不移；实行对外开放和搞活经济，坚定不移；执行让人民群众富裕起来的政策，坚定不移。为避免"一活就乱"、"一管就死"的恶性循环，仲夷同志在这次会上，将过去提出的"对外开放，对内搞活，越活越管，越管越活"的16字方针，改为“对外开放，对内搞活；思想先行，管要跟上；越管越活，越活越管”的24字方针。也就在这期间，仲夷同志还提出了著名的执行“排污不排外”的方针。在全省三级干部会议前，有不少干部估计这一定是“杀气腾腾”的会，许多县委书记都准备在会上作检查、挨批评。而仲夷同志在这次会议的开场白就说：这不是一次杀气腾腾的会，而是热气腾腾的会。他在代表省委做的报告中说，广东工作中出现的问题省委要承担责任，我作为第一书记，更要承担领导责任，并且检讨了自己的失误。对下面的干部，强调只要不搞违法乱纪的犯罪活动，工作上还是允许犯错误的；对干劲足、闯劲大的干部应予鼓励。结果，广大干部担心出现的像过去搞政治运动那样人心惶惶、“杀气腾腾”的状况并没有出现，而是保持着“热气腾腾”、“朝气蓬勃”的局面。仲夷风趣地对谷牧说，我只改了一个字，把“杀”字改为“热”字，结果就热起来了。仲夷同志这样做，保护了一大批干部，并在打击经济犯罪与实行对外开放、搞活经济两个方面都取得了显著成绩。

实践充分证明，具有政治远见和坚定信念的仲夷同志，紧紧依靠省委领导班子和全省广大干部群众的智慧和力量，克服种种艰难险阻，乘风破浪，终于把改革开放“先驱号”航船，驶向胜利的彼岸，为广东的改革开放史写下了极其辉煌的一页，并为推进全国的改革开放树立了榜样。仲夷同志能在复杂多变的形势下，审时度势，从容面对，敢于和善于“扬弃”，既不“偏听偏信”，又不“矫枉过正”。仲夷同志的头脑总是那么清醒，思想总是那么解放，态度总是那么坚定。故此，仲夷同志没有辜负耀邦同志书赠武侯祠联，特地将“蜀”字改为“粤”字，寄语“后人治粤要深思”的期待，没有辜负小平同志提出的“要杀出一条血路来”的重托，不愧是一位慧眼独具、胆识过人的改革家和政治高手！

忆任仲夷同志指引东莞走过的改革之路

李近维①

“改革开放，勇当先锋；自由民主，高举大旗；南天一柱，世人景仰；仲夷同志，永垂不朽。”深受爱戴的任仲夷同志离去时，我读到这副来自北京的老同志饱含深情的挽联，深感共鸣。

时间飞逝，任老离去已经八年了，他的音容笑貌至今历历在目。论年龄和资历，我都是晚辈，但在多年的接触中，我和任老可说是成了忘年之交，无论在工作中碰到疑难，还是在思想上感到困惑，向任老请教已成了我的习惯。

尤其在我主持东莞工作期间，任老从领导岗位退下来以后，这样的耳提面命和促膝长谈更加多了起来。任老的坚定信念、远见卓识、精辟见解和政治智慧、领导艺术，在许多重大和关键的问题上对我的启迪、指导和鼓舞如甘露入心，醍醐灌顶，使我获益良多。回想东莞改革开放和现代化建设走过的历程，我们更深深怀念任老的亲切关怀和指导。

富民思想先声夺人

我最初知道任仲夷同志是在打倒“四人帮”之后。当时“文化大革命”结

---

① 李近维，曾任中共东莞市委书记、广东省人大常委会副主任。

束不久，万象更新，党的政策开始全面调整。担任辽宁省委第一书记的任仲夷同志率先以实事求是的态度和过人的胆识，为张志新同志等一大批蒙冤的干部群众平反，在全国引起很大反响，也使我万分钦佩。我当时担任东莞县委副书记兼县委、县政府办公室主任。在党和国家的工作重点向现代化建设转移的新的形势下，我们特别注重了解和收集全国各地的经验和做法。从中央机关一些到东莞调研的同志口中，我们听说了任仲夷同志在东北帮助农民致富和灵活变通加快发展的经验，从报刊上我也不时看到有关任仲夷同志亲民富民的报道。在经受多年"富则变修"的极左思想困扰以致"谈富色变"的年代，听到任仲夷同志理直气壮地大谈"一心一意搞四化，千方百计富起来"，"革命的目的，第一步是要领导人民由奴变主，第二步是要领导人民由穷变富"，"要允许一部分地区、一部分人先富起来"等新鲜思想和言论，简直如雷贯耳，令我大为振奋。

那时候，东莞县正筹备召开第四次党代表大会，由我负责起草大会的工作报告，从各种渠道获取的任仲夷同志关于富民的论述就像及时甘露，成了我们更新观念的源泉。为了清除极左思想的流毒，更好地贯彻邓小平理论和中央、省委的指示精神，在报告起草的过程中，我们结合东莞实际，对任仲夷同志的富民主张如饥似渴地消化吸收。东莞县第四次党代会通过的工作报告，能明确提出"使农民由穷变富"、"各级党委要以百分之八九十的精力放在如何使农民富裕上面"、"农村工作的指导思想，就是要千方百计尽快使农民富裕起来"，等等，并从此一直贯彻富民的思想，任仲夷同志的言行给了我们很大的启发，成为我们效仿的榜样。富民思想明确坚定，是任老给我的第一印象。

激流勇进航向坚定

任仲夷同志的过人之处不仅在于正确理解和把握党的路线、方针、政策，尤其善于从实际出发，因时、因地、因事制宜地创造性地去贯彻执行。只有像他这样大智大勇，无私无畏，对党和人民的事业高度负责，才能不负重托，在改革开放的前沿"杀出一条血路来"。

1982 年，改革开放进入第 4 个年头，经济建设和各项工作都取得显著成就。但在经济政治生活中也出现一些问题，走私贩私、贪污受贿、投机诈骗、盗窃国家和集体财产等严重犯罪活动明显增加，在少数地区甚至相当猖獗。为此，1982年1月至4月，党中央、国务院连续发出了几个关于打击经济领域中严重犯罪活动的文件，还召开了广东、福建两省座谈会。由于多年受极左路线的影响，基层干部和人民群众对过去"左"的一套仍心有余悸，因而产生了种种疑虑，集中到一点，就是怕改革开放的政策变。

为了正确贯彻执行党的政策，1982年4月，广东省委召开三级干部会议，任仲夷同志作了重要讲话：打击经济犯罪活动坚定不移；对外开放和对内搞活坚定不移。

5月5日,任仲夷同志到达东莞,检查贯彻落实中央、国务院《决定》的情况。他白天视察工厂、农村，晚上听情况汇报，要求我们一定要认真学习贯彻党中央、国务院《决定》精神，把打击经济领域中严重犯罪活动的斗争搞好，同时强调经济建设这个中心不能变。

针对干部群众怕政策变的思想，任仲夷同志说："我们党的对外开放和对内搞活的政策，决不会由于打击严重破坏经济的罪犯而发生改变和动摇。"他通过解释党中央、国务院《决定》的精神，打消我们的疑虑说："对于打击经济领域中严重犯罪活动这项任务，《决定》是提重大任务而不是提中心任务，因为中心任务只能有一个，就是经济建设。在时间上提'打击经济领域中的严重犯罪活动，是今年也是今后长时期内全党的一项重大任务'，说明这是长期性的工作。"

任仲夷同志深刻地指出："开展这场斗争有两条要注意：一条是三中全会以来实践证明是正确的东西要坚持下去，一条是错了的要坚决改正。错了不改是错上加错，该坚持的不坚持也是错误的。改正缺点错误一定要坚决，但在改正缺点错误的时候千万不要把正确的东西也丢掉了。"

任仲夷同志特别强调要加强思想教育，他说："除了对严重破坏经济的罪犯要狠狠打击外，对于大多数干部群众来说主要着眼于教育。'悟已往之不谏，知来者之可追。实迷途其未远，觉今是而昨非'嘛！""要向干部群众讲清楚，打击经济领域中的严重犯罪活动是坚定不移的；实行对外开放和对内搞活经济是坚定不移的；执行让群众富裕起来的政策也是坚定不移的。但是，这个富，不能靠走私贩私，而只能是劳动致富，兼顾国家、集体、个人三者利益致富，走社会主义道路致富。”

任仲夷同志的谆谆教诲，使我们拨开了迷雾，明确了方向，坚定了信心，防止在执行政策中从一个偏向走到另一个偏向，影响深远。他提出的“三个坚定不移”和“三个致富原则”深入人心，因而在坚持改革开放和坚决打击严重经济犯罪活动中，东莞的干部群众一直有相当好的思想基础，一直走在比较健康的发展轨道上。2003年春胡锦涛在视察东莞时，对东莞一直以来坚持打基础、办实业、走正道给予了充分的肯定。回头想来，这其中曾经倾注了任仲夷同志大量的心血。后来，我们逐渐得知，任仲夷同志在当时承受的压力是相当大的，可他从来没有退缩，而是激流勇进。作为改革开放的中流砥柱，他是当之无愧的。

为工业化蓝图把关定向

任仲夷同志思想解放，视野开阔，勇于探索，支持和鼓励干部群众敢想、敢干、敢闯。在东莞发展的关键时期，他给了我们极大的信心和重要的支持。

1984年春，我接任东莞县委书记，感到担子很重。这时东莞的经济已经有了一定的基础，如何进一步推进改革开放、加快发展的步伐？能否不失时机地从农业社会迈向工业社会？在我苦苦思索还拿不定主意的时候，这一年任仲夷同志两次来到东莞，他对东莞发展方向的一系列指示不啻给我“面授机宜”。

任仲夷同志鼓励说：“这两年东莞的经济发展得很快。我曾跟外地来广东参观的同志说，不但要注意到南海、顺德、中山，还要注意一个东莞。”“希望东莞发展得更快一些，东莞要争取成为‘东冠’。”我们汇报了发展的构思：大力调整经济结构和产业结构，向农村工业化进军，在今后几年内，从农业转移70%以上的劳动力搞工业和服务业，逐步实现农村城镇化，城乡一体化。

任仲夷同志充分肯定了我们的规划，他说：“在我国要解决八亿人搞饭吃的问题，要争取做到三亿人搞饭吃，其余的人去搞工业和其他各行各业。要继续抓好改革和对外开放工作，使经济建设迅速发展。”

东莞推进农村工业化是从“三来一补”起步的，当时社会上对“三来一补”的非议比较多，有的人担心这会请来了资本主义；有的人担心产品、技术都是人家的，他们走了怎么办？有的人对“三来一补”看不上眼，认为是“满天星斗不见明月”。而在实践中，我们感到从“三来一补”起步很适合东莞当时的情况。对此，任仲夷同志给我们鼓劲，他强调东莞的发展路子一定要从东莞的实际出发，“第一，要继续搞引进，‘三来一补’要继续搞，只要是对我们有利，又没有什么风险的，就可以搞，我们有的是劳动力嘛！个别项目也可能会遇到一点问题，那也不能因噎废食。第二，不能光搞‘三来一补’，还要充分利用当地资源，就地取材，就料加工。现在有人担心那些搞来料加工的工厂，以后人家不来料怎么办？这也不要紧，外商、港方不来料，我们有了设备和技术，就可以自己搞。第三，发展社队企业要尽量避免盲目性，要发展那些原材料有来源，产品有销路的项目，还应注意多发展那些不冒烟的工厂，比如编织、刺绣等。第四，发展社队企业需要有人才，没有人才不行，如本社本队没有，可以到外地去雇请。”

任仲夷同志指示我们，“要实现农村工业化，必须搞好城镇规划，搞好能源、交通、通信等基础设施建设”。在视察江南大桥工地时，他还特别嘱咐要搞好东江两岸的规划和建设，河边不要乱盖房子，可以建沿河公路，绿化美化。大桥要装上桥灯。

在任仲夷同志的大力支持和具体指导下，东莞从农业社会迈向工业社会的发展思路就此确定了下来。1984 年 9 月，东莞县第五次党代表大会响亮地提出向农村工业化进军。从此，东莞在建设有中国特色社会主义道路上不断加快农村工业化和农村城市化的步伐。经国务院批准，1985 年 9 月东莞县改为东莞市，1988 年 1 月升格为地级市。目前，东莞 90% 的农民实际上已转移到工业和第三产业，并吸收了全国各地数百万人在这里就业，80 年代中期 110 多万人口的农业县现在已经成为千万人口的工业城市。东莞今天的发展成就与任仲夷同志当年高瞻远瞩，为东莞工业化前景把关定向是分不开的。

要科学发展不要“硬发展”

任仲夷同志的思想解放是由于他崇尚实事求是，一切从实际出发。他支持我们敢闯敢干，同时又非常注重研究经济规律，要求我们必须按经济规律办事。

1993 年，不少地方不同程度地出现经济过热现象，有的不顾客观条件，大搞开发区，盲目举债，高息集资，当时我在惠州市工作，深感问题严重，但还来不及解决。1994 年春我又调回东莞工作了，这时，东莞的经济比我 1988 年离开时已经有了很大的发展，但高息集资的风险问题同样也存在。当我布置迅速清还高息集资款、降低集体资产负债率、防范经济风险时，遇到了阻力，有些人说这样做太保守，是思想不解放。

这时，东莞市第九次党代表大会也在紧张的筹备之中，为了把握好前进的方向，我又叩开了任老的家门。我半开玩笑地对任老说：上次您给我“批发”的已经“零售”得差不多了，现在又要“提货”了。任老谦虚地说：现在不是你来“提货”，而是我要向你们“提货”了，你们工作在第一线，手里都是鲜活的东西，你不“批发”给我，我的脑子就空了。

转入正题后，任老肯定地说：“搞社会主义建设，必须遵循社会主义基本经济规律，违反这个规律，必然要受到惩罚。”他回顾了过去的教训：那时讲“人有多大胆，地有多高产”，要在一年内“钢铁翻番”，大搞土法炼铁，大放“卫星”，等等，干了许多劳民伤财、徒劳无益的蠢事，不按社会主义基本经济规律办事，后果非常严重。

任老指出，“对发展的数字也要科学地看。新中国成立以后，从数字统计上看，我们的经济增长速度在世界上属于最快的国家之一。但我们国家现代化程度提高得并不快，人民生活还很贫穷，在改革开放前，有些地方甚至比 50 年代还有所下降。原因虽然有多方面，但重要原因之一，就是没有自觉地按照社会主义基本经济规律办事，生产目的不够明确。”

任老说：“发展必须讲求效益，全面发展，协调发展，可持续发展。那种不顾客观条件的盲目发展，最终只能阻碍发展，破坏发展。发展的确是硬道理，但客观规律却是更硬的道理。违反客观规律，硬发展是没道理！”

任老的一席话掷地有声，道出了经济建设和社会发展必须遵循客观规律的真理，使我茅塞顿开，打消了顾虑，明晰了东莞进一步发展的思路。于是，1994 年 10 月东莞市第九次党代会确定：推动“第二次工业革命”，从劳动密集型工业向技术密集型工业转变，从粗放型向集约型转变。同时，全面加强管理，抓紧清还高息集资和高息贷款，降低集体资产负债率。由于把加快发展和加强管理统一起来，防范化解金融债务风险的工作做在前头，在亚洲金融风暴中，东莞始终保持经济风险为零。中国人民银行调查组称赞东莞为“金融安全区”，外商赞誉东莞是金融风暴的“避风港”。经济素质的提高与产业结构优化升级相互促进，以电子信息产业为龙头的制造业名城迅速崛起。从 1994 年到 2001 年，东莞国内生产总值年均增长 26%，外贸出口年均增长 25%，城乡储蓄存款年均增长 29%，预算内财政收入年均增长 38.4%。回顾这段工作，我们深深体会到遵循价值规律的重要，更深深感念任老的警示和指教。

斯人远去，但他的人格精神和思想财富永远留给了后人。综观任仲夷同志的一生：在国难当头民族危亡的年代，作为一二·九运动中的热血青年，他走在抗日救国的前列；在改革开放和追赶世界的年代，他思想解放，勇于创新，仍然走在时代的前列。年轻时，他思想进步，努力探索救国救民的真理；年老时，即使已届 90 高龄，仍然忧国忧民，思维敏捷，对世界潮流和国家大事了然于胸。在位时，他作为中国改革开放前沿的主政者，以远见卓识和高超的领导才能，领导开创改革开放和经济发展的丰功伟业；退休后，仍然扶掖关怀后生晚辈，继续为党和人民做着有益的工作。生前，他受到人们真诚的尊敬；身后，他被众人深切怀念。一个人，要做到这一切，是多么不容易！

我们知道，任老不仅在经济体制改革方面有很多真知灼见，在社会主义民主与法制建设和推进社会主义政治体制改革方面，也有许多深刻的思考和见解。这些思想，有的已经在实践中取得显著的成效，有的还有待于我们进一步探索和发展。任老生前未了的心愿，尚待我们后人努力和共勉！

任仲夷同志永远活在我们心中

方 苞[1]

任仲夷同志是德高望重的老领导，虽然离开了我们，但音容宛在，他崇高的形象永远活在我们心中。他主持广东工作时，坚持实事求是的思想路线，善于把中央精神与广东实际相结合，在复杂困难的环境下开创广东改革开放新局面；他退居二线和离职休养以后，仍然关心党的建设、现代化建设、民主法制建设和国家的长治久安，善于把握时机，针砭时弊，继续奉献出自己的政治智慧；他解放思想、高瞻远瞩、胸怀大局、着眼未来的政治家风度；他执政为民、廉洁自律、勇于承担责任、真诚待人、平易近人的公仆形象；他学而不厌、诲人不倦、凡事顺乎自然、遇事处之泰然、静静地来、悄悄地走，面对生老病死乐观豁达的人生态度，等等，都是留给我们的宝贵财富，是我们学习的榜样。

一

仲夷同志是在广东改革开放初期关键时刻调任广东省委第一书记的。他和省委一班人在党中央、国务院的领导下，带领各级干部和全省人民排除“左”的思想干扰，冲破旧的经济管理体制的束缚，使广东的改革开放和现代化建设，

① 方苞，曾任中共深圳市委书记，中共珠海市委书记，中共广东省委常委、秘书长。

迈出历史性跨越的关键一步。

从 20 世纪七八十年代开始，中央连续发出 50 号文和 41 号文，让广东、福建两省实行特殊政策、灵活措施和试办 4 个经济特区，要求两省在对外开放和改革旧的经济管理体制先行一步。由于长期特别是十年“文化大革命”极左的影响，当时干部思想滞后；旧的经济管理体制又盘根错节，根深蒂固，在全国实行旧的经济管理体制的情况下，局部地区要在探索新的管理体制中先行一步，绝非易事。有了中央的“尚方宝剑”，这一地区的主要领导人是否具有“杀出一条血路”的胆识、战略思维和领导才能，能否团结一班人带领广大人民群众披荆斩棘、奋勇前进就至关重要了。仲夷同志被中央选拔到广东挑此重担，实践证明是非常合适的。

仲夷同志 1980 年 11 月到广东上任，做的第一件事是用中央精神统一领导骨干思想，同时深入调研，了解实际情况。他传达中央领导同志指示时就指出：“中央给了我们这样大的权力，现在就看我们敢不敢用这个权力，会不会用这个权力。我们应当大胆使用它，而且学会善于使用它”，“要组织力量深入进行调查研究，在弄清情况的基础上，大胆调整政策，解决问题。总之，特殊政策要真特殊，灵活措施要真灵活，先走一步要真先走，不然还是空的”。

会后，他带头深入基层调查研究。从 11 月 23 日起，他轻车简从到深圳、珠海两特区。当时我是深圳市委副书记，分管农业、政法两战线，有机会陪同他到沙头角镇及附近边境地区调研。当时沙头角镇及附近边境地区对外开放已先行一步；率先恢复过境耕作和开展小额贸易；社员收入大幅度增长，1978 年人均收入 100 多元，1979 年户均收入 5000 元港币，1980 年翻了一番，户均收入 1 万元港币；每户都住上小洋楼。仲夷同志听后特别高兴。他对恢复过境耕作和小额贸易特别感兴趣。农民种的菜过去是交售给外贸部门出口的，收购价格每斤只有一角几分钱，实行小额贸易后，卖给香港菜栏每斤可得几元港币。过去人们养鸡数量不多，常遇鸡瘟，过境耕作后，有的人在香港办鸡场，一户养鸡超万只。仲夷同志指出：为何那边能办得到的事，这边却办不到？主要是政策问题和体制问题。当然，首先要解放思想。

后来，我在省的会议上多次听他说过：“广东实行特殊政策、灵活措施，必须解放思想”；“解放思想的基本要求是敢于实事求是，敢于从实际出发，研究新情况，解决新问题”；“解放思想，需要有勇气，需要有马克思主义的坚定性”；“陈规旧套不足法，流言飞语不足畏”；“为了进一步解放思想，必须注意研究新经验，学习新知识”；“从有利于调动各方面的积极性着眼，积极进行经济体制改革”；“在改革和灵活方面，我们要多下一点功夫，步子再迈大一些”；“我省贯彻特殊政策、灵活措施的一些做法，概括为对外开放，对内放宽，对下放权”；“在对下放权方面，要减少办事的中间环节和审批手续，要求各部门进行调查，具体研究哪些中间环节可以砍掉，我们要求给各级以办事和解决问题的权力”；“在试办特区工作中，要把视野放宽一些，想得更远一些，步子迈得更大一些，使特区真正‘特’起来”；“应该对外更加开放，对内更加放宽，对下更加放权”。他还提出对中央的政策要用准、用足、用活，要像“变压器”或“变电站”那样，在执行上级政策和指示时，经过“变压”，使之适合本地（系统、单位）实际，不要仅起“漏斗”作用。他提出允许“变通”，不许“变相”，也就是说，在不违反中央精神的前提下，可以根据实际情况灵活处理，把事情办通、办得更好。他的这些言论，对于我们加深对中央精神的理解，消除顾虑，敢于把中央精神与本地实际结合，具有重要的推动作用。

实践是检验真理的唯一标准。人民群众在生产实践中是否有新的重大突破，是检验该地区党政领导人的思想观念、方针政策和管理制度措施是否正确的试金石。仲夷同志到广东后推动工作的力度和效果，特区的实践最有发言权。过去，外贸部门按全省统一价格收购鲜活农产品，香港市场价格高，外贸收购价低，虽然基层干部反复动员农民多种多养多交售，为国家多做贡献，但生产还是发展慢，农产品还是收购不上来。外贸部门曾把每斤优质荔枝的收购价从1角提高到1元，效果明显，收购数量大增，既为国家多创汇，老百姓也增加收入，但省有关部门批评他们违反物价政策，通报批评。仲夷同志在省直机关开展思想解放教育以后，情况有了很大转变，有关部门允许我们自定收购价格了，促进了生产发展，外贸收购鲜活农产品出口数额连年猛增。又如，深圳特区创办后，城市人口猛增，蔬菜的出口和内销发生了矛盾，负责出口的食品出口公司与负责内销的果菜公司竞价收购，创汇成本和内销价格急升，群众反映强烈。1983年我们试行外贸体制改革，把食品出口公司的果菜收购出口业务移交负责内销的果菜公司统一经营，创汇任务也转由果菜公司承担，以出口创汇补内销亏损，既有利于平抑内地市价和降低创汇成本，还有利于增加农民收入，减少财政补贴，一举数得，省有关部门不予干涉，给予支持。同时，省放权搞活以后，宝安县农村也运用“以进养出”的方法，引进外资挖鱼塘养鱼出口，引进良种鸡苗、饲料、设备，活鸡出口量从1978年的4万只发展到80年代初期的60万只，中期的600万只，后期的1000万只。由于减少审批环节，农村的“三来一补”（加工贸易）发展也很快。宝安县从零开始，到1994年已有“三来一补”企业和“三资”企业1万多家，外资实际投入42亿美元，工业品出口7亿多美元，年工缴费为4.65亿美元。广东城乡生产力的迅猛发展，证明仲夷同志把中央精神与广东实际相结合的做法是正确的。

二

世界事物总是在矛盾不断产生和解决的过程中发展的。能否正确认识和解决矛盾是考验一个地区领导者马克思主义水平的主要标志。广东实行改革开放初期，沿海地区刮起一股走私贩私、贪污受贿的歪风。其实走私问题呢，也开始有一些，特别是沙头角，因为它是没有边界的，所以沙头角内的一条街，那一边是英界，这一边是我们，人可以来来往往，英界那边呢，东西很便宜，到沙头角参观的人都到那边买东西，买了就带出海关来，所以一进沙头角，买一点水果，买一点衣服，这个都是小点东西，有一些也买手表，有一些也买一点值钱的东西，逃避海关的检查；也有一些人，没有工作的，他就去那里，天天走，一天走十次八次，就买一点尼龙袜、衣裳啊，拿三两件，海关看也很小，也不管他，他跑的次数多，变成了群众性的，有一点像蚂蚁搬家，我们当时也知道这些情况，但觉得都是一些生活品，关系不是很大。中共中央于1982年1月发出紧急通知，2月中旬召开广东、福建两省省委大部分常委参加的座谈会，布置打击走私贩私、贪污受贿犯罪。一周后，中央领导同志又请仲夷同志到京面谈如何落实中央指示精神，广东干部称之为“二进宫”。3月1日中央批转《广东、福建两省座谈会纪要》，后又发出《关于打击经济领域中严重犯罪活动的决定》。大家深知省委承受的压力太大，担心会层层加码，不少同志存在一些思想顾虑，有的担心“刚放一点就收了”；有的怕搞运动，扩大化，错伤无辜；有的因本地问题较多怕承担领导责任。省委如何贯彻落实中央精神，一时成为上下左右关注的焦点，有的预测可能会“杀气腾腾”，有的还准备作检讨，挨点名批评。

4月，省委召开三级干部会议，仲夷同志做了一个高水平的报告。他首先肯定我省各级干部为国家建设和改变广东面貌所作的贡献，并为近年出现缺点错误承担了责任。他说："责任在省委"，"在省委里面，又主要应当由我对这些问题负责"，"没有引起足够的重视，很不清醒"，"把经济搞活讲得多，如何管得严一些，则讲得少，缺乏得力措施"，"见事迟，有些事情抓得晚了。"他的报告既引导大家认识走私贩私、贪污受贿、经济领域严重犯罪的严重性和危害性，强调反对“三特”（特权、特殊化、特殊党员），坚持“三更严”（纪律更严、执法更严、管理更严），要求党员干部“三个一”（在政治上和党中央保持一致，在工作上一丝不苟，在经济上一尘不染）。同时，又强调“三个坚定不移”（打击经济领域和其他领域犯罪活动坚定不移，实行对外开放和搞活经济坚定不移，执行让人民群众富裕起来的政策坚定不移）。实事求是地分清思想界限、政策界限和应负的责任，避免了一部分干部因怕负责任而把刚刚放开的手脚又束缚起来。到会同志都说这个会议开得热气腾腾。从“杀”气腾腾变成“热”气腾腾，仅一字之差，反映了仲夷同志和省委一班人善于“变压”。会后的实践证明，省委既坚决贯彻落实中央精神，统一了认识，依法严惩了极少数贪污受贿和严重经济犯罪人员，基本遏制住走私贩私歪风，又保护了广大干部群众改革开放的积极性，避免了大的折腾，不会因为出现走私贩私歪风而错失历史发展机遇。若干年过后，人们在谈论广东改革开放初创时期这段历史时，都对仲夷同志的思想、政策水平、领导才能表示由衷的敬佩。

三

仲夷同志退居二线和离职休养以后，仍然践行一个老共产党员为党和国家事业奋斗终生的誓言，在生命的最后20年间，他继续运用一辈子勤奋好学所获得的渊博知识，理论联系实际和善于思考分析所积累的真知灼见，以及长期从事党政领导工作实践形成的政治经验和较高的马克思主义水平，在关键时刻，及时对改革开放和现代化建设若干重大实践问题和理论问题，发表切中时弊的见解。他为党的事业、国家的长治久安和经济的持续、健康发展作出贡献。在他的诸多论述中我印象较深的有四点：

1.关于主要是防止"左"的问题

他于1987年接受记者采访时谈到：从党的历史来看，"左"的错误曾几度居主导地位，它每次所造成的危害都十分严重。由于"左"的倾向长期以来没有得到清算，以致"左"的影响越来越深，最后发展到登峰造极，就是十年内乱，终于酿成使党与国家和人民遭受严重灾难的大悲剧。就全党、全国范围来看，"左"的倾向依然是前进的主要思想障碍，必须作出极大的努力，进一步加以清除。不允许借反对资产阶级自由化，来贬低改革，甚至否定、反对改革。

1997年他在党的十五大广东代表团发言，对小平同志"中国要警惕右，但主要防止'左'"的观点又作了深刻阐述："小平同志在反对'左'和右两者倾向的问题上，不是同等对待的，他强调的主要是防'左'。这是基于党内、国内情况的深刻了解，经过深思熟虑提出来的。""我们党几十年犯的错误，主要是'左'的错误，'左'的影响根深蒂固，党内不少同志长期以来都以为'左'是方法问题，右则是立场问题，怕右不怕'左'的恐右病至今还束缚许多干部的思想和手脚，所以消除'左'的思想影响显然是当前和今后一个重要任务。现在还有人利用各种机会，采取各种方式，散布和宣扬极左的思想，甚至把实事求是，按照客观规律办事说成右倾，对此必须引起特别警惕，绝不可等闲视之。"

2.关于自觉掌握和运用客观规律问题

20世纪80年代后期和90年代初期，他在出席党的十三大和七届全国人大会议，以及接受新闻媒体采访时，多次谈到要掌握和运用经济规律问题。他指出："无论时代发生多大的变化，生产关系的改变必须与生产力的发展水平相适应，上层建筑的变化必须与经济基础的变化相适应，这个客观规律是不会改变的。""过去，由于我们在经济工作中长期忽视价值规律的作用，吃过很多苦头，教训是极为深刻的。我们长期实行高度集中的指令性计划体制，产品经济本身同价值规律互相排斥，无视价值规律的习惯势力很强。""发挥价值规律作用是经济改革的重要课题，认识和掌握价值规律是一项复杂的长期任务。”“使用新提法要符合客观规律”；“治理整顿必须尊重客观经济规律，要更好地按价值规律办事。”

刊登在《羊城晚报》的《任仲夷说搞社会主义市场经济必须重视和发挥“两只手”的作用》一文中说道：“计划管理、宏观调控、行政干预等等手段，属于‘看得见的手’，也就是‘有形之手’。市场调节作用，则属于‘看不见的手’，也叫‘无形之手’。‘看得见的手’是人们主观意志和行为的体现，而‘看不见的手’是客观经济规律的必然作用。前一只手属主观因素，后一只手属客观因素。当‘看得见的手’符合客观因素这个要求时，它的作用是积极的，是推动生产力发展的。否则，就会起相反作用，会阻碍生产力的发展。‘看不见的手’作为客观规律，人们既不能创造它，也不能消灭它，只能利用它。因此，必须善于驾驭它，特别是善于适应它，而适应的目的，全在于利用。如果运筹和发挥得好，它的作用就从正面表现出来，为人们造福。发挥不好，它就从反面起作用，使人们碰壁。”

3. 关于“民主集中制”问题

仲夷同志在 1998 年说过：“民主集中制应当先民主，后集中。没有民主，就没有集中，民主是基础。正确的集中，应是在发扬民主的基础上形成决定。‘集中指导下的民主’所指的集中，应当是在民主基础上形成的集中，而不是先有集中，再通过集中指导去形成民主基础。”“要防止让少数服从多数走形式。讲民主基础上实行集中，必须是真正有民主的诚意，真正耐心地听取各方面，尤其是大多数人的意见，真正体现民主的意图，决不是让民主走形式，搞口服心不服，手服心不服，违心地举手通过。”“不要认为把民主集中制成天挂在嘴上，背得烂熟，就可以顺利贯彻这个原则了。”“我们处理得不好，还会出现民主发扬不够，集中变成独断专行的问题。”“如果领导者唯我独尊，唯我独对，听不得不同意见，尤其是不听大多数人的意见，那就必然无法正确实行民主集中制。”他把真正的民主同正确的集中的关系说透了。

4. 关于政治体制改革问题

邓小平十分重视政治体制改革，1986 年就指出：“改革，应该包括政治体制改革，而且应该把它作为改革向前推进的一个标志。”“我们提出改革时，就包括政治体制改革。现在经济体制每前进一步，都深深感到政治体制改革的必要性。”“不搞政治体制改革，经济体制改革难于贯彻。”“政治体制改革同经济体制改革应该相互依赖，相互配合。只搞经济体制改革，不搞政治体制改革，经济体制改革也搞不通，因为首先遇到人的障碍。”“我们所有改革最终能不能成功，还是决定于政治体制的改革。”后来，由于种种原因，出现了政治体制改革明显滞后的现象。

仲夷同志在 1997 年党的十五大广东代表团发言谈道 :“近年来，从中央到地方会议、文件都很少提政治体制改革问题。不提政治体制改革是不对的。”“我们高举邓小平理论伟大旗帜，不但要在经济改革上贯彻邓小平理论，在政治改革上也要贯彻邓小平理论。”“在社会主义初级阶段，政治改革和经济改革本应同步进行，如果不能同步进行，为了稳妥，可使经济改革先行一步，但政治改革也不能过于滞后，否则就会严重制约经济改革和发展。事实上，没有政治体制改革，经济改革也搞不好。”

他还说过 :“我们把（讨个说法）这种现象作为必须深化政治改革，彻底实行法治的问题对待。只有真正公平、公开的处理，才能使那些敢于对人民的呼声置之不理，只知依仗权势，欺弄和坑害人民的‘不要文牍的主义’者，失去藏身之处。”“改革必须建立在对新生事物的热情支持和对错误的抵制上。如果缺乏对新生事物的敏感，不敢大胆支持新生事物，反而怀疑、害怕、厌恶，甚至不惜扼杀新生事物，则许多新生事物往往夭折于萌芽之中，因而以高度的敏感发现新生事物，为新生事物发展、壮大鸣锣开道、排忧解难，是使改革取得成功的重要保证。”“智慧王国必须是自由王国，而自由王国必须是民主的国家。只有在真正实行民主的国家，人民才能以其智慧，进行自由的创造。”

我认为，任老上述言论，既是对邓小平理论的深刻理解和阐述，也是对我党和国家执政实践和历史经验某些重大问题的精辟分析和总结，既高屋建瓴，又切中时弊，不仅对现实而且对今后都有重要的指导意义。反映了任老在耄耋之年仍然老骥伏枥，志在千里，继续践行一个共产党员的使命和责任，敢于讲出逆耳忠言，为党的建设、国家的长治久安以及改革开放、现代化建设事业献出自己的政治智慧和经验。他真不愧为德高望重的真正的共产党员。

四

任老受到广东干部群众的敬爱，也和他的高尚人格魅力分不开。任老具有大海一般的广阔胸怀，一切从党和国家利益着想，心底无私天地宽；他执政为民，廉洁自律，敢于负责，真诚待人，平易近人的公仆形象；他学到老，干到老，孜孜不倦地探索、实践、坚持真理，为中国人民的解放、民主、富裕奋斗一生的精神风貌；他的乐观、豁达、幽默和充满哲理的言谈举止和人生态度，以及高尚的人格魅力常给接近他的人们带来激励、信心、决心和前进的动力。

1983 年春，我曾陪任老到宝安县调研。宝安县是 1979 年初深圳建市时撤销的，1981 年底恢复宝安县建制，我再次兼任宝安县委书记。当时县级财政尚未建立，市委拨给县委 1500 万元建办公楼，要求县机关一年内搬到新址办公，还要在 8 平方公里的空地上建一座新县城。当时，从市调来的 100 多名骨干情绪很不稳定，怨言颇多，我如实向任老汇报。当任老听说我们确定宝安新城的规划建设目标是全国一流，20 年不落后，并同时组织专家规划设计，力争年底搬进新办公楼。他当即给我们鼓励："要建设全国一流的县城，同时也要建设一流的县委班子，要有一流的精神状态和思想作风。"宝安县干部听传达后深受鼓舞。

1985 年春，任老病后到珠海休息。当时珠海市委班子调整才一年多。我任书记，梁广大同志任市长，麦庚安、何仲云同志任副书记，何兼任常务副市长。为了让任老早日康复，我们不敢打扰他，他却主动向珠海干部了解群众对新班子的反映，离开珠海前在宾馆的留言簿上写了一段鼓励我们的话，其中有三句话流传颇广："领导有方，神通广大，客似云来。"我们看后一方面深感惭愧，一方面又觉得有股热流、有股力量在推动我们去努力做好工作。

我因病两次留医，一次是 1988 年因心脏频发室性早搏，第二次是 1997 年因脑出血中风。任老都到医院看我，介绍他与疾病作斗争的经验。当我得知他心脏早搏比我严重得多，中风不影响他敏捷思维，就增强战胜疾病的信心。我们都知道他身上有多种严重疾病，曾经动过几次大手术，他却幽默地说自己

“浑身是胆”，“无所胃（畏）惧”。他凡事顺乎自然，遇事处之泰然，静静地来，悄悄地走，以乐观豁达的人生态度面对生老病死的精神，帮助我克服心理障碍，促进康复，使我病后还能为党和人民做些力所能及的工作。

斯人已逝，风范犹存。我们要学习和发扬仲夷同志高尚的思想品德，科学的思想方法、工作方法和优良作风。学习他孜孜不倦地学习、思考和工作的精神，更好地推进广东的改革开放和现代化建设事业不断向前发展。

铭记任仲夷同志与早期深圳经济特区（节选）

周　鼎[①]　周溪舞[②]　邹尔康
罗昌仁　刘　波　林　江

1980 年仲夷同志赴任广东前，小平同志曾对他和梁灵光同志说：给广东实行特殊政策、灵活措施，你们要发挥这个有利条件，摸出规律，搞出个样子来。

身负重任，仲夷同志风尘仆仆到广东，放下行装不久，第一次下去调查研究，就来到正在开办、他认为是“特中之特”的深圳经济特区。从此，仲夷同志和深圳特区结下了不解之缘。

仲夷同志离开我们了，我们都难忘仲夷同志在特区建设早期带领大家艰辛走过的日子。

一

深圳特区初办，情况怎样？茫茫 327.5 平方公里从何处起步？有什么困难？仲夷同志十分关注。他甫到任，就遇上了特区班子内后来被人称之为“罗湖风波”的争执，即是否要将搬掉罗湖山，填平一场暴雨便成泽国的罗湖 0.8

① 周鼎，曾任中共深圳市委副书记、副市长，新华通讯社澳门分社社长。
② 周溪舞，曾任中共深圳市委副书记、常务副市长，深圳市政协主席。此文写于 2006 年。

平方公里洼地，作为特区建设起步处。这个方案是经过从全国各大设计院请来的 60 多位专家实地勘察研究提出，又经吴南生同志主持的市委常委及工程师们研究后决定的。实施这个方案，先行开发这片与香港紧密毗邻、交通方便的地段，可以立即初步改善投资环境，招商引资，发展商业和房地产业，为特区建设积累资金，也可以提供场地给口岸机构改变杂乱狭窄的现状，改善祖国南大门的形象。正式开工了，没想到有的同志出来反对，责令分管施工的同志把工程停下来，说罗湖地势低洼，年年暴雨成灾，在这里开发，无异“抛钱落水”，还不如将这些钱用来搞农田基本建设。这些同志还发电报给省委，说挖山搞断了电缆，要求省委来处理。

仲夷同志看到电报，立即亲自到深圳，从多方面作了调查，听了不同意见，在当晚的市委常委会议上，语重心长地说：“建设中要听工程人员专家的意见，你们意见不一致，为什么不很好听工程人员专家的意见呢？”“搬罗湖山，是正确的。施工搞断了电缆，你们今天已处理好，不用我来处理了。”“搬罗湖山，是特区第一个大工程，你们今后要做的大事还很多，要讲团结。”仲夷同志回省后，经省委常委讨论，对搬罗湖山作出了决定。至此，“罗湖风波”平静下来了。

此后，仲夷同志十分强调特区建设一开始就要抓好总体规划，要严格按照规划去做，“不能搞无政府主义”。

二

仲夷同志认为，作为“特中之特”的特区，在改革开放中应该敢于求实，敢于探索，敢于创新。他曾对梁湘同志说：“你们那里大胆改革嘛，为全省创造一些经验。我们应该有此勇气。”

在 1980 年 12 月一次讲话中，仲夷同志甚有感触地说：“应该承认，我们在解决特区问题上，思想解放得还很不够。”随后又说：办特区“既要脚踏实地，又要解放思想，这两条都不可忽视。进一步解放思想，就要把视野放宽一些，想得更远一些，步子迈得更大一些”。“从长远考虑，深圳应当建立自己的机场和港口”，建设项目要敢于搞得比较大的，“在能源、交通、通讯、精密工业、先进电子工业等方面，要有意识地吸引外资”，“要力争办成正在酝酿的核电站、高速公路”，“要敢于和国际垄断资本集团打交道，敢于和跨国公司打交道。允许外国金融资本到我们特区来办银行，这个意见可以向中央反映”。于是，1982 年 1 月，经深圳和省有关部门酝酿，由省政府向国务院提出在深圳特区建设赤湾港的报告，市委负责同志也对开发盐田深水港进行实地调查研究；1982 年初，经中国人民银行总行批准，先后同意香港南洋商业银行深圳分行在特区正式开业，8 家外资银行在深圳特区设立代表机构。

仲夷同志一直认为，“特区没有更特殊一些的政策是搞不起来的”。但在改革开放之初，要“更特”，也不容易。他说，因为国家和地方很多政策、规定都还是陈规旧制，要迈出脚步，必须善于变通，即在政治上和总的政策上一定要和中央保持一致，但在具体操作过程中，要因时、因地、因情况制宜。

1983 年 2 月仲夷同志陪同耀邦同志视察深圳，听到特区有的事本来急需办、可以办又能够办的，也往往受到上面拿出些陈规旧制来拦阻时，仲夷同志十分赞成耀邦同志的意见，即特区就只好“落草为王”了。这时，耀邦同志就提出：特区的班子，要走新路，“新事新办，特事特办，立场不变，方法全新”。

三

深圳特区建设早期，在中央和省委正确领导下蓬勃发展，是十分令人振奋的。人们从这里看到了希望。但同时，也有一些人对特区或观望，或不理解，甚至质疑、非议和责难。这也使仲夷同志和省委，也使特区，承受了沉重的压力。

1982 年春，由于广东沿海一些地方出现了走私贩私情况，仲夷同志和刘田夫同志两次被召进京向中央汇报和“讲清楚”。他们到京在气氛极为严肃的会议上，竟然看到会议印发的一份非常耐人寻味的《旧中国租界的由来》，还先后听到了一些同志包括有的中央领导同志尖锐的发言和看法，有的说广东“放羊”了；有的认为广东的工作不是“活”得不够，而是“活”过头了；也有的说“广东这样发展下去，不出三个月就得垮台”，等等。仲夷同志和田夫同志当然不同意这些观点，也对许多具体问题向耀邦同志作了解释。最后，仲夷同志听从耀邦同志意见向中央写了个“自我检查”。仲夷同志后来说，如果没有小平同志的理解和支持，耀邦同志等人也帮不了他过这个“关”。

随后不久，《旧中国租界的由来》一文在国内某一地方大报公开发表了，这不免在更广的范围引起人们一些意会和猜想。当时，恰好深圳特区通过有关立法程序，制定了特区土地管理法规，允许外商参与开发特区土地和缴纳土地使用费使用特区土地兴办企业，并公布于1982年1月1日起实施。于是，在深圳特区工作的同志，有的就与梁湘开玩笑，问他像不像当年清朝那个腐朽透顶、昏庸无知、把地“租”给帝国主义成为租界、丧权辱国的“上海道台”？大家很气愤，梁湘说：“你说我想卖国，我们每个常委都卖国，我们没有一点卖国的地方在里面。什么租界，租界怎么来的由他说了算数？我们说了算嘛，对不对？你来开发，产权是你的，主权是我的，你受我的法律的管辖，你还要缴税嘛，对不对，所以这个根本牛头不对马嘴。”……对于经济特区，任仲夷和梁湘都有清醒的认识。梁湘同志传达任仲夷同志的一次讲话里面，非常明确地说了：不一定说办特区就一定会走私多，主要看我们的工作怎么抓，世界上没有一个国家因为办特区变成了殖民地。

在此之前，1981年5月，仲夷同志在一个有关特区工作的会议上说：“有的同志怀疑办特区是否有损主权，是不是会变成殖民地？我们要肯定回答：不会。”“恰恰相反，只有掌握主权才能办特区。办特区是对主权的运用，是行使主权的表现。”“只要按中央的决定和指示办，就可以放心，不会损害我们的主权。”后来，还有人不断质疑特区经济是什么性质，仲夷同志对南生同志和梁湘同志说：我们“少谈点主义，多谈点实际，多干点社会主义”。

对外开放，许多人担心毗邻香港的深圳特区受精神污染特别严重，这是可以理解的，也是出于好意。仲夷同志对此早就向我们提出：对外开放要“有所引进，有所抵制”，“排污不排外”。后来在各地都开展反对精神污染时，仲夷同志又到深圳，和市委负责同志谈工作时说：“反对精神污染，要有两个特别注意：一是特别警惕这个问题，因为我们是特区，容易受外面一些不健康的东西影响，二是特别注意掌握政策界限，作具体分析，不要把不是污染的东西当作‘污染’。甚至将可以借鉴的东西也排除了。”“盲目排外是错误的、愚蠢的；自觉排污是必要的、明智的。”他还说：“过去我们这些人，主要受‘左’的影响，脑子里‘左’的东西很多，是一个‘左撇子’。”“国外的经验大有可学之处，大有可借鉴之处。要吸取人家先进的技术和经验，也包括部分文化艺术。这是人类财富的一部分。”他听说当时有的省市的火车站、机场，对来自广东的旅客特别警惕，怕带来“污染”，另辟通道检查放行。仲夷同志说：我不认为广东和深圳是污染重灾区，许多同志来深圳看了，都认为不是那么一回事。总之，特区的思想政治工作要抓好。

仲夷同志的多次讲话，使深圳市委更明确、更坚定、更有序地进行工作。

四

仲夷同志对特区的文化教育工作十分重视。特区成立不久，他就对南生、梁湘同志说：“特区对文化、教育方面的建设也必须重视，并应及早下手抓。”

仲夷同志的指示，对本来就已在酝酿办大学、办报纸、办电视台的深圳市委又大大加强了加快建设的决心和信心。于是，《深圳特区报》1981 年开始试刊了，并于 1982 年 5 月正式创刊发行；筹建深圳电视台，上面不给钱，梁湘同志说“倾家荡产也要把电视台办起来”；办深圳大学，上面说经费要深圳自理，梁湘也说“贷款也要办大学”，“破釜沉舟，背水一战，卖裤子也要把深圳大学办起来”；1982 年 5 月深圳《特区文学》创刊了；深圳交响乐团也在一无演员、二无乐器、三无乐团地址的情况下起步筹办，用不到半年时间就举行了首场演出。

随后，仲夷同志又到深圳，说就是要抽点时间来看看文化设施。那时，省里有人对深圳建八大文化设施诸多责难，但仲夷同志对市委负责同志说：“你们的八大文化项目建设抓得是对的。一个城市如果光有商店，光有高层建筑是不够的，一定要有体现精神文明建设的文化设施。”

跟着，仲夷同志先后视察了深圳大学、特区报社和电视台。

深圳大学是 1983 年初仲夷同志和田夫同志亲自批示、大力支持，由省政府上报国务院批准筹办的，前后只用了 8 个月时间就做到当年筹办、当年招生、当年开学。仲夷同志对这间在一无永久性校址、二无教师队伍、三无图书仪器教学设备，在市财政还十分困难的情况下筹办起来的特区第一所大学，特别牵念。

到深圳大学，仲夷同志与中国工程院院士、清华大学副校长、深圳大学校长张维同志亲切交谈，询问了深大情况，并挥毫题词鼓励：“以建设深圳特区的速度创办深圳大学。”并嘱咐深大同志，在高速创办深圳大学时，要注意劳逸结合。

到特区报社，仲夷同志对报社同志说：“前些时候耀邦同志说过，深圳特区报还有点特点，有点新事新办的味道。我们的报纸要按耀邦同志‘新事新办，特事特办，立场不变，方法全新’的指示精神来办”，“报纸要办得人家喜爱看，使读者拿起来爱不释手。”

到深圳电视台，仲夷同志说：深圳能办起电视台不简单。但一定要办好，办得有特色。也希望你们用深圳的速度建设好深圳电视台。香港的电视节目，我们可以和他们适当交流，不要笼统地说香港电视反动、黄色，这样人家会骂我们。

在深圳特区，不能采取强制的办法拆鱼骨天线。仲夷同志在一次与市委负责同志谈工作时，知道一些来深圳投资的外商怕如果不准看香港电视，会影响他们及时了解海外经济信息，仲夷同志说：“如果深圳不准看香港电视，还叫什么经济特区？”

仲夷同志在视察时，不忘嘱咐市委负责同志：“要常去看看电视台、报社、深圳大学和中小学等文化教育单位，还要看看群众生活网点。”

五

省委、省政府对特区是一贯大力支持的。深圳特区在初建的几年，困难可多了，如果不是中央和省委、省政府的有力支持，深圳特区不是寸步难行，也是举步维艰。

面对特区这种困境，仲夷同志坚定、响亮地说：“省委、省政府做这几个特区的后盾！”并在有关会议上多次强调：省各部门对特区不能像对其他地方那样管，能开绿灯的尽量开绿灯，要多加支持、关心、指导，不要乱加干涉。

一定要使特区有更大的自主权。

就说缺乏建设资金问题吧，这是深圳特区早期在实际工作中遇到的一个极大困难。特区成立前一年，深圳全市预算收入只1721万元，但支出就2971万元，吃饭还要靠省财政按支出基数下拨一些来应付。如此窘迫的财政，中央不给钱，要建设，怎么办？这个时候，市委在省委、省政府大力支持下，顶住压力，冒着风险，勇闯政府向银行举债这个“禁区”，负债运作。这一举措，开了全国的先河。从1981年到1986年，政府共向银行借款7亿多元，全部用于“七通一平”等市政基础设施和重点文化设施建设，促进了投资环境日臻完善，带来了国民经济良性循环，渡过了举办特区以来资金最困难的时期。

1984年小平同志题词：“深圳的发展和经验证明，我们建立经济特区的政策是正确的。”这也是对仲夷同志和省委领导深圳特区建设工作最有力的肯定。

深圳，小平同志当年在南海之滨画的这个“圈”，今天已是一幅世人瞩目的壮丽画图。缅怀往昔峥嵘岁月，深圳人民乃至全国人民会永远铭记为实施小平同志的设计而辛勤奔劳、锐意改革、引领我们开拓前进的仲夷同志！

永远的怀念

吴健民[1]

任仲夷同志逝世，听到这个消息，内心沉沉地感到无比悲痛。我虽不是长期跟随任老身边工作的同志，但是，自从1980年11月他来到广东主持工作之后，20多年来，我算是有机会同他保持经常接触——属“密切联系”一类的干部。

任老逝世后几天，我得到机会，就直奔故居去看望王玄大姐。并得以进入家厅灵堂，向任老烧香三炷，行鞠躬礼凭吊致敬。我望着任老的大幅遗像，心底却冒出一丝低微嘶哑的心声：任老！从此再也不能直接听到您的教诲了……顿时一股泪水带着悲怆的怀念哽在喉上——我凄然落泪了。

在签名簿上，我写了两句话：“我一生中遇到的一位策划改革开放的先导者，指导试办中国经济特区最亲切最贤明的导师。”

往事像冬涸逢春的河水，潺潺地涌流出来。

记得任仲夷同志1980年11月在省里第一次同包括各地市负责同志在内的干部见面会上就传达说：邓小平同志曾指出，特区不只指深圳、珠海那点地方，而是指广东、福建两个省。我当时感觉到任老来广东前同中央领导同志谈话，他已经在思想上十分重视特区建设。而且上述这几句话，可以说也是他当时提供广东党组织考虑的一个战略设想。

作为20世纪80年代的中共广东省委第一书记，他的领导活动，也正是

---

① 吴健民，曾任中共珠海市委书记。

实践了重视特区建设的这种战略设想的：他到广东才几个月，即在1981年4月借陪万里同志视察广东的机会，到深圳、珠海调查了解特区工作情况。在此之前，他还在广州召开特区工作座谈会，听取各方面对经济特区的看法和建议，也同我个别细谈珠海特区建设碰到的一些政策性矛盾。

那段时间，还有好多次同任老晤谈，谈的都是我在特区工作中的体会和一些尚未取得统一认识的见解。

1981年3月16日，任仲夷同志就在全省对外经济工作会议上发表很有气魄的讲话。接着又在5月省委常委专门研究特区和对外经济工作的会议上作了精辟的总结。“破除妨碍经济发展的陈规陋习，打通梗塞性的中间环节”；“要强调一个‘灵活’”；“引进外资，注意综合平衡”；“要注意港澳实行的某些经济政策和方法”；办特区“对文化、教育方面的建设也必须重视，并应及早下手抓”……这些话，就是在那个时候提出来的。这些话明显地反映出任老尖锐而深远的政治眼光。

记得任老在创办特区初中期几次到珠海同我谈及特区工作时，有几个问题给我留下了深刻的印象：

一是要认真理解邓小平告诫我们：“要有两手，一手就是坚持对外开放和对内搞活经济的政策，一手就是要坚决打击经济犯罪活动。”并从这里联系到开放和管理的关系。任老说：“凡是对国家有利的，我们放，搞活。凡是对国家不利的，要坚决去管，该停下的，坚决停下来。……管和放，相辅相成。”还明确提出：“高明的领导是能够做到：越活越管，越管越活。管理中排除的是那些随引进的污染的东西。这叫做‘排污不排外’。”

二是对于贯彻中央〔1980〕41号文中“经济特区的建设，要充分利用现有基础，先上那些投资少、周转快、收效大的项目。在发展加工出口工业的同时，要逐步发展住宅、旅游等事业……”这些指示，任老很认真地同我们共同分析珠海在建设中有哪些具体优势之后，肯定珠海抓住发展旅游的优越条件，从这方面入手，这样搞会快些，而且可以较有效地积累建设资金。及至后来有些人抨击污蔑珠海要搞“旅游特区”，不务正业……就遭到任老明确澄清和严正批评。

三是因为建立经济特区在中国历史上是没有先例的新生事物，思想一时并未完全统一。所以，曾经一度传出《旧中国租界的由来》这种文件的政治干扰，影射办特区可能导致办出租界来。这时候，任老反过来说:“办特区是国家对主权的运用。”一针见血地驳斥了那种谬说，大大解除了特区开拓前线众多阻力。

四是我曾向任老汇报在试办经济特区实践中的切身体会:“我感到自从经济特区引进外资、办第一宗外向型企业起，我们接触的就是国际市场经济。”“特区建设的客观实际，都是强烈地以市场经济要求，向原来传统计划经济体制作出挑战”;“经济特区建立的主体经济——外向型经济，它的生产和流通，面向国际市场，同国际市场经济接轨，因而势必趋向于摆脱我国现行的计划经济模式。……特区经济同国际市场挂上钩，这就必然参与市场竞争，并迫使开拓者去考虑经济特区在经济体制改革上应以市场经济取向。”这时候，任老频频点头，表示肯定我的这种思路。任老指出在中央还没有正式提出建立市场经济体制之前，可以在“经济特区的特殊性”中加深调查研究，写出特区经济发展中解决主要矛盾的报告、建议，送省委反映上去。

五是到了1983年，珠海经济特区经过几年的建设，引进了不少外向型企业，而1981年中央下达的27号文又明确深圳、珠海“应建成兼营工、商、农、牧、住宅、旅游等多种行业的综合性特区”。所以，实践中所产生的矛盾逐步集中反映在“特区初期划范围划小了”这个问题上。大家都说，已划特区的范围内都让先引进的企业占住了；后来的企业，特别是有些地点选择性很强的外向型企业，比如啤酒厂要离优质水源近点，玻璃厂要靠近玻璃砂产地，高尔夫球场不能在特区已划的小范围内找到合适场地，如果都让这些企业到特区范围外去找地方，则又怕不能享受经济特区企业的优惠政策。老板看了，只好甩手而去。因此，我为扩大经济特区范围，解决当时这一突出矛盾而奔走呼吁，但始终得不到中央管特区的领导批准。听说深圳的特区范围已扩大为三百多平方公里(基本上整个深圳市都划为特区)，珠海的干部群情愤然，都指责我没有本事，将范围划小了，现在又得不到改变扩大。而上面则是卡住不给批准。我夹在中间，实在苦矣!我只好诉之任老。任老表示同情，并诸多开导。任老没有批准的权力，但他开导的话牢记在我心中。

……

多少年过去了。……仲夷同志，我永远怀念着您。

敬爱的仲夷同志永垂青史

黎子流①

敬爱的仲夷同志离开我们了。但我去探望弥留之际的仲夷同志的那一幕，仍历历在目。当时，仲夷同志正在医院与病魔作最后的斗争，听和说都已经很艰难。我附在他耳边反复说："我来看您了。"他虽不能言语，心里却明白是我来看他，艰难地转动着眼珠，在眼角流下了两滴深情的泪水。就是那一幕，让我悲痛欲绝、终生难忘。

我和仲夷同志相识多年。每当我回忆起与任老相识相交的日子，回忆起任老对我的谆谆教诲，那些毕生难忘的往事就涌上心头，这位德高望重的革命前辈就栩栩如生地站在我的面前。任老那种生命不息、奋斗不已的革命精神；坚持真理、刚直不阿的骨气；敢为天下先、作改革先驱的胆略；令人佩服的领导水平与艺术才华；时刻关心百姓安危、国家兴衰的高贵品格……让我终生受益、让我从心底里肃然起敬！

一、把中央指示和广东实际相结合，创造性地推进改革

20 世纪 80 年代初，我任顺德县委书记时，县以技术为龙头统筹畜牧事业

① 黎子流，曾任中共江门市委书记、广州市市长。

的养殖、原料组织、初加工和销售，实行公社、本人、农户四级分工合作，大大加快了全县（缺饲料的县）畜牧业迅猛发展，丰富了城乡市场，带动了农民增收。时任广东省委第一书记的仲夷同志，轻车简从，在佛山地委领导陪同下到顺德考察调研，认为顺德不是“重副轻农”，而是科技兴农。任老肯定了顺德改革开放中农村改革、市场开放、乡镇工业发展、科技发展先走一步的经验，还要求顺德不断解放思想、总结经验、坚持实事求是，努力以经济建设为中心，以改善人民生活为己任，在全省乃至全国的改革开放中先走一步。他退下来后，又向省长叶选平同志建议让我到广东省的科技大会进行汇报。任老的视察和鼓励，令顺德深受鼓舞。顺德经济持续、快速发展，改革开放不断深化，任老的鼓励和支持功不可没。

改革开放早期，很多人对竖起鱼骨天线收看香港电视争论不休。顺德除了县委机关不收看外，对广大干部群众从没有硬性禁止过。仲夷同志不是以省委第一书记身份对我作“居高临下”的指责，而是以长者对晚辈促膝谈心的态度问我：“人民群众只看香港电视，不看内地电视，能知道国家大事吗？”我无言对答。他和我一起探讨如何解决这个矛盾。最后，任老给我定了一个原则：用行政命令硬性规定拆鱼骨天线会适得其反，行不通；既要老百姓坚持收看内地电视，又不一概否定香港电视，排污不排外。任老的意见令我心服口服。遵从任老的指示，顺德决定从技术上发展公共天线，“以我为主调控、有效取代鱼骨天线”，一国两制，一机（电视机）两睇（看），有所借鉴，有所抵制，顺从了顺德民意，也保证了安全和改善了市容。实践和历史证明，主体收看国内电视，有控制地收看香港电视，在此历史阶段既有助于了解世界、解放思想、促进改革开放，也促进了内地电视的改革和发展，对广东人民来讲，也是一件难忘的好事。从这一件不大不小的事，我们就可以看到仲夷同志高瞻远瞩的政治眼光、勇往直前的改革胆略和领导水平。

更令人难忘的是任老在处理广东是否继续改革开放的果断和坚定态度。当时广东广大干部、群众正在闯前无古人的改革道路，但社会上对广东的改革开放众说纷纭，有人甚至认为“广东‘和平演变’了，只剩下一面五星红旗了！”为了广东改革开放继续前进，正确贯彻执行中央〔1982〕17号文件精神，打击经济领域犯罪。经济领域中的犯罪，当然要打击，依法打击，但是没有犯罪呢，怎么弄呢？上面的政策要贯彻，怎么贯彻怎么执行，全省一定要开会。当时海丰县委书记王仲，因为贪污了6万多块钱，被杀头了，当时对贪污多少，走私多少，怎么定罪也不清楚，就是看到了要杀鸡儆猴，你杀鸡归杀鸡，我们不是猴，我们还是按照国家改革开放的路走下去，但现在形势对我们还是有影响的，我们都是观望的态度，看省委怎么办。省委在1982年3月至4月召开了三级干部会议。初时干部压力很大，都说那是个“杀气腾腾”的会议。首先原文传达，然后任仲夷同志讲话，讲完话，那个时候还没有总结，分组讨论，一分组讨论，其他组我不知道，我们佛山组，各种意见都有了，但是我们的县委书记没有一个人发言，没有一个人讲话。对于刚刚听到的中央文件，我很直率地表达了自己的困惑。我在小组发言讲心里话：“半月前还看到中央邓小平等领导同志的讲话，肯定了广东、福建两特区的经验，还说不怕烂掉一些经不起考验的干部，都要为国家发展杀出一条血路。但现在说广东正面临‘和平演变’危险！现在的说法与小平同志讲话精神反差太大，无所适从，难以理解和接受！”在这个关键时刻，任仲夷同志与省委领导掷地有声地申明，要按中央精神既总结广东改革开放的经验，又实事求是地吸取教训，既依法打击经济领域的犯罪分子，又坚定不移地推进改革开放，要划清政策界限，保护和激励广大干部群众改革开放的积极性。听了以后，我们才把心放下来。背后我们才知道他压力也挺大，两次上中央，要检讨，不但检讨那么简单，还要处分，他替我们顶着。确实有水平，他能够不挫伤这个锐气，气可鼓，不可泄。所以我们往下传达，跟侨胞讲话，香港也震动啊，他们都知道，才感觉到广东正确贯彻中央指示，结合省的情况，继续把改革开放往前走，这个很重要，本来以为是“杀气腾腾”的会议，到最后变得“热气腾腾”了。我回想起来，当时若不是仲夷同志和省委领导在关键时刻把握、驾驭航向，广东就会大伤元气，将会推迟改革开放不知多少年！

二、满腔热情，为改革开放大胆培养人才

1983年，我从顺德调到新划行政区域——地级市江门当“一把手”。我当时感到担子很重，千头万绪。新建市的班子中，好几个副手都是我的老上级，

亦有几个青年干部是大学生、工程师。而我只是一个农村基层县委书记，文化水平又低，怎样领导呢？我找到仲夷同志，请教如何当好一个地区级市委书记。任老很幽默地说：“在领导班子中当班长，要学会加减法、发挥整体水平。加减法就是要团结发挥‘一班人’的积极性、创造性，而不是内耗消磨，一加一大于、等于二啊！”任老的一席话，使我茅塞顿开，增强了信心。我到江门后，谦虚谨慎，力戒骄躁，与班子成员互相尊重，求同存异，坚持民主集中制，有了问题就承担领导主责，成就归于集体，为江门新建市的发展开了好头。

不久，仲夷同志冒着炎热天气轻车简从视察江门，马不停蹄跑遍五邑，每到一地，听汇报，现场观看，与干群共同交流讨论。看到江门在短短几年中有了新的发展、进步，他十分高兴。他在总结中将江门的做法归纳为一个基本点，就是按小平理论解放思想，真抓实干，勇于创新，充分发挥侨乡优势。他认为江门做“侨”字文章开放，突出了从实际出发。受任老的启发，我们提出了“振兴五邑两阳经济，建设富裕文明侨乡”的一个可操作、阶段性的行动纲领。具体来说就是：“无农不稳，无工不富，无商不活，无侨（桥）不快。”在这一纲领的引导下，江门的社会、经济、文化事业在7年多的时间内取得了很大发展，在继往开来中前进了一大步。

1988年，广东省第一条全部利用外资建成的外海大桥通车，改变了半岛通往中山、深圳、广州和粤西的通道。为了纪念侨乡人民在党领导下依靠改革开放政策建桥的历史，除了杨尚昆题了桥名，撰写桥记时收集采纳了仲夷、李建安同志的名句“其势如虹，如龙入内”。任老在大桥启用仪式上讲了话，希望江门加快发展侨乡两个文明建设，为广东的发展作出更大贡献。任老希望侨乡富裕、强大的心情溢于言表，深深鼓舞着侨乡人民与侨胞。

当时还有一个小插曲，让我记忆犹新：仪式开始前，仲夷同志一定要我在仪式上讲普通话。当天，我硬着头皮，南腔北调地讲普通话，讲得满头大汗。那也是任老第一次要求我在大庭广众的场合讲普通话。这也充分体现了任老对干部的培养是全方位的，不仅仅在政治上、思想上、工作方法上对年轻干部进行培养，还在个人修养、仪态、语言表达方面都对年轻干部提出了具体要求。

三、激励使我踏上一个新的征途

我到广州市任市长时，任老已从省委第一书记岗位退下来了。但他的深厚的马列主义水平、对改革开放的真知灼见、丰富的工作阅历、乐观而又豁达的人生观，一直是我学习的楷模。任老是我经常请教的好老师，他的教诲和激励，伴随我从担任广州市市长到退而休、又未休的人生新阶段。

记得1987年，我在江门任市委书记期间，曾被提为广东省副省长候选人之一，结果差额下来了。我本来就平淡处之，而任老却笑着对我说："子流，塞翁失马，焉知非福？哈哈，共产党人不以官衔大小论短长，而是以是否为老百姓办实事、出实效论功过啊！"任老那种一心为民的高尚情操，让我内心佩服。

任广州市长，以我的年龄、水平是难以胜任的。我原来以为在省特区办干两年就退休了，而党和人民却给我安排了广州市市长如此重任。广州是一个英雄城市，历任市长都是赫赫有名并为广州发展打下了好的基础。在广州面临寻求更大发展的新挑战时，市长的重任落在了我这个农民干部的肩上。我感觉如履薄冰，任重道远。我逐个听取老同志的指导和启迪。

任老主动对我说：个人很渺小，工作靠大家，工作要大胆，大胆讲普通话。既要抓好经济发展，也要重视文化艺术的发展。他还说：粤剧要重视，但把广州京剧团取消是错误的，要逐步恢复过来。广州地处开放前沿，是名城。首先解放思想，广州人才辈出，藏龙卧虎，要调动千军万马来发展广州。

遵照任老指导，广州市委掀起了学习热潮，各级干部向外走出去，学习上海、山东经验，省内学习特区和珠三角经验，学习别人，总结自己，找出差距，大大增强了创造广州社会经济发展新优势的信心。

任老还要我注意环保，加强城市管理。他叫我不要单看表面，还要看实质；不单要看地下还要看天上；不单看白天还要看晚上，逐步清除脏乱差。他说：登高一望，看一看全城各楼层的阳台，多少垃圾和脏乱啊！卫生工作要实实在在、长期地抓下去，还要举一反三，要把广大市民的要求、群众的疾苦时刻放在心上。千头万绪，再一件件去落实、去解决。最后，他还语重心长地对我说：千重要，万重要，人民满意与否最重要！

任老的指点，后来都融入了广州城市建设和社会、经济发展规划之中，并逐步落到了实处。广州的社会经济发展了，人民生活水平提高了，城市知名度也高了。任老看到广州市的变化，也很高兴。我在任期间办了一些让老百姓高兴的好事、实事，也算是没有辜负任老对我的培养和教诲吧。

向任老请教是一种特殊的享受。后来，我也退休了。只要任老有空，我就抽时间与任老聊天。他虽年岁已高，但脑子很清晰，观点很明确，最关心的仍是国家和人民。他常常和我谈论中国的改革开放如何深入，中国怎样才能在国际大环境中与时俱进，有时也深入浅出地谈他个人对民主、法治、政治体制改革的见解，认为中国不能退步，只能前进，路还很曲折漫长，重要的是要有个宽松的政治环境、内外部环境。发展是硬道理，稳定是保障。任老虽然 90 高龄，但一直以一个老共产党员对党、对人民的赤胆忠诚思考、关心着国家的前途和发展。

2003 年，任老还专程与老伴王大姐视察了顺德新世纪农业园，兴致勃勃、详尽地了解目前农业的一些问题，并肯定了我对新时期农业发展路子的探索，鼓励我“实践出真知”，为新时期农业发展作出新的贡献。

四、笑对疾病，笑对人生

任老一直保持着乐观而又豁达的人生观。他以正确乐观的态度和坚强的意志对待生活和疾病。

有一次，我跟他说：为了锻炼身体，我退休后学会了打高尔夫，他就风趣地说：你打你的高尔夫，我打不了高尔夫，我就在家打“地尔夫”啦。他说的是拿起扫把打扫家里卫生进行锻炼。

任老对待疾病也很乐观。他动了胆手术后，就笑说“我现在是浑身是胆了”；动了胃手术，就笑说“我没有胃了，无所胃（畏）惧了”。对晚年顽疾，他同样是那样的乐观。他说：“每个人都一定要见马克思的，关键是看你是不是做到了无愧无悔。我这一辈子，无愧于党、无愧于人民，可以无愧无悔地去见马克思了，我估计马克思也会面带微笑接见我”。

任老临终的最后一句话就是嘱咐丧事一切从简，连身后事都不愿意给党和政府增加麻烦。任老的坚强党性、克己奉公、全心全意为人民的精神，团结带领人民永远向前的闯劲，乐观而又豁达的人生观，一直影响着我，他是我永远不忘的好领导、好老师、好榜样！

岁月流逝，一转眼任老已经离开我们八周年了。人虽远去，精神长存。我把我与任老交往的往事和个人的体会、心声说出来，只是想寄托我的怀念与哀思。安息吧！我的好领导，您的崇高革命精神永垂青史！

深切怀念任仲夷同志

雷　宇①

任仲夷同志离开我们八年了。随着时间的流逝，我对他的思念之情日深。每当好友相聚谈天说地的时候，总是很自然地想起他说过的许多充满着睿智、幽默的话语，而且越回味越感叹他的思想是那么脱俗而又富于哲理。

我和任仲夷同志相识在1972年夏天，那是他在“文化大革命”中被打倒后重新出来工作不久。从和他面对面接触那时起，一直到他病逝的30多年间，通过他的言传身教，给了我终生都受用不尽的教诲，也给我留下了许多难以磨灭的印象。

从不自以为是，决不强加于人

他听汇报或与人研究问题，总是先让人把话说完，有时作些插话也是为着把问题引向深入，尤其愿意听取各方面的不同意见。记得1980年11月来广东不久，当时省内各地市的领导对农村联产承包有不同的认识。为准备于同年12月初省委召开的县委书记会议讲话，他先是带我到珠岛宾馆去探望湛江、惠阳、汕头等地的主要领导。这三个地区都是坚决搞大包干的。第二天上午，他又要我代表他到越秀宾馆约佛山、肇庆地委的主要领导，倾听他们的意见。

---

① 雷宇，曾任任仲夷秘书、广东省海南行政区行政公署主任、广西壮族自治区政府副主席。

毋须讳言，这两个地区当初是不赞同搞大包干的。在我们的领导干部中，由于经历不同、环境不同，以及在“文化大革命”中受的冲击和感受不同，对大包干有不同的认识，持不同的态度，应该说是正常的。在听取多方面的意见后，任仲夷同志在县委书记会议上的讲话中，结合广东的实际，总的要求全省积极推行大包干，但不搞一刀切，时间可以有先后，形式可以各不同。同时强调实行大包干要把住两点：一是群众自愿，二是考虑当地生产力发展的水平。

一切从实际出发，不唯书、不唯上

1981 年初，中央对全国经济实行调整的政策。经济调整和实行特殊政策、灵活措施的关系怎么处理？这是一个大难题。任仲夷同志从历史发展的角度，分析了三年困难时期的调整和当前这次调整的相同与不同点。共同点是：因为经济比例关系失调需要调整。不同点是：前次是天灾人祸、物资严重匮乏的情况下被迫进行调整，而这次只是某些比例关系不够协调、供求关系某些环节上出现紧张而主动进行的调整。因此对这次调整，就不能一味强调全面后退，而应当有进有退。从现实情况来说，中央要求广东实行特殊政策、灵活措施和试办经济特区，为全国改革开放探索路子，这既是光荣的责任，也是搞好经济调整极为有利的条件。通过审时度势，任仲夷同志和省委其他领导同志一道作出了经济调整要有进有退，改革和开放要有所突破的决策和部署。现在回过头来看，当时作出的决策对广东后来的发展是多么的重要，而在当时这样的决心又是多么的不容易。

始终注意“两手抓”，坚持做到两个“坚定不移”

1982 年初，广东、福建两省沿海部分地方走私猖獗的严重情况，引起中央领导高度重视。中央一方面把两省领导人召到北京谈话，一方面派出阵容强大的检查组下省。处于改革开放一线的不少市、县领导干部，当时感到压力很大，生怕搞得不好，改革开放出现逆转。我在他身边工作多年，看得出，此时的任仲夷同志，其实压力比谁都大。作为一个忠诚于党的事业历经风风雨雨磨练的党的高级干部，此时面对种种压力，他不计对个人可能出现的不利后果，冷静而又从容地把贯彻落实党中央的要求，同坚持实行特殊政策、灵活措施和试办经济特区的方针紧密结合起来。在北京，他和省长刘田夫同志当着中央领导同志的面，深刻检讨工作上的失误，承担责任，同时恳请中央不要改变对广东的政策。在省里，他面对参加全省三级干部会议的同志，检讨了对打击走私抓得不够有力等问题，并表示前一段工作上的失误责任在省委，而主要责任在自己。同时强调在全省要全面地贯彻落实中央的要求，做到两个坚定不移：坚定不移地打击走私，坚定不移地改革开放。听了任仲夷同志在会上的讲话，参加会议的不少市、县领导，来开会时的种种担心一扫而光，一个个又精神抖擞、满怀信心地投入到改革开放的伟大事业中来。多少年来，广东的干部谈到任仲夷同志，无不对他这次会议上的讲话感动不已。我听过不少同志说，如果不是省委这次会议，广东的改革开放就可能夭折，而广东作为改革开放先走一步，如果坚持不下来，邓小平同志也很难用事实来证明“我们建立经济特区的政策是正确的”。不难设想，广东如果坚持不住，其后果将是一个怎么样的结局。任仲夷同志逝世之后，不少人称赞他是“中国改革的先锋”，我觉得他是当之无愧的。

追求民主自由，终生矢志不渝

任仲夷同志从青年时代就追随中国共产党，为民族解放，为在我国建立一个自由、民主和富强的国家而奋斗，越到晚年他对自由、民主的追求越是执着。在他逝世前一年，有一次我去他家看他，当大家闲聊起来的时候，他突然问我：“雷宇你说，年轻的时候我们追随共产党究竟为什么？”然后他自己又接着回答：还不是为了建立一个民主、自由和富强的国家吗？看着他那副忧国忧民的神情，我的心都有些发痛。当中央提出构建和谐社会要求后，他多次谈了个人的想法。他说：从字面上看，“和”左边一个禾，右边一个口，老百姓张开口要吃饭，首先要解决的是温饱问题，也就是民生问题。“谐”，左边一个言，右边一个皆，人人皆言，言无不尽，也就是实行民主，让人讲话。一个民生，一个民主，解决好了，社会和谐就不难了。在日常交谈中，他多次谈到对权力必须加以制约，才能有效遏制腐败。

一个年届90高龄的人，整天思考的是怎样把我们党建设好，怎样把我们国家建设好，怎样让人民在精神上和物质上都过上美满幸福的生活。每当想起他拿着放大镜拼命去查阅国内外有关资料，从中吸取养料的情景，我油然生起对他深深的敬佩之情，同时又为自己虚度时光感到羞愧。

任仲夷同志虽然逝世了，但他的理想、情操，将永远激励着我们。我想，一个人活着，总得像他那样，鞠躬尽瘁，努力为社会、为人民群众力所能及地做些有益的事啊！

人不在多，精干就行

张汉青①

任仲夷同志离开我们一年多了。这位老领导，这位睿智老人给我们留下的记忆，依然那么鲜明，那么平易可亲。任老的许多言谈举止，睿智深刻，意味深长。

任仲夷同志是1980年11月南下广东，接替习仲勋同志担任省委第一书记的。在党的十一届三中全会精神鼓舞下，广东省委和全省人民积极要求中央给广东放权，让广东在改革开放中先走一步。1979年7月，中共中央、国务院下发了“中发50号文”，批准广东、福建两省在对外经济活动中实行特殊政策、灵活措施，试办经济特区。广东广大干部和群众坚定地迈开改革开放的步伐，在实践中勇于探索。但是前进的道路不平坦，关山难越，险阻重重。而仲夷同志解放思想，实事求是，沉着应对，敢于负责，带领省委“一班人”和全省人民，克服各种困难，化解各种矛盾，把中央的精神同广东的实际相结合，使改革开放的决策得以坚持下来，“杀出一条血路”，开创新的局面。

当时，我在省委任副秘书长。仲夷同志到广东后，十分重视对党的政策的研究。刚到任不久，他就提出要组建研究室。省委很快作出了成立研究室的决定，并开展筹建工作。研究室由我兼主任，雷宇同志为副主任。在“文化大革命”前，省委机关原是有政策研究室的，“文革”后撤销了，只在省委办公厅下设一个调研室。1981年4月，仲夷同志找到我们，对研究室的组建和

---

① 张汉青，曾任中共广东省委副秘书长、广州市政协主席、广东省人大常委会副主任。

如何开展工作做了详尽的指示。他平易近人，循循善诱，把省委设立研究室的意图讲得非常清楚。他说，省委办公厅是省委的“参谋部”和“后勤部”，同时也是省委的“门面”，经常要代表省委出面办事和处理问题。办公厅要处理大量的日常事务，是“热线”，所以需要把对政策的研究单独出来，作为“冷线”，集中一批有头脑、有见解的人，成为“智囊团”。“省委研究室的任务就是帮助省委进行政策研究，帮助省委决策。”“研究室是省委正确贯彻中央路线、方针、政策的参谋部门，帮助省委拍板拍得准、决心下得对。”“广东实行特殊政策、灵活措施，研究室就要抓这个题目，大有文章可做。”他还对选调研究室的干部提出明确要求，除了从办公厅调研室调集几位同志过来外，要从全省选拔有理论水平，思想政治水平，熟悉政策，了解情况，知识面比较宽，有思考研究能力和表达能力的优秀干部到研究室来。还说，“研究室可以设研究员。研究员可以有局级的。”本着这个思路，我们提出，研究室要搞得精干些，同时又要多容纳人才，除了秘书处用“处”的建制称谓外，其他都叫“组”（农村组、经济组、科教组等），一个组之内可以多配几个处级的以至副厅级的研究人员。他赞成我们的意见，说研究室要有必要数量的干部，快点配，但要配一个是一个，宁缺毋滥。就这样，一个比较精干的省委研究室，在仲夷同志的直接关怀和推动下组建了起来。1982 年 2 月，仲夷同志在我们研究室全体人员会议上又对研究室的任务具体提出三条：一是在深入调查的基础上，提出自己的意见，作为省委决策的依据和参考；二是宣传、解释政策；三是检查政策的贯彻执行情况。他热情鼓励大家努力做好工作，他说：“研究室去年成立以来，时间不长，做了不少工作，还调进了一批生力军。我向来认为，人不在多，在于精明能干。宁肯少些，但要精些。‘山不在高，有仙则名。水不在深，有龙则灵。’所以我说，人不在多，精干就行。”仲夷同志还说，研究室这个部门是锻炼干部的地方，这里学习机会多，要我们多学习，不断提高理论水平、政治思想水平和政策水平。他语重心长，对全体同志提出殷切希望，大家感到亲切和温暖。

广东率先实行改革开放，试办经济特区，出现许多新鲜事物，同时在前进中也存在一些问题。对此，不理解者有之，质疑、非议和责难者也有之。有的甚至讲广东已是搞资本主义了。办经济特区，这在我国是史无前例的，需要有锐意革新的勇气和艰苦创业的实践，同时也需要理论上的探索和支持。1981

年6月，根据仲夷同志的指示，我们开始筹办有关经济特区的调查研究工作。我找到省社会科学院副院长、省经济学会会长曾牧野，把省委领导的意图告诉他，建议通过经济学会把一些专家、学者组织起来，做好这件事。当时社科院的领导孙孺、卓炯同志都很重视，很快就开会研究办理。省委杨应彬秘书长、李言年副秘书长和我们一起到会参加研究。这年的暑假，广州地区大专院校和学术单位20多名从事经济学、社会学研究的专家学者，先后到珠海、深圳调查。我和研究室一些同志也参加了。原来打算在1982年3月底或4月初召开经济特区研讨会。但这年春节过后，传出所谓《旧中国租界的由来》的质疑，锋芒所向，压力可想而知。任仲夷同志说放一放，当时我还不知道在中央下发《紧急通知》后任仲夷、刘田夫同志两次上京开会和“讲清楚”问题的情况。政治空气的这种变化，研讨会的召开只能暂时拖延下来。这期间，社科院多次同我联系，我只能告知说有点新的情况，研讨会可能要推迟一点开，但又不要对正在撰写论文的专家们造成不好的影响。经济特区究竟是不是“租界”，这在当时成为了一个急需厘清的问题。我和研究室一些同志，这段时间下功夫研究特区问题，认真准备论文。从特区内的国家主权到意识形态，都进行了全面的论述。针对所谓“租界”问题的责难，我着重在关于试办经济特区的战略意义和经济特区的社会主义性质上做文章，讲清社会主义国家经济特区的“特”与“不特”和必须正确地掌握和处理好两者之间的辩证关系。除了理论上论述之外，特区的特和不特，要讲清楚这个问题，我们现在办的经济特区，哪些应该特，一定要特，哪些是不能特，一定坚决不能特，那不能特的嘛，当然就是我们中国国家主权范围里来办的。国家法律是我们立的，边防、海关是我们的，特区的这个意识形态，宣传部门是我们的，管理是我们的，这就是不能特的地方。那么应该特的呢？办经济特区就是要学习外面的经验，跟外边要有交流。我把论文的题目定为《我国试办经济特区问题初探》，采取一种平实、积极而又稳妥的态度。仲夷同志知道这件事，在我尚未将论文送他审阅之前，就叫秘书张岳琦同志向我取去论文，不久即退了给我。就这样，直到5月上旬，任书记斟酌再三，作出决断，同意开会。历经一年时间准备的广东省经济特区学术讨论会，终于可以举行了。但是我现在回想起来，当时很不容易的，因为那整个氛围啊，山雨欲来风满楼。我们有这样一个苦衷，把名字也比较斟酌了一下，不叫广东省经济特区研讨会，而是用广东省经济特区学术讨论会，这个平实的说法，低调一点，突出这是一次学术性的会议，就算讲，也是允许的，放开一点讲，名字是这样来的。并且用省经济学会的名义召开。6月9日，经济特区学术讨论会在深圳开幕，任书记也到了深圳，只是没有在会上露面。当天早上，他到出席会议的专家、学者住处新园宾馆看望了大家。深圳特区梁湘等领导同志都出席了开幕式和听取了发言。这是一次在仲夷同志关心、指导下召开的具有历史意义的经济特区问题研讨会。在这整个过程中，我深深体会到仲夷同志和省委领导在创办经济特区问题上的坚定、沉着、有理、有节，以及对我省经济理论界的信任和爱护。此后，广东经济理论界和特区工作者有关经济特区问题的研讨，还进行过多次。

仲夷同志视野宽广，达观大度，很重视来自各界人士的意见，从善如流。1983年我的工作有了变动，转为兼省委办公厅主任。1985年春节期间，省委、省政府开了一个春节茶话会，邀请民主党派负责人、专家、教授和知名人士出席。过了没有几天，我们收到中山大学一位教授的来信，尖锐地提出批评。信中说：省委、省政府给我们发了请帖，欢迎我们光临，但我们到达会场时，省委和省政府没有一个领导到门口接待一下；会场布置也是老一套，领导高高在上，坐在主席台，既然叫茶话会，这样摆设怎么交谈呢？这封信送到省委有关领导那里，领导同志指示，诚恳接受批评，要省委、省政府两个办公厅研究改进办法，我们也着手准备意见。由于我们考虑不周，工作不细致，没有及时给这位教授回信。他等了十来天，没有得到回音，于是又直接写了一封信给任仲夷书记。信中说，他到美国去访问时，在他过去一个同学家里，亲眼看到前总统卡特给他这位同学的十多封回信，美国总统对待人民的来信都那样重视，为什么我们的省委做不到？他还怀疑他写的那封信是不是被秘书丢到废纸篓了。仲夷同志立即指示我们赶快答复教授。我们迅即派了两位同志登门拜访这位教授，将他来信的处理情况告诉他，并向他道歉，使他感到很高兴。这件事，说明秘书部门处理每一件事，都关系到领导机关、领导同志的形象，办公厅确实如仲夷同志所讲的，是省委的“门面”。我们从中吸取了教训，注意改进工作。我还在不久之后省政府召开的全省秘书工作会议上讲了这件事，希望大家引以为戒。

谁人不仰原前老

李　锐①

2000 年广东教育出版社专人送来《改革开放中的任仲夷》一书，并邀我参加 5 月 26 日为此书发行的座谈会。由于身体不适，我只能写几句话，作为一个发言吧。

任仲夷同志在大学读书时投身革命，是一二·九运动的积极参加者。我们有过十分相似的经历，然而我们之间过去并不熟悉。20 世纪 80 年代初期我在中央组织部工作时，虽同他有过接触，但对他的认识多来自他人之口。

大家最早称道他的一件事，是关于张志新的平反。1977 年 2 月，任仲夷调辽宁省主持工作，其时，“两个凡是”的影响还相当大，他顶住压力，在揭批“四人帮”的过程中，积极平反冤假错案，反对“两个凡是”。他佩服胡耀邦为平反冤假错案时提出的“我们不下油锅，谁下油锅”的精神，决心为平反冤假错案要“敢上刀山”，不惜冒政治风险。1979 年 1 月，张志新的问题提出后，他批示“公安司法部门应抓紧清查这一案件”。2 月，再次强调：“这个冤案一定要迅速查清，给予平反。”这时华国锋正在辽宁视察工作，任仲夷请他为张志新题词，华未应允。任仲夷说：“不题词可能有别的考虑，这不要紧，我们还是按省委的决定干。”3 月，辽宁省委为张志新召开平反昭雪大会，追认其为革命烈士。4 月，《辽宁日报》刊出了《为真理而献身》的长篇通讯。《人民日报》的编辑看过这篇文章后，都极为感动，决定转载。稿子送上级一位负责同志

① 李锐，曾任中共中央组织部常务副部长、中共中央顾问委员会委员。

审查，他压了一个月不退，经报社一再追问，才说，这事太惨了，对党的形象损害太大。后来报社将这一情况报告胡耀邦。胡耀邦说，张志新是刘胡兰式的英雄人物，《人民日报》应该刊登。于是《人民日报》不仅加编者按转载了《为真理而献身》一文，同时还组织了一些文章，连续报道。此后《辽宁日报》则在任仲夷的支持下，对张志新的宣传持续了5个月，编出20多个专版。当年宣传张志新，推动了全国揭批“四人帮”，为思想解放加了一把火。

没有20多年前开始的改革开放，也就没有今日之中国。打仗要有先锋，办大事难事又何尝不如此。任仲夷是改革开放真正的先锋之一；他是最早支持批判“两个凡是”的三个省委书记之一；他较早提出“由穷变富”是革命的目的；他较早提出“生产力标准”问题，第一个提出“计划调节和市场调节相结合”的原则；他是第一批支持松绑的省委“一把手”……他在辽宁工作期间提出要把大连办成“特区”。当时中央考虑，特区办在与港澳台毗邻地区更有影响力，没有同意任仲夷的建议。

由于这个“特区情结”，1980年中央就调任仲夷任广东省委第一书记，此时中央已批准在广东的深圳、珠海、汕头办3个特区。创办特区是决定中国新的命运的一着高棋；由谁来主其事，则关系此举的成败。这盘棋能否取得胜利，也就是说，关键在于这个广东的新领导，必须彻底解放思想，必须冲破重重禁区，必须顶住种种压力。任仲夷以“敢上刀山”的精神，充分利用中央给予的政策，顶住来自各方的非议，甚至要顶住被某些高层领导、保守人士批评为“搞殖民地经济”的压力。他带领省委、特区市委和全体干部闯过一道道难关，在几年时间内，将特区办得有声有色。进行了多种大胆尝试，创造出许多“全国第一”，带动了全省乃至全国的经济发展。实践证明：“发展才是硬道理。”发展中的问题，只能在发展中解决。如果只是飞进了几只苍蝇，就要把窗户关住，那就谈不上什么改革开放了，我国改革开放的目标就要推迟多年才能实现。如果当时屈服于种种“左”的认识、“左”的教条、“左”的压力，就不可能出现我们今天的新局面。由于有了特区的成功经验，我们才开始重新认识社会主义与资本主义，才会有中国特色的社会主义理论，才使邓小平理论有了实践的基础。因此，可以说，任仲夷功莫大焉。

1985年任仲夷从一线退下来，胜利完成了党中央交给他的任务。我也差不多同时退出一线，都转到了中顾委，从这时起，我们接触的机会多了，才比较熟悉起来。由于我们有着某些相似的经历，使我们成为无话不谈的老年朋友。他来北京开会，或是我因事去广东，我们总要安排时间见见面，交谈交谈。记得他同我谈过他的“安全着陆”。这是说他退出一线时，同主持福建改革开放的项南的命运有所区别。当年他们两人被那些“左”倾思想严重的人视为“眼中钉”，必欲除之而后快。那些人抓住改革开放中的某些问题，攻其一点，不及其余。

从延安“抢救运动”到“文化大革命”，我们真是吃了不少“左”的苦头。对这些历史我们都有过认真的反思。“抢救运动”时，我在延安坐过一年多牢，任仲夷在太行也挨整一年半，他同我谈过挨整的情况，并不亚于延安。尝过这种苦果之后，对“左”的东西，我们自然有特别的敏感，好比种过牛痘，产生了免疫力。由于真正透彻接受了前车之鉴，任仲夷才能如此始终坚决地站在改革的最前列，而且提出许多独到的见解，把握住改革开放的大好时机，创造出大量新的经验。这方面书中有详细的记录，值得细细品味。

任仲夷不仅是一位积极倡导和身体力行的经济方面的改革家，同时也是一位不断呼吁政治体制改革的老干部。他家里珍藏着一幅“文化大革命”中被批斗的照片（据说当年他挨过2000多场批斗），将之称为自己“最宝贵的财富”，一定要牢记那个不堪回首的年代，认真吸取历史的教训，永远不再重犯“给我们党、国家和各族人民带来严重灾难的‘文化大革命’这一全局性的、长时间的‘左’倾严重错误”。因此，他不断地提出加强民主与法治建设，指出政治体制改革的核心还是要实现民主化与法治化。

广东有特色，同有任仲夷这样的老领导分不开。我到过全国许多地方，广东令人感到上上下下一片生机，一种希望所在。任仲夷在广东享有很高的威望，可以说，他的作为已具有深厚的群众基础。因此，1997年党召开十五大，原中顾委委员只是作为列席代表参加，只有已退下来12年的任仲夷仍被选为十五大正式代表（十六大他仍是广东选的正式代表）。

1998年，吴南生邀请我和老伴并王若水夫妇等到广东参观，在汕头住了几天，又同仲夷见面，相谈甚欢。吴南生也是广东改革开放的先驱人物，我为他写了一首诗，同时写了这首《赞任仲夷》：

无限风光满眼前，南天一柱立南天。

谁人不仰原前老，说古谈今犹少年。

诗后有注："离休后，常不免自称职务冠'原'或'前'字。'原前老'昵称于是传开。"任仲夷主持粤政，有大功于改革开放，至今报刊仍常发表他的言论。20 世纪 80 年代后，四下广东，这回又得同原前老长谈。

在已经退下来的十几年中，任仲夷人退心未退，仍然十分关心广东的改革开放，关心国家的前途，人民的命运，为广东和全国的改革真正发挥余热。我们时常在广东和全国著名的报刊上，见到他的文章和访谈录。像仲夷这样至今还起作用的老同志，环顾全国，已经不多了，我希望所有的老同志都向他学习。这本《改革开放中的任仲夷》，我希望老中青三代都来读一读。

最后我想用仲夷的话来结束本文："我们的党，我们的国家，需要有一批不怕任何风险，英勇无畏地为真理而斗争的战士。有这样一批人，党、国家和民族才能有光明的前途。"

我在大是大非中认识了任仲夷（节选）
——杜导正[1]访谈录

徐庆全

徐庆全（以下简称“徐”）：听到任仲夷同志去世后，大家都很震惊。您与任仲夷交往较多，您如何评价他？

杜导正（以下简称“杜”）：得到他去世的消息，在北京的一些老朋友，商量要写一副挽联。电话中商定，11个人联合署名，由朱厚泽与于光远秘书胡冀燕带到广州去与任仲夷告别。挽联请李锐同志执笔，是这样写的：“改革开放，勇当先锋；自由民主，高举大旗；南天一柱，世人景仰；仲夷同志，永垂不朽。”这应当是我们大家对他发自内心的评价。

徐：回顾改革开放的历史，这样的评价的确是涵盖了任仲夷的政治品质。

杜：是的。粉碎“四人帮”以后，党和国家面临着破除迷信和平反冤案两大根本问题。在中央，胡耀邦是走在前面的。可是，那个时候如果没有邓小平、叶剑英、陈云的统帅，没有上上下下、左左右右的支持，光有胡耀邦是不可能的。在地方的领导人中，在辽宁省任第一书记的任仲夷，是冲在前面的；后来，他调任广东省委第一书记，以智慧和勇气开拓进取。没有任仲夷这么头脑清醒、这么勇敢的人，广东和深圳特区不会有今天的局面。所以，“改革开放，勇当先锋”四个字是很贴切的，不夸大的。

改革应当是全面的，经济和政治要同步进行。我们经济体制改革步子很大，

---

① 杜导正，曾任新华社社长、国家新闻出版署署长。

也很成功，可政治体制改革有所滞后，这是现实。任仲夷无论是在任上，还是退下来，对这个问题都有清醒的认识，一直到他去世前，还在热切地鼓与呼。所以，我们有“自由民主，高举大旗”的评价。

……

徐:在改革开放全面展开以后，中央希望广东作为全国“四化”建设的“先驱”和“排头兵”。这在当时需要有一位坚强有力的领导人来发动改革，与外部世界打交道。我想，中央调任仲夷任广东第一书记，肯定是经过反复挑选和慎重考虑的。

杜：当然是这样的。当时两个省，一个广东，一个福建。没有任仲夷和项南当政，局面很难打开。前面说过，没有任仲夷这么头脑清醒、这么勇敢的人，广东和深圳特区不会有今天的局面。当年少数同志对他们两个人的勇于改革，不满意，诸多责备甚至刁难。项南曾遭到不幸。1985 年任仲夷退下来时，跟老朋友们说自己是“安全着陆”，此话是话中有话，含有辛酸啊！

徐：您在广东工作了 20 多年，是老广东了，对广东当然关注；而任仲夷又是您敬仰的人，想必您是一直关注着广东改革开放的。

杜：任仲夷到广东的 5 年，大致是我在《光明日报》任职的时间。有你说的两个渊源，我的确是很关注广东的情况，任仲夷在广东的作为，也大致是了解的。我先跟你说说被很多媒体忽略的一个情况，那就是任仲夷在广东对包产到户的推动。

中国的改革从农村开始，而农村改革则从“包产到户”突破。因此，对“包产到户”的态度如何，是检验我们对中国改革态度的一块试金石。实践证明，任仲夷经受得起这个检验，他是全国最先支持“包产到户”的为数极少的省委第一书记。万里后来说，原来中央决定中有不要包产到户的规定，我们支持农民“包产到户”的正当要求，会始终被看作“违纪”、“违法”。而且，当时反对包产到户的人手里有权，他不同意你就干不成。因此，耀邦同志接受我的建议，于 1980 年 9 月为此召开省委第一书记座谈会。万里在会上说：“我的意思是想把‘不要包产到户’改为‘可以包产到户’或‘支持包产到户’。”但是，会上争论很激烈，看来通不过。公开赞成“包产到户”比较突出的人物，一个是贵州的池必卿，一个是内蒙古的周惠，一个就是辽宁的任仲夷，这是少数；多数表示沉默，有的还坚决反对。

任仲夷到了广东又如何？我的老朋友、省委分管农村工作的领导林若、杜瑞芝告诉我：当时在广东，从上到下，对“包”字尤其是对“双包到户”确有一番争论。谁是谁非？谁也说服不了谁。大体上有一年左右的时间，处于僵持状态。任仲夷调任第一书记仅3个月，他在召开的全省地、市、县委书记会议上作总结讲话，用搞了包产到户、包干到户、增产增收、经济发展、市场活跃等大量事实，说明农村形势的主流是好的，党同农民的关系密切了。强调已实行“双包”的地方，都是符合群众意愿的，就不要改过来了。任仲夷的这一席话，为“包”字之争打上了句号。

徐：任仲夷1980年到广东工作时，从大背景上来说，不是很有利。稍后，中央召开工作会议，中心议题是讨论国民经济的调整，这自然就涉及改革开放，涉及广东办特区的问题。

杜：你说的问题，的确是任仲夷到广东任上遇到的第一个难题。它的起因是，一位中央领导同志在中央工作会议上读了一封4个青年人写给中央领导的关于经济调整的来信，信中提出了“缓改革，抑需求，重调整，舍发展”12字方针。任仲夷认为，信的出发点是好的，但药方下得不对。什么叫“缓改革”？他认为正是由于过去思想保守，不肯和不敢进行改革，改革的步子太慢，才在经济上出现了许多的问题。“抑需求”，社会的需求，人民群众对物质、文化需求的不断增长是必然的和正常的，只能逐步地、积极地去解决，逐步地去满足，特别在当时情况下，不应当再强调抑制群众的需求。对绝大多数群众来说，他们的生活已经够苦的了，对他们的需求，不能再去抑制了。调整是必要的，但“舍发展”就不对了。中央对广东实行特殊政策、灵活措施，办特区，就是希望广东先走一步，发展得快一点，如果按照“12字方针”办，特别是要“缓改革”、“舍发展”，广东怎么能先行一步呢？

徐：在这种情况下，任仲夷的确面临着如何做的问题。

杜：这一时期的情况，后来任仲夷跟老同志们谈得比较多。他说，当时他认为至少在广东，改革不能缓，发展不能舍，而是改革要坚持，发展要加快。不搞改革，舍掉发展，一切都谈不上。所以，他只是在调整上做了“文章”。就是把发展与调整统一起来，有机地结合起来，调整的目的，仍是为了发展，是为了发展得更快一些。他的指导思想，就是后来他多次说的一段话：“思想不解放，特别是领导同志的思想不解放，搞不了四个现代化，工作也不可能大治快上。实践证明，哪个地方和单位的领导同志思想比较解放，哪里的工作办法就多，步子就快。反之，就慢腾腾，工作很少起色。有的人老于世故，凡事‘一慢、二看、三通过’，认为解放思想这个头不能带，还是‘稳当’一点好。在新形势下，已有许多事实说明，那种思想僵化、四平八稳、无所作为的人，是不受群众拥护的，是站不住脚的。这样的同志如不转变，在新长征中，早晚要被淘汰。”

徐：任仲夷还有句名言，很能说明您说到的这一事例。他说：允许“变通”，不许“变相”。任仲夷的解释是：“变通”，就是要全面理解和掌握中央的政策，从实际出发，灵活运用这些政策去解决工作中的矛盾。讲“变通”，不应形成“变相”地违反政策。

杜：必然的改革开放，未必会有一个必然的开局。商品经济，打开国门，广东试水，示范全国。成则全局盘活，败则时机错落。任仲夷主政广东，不但要思考“变通”的经济布局，还有思考“打通”种种质疑非难的保守思想。那个时候，什么广东“放羊”了，广东“精神污染严重”了，“资产阶级又一次向我们猖獗进攻”了，等等，各种说法都有。有的老同志从广东回来后，甚至痛哭流涕地说：广东变成资本主义；资本主义复辟了！……

徐：那时，也有同志搞点小动作对广东进行责备甚至刁难。我记得当年有一篇很有影响的文章《旧中国租界的由来》发表出来了。当年不懂，现在回头看，文章适时而出，矛头是直指广东经济特区的。

杜：当年任仲夷的确面临着各种复杂的甚至是艰难的局面。不过，作为一名老共产党员，任仲夷挨过批评，也写过检讨，但有一条他坚决守住了，就是决不让广东就改革开放的政策搞大辩论——因为那只会导致乱抓辫子、乱扣帽子。对于“加强统管”的要求，则提出“对外开放，对内搞活；思想先行，管要跟上；越活越管，越管越活”的24字方针。对于对外开放的利弊取舍，更言简意赅地归纳出“排污不排外”的逻辑与口号。在情势复杂的改革年代，这是一份理论与意志的坚定，更是一份能够成全这份坚定的谋略与智慧。他的确是一位改革勇士，一位智慧老人，一位披荆斩棘的行动者啊！

……

大智大勇的改革家(节选)

关相生①

2005年4月6日，广东省顾委联谊会组织原省顾委老同志在珠海度假村学习全国人大和政协两会精神，会议快结束时，我向任老征求去哪里参观学习时，任老很谦和地说："这几年华东长江三角洲一带发展很快，我们应该去那里看看，能否给一线同志提供些什么参考意见?"

到了9月，我们经省委批准与江苏、上海、浙江联系并打算出发时，任老却因健康原因住了医院,更想不到他老人家竟于2005年11月15日在广州逝世。噩耗传来，令人悲痛不已。如今不知不觉过去了八年，但他老人家留给我的印象太深了，他平易近人、循循善诱、幽默风趣、和蔼可亲、朝气蓬勃、思想敏锐、敢说实话、大智大勇，是广东开放改革的奠基者和开拓者。

1980年11月8日下午，任老和梁灵光同志一行到了广东。他成为新中国成立以来广东第10任省委第一书记。他那慈祥的面孔是我早在1956年秋在京开八大时就见过的，倍感亲切。1980年11月18日上午在中山纪念堂处以上干部大会上，由时任第一书记习仲勋同志向大家宣读了中央任命任老和梁灵光同志的决定，介绍了两位的简历，并作了热情欢迎来广东工作的讲话。接着任老作了重要的讲话。他说：我们来广东前，中央领导同志叶剑英、邓小平、李先念、胡耀邦、万里、韦国清、姚依林、谷牧等分别接见了我们，作了很重要的指示，对做好广东工作有重要的指导意义。

---

① 关相生，曾任中共广东省委副秘书长、中共广东省顾问委员会秘书长。

他说："第一，中央领导同志要求我们进一步解放思想、发挥广东优势；第二，重视广东困难，避免盲目性；第三，要从抓政策入手；第四，关心群众利益，要给群众们看得见的物质利益，调动群众的积极性；第五，处理历史问题宜粗不宜细，引导大家向前看；第六，改进领导作风，树立好的风气；第七，加强改善党的领导。"

任老传达党中央领导同志指示后，谈个人体会时说："中央对广东非常重视，全国29个省、市、自治区，唯独批准广东、福建搞特区，发布50号和41号文件，并专门听汇报，给广东很大权力，但要求很高，这是我们搞好广东工作的重要指导方针，我们要认真学习，深刻领会。"他还说：我没有"新官上任三把火"，要多听多看多学，一学二听三看，第一个任务是学习，在学习中了解情况。并特别强调：必须按中央要求切实加强党的团结和干部队伍的团结，把广东经济进一步搞上去，让人民生活逐步得到改善；切实改进作风，加强和改善党的领导。

1980年11月23日至25日，任老和灵光同志一行去深圳、珠海视察工作。我有幸参加陪同，聆听任老的宝贵指示。

23日上午，任老先到文锦渡视察，看到两边对比鲜明时，任老说："臭水为界，这边荒芜，那边有菜。"当听到当地领导汇报发展经济有困难时，任老说："一计不成另生一计，计计不离社会主义，计计不离人民利益。"在谈到口岸政策时，任老说："眉头一皱，计上心来；政策对头，喜笑颜开。要举一反三，政策不仅是菜的问题。"

23日下午任老到沙头角视察，听到镇委负责同志介绍新中国成立30年，跑了2600多人，年均跑120至130人，但最近跑回6人；家庭副业户全年收入超过1万元港币，家家户户盖了新房时，任老说："电视应将沙头角住房进行报道。"

晚上七时半，深圳市委书记张勋甫同志作汇报。市委汇报结束后，任老说："今天仅看一天，知的太少太少，没有实践提不出中肯意见，只能先讲点精神。广东有两种特区，中央领导同志要全省搞特区，深圳是特区中的特区，要真正做到特殊政策真特殊，灵活措施真灵活，先走一步真先走。广东作为'四化'的排头兵、橱窗，深圳应成为全省的排头兵、橱窗，对深圳应更特殊、更开放一些，要求干部、市委思想更解放一些。"

任老说："我看了沙头角，农民确实很富裕，我没见过那么富裕的农民，可否让整个深圳像沙头角那样繁荣富裕？这样就根本上解决了外逃问题，人往高处走嘛！在沙头角实行某些政策可否在全市实行？你们提个方案交省委讨论，我们定不了就向中央反映。分析一下，过去死，现在活，人回来了，这不是政策问题吗？总之还是小平同志讲的：广东应从政策着手，尤其深圳应从政策着手，为什么风景那边独好，我看两边一样好。"

任老在看了梅沙海滨旅游项目是吸收外资办的时候说："我占67%，外商33%，没有什么风险，要快好省，对外经济合作要多想办法，凡没有风险的挣钱的都应批准，类似这样的请求，有关部门应批准，不要贻误时机，层层卡，一寸光阴一寸金，寸金难买寸光阴。采取这种办法特区建设才能快。"

"中央要求我们对外更开放一些，深圳首先要更开放一些，尽量减少对外往来手续，减少官僚主义，改革规章制度，特事特批，中央政策不合适的，可以商量'变通'，可以试行，但不能让国家受损失。对全国各省也要开放，多和各省市搞联合，当红娘，不要阻碍。本溪市与广钢搞联合了，上面不批，人家却结婚了。我们得主动求爱，采取主动热情态度，要互利，没利不来。"

关于特区建设，任老说："一开始要关心人民生活，搞好规划，打好底子，不要半途改造，绿化面积要留下来，公共设施要注意到。要多搞蔬菜肉类水果生产，既可出口，又可满足当地人民需要。要接受几十年的教训，不能只抓生产，不抓生活。要防止污染，医院、学院、托儿所都要规划安排。"

任老特别强调团结问题："党内外团结一致，同心同德建设特区，特别在党内，领导班子要团结，在党的路线方针前提下搞好团结，讲五湖四海，握成一个拳头，拧成一股绳，增强党性，按党的原则规则办事，领导群众之间应互相支持、互相依靠，要严格要求自己，勇于自我批评，为建设好特区而努力工作。"

"在建设、经济工作方面，要特别注意重视工程技术人员和专家的意见。在这个特区的条件下，坚持四项基本原则，保证党的路线的执行。要注意防腐蚀，出污泥而不染。至于学习、生产、技术、管理方面的经验，凡有利推行特区建设的都应努力学习，并力争超过它，为党和国家培养成批的各方面的人才、出经验，创造财富和外汇。总之，既要防资产阶级的腐蚀，又不要把我们那一套强加于人，不能强迫外国人接受我们的观点、思想、道德。"

11月24日晨，深圳市委常委来看任老，在介绍完每个同志后，任老说:“这次和灵光同志一起来看特区建设，多听多看多学。看到大家很高兴，深圳特区能否建设好，担子压在同志们身上。昨天讲了六七点意见，绝非指示，仅供大家参考。”任老首先将解放思想、搞五湖四海、领导班子团结、坚持民主集中制等问题重申外，最后再次号召大家“敢想敢闯，真正做到特殊政策要真特殊，灵活措施要真灵活，先走一步要真先走”。

11月24日下午过海到珠海，当船行到伶仃洋时，任老背诵起文天祥的名诗：“辛苦遭逢起一经，干戈寥落四周星。山河破碎风飘絮，身世浮沉雨打萍。惶恐滩头说惶恐，零丁洋里叹零丁。人生自古谁无死，留取丹心照汗青！”

在珠海先后到唐家湾唐绍仪的共乐园、香洲毛纺厂视察，晚上7时整由珠海市委书记吴健民同志汇报。

在珠海市委汇报后，任老说：“刚才汇报对我是很好的学习，我是三多：多听多看多学。”“还是邓小平同志讲得好，要从政策入手。珠海有它的特点，共性与深圳一样，在深圳讲的话可供珠海同志参考。不是指示，也不是文件，只是个人想法，供参考。中央领导同志指示已印发，大政方针已有，权也给了，现在就看你们怎么用好这个权。搞活经济，谈何容易。过去我们有管死教训，没搞活经验，陈规陋习太多，要闯新路，要把特区搞快点，手脚放开点，要松绑，把言之有理、行之有效的向上报，相信中央不会捆住。第一要解放思想，要经过调查研究制定政策，只有正确的政策，才能调动大家的积极性。罗湖桥那边菜种得那么好，发人深思，难道这不是政策吗?蛇口真正做到了‘三个真’，思想解放抓政策。各级领导都应如此，有些办法还没太大把握，允许试办，一计不成，再生一计，要千方百计，不要碰到困难就降低信心，要百折不回，要像外贸人员那样‘说破嘴，跑断腿’，珠海有利条件很多，靠海吃海，靠景吃景，毗靠港澳先发财。要多创外汇和财富，培养人才，为全省乃至全国提供经验，使四化建设加快实现，不辜负中央对我们的信任。”

任仲夷同志推动广东农村改革

马恩成①

改革开放伊始，年过花甲的任仲夷同志受命南下，任广东省委第一书记。他以过人的胆识和魅力，排除各方面的干扰和阻力，坚持实事求是，因地制宜，采取灵活变通的办法，在改革开放先行一步方面，进行了可贵的探索。不仅在创办特区、引进外资、发展民营经济、改造国有企业，而且在农村改革方面，都有所突破，取得了突出成绩。

大家都知道，中国的改革首先从农村开始，而农村改革则首先从“包产到户”突破，但当时经过十分激烈的争论。任仲夷同志刚来广东的时候，广东和全国一样，对“包产到户”的争论已处于白热化的程度。一方面贫困地区群众在中央75号文件的支持下，已冲破多年的禁区，迅速向汕头、惠阳、湛江、梅州等地区扩展；一方面各级干部对这一新事物却存在很大分歧。大部分人犹疑观望，一部分人反对，甚至压制，只有少数人支持。一位地委主要领导人说：“谁搞包产到户就是历史的罪人。”一个县委曾正式做出反对包产到户的决议。

在任仲夷同志到任几个月以前的一次全省农村工作会议上，不同意见对包产到户问题进行了争论，当时省委一位领导一方面谈包产到户与分田单干有原则区别，一方面又说它们很容易滑向单干。说包产到户只是特殊困难队的临时措施，是一种通融和妥协，不是我们的战略方向。说既要看到它能调动农民个体经营积极性的一面，又要看到它会给集体经济和人们的思想带来破坏的一

① 马恩成，曾任中共广东省委农工部副部长、广东省农委副主任、省农村发展研究中心主任。

面等等。这种回答使争论双方都不满足，认为未解决问题。会后省委抽调 230 名机关干部组成调查组，分赴 5 个地区 16 个县，帮助纠正分田单干和“变相单干”。当时省农委副主任杜瑞芝带领工作组到包产到户的“重灾区”紫金县。经过 50 多天的深入调查，向省委写了两份报告，提出“农民普遍反映‘包上交’好，最怕搞回‘打大捞’，我们应顺应群众意见”；提出“包产到户在困难地区是调动群众积极性、促进生产力发展的一项重要政策。没有必要强调这是‘权宜之计’”。时任省委第二书记的杨尚昆认为报告很好。批给省委常委和地委书记参阅。杜瑞芝这样鲜明地支持包产到户，引起一些人的非议。

任仲夷 1980 年 11 月调来广东。在 1981 年 1 月省委召开的地市县书记会议上，不同意见又展开激烈争论。一个地区的一些领导公开发难，他们指名道姓地批评省农委领导薛光军、杜瑞芝违背中央文件，在农村搞倒退，为广东的包产到户、分田单干推波助澜，制造不稳定局面。他们发言火力集中，言辞尖锐，而且大部分发言上了简报，在整个会议扩散。在这种分歧面前，大家期望任仲夷书记正确回答。但他刚来广东才三个月，他对包产到户怎么看？人们都不知底。

会议快结束时，任仲夷在总结中作了回答。他讲得既正确又有策略，既未从意识形态的高度给包产到户定性，也未对反对包产到户的人进行批评。而是从实践是检验真理唯一标准的角度谈了三点：一是搞了“双包到户”的地方，增产增收，经济发展，市场活跃，密切了党同群众的关系；二是已经实行包产到户的地方，只要群众满意，能增产，对国家有贡献，就不要硬改过来；三是对农村出现的新情况新问题，要分清主流和支流，不要把问题看得过重甚至夸大，也不要放任自流。任仲夷的发言，尊重实践，尊重群众，也考虑到国家整体利益，使反对包产到户的人心平气和，冷静思考。会后任仲夷又到领导人不同意包产到户的地区调查，与该地委主要领导进行谈话，以后再没有听到其他的反对意见。经过任仲夷做工作，加上 1982 年中央一号文件的下发，广东全省（包括原来反对实行包产到户的四个地区）都顺利地实行了家庭承包制。

任仲夷为广东的包产到户之争画了句号，还为包产到户的实行画了破折号。就是说，他不仅肯定包产到户，评价包产到户为农民的伟大创造，而且指出它有一定的局限性。他认为中国人的地少，只搞包产到户，每家只包一小块土地，不搞各种形式的联合和服务，就会使包产到户成为“一家一户自给自足的自然经济”。指出如果每一户只是自己种粮食、种甘蔗，自己养猪养鸡，什么都自己解决，“这是一种落后的农业生产方式”。出路应该是根据各户不同的特长合理分工，在包产到户的基础上，发展专业户，逐步实行专业化生产，并依据自愿互利的原则实行各种联合。这种联合开始时可比较松散，以便于既可以发挥包产到户能够调动个人积极性的长处，又可以克服一家一户自给自足经济的弱点。他还指出，在专业化发展后形成的新联合体，可使原来分散的资金、技术、土地、劳动力等生产要素结合起来，产生新的生产力，应该认真总结、推广这些经验。任仲夷认为从“包”到“专”到“联”，是农村实行家庭承包制后发展的趋向。农村改革与发展的实践，完全证实了任仲夷这一设想的正确性和前瞻性。

1981年5月起，广东农村又引起第二次激烈的争论。广东实行家庭承包制后，珠江三角洲出现了一批专业承包大户，有的大户雇请了一些雇工。比较典型的是高要县沙浦公社的鱼塘承包大户陈志雄。他于1979年开始承包，到1981年跨队承包鱼塘和水田497亩。当年总投入资金2.8万元，实现总产值11.4万元，全年除自家投入两个劳动力外，还雇请固定工人5人，临时工1000多个工日。当年扣除生产成本1.7万元，雇工工资0.8万元，上交集体承包款6.5万元外，陈志雄的纯收入2.45万元。对陈志雄的经营和收入，人们的看法迥然不同。赞成者认为，这种经营利大于弊，对生产、对农民、对集体都有利，应当允许存在；反对者认为有雇工就有剥削，有剥削就是资本主义，应当制止和批判。

这场争论由《人民日报》向全国公开化。该报从1981年5月29日发表《一场关于承包鱼塘的争论》，至8月30日，共发表了20余篇赞成和反对的文章。在广东理论界和农业部门也展开了争论。广东两位学者在昆明一次研讨会上发表了反对意见，认为陈志雄式的承包“是以雇佣劳动为基础的……已经改变了集体经济内部的生产责任和引导”。这类观点通过新华社的《动态清样》反映到北京。中央书记处一位负责同志将此材料转给广东省委任仲夷同志，并写信指出陈志雄式的雇工经营如果属实，就背离了社会主义制度，需要作出明确规定予以制止和纠正，并在全省通报。任仲夷接到信件和材料后，对这一敏感的问题没有仓促作决定，而是指示当时农委领导薛光军、杜瑞芝同志，派人到高要县认真进行调查，“首先弄清情况，然后划清政策界限，制定统一的规定”。还指出在调查处理中“不要责备承包者个人”、“不要使农民对政策的稳定性产生怀疑”。任仲夷同志还指示省委政策研究室，“邀请有关部门共同研究，提出个答案和意见”，指出弄清这一问题，“既有理论意义，又很有现实意义”。

根据仲夷同志的意见，省委农村工作部、省委政研室于1982年上半年，先后到高要县调查召开座谈会。调查中，当地的基层和县领导对陈志雄式的承包，都给以肯定，认为对农业扩大再生产，使用农业剩余劳动力，增加集体积累、增加农民收入，都有好处。但也有不同观点的争论，认为在社会主义条件下，对出现的雇工经营问题，不容易说清楚。为了从理论、思想上弄清这一问题，按照仲夷同志的提议，省委农村工作部、省委政研室率先召开了一次大型的农村雇工问题研讨会。这次会议因为比较超前，引起各方面的关注，国务院农村发展研究中心、中国社科院农村发展所、农业部经营管理干部学院，都有负责同志来参加。经过几天的集中讨论，对当前农村出现雇工的原因、特点、利弊、对策等，取得了基本的共识。

大家认为，当前农村之所以出现雇工，根本原因在于我国社会主义仍处于初级阶段，生产力水平比较低，地区间发展不平衡，实行家庭承包制以后，农民扩大了经营自主权，在剩余劳动力增多、生产资金增多的情况下，出现多种承包经营形式和雇工现象是难以避免的。

大家还认为，在我国条件下，农村雇工有利有弊，利大于弊。对雇工经营应因势利导，兴利除弊。不仅在农业，而且在二、三产业应允许其存在，特别对山区、沿海的开发项目更应适当放宽；对雇工的剥削收入应通过税收等环节手段加以调节；对制假、违法的企业主应给以制裁。主要以经济手段予以引导，不应以简单化的行政手段加以制止。大家认为农村改革开放中出现的一些新情况、新矛盾，多作调查研究，对一些问题的处理应从稳定农村基本政策、从调动群众生产积极性出发，对一时看不清楚的问题，要多看一看，不要操之过急，更不应动辄指责和取缔。

总之，这次雇工问题的争论，在任仲夷同志正确思想指导下，解决得比较好，不仅没有影响当时农村实行家庭承包制后出现的大好形势，而且对以后个体私营等民营经济的发展起了积极的促进作用。

怀念任老（节选）

黄家驹①

任仲夷同志走了。他曾说过："人是呱呱地生，快快地长，慢慢地老，悄悄地去。"他快要离开人世时，交代不开追悼会，不搞告别仪式，真是"悄悄地去"了。然而他的睿智的思想，观察事物深刻的哲理，做人高贵的品质，幽默和豁达大度的人生风格，并没有"悄悄地去"，而是永留在人间，留给我们永远学习和怀念。

我第一次见到任老，是1982年夏天在深圳召开的广东省经济特区学术研讨会。任老是因为思想解放闻名被中央调来广东，推动广东改革开放和经济特区发展的。任老1980年底初来广东后，就亲自到深圳和珠海等特区作调查，同时提出让广东的学者们对特区也作些调查研究，适当时候召开特区的研讨会。于是我们从1981年秋天在当时省委政策研究室主任张汉青带领下，多次到深圳、珠海开展调查研究，终于1982年夏天在深圳举行全国第一次经济特区学术研讨会，并闻说任老要出席会议，看望大家。但就当时的全国形势看，这时召开特区研讨会并不是好时机。1980年中央工作会议强调经济调整，有人提出要"抑需求、缓改革、重调整、舍发展"，既然是又"缓"又"舍"，对特区改革发展当然是不利的。跟着1982年1月，中纪委给中央写了报告，重点批评广东出现严重走私贩私行为，有人把此事同办特区联系起来，并组织专人编写了《旧中国租界的由来》，而在我们研讨会准备召开时，中央又有人刚来深

---

① 黄家驹，曾任华南师范大学党委书记。

圳作调查。在这样的情况下，任老没有出席大会，改为到驻地每个房间看望我们，他深情地鼓励我们对特区要多多调查研究，将来特区经济是一定要发展的。后来闻说那两三年任老顶住了很大的压力，而他那次看望我们，给我留下深刻的印象。

任老思想解放是众所周知的，但我总觉得他思想解放有他自身的特点和过人的地方。比如他的解放思想总是同实事求是地解决各种实际问题结合起来，并且常常是有预见性和超前性，具有第一个吃螃蟹的精神。如逐步放宽农村经济政策，减少统派购农副产品，允许个体商人长途贩运，扩大企业自主权，允许个体企业少量雇工等等，都是广东带了头的。又比如他谈解放思想总要同分清各种是非、澄清各种错误思想结合起来，破与立结合起来。他认为长期“左”的行为都是同受传统的错误思想或是非不分的影响有关，不澄清错误思想，解放思想就受到很大限制，甚至是不可能的。他反复谈到人们长期受“斗争哲学”影响太深，往往把人们思想言论自由说成是自由主义；为民作主其实应该是由民作主;反对“两个凡是”，坚持“实践是检验真理的唯一标准”应该是彻底的，应适用于任何人，包括领导人和革命领袖；他认为只谈“人的正确思想从哪里来”是不够的，还要谈“人的错误思想从哪里来”，只有深刻认识人的错误思想来源的背景和根源，才有利于彻底澄清错误思想，才有利于彻底的思想解放。他的思想解放还有一个显著特点就是坚持与时俱进，可以说越到晚年，他的思想越活跃，越解放，对理论与现实问题的分析越见精辟，越是闪耀着解放思想的光辉。在这里我想谈一件感受很深的事。1982 年我的研究生郑炎潮为准备写硕士论文，写了一篇有关鼓励私营经济发展的文章。硕士论文题目是《我国生产资料所有制结构及其发展》，关于要发展私营经济是论文一个重点部分。当时社会上反对发展个体经济，反对发展私营经济几乎是一边倒的意见，并引用马克思的说法，雇工超过 8 个就是剥削，就是资本主义经济。我们对郑炎潮的论文观点开拓、思想解放是支持的，但确实没有多大把握。后来郑炎潮竟大胆地把发展私人经济的论文（约 1 万字）寄给任老，更没想到，不到一星期任老就亲自打来电话，约郑炎潮谈话，赞成他的观点，认为他的论文为我们决策提供重要依据，并说私营经济既不属传统公有经济范畴，但也不是传统的资本主义，应该说是社会主义公有经济的辅助和补充，它不但不会损害社会主义，反而有利于社会主义发展。这种认识在当时实在是太超前了。当郑炎潮把同任老的谈话回来告诉我们时，我们真是感到既吃惊又很受鼓舞。为此我们对任老思想解放留下极其深刻的印象。

我想着重谈谈任老有关政治体制改革的思想。1998年省社联召开春节茶话会，任老参加了会议。他专门谈政治体制改革问题。他谈到党的十五大报告把政治体制改革作为一部分提出来是他事先没有想到的，报告征求意见稿他看后提出过要写政治体制改革的建议，看到正式报告真的把政治体制作为一大部分来讲很高兴。接着他鼓励我们学者要关心政治体制改革，研究政治体制改革问题。他谈到研究政治体制改革应以小平同志有关政治体制改革理论为指导，特别提到小平同志说我们所有改革能不能成功，还是决定于政治体制改革，不搞政治体制改革，经济体制改革也搞不通。有人说后来小平同志很少谈政治体制改革了，但是小平同志也没有说要收回以前说过有关政治体制改革的谈话呀！当时我正在同两位同志一起研究邓小平有关政治体制改革的理论，对任老这番讲话印象特别深刻。由于没有笔记，任老的讲话只是大意，但任老说小平没有收回他原来讲过许多有关政治体制改革的话，我是深深地记住了。邓小平80年代初期有关政治体制改革的谈话是何等精辟，何等深刻。任老提出邓小平没有收回他原来说过的话，是要我们坚持邓小平有关政治体制改革的思想，并与时俱进地深化邓小平有关政治体制改革的思想，而绝不应后退。一年后，我们所写的《邓小平政治体制改革理论研究》一书出版了，我给任老送了一本，并请他提意见。当时我曾想通过高伟梧同志找任老向他请教政治体制改革问题，并谈谈我对这个问题的一些想法。后来由于感到我对邓小平政治体制改革理论的认识实在太肤浅，终于没有这样做。

自此以后，我特别关注任老有关政治体制改革的言论。我感觉到，任老对十五大报告大篇幅地谈政治体制改革是很高兴的。任老此后对政治体制改革的话题更加关心，谈得更多，更加深刻，更加无所畏惧了。这是一个老共产党员对党和国家前途命运的关心，是一个老共产党员的良心和智慧。

……

任老晚年，很喜欢与人交谈，有他的老朋友，有后辈，还有年轻人。他说与年轻人交流可以吸取新鲜东西。我是属于后辈一类，也有幸同他交流。一次是1985年同他一起参加党的全国代表会议，一天晚上，我约了他的秘书李次岩同志（也是我的学生）到他房间聊天，我谈了对当时经济形势和经济改革的看法，也谈到我校教改情况，他很留心听，不时提问、插话，没想到一谈就是一个多小时。他说他快要退出省委领导岗位，叫我再找林若同志谈谈。谈话中他毫无架子，更没有居高临下之势，倒是个慈祥的老人。以后我又参加了由他组织的小型座谈，是随便交流的方式，那次谈的主题是如何全面准确科学理解马克思主义的指导作用。他不作系统发言，但不时插话，都是既幽默又精辟，不时引起与会者会心微笑。几个月前，高伟梧告诉我，任老想约几个人到东莞谈谈教育改革问题，要我准备，我也很希望听到任老对教育改革的想法。后来高说因任老身体不好会议推迟，没想这一推迟竟成了永远的推迟！

任老走了，但在我心中永远留下一个值得崇敬和怀念的老共产党人形象。

求真务实的楷模

曾广灿①

仲夷同志对中国共产党的伟大事业鞠躬尽瘁。我有幸在广东省体改办及后在任老当名誉院长的南方现代市场经济研究院工作共 20 多年，经常得到他的指示、教导和鞭策，永志不忘。

1979 年 7 月，党中央、国务院批准广东的对外经济活动实行特殊政策和灵活措施，旨在让广东在改革开放方面“先行一步”、“起探路作用”。仲夷同志 1980 年 11 月到任广东省委第一书记。广东的改革开放是个极不平凡、极不平静的历程。中央决定在广东创办深圳、珠海、汕头经济特区，扩大财政、计划、金融、物资、劳动工资和物价等方面的自主权，确实是个极不平凡的举措。而广东当时与全国的经济制度和管理体制一样，实行传统的计划经济，其基本特征是：单一的公有制，认为“越大越公越纯”就“越社会主义”；实行政府主导型的经济，以行政手段为主管理经济，法制不健全，排斥市场机制；企业实际上是政府行政机构的附属物，缺乏自主权。至于具体的运营体制，则实行财政统收统支、银行统存统贷、物资统购统拨、外贸统进统出、商业统购包销、物价垂直统一定价、劳动力统包统配、“吃大锅饭”平均主义的工资制度，等等。很明显，这种僵化的制度和体制，完全不符合广东的实情，严重阻碍着广东优势的发挥。因此，改革开放是个极不平凡的社会系统工程。而在改革开放的实践过程中，广东的经验做法往往引起省内外争议甚多，又是个极不平静的历程，

① 曾广灿，曾任广东省体改委副主任，南方现代市场经济研究院副院长。

有过所谓“香一年，臭一年，臭臭香香又一年”的纷争。

仲夷同志坚定不移地贯彻落实中央英明正确的路线方针政策，高举邓小平理论的伟大旗帜，团结省市党政领导同志，鼓励教育广大党政干部群众，从广东实情出发，务实求真，实事求是地对广东的改革开放事业运筹帷幄，作出了卓越的贡献，广东人民对此有口皆碑。

仲夷同志高瞻远瞩又脚踏实地。他充分发挥了广东固有的优势——毗邻港澳、华侨众多、商品生产发达、对外通商历史悠久、中西文化融合较多，因此领导制定的方略符合广东的实际情况，实践的方式方法机智且灵活。他坚持实践是检验真理的唯一标准，坚决纠正“两个凡是”，坚决否定“以阶级斗争为纲”，平反昭雪了广东一大批冤假错案。他来粤不久即提出“两个坚定不移”——“打击经济领域的违法犯罪活动坚定不移，对外开放和对内搞活经济坚定不移”，又提出“三个更加”——“对外更加开放、对内更加放宽、对下更加放权”和“有所引进、有所抵制”、“排污不排外”的指导思想。直到 1985 年他退居二线前夕，省委还进一步提出了“八个破除”，包括破除把商品经济、个体私营经济和市场竞争看成“资本主义”的陈旧观念，要把是否有利于发展社会生产力，作为检验改革成败的主要标准。人们记忆犹新：省委鼓励、支持南海县搞“五个轮子一齐转”——国有、公有、私有、混合所有和合伙经济共同发展，被当时的总书记胡耀邦首肯并批示“全国县级要学南海”。仲夷同志精通价值规律和供求法则，支持、鼓励广州市等地放开塘鱼价格，进行流通体制的市场化改革，采取“放调结合，以放为主，放中有管，越管越活，越活越管”。结果以广州为中心，在全国率先进行物价闯关，逐步建立起具有广东特色的价格调控体系，并相应地促进了企业经营机制的转制、产业结构的调整以及财政、金融和分配制度的改革。农副产品放开了，粮食放开了，工业消费品和生产资料也由小到大，由易到难，逐步放开。他还把农村的家庭承包责任制的精义推广到城市工业、建筑业，开展承包责任制试点。

仲夷同志谙熟唯物主义辩证法和历史唯物论。广东的实践不搞一哄而起、一个模式、一刀切、一言堂，而是采取“具体问题具体分析”、“一切依时间、地点和条件为转移”的认识论、方法论。仲夷同志经常谆嘱大家要理顺体制、开放市场、用足政策、敢于变通……要变通不变相。有一次，笔者请教任老“见到红灯绕道走”对不对？他笑道：“可以呀！”他又说：“司机闯红灯当然是错，该受罚。但司机不懂得绕道继续前进，就会耽误乘员的时间。难道从北京东长安街往西行非要通过天安门广场不可吗？如果当时广场因事暂亮红灯，司机可以绕道走东交民巷或南池子嘛！他不懂绕道走说明他不熟悉道路周围环境路线，也不算是个好司机。”任老这一番话使我茅塞顿开，永不忘怀。

仲夷同志离休后，仍然时刻关怀和指点广东建设中国特色社会主义的伟大事业，在家勤奋读书报、看文件和记笔记，写满一个簿子。2000 年 4 月 29 日《南方日报》发表了任老的大作《再谈坚持四项基本原则》。文章开头就写着："十多年前，我曾和《开拓者》杂志记者谈过对四项基本原则既要坚持又不能僵化的意思，现在觉得这个问题还应再讲一讲。"他捍卫四项基本原则，"我们过去坚持，今后仍然要继续坚持"。但"近 21 年来，中国的情况发生了很大变化……应当根据今天改革开放的新形势，赋予它们新的时代内容，作出新的解释和说明，注入新的意义"。接着，他逐条对基本原则阐明了自己的精辟见解。

文章指出，过去误认为社会主义只有公有制。在农村只准搞集体经济，实行公社化才叫社会主义；在城市里，工业、商业都要实行国营才算是社会主义，集体经济只算是半社会主义，个体经济是"自发的资本主义"，私营经济更是视为非法。过去误认为计划经济才是社会主义，市场经济则是资本主义。在分配问题上，认为社会主义只有按劳分配一种分配形式。而今天，如果还顽固坚持人民公社那一套，不允许搞家庭联产承包责任制，那还叫坚持社会主义道路吗？党的十五大正式确认非公有制是社会主义经济的"重要组成部分"，这也体现了对建设社会主义道路内涵认识的深化和进步。党的十四大提出建立市场经济体制，十五大提出坚持和完善社会主义市场经济体制。仲夷同志有为而发地问："时至今日，如果还有人反对市场经济，走回头路搞计划经济，那一定会被看成是脱离实际，思想保守僵化，不是真正坚持而是背离了我们正在走的社会主义道路。""现在，集体、外资、个体、私营企业都可以到国有企业参股，都可以收购兼并效益不好的国有企业，实行股份制，搞证券市场，推广社会保险，私人都能够拥有房子和汽车，等等，这些过去都误为是姓'资'的东西，现在不也都姓'社'了吗？"文章指出，人民民主专政是让绝大多数人充分享有民主的基础上对极少数敌对势力实行专政的国家政权，它好就好在"人民"和"民主"。过去只讲加强专政这一面，不提实行民主的另一面，就是专政也是搞扩大化。林彪、"四人帮"把政权解释成"镇压"之权，成天不是"揪斗"、

“斗臭”，就是杀、杀、杀，斗得国家经济到了崩溃的边缘，还说“其乐无穷”，实际上是“其苦无穷”。十一届三中全会以来，我们党坚决地纠正了以阶级斗争为纲的错误，严格区分和正确处理敌我矛盾和人民内部矛盾，人民民主专政制度也是随着时代的变化和要求，而不断发展和自我完善的。

文章指出，邓小平说“为了坚持党的领导，必须努力改善党的领导”，这在我们党的历史上第一次提出来，后来写进了党章，这个思想非常重要。坚持与改善，两者是相辅相成的。在大力发展社会主义市场经济的条件下，过去关于党的建设的思想观念、组织形式和工作方法，在很大程度上已经不适应改革开放和市场经济新形势的要求。怎样改善党的领导？文章明确提出：必须始终坚持把马克思主义同中国的具体实践紧密结合；必须把党所领导的我们国家真正建成一个法治国家；必须真正执行以集体领导和少数服从多数为基础的民主集中制；必须改变过去那种党无所不管、无所不包的领导方式，党不能包揽政府、企业、其他社会组织的一切事务；必须坚决贯彻党要管党、从严治党的方针；必须建立一套行之有效的监督机制。文章引述了邓小平的指示：“共产党不受监督是危险的。”任老写道：“如何在全社会建立一个多方位多角度对党的监督机制，这是政治体制改革中的一大难题。但我认为，天下无难事，只怕有心人，我们在坚持改革中一定能找到正确解决这个问题的出路。”

文章指出，马列主义、毛泽东思想是一个随着实践的发展、时代的变化不断丰富、发展的科学体系。不能把马克思、列宁、毛泽东所经过的每一个理论、观点、提法都一概作为处理各个不同时期问题的现成药方。不能要求马克思、恩格斯回答一百多年后所发生的问题，同样也不能要求列宁、毛泽东提出他们所没有遇到过的问题的答案。坚持马列主义、毛泽东思想，必须坚持实践是检验真理的唯一标准，必须不断地解放思想，坚持实事求是，如果做不到这一点，就无法真正坚持马列主义、毛泽东思想，甚至歪曲和背离了马列主义、毛泽东思想而不自知。

仲夷同志这篇《再谈坚持四项基本原则》在《南方日报》发表后，全省各地党政领导干部、党员、专家学者都表示拥戴，纷纷学习。但是，文章刺痛了北京的某些“左王爷”，他们居然写文章批判任仲夷同志，上纲上线，极尽污蔑攻击之能事。不过，任老本人对此处之泰然，不屑一顾。他处处有老战友，有知音。例如，北京的杜润生同志知道任老被人以莫须有的罪名攻击后，于2000年12月写了两首“打油诗”《观文战》进行反击，诗曰：

人间正道是沧桑，多元认识亦无妨。只因解读四原则，缘何上线又上纲。

文革阴影今犹在，时间未到理难张。劝君暂忍早春寒，风物长宜放眼量。

此后，粤学者在《南方日报》等报刊也发表文章，谈了对任老这篇文章的学习体会，感谢任老的光辉思想给人们的启迪，认为任老是丹心向党、务实求真的楷模。

忆任仲夷老人二三事

俞洁纯[①]

2005年11月15日，任仲夷老人在广州逝世。消息传来，任仲夷老人那坚毅生动的音容笑貌、幽默睿智的谈吐风采，立刻浮现在我的眼前。

在集团公司办公大楼19层的走廊上，悬挂着一张照片。照片上，一群衣着简朴的人走在还是一片砂石黄土的大亚湾畔。也许这张照片太普通了，并没有引起大家太多的注意。为首的那位头戴草帽、身材敦实的人，就是时任中共广东省委第一书记的任仲夷同志。

这张照片记载的时间是1984年8月10日。那时大亚湾核电站三大合同谈判尚未开始，合营合同还在谈判之中，通向大亚湾核电现场的三级公路刚刚通车。正当大亚湾核电站还在艰难起步的时刻，任仲夷——这位已经70岁的老人来到了大亚湾，踏上了这片已经沉睡千年的荒芜的土地。

当时在选择陈列的照片时，这些再平常不过的照片让我们很受感动。这些照片所记载的历史时刻和所昭示的精神含义，对广东核电事业来说具有永恒的价值，因此将照片定名为“创业之路”。

① 俞洁纯，曾任中国广东核电集团公司办公厅主任。

千方百计　千辛万苦　千言万语

任仲夷同志自 1980 年底到 1985 年担任中共广东省委第一书记。这一时期是大亚湾核电站从筹划、决策到开始建设的关键起步阶段。经过这一时期的人们都会记得，大亚湾核电站，这个今天为国内外一致公认取得了巨大成功的建设项目，当年反对多于赞成。在关于中国要不要搞核电、怎么搞、搞核电走什么道路等等一系列重大问题上，各界有十分尖锐的不同意见。大亚湾核电站利用改革开放政策和历史机遇，走高起点起步，引进、消化、吸收、创新的发展道路，这个今天看来非常英明的决策，当年却经历了十分艰难的历程。如果没有邓小平的高瞻远瞩、“一锤定音”，没有党中央、国务院的亲切关怀和直接领导，没有以任仲夷同志为首的广东省委、省政府的鼎力支持，今天的大亚湾也许还是一片寂静的沙滩。

1984 年 4 月 11 日，在时任国务院副总理李鹏听取广东核电筹建办汇报时，任仲夷同志发言说：“广东核电站的工作可以用三句话概括，即：千方百计、千辛万苦、千言万语。”

所有参加过广东核电建设的人们都会深切感到：任老这三句话实在太精彩、太精辟、太生动了。任老这三句话道出了大亚湾核电站乃至中国核电事业在起步创业阶段的种种艰辛，高度概括了核电创业者们为我国核电事业奋斗的一往无前的勇气和献身精神。任老概括的“三千”精神，就是大亚湾核电人的创业精神，是我们的事业之所以能够兴旺发达的最宝贵的精神财富。在广州，任老家的楼上住的就是原广东核电合营公司董事长王全国同志。1981 年 5 月 27 日，在国家 11 个部委审查广东核电站项目的大会上，时任广东省委书记的王全国慷慨陈词：如果中央批准这一项目，他请求组织免除他的其他职务，专抓这项工作，在有生之年把这个中国大陆的第一个大型商业核电站建设好。

试想，为了建设大亚湾核电站，连省委书记都可以不做，去领导一个当时只有几十个人的广东核电站筹建办，这种大无畏的创业精神不正是任老三句话最生动的体现吗？

三展宏图　更创辉煌

时光如梭，2001年，当我们再去看望任仲夷同志时，他已经是87岁的老人，已经离休10年，但他依然十分关注党和国家的事业，关注广东核电事业的发展。

当时，大亚湾核电站已经安全运行了多年，岭澳核电站投产在即，中广核集团正在为“三核”的上马到处奔波，又在“千言万语”、“千方百计”。任老在听了集团领导汇报后很高兴，然后一字一顿地说：你们搞大亚湾核电站，是“一展宏图”；搞岭澳核电站是“二展宏图”；现在搞“三核”是“三展宏图”。你们要“三展宏图，更创辉煌”。

后来，他又应我们的请求，把这两句话写成条幅赠送给中广核集团。这幅珍贵的题词现在仍然悬挂在集团公司19楼的会议室里。墨宝犹在，老人已去。那刚劲有力的笔画，饱含了老人对中广核人的殷切期望。我们一定要建好岭澳二期，让任老放心。

今天，我国的核电事业已经进入加快发展的新时期。集团公司领导带领集团广大干部员工适应新形势，积极迎接新挑战，提出了“创业、创新、创优”的理念，为我们抓住当前的大好机遇、加快发展指明了方向。身为新时期的核电人，我们唯有牢记前辈的嘱托，继承和发扬艰苦创业的精神，建好岭澳核电二期和阳江核电站，加快核电新项目开发步伐，在国家核电事业发展中发挥主力军作用，为实现国家核电建设目标作出更大的贡献，才能告慰任老在天之灵。

乐观豁达　无私无畏

由于多次大病的折磨，昔年历经戎马倥偬、身材敦实的任仲夷同志晚年体重减到只有七八十斤，成了一个瘦小的老人。但是，病魔没有摧毁任老坚强不屈的意志和乐观豁达、无私无畏的秉性，每个见到他的人都会被他身上强大的精神力量和人格魅力所折服。

闲聊之中，他会调侃地告诉你：我一只眼睛已经失明，但我是“一目了然”；我一只耳朵已经听不见，但是我是“偏听不偏信”；我的胆囊已经切除，因此我成了“无胆英雄”；我的胃切除了五分之四，我已从“大尉（胃）”变成了“少尉（胃）”。风趣幽默的言谈，体现了老人乐观豁达的精神风貌。

2003 年，任老又得了一场重病，住进了医院。听到消息，很多人都觉得，89 岁的老人遭此大病，即使再坚强恐怕也凶多吉少了。可是，在医院的病房里，我们见到的依然是一个谈笑风生的任仲夷。出院后，他还到延安、陕西、内蒙古观光考察。与他同行，比他小 6 岁的王全国同志说：“几十级高的台阶，我走不上去，任仲夷照样走上去。”这应了任老常说的一句话：活动、活动，要想活就得动。

人称任老为“主政三省的改革先行者”，特别是 20 世纪 80 年代担任广东省委第一书记时，他为广东乃至全国的改革开放作出了历史性的贡献。在主持广东省委工作的 5 年中，他做了大量开创性工作，为广东改革开放奠定了坚实的基础，也为全国改革开放探索和积累了经验，他在广东干部群众中享有很高的威望。

他以思想开放闻名于世，但是做改革先行者意味着将承担巨大的风险。有人将任仲夷的一些言论断章取义向上反映，于是，中央组织部派人到广东调查。当时参加调查的赵杰兵等同志在听取各方面意见后认为，任仲夷坚持改革开放是正确的。他们如实向中央反映了意见，保护了他。

高风亮节　艰苦朴素

任老平时讲话不多，但一开口必语出惊人，充满幽默和睿智。

有一次去看望他，他十分认真地问我们：“毛主席说人的正确思想不是从天上掉下来的，是从社会实践中来的。那么，人的错误思想是从哪里来的呢？”任老接着说：“人的错误思想也不是从天上掉下来的，也是从实践中来的。”

任老又非常严肃地说：“毛主席说无产阶级革命事业的接班人要团结反对过自己，并且被实践证明是反对错了的人。我看这点不难做到，难的是要团结反对过自己，并且被实践证明是反对对了的人。”

听了任老的话我感到十分震撼，一位90岁的老人，还在不停地思考和探索革命的真理，还有如此敏锐的思维和判断。仔细品味，任老的话充满了哲理，具有深刻的思想内涵，是对党的历史和他本人的革命生涯的反思和总结。

任老身居高位，但是生活简朴。去看望他，见到的是窄小的客厅、局促的小院和简陋的家具，见到的是老人那顶几乎是标志性的鸭舌帽和那几件实在是平淡无奇、让人一转身就想不起来的旧衣裳。任老家阳台的防盗网使用多年，锈迹斑斑。我曾对广东省委办公厅的同志说，应该刷刷漆，整修一下，但省委办公厅的同志说，任老不让修。

斯人已逝　风范长存

集团公司领导每次看望任老，都邀请他再到大亚湾看看，他也表示一定再到大亚湾看看。但是一直到他离去，这个愿望都没能实现。

今天我们可以告慰老人的是：他当年曾经行走过的那一片荒滩的大亚湾，今天已经成为美丽的核电大花园；核电创业者发扬“千方百计、千辛万苦、千言万语”的精神建设起来的大亚湾核电站实现了我国大型商用核电站零的突破，为我国核电事业起步和在新世纪的更大发展奠定了坚实的基础；岭澳核电站二期开工在即，他当年题写的“三展宏图，更创辉煌”的殷切期望正在实现，而且一定能够实现。

斯人已逝，风范长存。任仲夷老人走了，但是他的精神将永远活在我们心中。让我们踏着先辈的足迹前行，去谱写中国核电事业更加壮丽的篇章。

忆1984年任仲夷同志的两封信和两次会议活动

李美清①

2005年，任老溘然长逝。我当时正在省医东病区治疗腰伤，突闻不幸的噩耗，悲痛万分，经向医生请假，匆匆赶往设在任老家中的灵堂，同《任仲夷论丛》的几位编委一起，向任老告别……我们失去了一位深受人民爱戴的好领导，一位可敬的长辈、可亲的良师。

20世纪80年代初，任老受命于中央调来广东工作，我有幸在一次又一次的会议、出差调研活动中，聆听他平易近人、深邃精辟的亲切教诲，特别是在参加《任仲夷论丛》编辑工作的日子里，在浩瀚文字里，近距离感受任老，给我留下了刻骨铭心的印象，他的音容笑貌犹存，许多往事一件件浮现在我的脑海里。任老没有远去……

心系对外开放和特区建设

1984年春天，任老在首都的北京医院做胆囊摘除手术。我当时去北京出差，受梁灵光省长的委托，到医院探望任老。记得王玄大姐说，医生一般不

---

① 李美清，曾任中共广东省委常委会秘书、广东省人民政府研究室副主任。

让人来探访，对你算是“特许”了。那天，任老精神很好，他说了邓小平关于实行开放政策和办好特区的重要讲话精神，强调我们的思想还需要更加解放，在执行对外开放政策上，应该做更多的工作。他交给我一封写给林若、梁灵光并常委同志的信。在这封信中，他提了四点建议（这是我保存的原信抄件）：

1. 省委常委、副省长拿出时间，认真学习小平同志的讲话，切实提高认识，并提出贯彻落实小平同志讲话的得力而又可行的措施。常委学习时，可吸收省直有关部门和几个特区的负责同志以及广州市的负责同志参加。要用小平同志讲话精神，统一大家的思想。这本身就是非常重要的政治思想工作。

2. 加快发展珠江三角洲的规划和建设，应按小平同志讲话精神作进一步研究，思想要更解放些。

3. 三个经济特区，特别是深圳，要抓紧总结经验，省也要总结，为参加中央将在4月份召开的会议作好准备。总结经验时，应把中央和省委过去有关特区的文件、纪要、讲话找出来重新看一看。

4. 在实行更加开放的政策以后，党的工作如何加强，思想政治工作和精神文明建设如何加强，也要总结出新的经验。这些经验不应是教条式的、完全老一套的东西，而应当是适应新情况的新经验。

许多沿海城市将按小平同志指示实行特区的政策。今后，它们将会发展很快，后来居上。我们如果不作更大的努力，就会落后。据闻，福建省委正在贯彻中央领导同志的指示，狠抓特区建设和对外开放的工作干劲很大。我们应向他们学习。以上意见请酌。

不久，任仲夷在中共广东省委第五届第二次全体会议上的书面发言《进一步开创广东工作新局面》中，曾谈到“我在北京住院期间曾给省委常委写信……”这里所说的正是上述建议。

任老写这封信和书面发言的背景，正是1984年1月24日至2月5日，邓小平在王震、杨尚昆和广东省党政负责人刘田夫、梁灵光等同志陪同下，视察了深圳、珠海、中山、顺德等地。邓小平说：经济特区是我倡议举办的，现在来看看办得怎样了。他在这次视察期间留下了具有重要指导意义的题词。给深圳的题词是：“深圳的发展和经验证明，我们建立经济特区的政策是正确的。”给珠海的题词是：“珠海经济特区好。”邓小平回到北京后，又同中央几位领导人进一步谈了特区的开放政策和怎样进一步开放的问题。他说：“这次我到深圳一看，给我的印象是一片兴旺发达。深圳的建设速度相当快，深圳的蛇口工业区更快。”“特区是个窗口，是技术的窗口，管理的窗口，知识的窗口，也是对外开放的窗口”，“特区将成为开放的基地，不仅在经济方面、培养人才方面得到好处，而且会扩大我国的对外影响”。邓小平还对全国的对外开放工作提出了重要意见，他强调指出：“我们建立特区，实行对外开放政策，有个指导思想要明确，就是不是收，而是放。”他建议：“除现在的特区外，可以考虑再开放几个港口城市，如大连、青岛。”“这些地方不叫特区，但可以实行特区的某些政策。我们还要开发海南岛，如果能把海南岛的经济迅速发展起来，那就是很大的胜利。”他还说：“如果将来沿海地区搞好了，经济发展了，有了条件，收入就可以高一些，消费就可以增加一点，这是合乎发展规律的。要让一部分地方先富裕起来，搞平均主义不行，这是个大政策，大家要考虑。”

邓小平的重要讲话，进一步澄清了当时社会上对举办经济特区的某些疑虑，明确了特区在社会主义现代化建设中的作用和功能，发展了办好特区的指导思想，极大地鼓舞了从事特区建设的广大干部和群众，有力地推动了全国对外开放工作。

对外开放和特区建设，始终是任老日思夜想的大事，而2月13日的信和2月14日“书面发言”表明，病中的任老对此念念不忘。

心系落实开放沿海港口城市的战略决策

1984年8月，《人民日报》编发了庆祝中华人民共和国成立35周年广东省专版，赞颂了广东在贯彻改革开放政策后取得的巨大成就和经验。同时刊发了任仲夷《在开放和改革中前进》一文，文中谈及“今年4月份，国家作出的关于进一步开放沿海城市和办好经济特区的决定，对广东发展尤为有利”。

这年4月20日，任老给林若、梁灵光并常委同志又写了一封信，全文如下：

中央根据小平同志指示召开的沿海部分城市座谈会，非常重要，会议精神是对四化建设的又一战略决策。其意义之重大，实不下于今年中央一号文件。

我们一定要花很大力量，认真贯彻执行。我提几点建议：

1. 省委、省政府党组要集中一定时间，认真学习会议文件，深透理解文件精神，切实抓好会议精神的贯彻，并应责成一些同志具体抓落实。三个特区、海南岛和广州、湛江，以及汕头市区和珠海香洲，都要组织专门班子，抓规划、抓落实。当然，有些具体政策，须待中央正式颁发文件后，才能付诸实施。但对有些问题，也不能等待，而应采取积极态度，现在能办的就应当办。总之，行动要快，工作要细，要扎实。

2. 各沿海城市都将到深圳学习。在这点上，广东应当"近水楼台先得月"。我省要首先组织广州、湛江的同志去深圳办学习班。其他如佛山、江门等城市也可考虑派人到特区参加学习。全省都要学习特区的成功经验。

3. 我们要按照这次沿海城市座谈会精神，加快改革步伐。深圳特区的施工招标制、浮动工资制以及政、企分开等经验，应尽快在全省推开。我省可否争取再增加一批工贸结合直接经营对外出口业务的企业（原来已有的一些试点，如广州绢麻厂等）。对这个问题，过去曾提出过。

我们要认真学习江苏发挥中心城市作用的经验，向我省各主要城市（如佛山、江门、茂名、韶关等）进一步放权（包括经济工作中的审批权、人事管理权），可以让几个主要城市若干方面有和省同样的或稍小一些的审批权，进一步放开各个城市的手脚（对企业来说是"松绑"），以带动全省经济的发展。当然，应当和必须由省里集中的权力和财力，还是要由省里切实加强思想政治工作，建立严格的管理制度同步进行。二者不可偏废。

4. 根据胡耀邦同志提出的"新事新办，特事特办，方法全新，立场不变"的精神，今后，凡属新办的企、事业单位，除极个别有特殊情况的人员外，原则上都要选派符合"四化"标准，思想解放，勇于进取的年轻干部（四十岁、三十岁左右）放到第一线，组成实干工作的领导班子，让他们充分发挥自己的智慧，在工作中增长才干，开创新局面。

5. 在企业技术改造、引进先进技术、加快技术进步方面，要下更大的功夫和决心。除了搞好上面的一般的技术引进和技术改造外，近年内要千方百计地争取引进几项最先进的技术和比较重要的项目。放手让各地方和单位在引进先进技术方面积极主动地找门路，谁有门路引进技术，省里各部门都应积极支持，帮助他们，促其尽快实现。切勿关卡重重、好事多磨，失时误事。

6. 要把中央给的权力梳理起来，让有关部门都知道，熟记善用。中央给了权力，我们就要敢用、善用、充分用，不失时机地加快我省现代化的发展。

以上所述，有些是旧话重提，是否有当，仅供参考。

接到此信后，梁灵光省长在省政府党组会上作了传达贯彻，并决定指派专人进行经济特区和对外开放的总结工作。当时是由省政府副秘书长丁励松带领调研室、特区办的几个同志，到深圳、珠海、汕头、中山和顺德等地进行调研，最后写成报告，以省委、省政府名义上报。我和赵君泽等同志参与了这项工作。

这一年，任仲夷还在《红旗》杂志第17期发表文章《解放思想，积极改革，更加开放》。他说：广东实行特殊政策和创办经济特区是成功的，要开创新局面，思想解放必须先行，从三个方面加快步伐（加快引进外资、引进技术和引进智力，加快改革，加快能源、交通等基础设施建设），在改革开放中加强和改善党的领导。他还说：抓统一认识的工作，把大家的思想统一到党中央决策上来；抓领导班子建设，加快各级领导班子实现革命化、年轻化、知识化、专业化的步伐；抓统筹规划，以广州为中心，以经济特区为窗口，以中心城市为骨干，以珠江三角洲为经济、文化领先发展的先行区，大力支援山区的开发和建设，促进全省经济协调的发展；抓社会主义精神文明建设……

凡此种种表明，任老对落实中央重大决策，即使是在病中，也时刻惦记着。

心系农民富裕起来

1984年9月24日至26日，省农委等7个单位在广州联合举办全省优秀专业户表彰大会。任老出席了大会，接见了40多位优秀专业户代表，并作了热情洋溢的讲话。他充分肯定了广东农村的专业户大发展的形势。指出明显的标志有三：一是专业户现在已从原有土地的承包发展到向滩涂、荒山进军的较大规模的开发性生产；二是从一家一户的单独承包发展到在自愿互利基础上的联合投资和联合经营；三是从单纯的种植业领域发展到渔业、林业、饲养业、运输业、服务业等多种行业，多种类型专业户的大量出现，不仅迅速改变着我省农村的面貌，而且有力地推动着整个国民经济的发展。

任老说：专业户是农民共同富裕起来的先行者，是勤劳致富的模范，是农村先进生产力的代表，是农村经济改革的积极分子，是社会主义新型农民。现在城乡专业户大批出现，他们代表新的生产力，对推动经济发展起了积极作用。不少专业户成了万元户，富国富民，是大好事。但如果搞不好，也有破产的。因此，我们要在政治上关心专业户、引导专业户，要求全省100多万个专业户在七个方面走在前头，即：执行党的路线、方针、政策和响应党的号召；劳动创业；学习和推广新技术；改革和加强管理；关心集体和热心公益事业；对国家作贡献；精神文明建设。同时，要求各级党组织要注意对专业户加强马列主义、毛泽东思想教育，社会主义、集体主义、爱国主义的教育，党的路线、方针、政策的教育，以及正确处理国家、集体、个人关系的教育，使他们不仅在发展生产上取得好成绩，政治觉悟也不断提高。对于要求入党并真正具备党员条件的专业户，党组织应积极吸收他们入党。

1984年《半月谈》第21期，以《专业户要在七个方面走在前头》为题的任仲夷署名文章刊出后，全国有10多家报刊转载，可见其影响之大。

心系先行一步为全国改革开放探索闯路

1984年12月，中央在福州召开广东、福建两省工作会议，任仲夷、杨德元等出席会议。我作为会议工作人员随同前往，亲耳聆听任老精辟的发言。

他说：今年又有机会参加谷牧同志主持的广东、福建两省会议，确实很高兴，也有许多感想。他回顾了自从1979年7月中央决定在两省实行特殊政策、灵活措施以来，中央陆续开过多次会议、发了好几个文件。今年1月，邓小平同志视察经济特区之后，提出了意义深远的“是放不是收”的指导思想，并且毅然决定开放14个沿海港口城市。为此，中央发了〔1984〕13号文件。两省执行特殊政策和试办特区的实践，得到了肯定，而且对全国的经济体制改革已经和正在发生重要影响。现在，我们可以毫不夸张地说，中央关于在两省实行特殊政策的决策，对我国的经济体制改革和现代化建设，作出了它的历史性贡献。

“实践证明，在党中央和国务院的统一领导下，划出了两个省来实行特殊政策，无论在理论上还是在实践上，都具有重大意义。”“中央决定，在广东、福建两省可以实行与全国一般体制不同的特殊政策。这不能不说是一个重大的突破和创举。”“这是一个重要决策，对加速我国四个现代化建设，有重要意义。”

这年12月中旬，在参加两省会议之后，任仲夷、马兴元等陪同谷牧同志，从福州、厦门、泉州、漳州到汕头经济特区及周边市、县作了调研。12月下旬，国务院领导也到珠三角、长三角考察，并向中央作了《关于沿海地区发展的几个问题的考察报告》。所有这些，都体现了广东先行一步为全国改革开放探索闯路。1985年1月下旬，国务院在北京召开长江三角洲、珠江三角洲和闽南厦（门）漳（州）泉（州）三角地区座谈会。梁灵光省长受广东省委、省政府委托，在会上对珠江三角洲经济开发区建设提出5点意见。2月18日，中共中央、国务院批转《座谈会纪要》。国务院决定，建立珠江三角洲经济开放区——4个市和12个县（1986年又新增珠海香洲郊区、三水县、花县新华镇），面积2.27平方公里，总人口1028万人。

这一年，国务院有关部门领导到广东调研，肯定广东价格改革和财政体制改革已走出一条新路子。广州市实行蔬菜全面放开经营，全部上市蔬菜议价成交，开创了价格改革先河。山区工作会议制定放宽政策，加快建设发展。国家经济体制改革委员会在广州召开南方四省体改座谈会，研究珠江三角洲一些市、县改革开放和发展商品经济的经验。谷牧在深圳召开经济特区工作座谈会，研究经济特区进一步发展的政策措施。所有这些，任老作为“班长”的广东省委，对贯彻党的十二届三中全会精神，促进全国经济体制改革，起了重要作用。

进入21世纪，党中央吹响了新的进军号，在广东省委的带领下，全省人民继续谱写历史新篇章。结合新形势新任务，我们重温任老当年的一些教诲，弘扬他在历史关键时刻勇于担当的无私无畏精神，永记他襟怀坦白、光明磊落、谦虚谨慎、清正廉洁的高风亮节，学习他的崇高品质和人格魅力，承接他未竟的事业。任老没有远去，他永远活在人民心中！

忆任仲夷视察羊城晚报社

鲁 阳[1]

任仲夷因病逝世了，噩耗传来，不胜哀悼！此时此刻，不禁使我想起了30多年前《羊城晚报》复刊初期，他来报社视察的那段情景。

《羊城晚报》创建于1957年10月1日。到了“文化大革命”之初的1966年底，被“造反派”强行封闭，被迫停刊。十年内乱结束后，经中共广东省委决定，报经中央宣传部批准，《羊城晚报》于1980年2月15日正式复刊。就在这一年的11月，任仲夷被党中央任命为中共广东省委第一书记，接替“文化大革命”结束后第一任的广东省委第一书记习仲勋的职务。任老到达广东任职之后不久，就前来复刊不久的羊城晚报社视察工作。

当时，担任复刊后报社副总编辑工作的我，作为报社领导班子领导成员之一，有幸同报社其他领导同志一起陪同任老参观报社各个部门，聆听他的指示。

当时，《羊城晚报》由于在“文化大革命”中被迫停刊，所有房舍、财物均已散失，只能从零开始，向南方日报社借用已几乎变成“危房”的办公楼200平方米（地址在今广东工业大学校址内）临时办公。任仲夷同志第一次前来羊城晚报社视察时，羊城晚报社领导班子就是在这座办公楼2楼总编辑吴有恒、副总编许实两位同志共用的办公楼接待他的。当时吴有恒、许实、杨家文（副总编）、司徒坚（副总编）、吴柳斯（常委）和我，集中在这个办公室向任老汇报工作，并听取他的指示。当时在座的还有陪同任老前来的、曾经当

---

[1] 鲁阳，曾任《羊城晚报》副总编。

过任老秘书的省委办公厅副主任张岳琦。时光匆匆，事过境迁，当年在座8人中，至今健在的只有我和司徒坚、张岳琦了！

大家座谈时，任老首先询问起吴老的经历。吴有恒与他年龄相若，只比他年长一岁。两人都是第二次国内革命战争时期入党的中共党员，都在北平和广州分别参加过一二·九爱国学生运动，分别在北平和香港做过地下工作。他俩在抗日战争时期，又都在八路军或在新四军做过政治工作，还分别在党的华北地方机关和延安中央机关工作过。解放战争时期，一个在东北解放区做地方开拓工作，一个在华南地方领导打游击。新中国成立后，两人又分别在哈尔滨市、黑龙江省和广东省粤中地区、广州市担任党委领导职务。他俩还分别负责过党校教育工作和领导过作家协会。“文化大革命”期间两人都挨过斗，后来才先后恢复工作。正因如此，两人一见如故谈得十分投机。会上大家都畅所欲言，气氛毫不拘束。

当在座的同志们向任老汇报了《羊城晚报》创刊、停刊和复刊三个时期的情况后，任老感慨地说，《羊城晚报》是新中国成立后，由我党我国创办的第一份著名晚报。曾是中南局直接领导的一份报纸。开办以来，他曾看过，并且存有好印象。“文化大革命”时它是受害的党报之一，如今在广大读者的要求和党中央的批准下，由广东省委直接领导复刊了，而且发行数量达到百万份以上，这是党的、人民政府的、广大人民的一个重要的“耳目喉舌”、“宣传武器”和“舆论工具”，大家一定要把它努力办好。他对报社领导班子将《羊城晚报》定性为“姓‘党’，姓‘晚’，姓‘羊’”非常满意。他说：作为一份中共党报，一定要发扬党性，坚持实事求是的原则；作为一份晚报，一定要与日报既有共性，又有特性；作为一份在广东省及其省会出版的，面向全国和海外发行的报纸，一定要具有岭南地域的地方特点。他特别强调，《羊城晚报》是在我国开始进入改革开放的新时期复刊的，而且是在改革开放前沿开办的报纸，一定要注意拥有改革开放的创新特点，只有这样，才能适应新的历史时期广大读者的需要。他特别对复刊后的《羊城晚报》以党报的基本原则为前提，以“生活”（政治生活、经济生活、文化生活、社会生活）为核心，坚持“反映生活、干预生活、引导生活、丰富生活”的16字方针，以及对吴老提出的《羊城晚报》复刊初期以新闻消息主攻，以副刊文章主守，攻守兼顾的战略、策略表示赞成。他认为，《羊城晚报》一定要立足生活，务实求真，拓宽报道，多姿多彩，要继续努力把具有好的传统的副刊《花地》、《晚会》和具有优良特点的言论专栏《街谈巷议》办好；还要把新开办的理论学术专版《求是》认真办好。他说，这是在全中国晚报上开办的第一个理论学术副刊，它是适应改革开放新时期的需要，按照理论与实际相结合的原则，向广大读者通俗地进行政治思想教育的一种独具特色的版面，务必要下一番功夫努力把它办好！

当任老听到《羊城晚报》复刊后发行面已扩大到全国内地所有省、市、自治区以及港澳和海外不少国家时，他表示赞许，更特别强调：要在做好扩大发行和广告工作的同时，一定首先要把报纸的质量不断提高，决不能满足于已取得的成绩。

任老首次来羊城晚报社视察，给我印象最深的是，他参观了已成“危房”的办公室以及作为辅助用途的几座“窝棚”（这是为解燃眉之急，由广州军区空军部队派出战士携带铁皮等建材帮忙赶建起来的几座仓棚）。他一方面对《羊城晚报》员工们在艰苦条件下坚持工作的精神充分肯定，一方面表示一定要同有关部门商量，早日帮助羊城晚报社解决新址问题。正是在任老的指示下，报社的新社址得以正式选定和开始奠基，终于使《羊城晚报》的印刷大楼和编辑大楼在广州市东风东路 733 号先后建成使用。如今我们看到这两座高 10 层和 10 多层的大楼二三十年来为《羊城晚报》事业的壮大和发展不断发挥应有的作用时，心里都不能忘记任仲夷同志曾经对《羊城晚报》的关怀和期望！

自从任老来羊城晚报社视察工作后，《羊城晚报》一直得到他的许多指示和关怀。《羊城晚报》的发展的确是同任老的正确领导分不开的。任仲夷同志是改革开放新时期广东省的著名开拓者之一，也是《羊城晚报》的直接上级党委主要领导者之一。任仲夷同志已经离开我们了，但他的革命精神和光辉风范，永远留在我们的心里！

春蚕到死丝方尽

袁伟时①

直到2003年为止，任仲夷这个名字对我来说既耳熟能详，又比较遥远。

1980年11月，任仲夷同志到任广东省委第一书记，作为广州市民和中山大学教师，看报、听广播，任仲夷三个字经常迎面而来。1988—1992年间，同为第七届全国人民代表大会代表，每年开会同机来回，一起开会，这位清癯老人的身影经常出现，不过，从未交谈过一句话。像我这样不善交际又不喜欢结交在任官员的人来说，这是非常正常的现象。

20世纪90年代，任老有件事给我留下比较深刻的印象。

1996年12月28日，《岭南文化时报》庆祝出版100期。这次活动在广州白鹅潭边洲头咀"天鹅会"举行，任仲夷同志也来了。这份报纸是几个年轻人含辛茹苦办起来的，已经坚持了3年多；谈古说今，议论风生；名家新锐，纷纷赐稿；在全国学术文化界颇有名气，但它没有正式的报刊出版许可证，只有"内部准印证"。任老参加它的庆祝会，是以行动支持这样的别具一格的出版物，支持年轻人。

通过这件小事，我感到任老与一般老干部迥异。不过，对我来说，任老仍然是值得尊敬而与自己没有关系的前辈。庆祝《岭南文化时报》出版100期的聚会，吃饭时我同过往一样，刻意避开包括任老在内的领导人，觉得与他们一起过于拘谨，尽可能与其他朋友躲在一角，以便自由交谈。

---

① 袁伟时，曾任中山大学教授、中山大学中山学院院长。

真正与任老交往是广东人文学会成立前后开始的。从2003年至2005年，大约10次来往和面聆教诲，终于让我认识了一个铁骨铮铮、见识深远、忧国忧民的卓越政治家的具体形象。

第一，不耻下问，不拒涓流。

2003年《东方文化》第1期发表了上一年9月我在南京大学历史系的一个报告《中国自由、民主、法治的开端和挫败》。讲的是19世纪30年代自由、民主、法治观念传入中国后的遭遇。不知谁向任老推荐了这篇文章，他通过我十分尊敬的广州市委原常委、宣传部原部长黄菘华给我打电话，要这篇文章。早在1949年，我就认识菘华同志了，他是我加入青年团和共产党的介绍人。50年代广州的大学和中学的学生干部都知道，他是好学深思、见识超群、非常能干的领导人。环境和性格决定命运！在“左”祸猖狂的日子里，他一再挨整，据说归根结底是独立见解太多。但是，我们一直非常佩服和尊重他。接到他的电话后，我立即复印好这篇文章给他转交给任老。

后来按照任老的吩咐，又寄去另外一些拙作。

2005年，我在凤凰卫视世纪大讲堂讲过两次，题目分别是：《大国盛衰的历史经验》和《铭记德国法西斯兴起的教训》。《大国盛衰的历史经验》星期天早上8点30分重播，任老记错时间，8点就在那里等，久等不见，以为节目取消就离开了。叫秘书打电话向我要光盘，我打电话找南方报业集团的程益中先生帮忙。他二话没说，找人录好、刻好，很快就给任老送去。后来凤凰卫视制作的光盘寄到，我又呈交一套，请他指正。有一次见到面，他说光盘给一位老朋友要走了，吩咐我再送一套，我也乐意照办了。

曾秘书告诉我，这几年任老的视力已经很差了，文章送给他，就要秘书给他念，通常要念三遍，听得很认真。光盘也是一遍又一遍地听。

据我观察，任老那么细心聆听拙作，不是对拙作的偏爱，而是大江不拒涓流的宽广胸怀。当思考某些大事的时候，他总是设法通过各种方式，聆听各方意见。近年来，他通过广东人文学会就多次举行小型座谈会，邀请广州地区的一些学者无拘无束发表意见。我参加过两次，一次是2004年在南沙，另一次是2005年在从化温泉宾馆。后一次他特别关注近代中国革命和改革的经验教训，指定我首先发言。这一次是我最后一次见到任老。每一次在听完大家意见后，他都有比较系统的讲话，内容都是有关中国长治久安的一些基本问题。

我们是在为他提供有待加工的原料。

第二，尊重探索，爱护媒体。

任老平易近人，乐于倾听各种不同意见。不管年岁和其他差别，人们同任老交谈都能畅所欲言，勇于发表各种探索性的意见。他以实际行动表明尊重知识，尊重人才与尊重探索。

中山大学中文系的李以庄教授告诉过我一个她亲身经历的故事：80 年代初，著名雕塑家唐大禧先生雕塑了一个题为《猛士》的张志新烈士的半裸像，当时有位负责人认为裸体之类的作品伤风败俗，在《羊城晚报》上发表文章，说这个雕塑不合国情、影响社会治安！面对这样的无知瞎说，李以庄撰文以丰富的历史事实为论据反驳这位负责人的言论。发表后有关部门居然认为她的文章与中央精神不合，决定组织批判。刚好任仲夷同志从辽宁调任广东省委第一书记，他知道对赞颂在辽宁被杀害的张志新的雕塑有争议，也深知思想解放的重要和冲破过时的思想阻力非常困难，上班第一天特地到省委宣传部停留颇长时间，谈话中以这座雕塑为例，提醒他们不应管这类事情，批判才不了了之。有位朋友告诉李以庄，你被任仲夷一句话解救了。

国内外公认，改革开放以来，广东的报刊开风气之先，是全国办得最好的。其中体现着一个朴素的真理：老百姓要了解实情，听真话；要赢得读者就要适应他们的要求。为什么广东的报刊能以新知、实情赢得民心和市场？非常重要的原因是任仲夷等领导人开创的对这些报刊的支持和爱护。

第三，为中国长治久安殚精竭虑。

我和任老的接触时间不长，仅就一些片断的材料看，也能感受到他在理应安享清福的九旬高龄，仍然孜孜不倦在思考关系国家长治久安的基本问题。

2004 年在南沙举行的座谈会上，他就说了一些非常重要的意见，核心是提醒人们对传统上封建主义的严重性和危害要有足够的认识。

他说：在意识形态，特别是思想理论、政治、文化这些方面，属于政治领域、上层建筑领域里的政治、法律、道德观念，这种封建思想决非残余。……各个领域的封建思想还是很顽固的。我们封建王朝、封建思想延续这么多年，一两千年，上层建筑的改变比衣服的改变，困难得多。

他接着说：现在很多都可以自由。在言论上，过去我们开这样的会，恐怕要扣上右派帽子，现在可以开这个会，说明比过去有进步。但是在上层建筑领域、意识形态领域、政治法制领域里头，还有远远不够的地方，尤其重要问题，特别是在环境的问题上，倒退；在言论、集会这些地方，比过去，我看进步还不够大。

为了肃清封建主义，他认为必须严肃清理历史认识。他说：对过去的很多的重大的历史事件，都要有个重新认识的过程……什么叫爱国，什么叫民族主义，都要有个正确的认识。在这些问题上我觉得我们没有做整理的工作，正本清源的工作。对于义和团还是那个认识。我去年九十月间回了趟我的老家，60年没回去，我回去一次。我的家乡在河北省威县，威县是义和团的发源地。在我们那个县里头现在有个义和团展览馆，展览义和团的那一套，很多雕像，很多模型。……还是我们传统的，也就是解放以后，我们一直以来宣传的那些观点。后来参观完了要题字，题字不能说坏话啊，写正经的话啊，正面的啊。……我就写：切莫忘记落后就要挨打……当然帝国主义要负上这个（责任），但是主要是我们太落后了，结果就挨打。

这是一位把毕生献给了中国人民的老革命家细察世界文明进展、总结毕生经验的重要遗言之一。他的遗言很丰富，是一个值得珍视和尚待开发的思想宝库，贯穿其中的是他对国家发展和人民福祉的赤诚，是深厚的睿智。

他仙逝的信息我知道得较晚，那时我正在台北中央研究院近代史研究所做访问学者。噩耗传来，十分意外！不久前面聆教诲，思维敏捷，行动灵活，怎么那么快就驾鹤西去呢？同时也颇为内疚，几次向任老汇报都说得不够深透，我应该说得更好一些啊！

无尽的思念

琚立铭[①]

敬爱的任仲夷同志因病不幸于2005年11月15日13时46分在广州去世。

1980年11月8日仲夷、灵光同志肩负中央的重托抵达广州白云机场，我随杨尚昆、杨应彬、关相生同志前往迎接。自那天我认识任老，到他老人家仙逝，足足25个年头。

当时我是省委常委会议和书记会议的秘书，与任老接触较多。1981年初，兼任任老秘书的张岳琦等同志回沈阳处理搬家事宜，组织上派我暂时担任任老的署理秘书。1982年，正式接替张岳琦同志兼任任老的秘书。此后，主要就是在任老身边贴身工作。直到1985年林若同志接任省委书记，我才离开老领导，挂职任中山市委副书记。

岁月易逝，转眼我离开老人家身边已29个年头。在任老远行的日子里，在他身边工作时的件件往事浮上心头……

攻心审势　治粤深思

在刚到广州的那段时间里，任老经常向我详细询问每届书记的工作开展情

① 琚立铭，曾任任仲夷秘书、中共广东省委副秘书长、广东省政协秘书长。

况。能感觉得出来，他非常迫切地要了解广东的实际和历史。

在任老如此迫切的背后，是中央领导集体的重托。从 1980 年的 10 月 31 日到 11 月 6 日，当时中央的九位主要领导一一找他和梁灵光谈话，任老后来告诉我，临行前胡耀邦还特意送给他一副对联："能攻心，则反侧自消，自古知兵非好战；不审势，则宽严皆误，后来治蜀要深思。"这副对联本来悬于成都武侯祠前，旨在评价诸葛亮一生功过。胡耀邦录来转赠，并且将"蜀"字改成了"粤"字。用心良苦，用人之慎，可见一斑。

"要钱没有　要命一条"

任老一向以"思想解放，作风开明"著称。作为身边的工作人员，我体会更深。任老刚到广州不久，就提出要去看看民主党派的同志。当时，民主党派机关的办公条件普遍比较差。某个党派甚至只有一间办公室，在下班时，只好将电话放到隔壁的厕所里，让值班员接听。任老看到后很有感慨，但还是很幽默地安慰他们说："你们比资本主义国家都先进了，卫生间里都有电话！"惹得大家哈哈大笑。

玩笑归玩笑，任老在视察之后还是谈起了实际问题，他说："我只是一个省委第一书记，要钱没有，要命有一条！"此话一出，众多民主党派的领导们心头一凉。不过，他话锋一转："但是，我可以给你们出个主意，向分管财政的副省长杨德元汇报情况，并且告诉他，任仲夷建议他来现场看看！"事后，杨德元果真去现场看了，民主党派反映的实际困难基本上也都随之解决了。

其实，任老之所以不直接作指示，是因为他一向都非常尊重政府、人大、政协等机构。在他批示给省政府的文件中，从来不对政府下指令，而是注明给"省政府党组"。任老总是说，党委领导不是发号施令，而是通过政府、人大、政协的党组，将党的方针政策领会贯彻下去。

这种开明的作风，也体现在日常生活细节中。对于身边的工作人员，任老总是给予充分的尊重。

有一年去武汉，时值盛夏，"火炉"发飙，我们随任老入住东湖宾馆。但是，宾馆晚上11点30分就关空调。我和警卫员就用房间的电扇吹风。次日一早，到任老房间，却发现老人只穿了一条短裤，歪在沙发上休息。原来，空调被关后，任老自己起床去开风扇，但是扛着风扇在房间里转了好多圈，却没找到插座。秘书和警卫就在一墙之隔，他却觉得不便打扰，就这样忍着高温在沙发上歪了一夜。

年近古稀　学说粤语

在很多广州人的记忆中，任老是一个和老百姓日常生活特别贴近的名字。他不仅为一省发展大计运筹帷幄，也关注日常交通、环境卫生，甚至推广普通话。他觉得广东的普通话普及程度还不如港台和新加坡。在他建议下，省委先后发了两个文件，规定县以上的党代会等大型会议必须讲普通话。任老还提出粤语电视节目一定要打字幕。为此，他去广播电视厅调研十几次，批示几十次。有一次任老在养病期间，晚上看到电视上放粤剧没有打字幕，马上要我打电话给当时的广播电视厅厅长蔡辉，并亲自接过电话和对方讲。

不过，任老对于粤语和普通话的关系是辩证看待的：本地人要学习普通话，外地干部要学习粤语。并且身体力行，带头学习。每天早上6点30分，他先收听中央人民广播电台的新闻，6点45分，必定转到广东电台收听粤语新闻。只要有时间，他就向秘书、司机们学说粤语。

因为讲不准，也闹了不少笑话。有一次，他会见红线女时说："你辛苦了！"但是发音是"你幸福了"，红线女笑着说："我确实很幸福！"

微服登机　调研政改

任老晚年思考更多的是政治体制改革问题。20世纪80年代韶关市的人代会风波让我印象深刻。当年，根据韶关市委报上的名单，省委批准了一个市长候选人。但是，在人代会上却突发意外：10 名人大代表联名推荐高祀仁为市长候选人，并且在大会上获得高票。这一变故让韶关市委大为惊乱，连夜向省委汇报情况。

对于这从未遇到的新问题，分管组织工作的省委领导也急忙向任仲夷汇报。任老听了汇报后，非常平静："这是很正常的事情啊，有什么好紧张的？不能说省委批准的就一定当选，人民有选择市长的权利，尊重代表意见，既然选上，就是他了！"

1984 年，任老在心脏病刚好的情况下，去北京探望病中的叶帅。也顺便向胡耀邦等中央领导汇报了广东的工作。任仲夷从胡耀邦处出来时已经是中午 11 点 30 分。他通知我们收拾行装，说要去机场："我出差从来不拐道，但这次要破例了！"

原来，当时我国的经济改革突飞猛进，卓有成效，但是，政治体制改革却相对缓慢。就在此时，出现了一个突破口：陕西试点民主推选省委一把手。胡耀邦等领导人建议任仲夷亲自去看一看。任仲夷引用深圳的口号说："时间就是金钱，效率就是生命，三位中央领导都推荐我去一下西安，我们马上就出发吧！"

但是，当天下午北京飞西安的航班已经没有头等舱了。任老说："去，就是坐最后一排也去！"于是带着我和警卫，三个人登上了当天下午的航班，坐在最后一排，一路谈笑风生到了西安。

陕西方面接到电话后，即派出省委副书记李溪浦在机场迎接。但是，飞机晚点，迟迟不到。李溪浦打电话到民航总局查询，回答是任仲夷没有在该航班上，因为中央委员登机是有备案的。这让陕西方面大为着急。好在晚点一个多小时后，我们一行三人还是出现在机场上。

在陕西调研后，任老对该举措非常认可，表示"政治体制改革就应该与经济体制改革同步"。

有勇有谋　精神不死

生活中，任老幽默、机智、达观，妙语连珠，令人解颐。但是，外人多不知道，他早在1985年就因患脑中风一度失语。但是，他每天坚持大声读报，练绕口令。短短半年多时间里，就使语言功能恢复到八成以上，继续妙语连珠。别人问他健康的秘诀，他回答说："我是精神不死嘛！"

2005年9月，任老最后一次住院。就是在这次住院期间，确诊任老得了肺癌。他坦然对医生和家人说："我不怕死，但我还想多活几年，看看我们国家的变化，看国家更加进步，看人民更加富裕，看政治更加民主，看社会更加和谐，你们就大胆地治疗吧！"

11月初，我因车祸正在省人民医院住院。15日那天午前，突然接到电话，说任老可能不久于人世了。我身上带着固定纤维板赶到中大医院，大家在任老耳边呼唤，老人双眼微睁，喉头抖动，却难以发声，终于，一滴泪从眼角轻轻滑下。半小时后，老人悄然远去。

回顾我在任老身边工作五年的日日夜夜，经常得到他的言传身教，受益匪浅。任老那坚实的马列理论功底，无私无畏的革命气节，高超巧妙的领导艺术，求实创新的工作作风，朴素平易的优良品德，至今深铭在心。

追怀在任仲夷同志身边的日子

李次岩①

2005年11月15日，敬爱的任老离我们而去了。这一年里，我脑海不断浮现多年来与他老人家亲密接触的一幕幕鲜活生动场景，追念他对我一次次言传身教，感怀他那人民利益至上的情操，坚持实事求是的精神和高尚的人格，总是心潮不平，夜难成寐。

洒泪痛别老人家

每当想到他老人家逝世前后那令人肝肠寸断的情景，我都禁不住潸然泪下。任老弥留之际，我们几个曾在任老身边工作的人员进了ICU病房。我抚摸他那微温的左手，俯在他耳边轻轻呼唤："任老啊，我们还等着您回家呢，等着再听您的教诲啊！"这时他双眼微微睁开，发出异样的光芒，双唇震颤着，喉头抖动着，嘴巴张开而不能说话，一滴泪珠从他的左眼角淌出。看得出，他听出了我的声音，清楚我们就在他身边。在这生离死别之际，他有多少话要向我们大家倾诉！可是此刻却不能说出，他是多么痛苦啊！我肝胆欲裂，哽咽着差点失声痛哭。

① 李次岩，曾任任仲夷秘书。

他老人家去世后的第三天清晨，他家中的灵堂布置完成，我们几个曾在任老身边工作的人员第一批进去灵堂祭奠。当我仰望着那被鲜花簇拥着的任老遗像，看到像中的他依然笑容灿烂时，仿佛老人家又站在我的面前，像往常一样慈祥地微笑对我说："你来了，坐吧，我们上次谈的问题你研究得怎么样了？"可是，这次他只是笑着，却再也不能对我说一句话了！面向遗像中笑对人生的他，我鞠躬，再鞠躬，不由得泪流满面，撕心裂肺地呼号："任老啊，我在医院里对您说过，我们等您回家，现在到家了，您回来吧！我们知道，您的家在我们心中，在人民心中啊！"

写到这里，我的泪水已洒湿胸襟。男儿有泪不轻弹，我为任老辞世所流的泪水是平生最多的，我对他情深似海，他是我身边一位高山仰止、景行行止的伟人，一位心目中崇敬的英雄，又是一位可敬可亲的老师。

"他的一生是坚持实事求是的一生"

任老去世后，在广东，在全国，乃至在海外，都掀起了不小的波澜。人们对他赞誉有加，好评如潮，说了许多颂扬的话，引发了各种议论。我想，任仲夷担任的最高领导职务只是省委第一书记，且已离职多年，为什么他的去世竟会引起人们如此强烈的反响，他的影响会如此广泛深远呢？他刚逝世那几天，很多报刊都引用了张岳琦和我主编的《任仲夷论丛》中"编者的话"里一段话："人们认为，他的影响决不只在于他曾担任过的领导职务，更重要的是在于他丰富而深刻的思想和令人尊敬的高尚人格。正因为如此，即使在他离开领导工作岗位十几年后，仍然一直受到广大干部和群众的真诚爱戴。"我看这就是答案吧。我不由记起已故的广东省原副省长杨立一句话："做官是暂时的，人格是永恒的。"杨立生前十分崇敬任老，用他这句话解读人们对任老深切怀念现象再合适不过了。

张岳琦同志（全国政协提案委员会原副主任、吉林省政协原主席）在《回忆任仲夷》一文首段对任老有精辟的评价："任仲夷是那种罕见的完美领导人。无论是在人格、思想、作风、胆略方面，还是在廉洁、亲民、勤政、业绩方面，都几乎无可挑剔。在他所处的位置上，可以说做到了大仁、大智、大勇。……任仲夷高尚、健全、强烈的人格力量，可以说是常人难以企及。一个省委书记，做到这种境界，何其难得！”岳琦同志跟任老当秘书15年，从黑龙江跟到辽宁，再跟到广东，经历了任老后半生的风风雨雨，极其熟悉了解任老，深得任老的赏识和信赖。我赞同他对任老的这一评说，以我与任老密切接触多年的体会，这绝非溢美之词，而是对任老人生一个全面、准确、深刻的概括，是恰如其分的总结，说出了我们大家共同的心声。

任老是如此完美的一个人，他的特质是什么？我认为他的一个突出特质是一生为了人民的利益，始终不渝坚持实事求是。他做人做事，一言一行，无论面对大是大非，还是处理细微小节，无不体现为国为民、求真求实的态度，无不闪烁出实事求是的精神光芒。正因为他具有这一说来容易做来难的特质，他真正做到了“大仁、大智、大勇”。

关于坚持实事求是的问题，任老反复对我讲，对此我印象极深。记得在编辑《任仲夷论丛》期间，1999年11月29日那天，我问起他手头那方刻着“是是非非”字样的印章是何含义的问题，没想到他连夜写了一封信给我。他通过解释“是是非非”的含义，引申出关于实事求是的一番宏论。他说：我对“是是非非”这个词作了新解，第一个“是”和第一个“非”作动词，解释为敢于肯定对的，敢于否定错的，也就是要实事求是，并且要敢于实事求是。他进一步说，这需要有深刻的思维；需要不断解放思想，使自己的思想符合发展中的实际情况；还需要有很大的勇气和胆量。他感慨地说，他所亲历的拨乱反正、改革开放，都是“是是非非”的过程。“对广东来说，这些年来在‘香一年，臭一年，香香臭臭又一年’，众说纷纭、褒贬不一的气氛下坚持奋进，不断取得成绩，不正是‘是是非非’的胜利吗？”他最后语重心长地写道：“正因为我对十一届三中全会以前发生的‘文化大革命’和‘两个凡是’有刻骨铭心之痛，对十一届三中全会以来风风雨雨的经历感受良多，所以我深感实事求是对于改革开放事业至关重要。我们中华民族今后繁荣进步的命运，就系于‘实事求是’这四个字上。今后，我们还一定要继续坚持实事求是，敢于实事求是。”可以说，坚持实事求是，是任老对自己多年来风雨历程最透彻的人生感悟，是他从党和国家几十年正反经验教训中归结出最深刻的真谛。他的信震撼了我。我把信拿给编委会的同志们看，大家都很受教育，一致决定把它作为体现《任仲夷论丛》

第三卷（政治文化篇）主题的开篇之作，并将书名定为《是是非非》（见广东人民出版社《任仲夷论丛》第三卷《是是非非》第3页《“是是非非”，即实事求是》一文）。

任老去世后，中央和广东省委对他的后事处理十分重视，指示一定要做好。任老去世当天晚上，省委负责同志召集任老的家属和身边工作人员开会，征求拟报中央的《任仲夷同志生平》讨论稿意见。大家心中明白，写好任老生平，关乎他一生盖棺论定的头等大事，都强忍悲痛发表意见。当讨论到评价任老的最后结语时，有人提议最好不要都用常规性语言，而是提一两句能体现任老特点的话。这时，我立刻想到任老那封关于实事求是的信，尤其是那句发聋振聩的话语：“我们中华民族今后繁荣进步的命运，就系于‘实事求是’这四个字上。”于是我说，任老一生追求和坚持实事求是，是不是可以加上“他的一生是坚持实事求是的一生”这一句？这也算是对任老最中肯的评价吧。大家听了都说好。但我心想，历来写领导人的生平有一定之规，过去从未见有人使用过这样的评语，会为任老破这个规吗？几天后，省委负责同志告诉我们，中央对《任仲夷同志生平》批复下来了，充分吸收了我们的意见，最后的结语是：“任仲夷同志一生忠于党，忠于人民。他的一生是坚持实事求是的一生，革命的一生，战斗的一生，是为共产主义事业无私奉献的一生。”我捧着《任仲夷同志生平》文本，仰天默想：任老啊，中央批复说您的一生是坚持实事求是的一生，党中央充分理解您，完全肯定您，高度评价您，合党心顺民意，您的在天之灵听到吗？您一定感到欣慰吧？

他给我上的第一课

我第一次与任老亲密接触是随他出差到深圳，其情景颇具戏剧性，至今历历在目。1984年11月15日，一个平凡的日子，对我却不平凡，从那天起我便与任老结下不解之缘，直到2005年11月15日他逝世那天，其间整整21年，两个11月15日已在我人生记忆中刻下不可磨灭的年轮。那天，我正在广东省委政策研究室开会，省委副秘书长张岳琦把我叫出来说，你准备随时跟仲夷同志到深圳出差去。我问需要准备什么资料吗？他说不用了，说完就匆匆离去。我有点不解：我只是政策研究室一个小干部，为什么省委第一书记任仲夷单独带我去出差？什么任务？百思不得其解，但又不便问。

11月17日一早，我按通知赶到了广州火车站接待室等候任书记。我有些担心，怕自己没经验出什么纰漏。不一会儿，他乘汽车来了，身穿一套笔挺的中山装，神采奕奕，步履矫健。我迎上去："任书记好！"他和蔼地微笑："哦，小李先到了。"我紧张的心情一下子松弛下来。他对旁边几位领导同志交代了几句后，对我一摆手说，我们走吧。我赶紧随他上了一节车厢。坐定后，我愣住了，我们周围坐得满满的全是普通旅客。任书记坐在靠车窗的座位，我紧挨着他坐在靠过道的座位。按我出发前的想象，省委第一书记坐列车出巡，即使不坐包厢，至少也要与普通旅客隔离开吧。可现在任书记却坐在一大群陌生人中间，万一有事怎么办？加上我第一次坐在省委第一书记身旁，不免紧张局促，他却和我有说有笑，我虽平静了一些，但心还是悬着的。

9时整，车站一声铃响，广州至深圳99次快车驶出站台。一位女乘务员走到车厢过道，用广州话对旅客宣布了有关注意事项，讲完转身就走。任书记用胳膊肘碰了碰我，低声吩咐："你把她叫回来。"我赶快叫住女乘务员，告诉她省委一书记任仲夷找她有话说。她忐忑不安地走到他跟前。任书记温和地问："同志，刚才说什么我没有听懂，你能用普通话说吗？"她说："这里大部分是广东人，说普通话我怕他们听不懂。"任书记转过身问周围的几位旅客是哪里人，有的说是浙江的，有的说是四川的，还有的说是辽宁的。他问他们听懂了吗？他们都摇头说听不懂。有一位香港旅客说，讲普通话我们能听懂。女乘务员的脸一下子红了。任书记亲切地对她说："你看，用普通话说，广东人能听懂；而你用广州话说，外省来的许多人就听不懂啦。现在讲开放，五湖四海的人都到我们广东来，可人家听不懂你的话，不是影响开放了吗？请你还是用普通话再说一遍吧。"于是，女乘务员走到车厢过道，又用普通话把注意事项大声宣布了一遍。在她宣布时，任书记附在我耳边悄悄说："等她宣布完我们带头给她鼓掌吧。"我点点头。女乘务员话音刚落，任书记带头鼓掌，我也跟着鼓，接着其他旅客也跟着鼓起来，车厢里响起了一片热烈的掌声。任书记笑着说："你看大家为你鼓掌了，你的普通话说得不错嘛！今后列车上要形成一个制度，宣布事情要先讲普通话。推广普通话在我们全省都要形成制度。从现在起你就带个头，好吗？”女乘务员心悦诚服地点头：“好，今后我对旅客一定坚持讲普通话。”

此时，我紧张局促的心情早不知飞到哪里去了，觉得自己刚才的担心是多余的。早听闻任书记喜欢到群众中去，试想他今天坐在包厢里或与群众隔离开来，会有如此精彩的一幕吗？他领导艺术高超，真是百闻不如一见。这件事虽小，他却小处入手，大处着眼，谆谆善诱，以理服人，让人心服口服。我如沐春风，感到上了一堂教科书里学不到的好课。

11 月 21 日中午，我随任书记乘坐 100 次快车由深圳返回广州。无独有偶，几天前我们在列车上遇到的那段小故事，竟然又重演了一遍。这趟车的女乘务员又是只用广州话宣布有关事项。任书记又让我把她叫到身边，耐心地说：“同志，不要把推广普通话看作小事一桩，这是上了国家宪法的大事，有法必依嘛。我们广东面向全国、全世界开放，语言也要打破地区阻隔才行。这方面铁路要先行，你们乘务员要做榜样啊！你再用普通话说一遍吧。”女乘务员很不好意思，又用普通话对旅客宣布了一遍。像上次一样，任书记和我又带头为她鼓掌，其他旅客也跟着鼓了掌。下车后，任书记径直走进广州火车站接待室，找铁路局的领导谈了我们这两次乘车的经历，提出在列车上要坚持讲普通话的意见。铁路局领导表示从下一趟车起就改正过来。

在深圳的几天里，任书记视察所到之处，包括剧院、宾馆、工厂、学校，时时处处宣传推广普通话。他反复强调，广东是开放地区，语言也要开放。广东方言特别复杂，一定要打破语言的地域界限，用普通话统一全省语言，这是开放的要求。他在深圳中学与教师们座谈时说：推广普通话不是不要方言，各地方言是我们民族文化的重要组成部分，像粤剧就是岭南文化的一大瑰宝，我们要传承和发展。不必担心广东人会忘掉广东话，忘不掉的。应该担心的是，我们这个省能不能用普通话来统一语言。广东人讲开放，语言不统一，别说对外开放，就是对内也无法开放，广州话、潮州话、客家话、海南话这四大语系怎么交流？他说：“我告诉你们一个笑话，我刚来广东时，听不懂广州话，就认真学了几句，并且以为到省内各地之后，不至于完全‘耳聋’了，可是一到汕头，又对那里的方言全都听不懂了！”教师们哄堂大笑。他接着说：“你们学校的师生来自五湖四海，要定下这一条校规，一进校门大家都自觉讲普通话。至于回家讲什么话，可以不管，这也可以叫大集体，小自由。这一条大家赞成吗？”

教师们齐声说赞成。

我像一个小学生跟着老师上课，走一路，听一路，学一路，看到任书记如此不遗余力地引导广东群众讲普通话，深受触动。当年推广普通话在广东是一大难事。他此前曾说："秦始皇统一文字是第一大功劳。我们如能统一语言，可谓第二大功劳。"我想，广东能取得改革开放和社会发展的巨大成就，仲夷同志坚持在全省推广普通话功不可没，人民应给他记一大功。此行使我对推广普通话的意义的认识有一个质的飞跃，心灵得到一次升华，这第一课上得好！

回到省委，我从着眼开放的新高度，将这次仲夷同志深圳之行推广普通话的事迹，写成通讯稿《开放地区语言也要开放——任仲夷同志深圳之行纪事》，送张岳琦同志转呈仲夷同志审阅。几天后岳琦同志转告我，仲夷同志审阅通过，指示刊登在省报上。于是，《南方日报》在1984年12月6日刊登了这篇通讯，不少报刊也转载了。

一场特别的"面试"

我随任书记到深圳两天了，还不明确自己的具体任务是什么，又不好问。第三天早上，他对我说，今天深圳市委开常委会，你去听一听。我这才明白，原来是让我听这个会。

这次常委会主要议题是研究特区与非特区之间的二线建成后的管理、一线与二线的货流和人流管理、是否发行特区货币等问题。我想仲夷同志作为省委第一书记，不参加地方党委常委会是合乎常规的，所以叫我旁听。会议开得很热烈，与会者激烈争持。我不停记录，生怕漏掉一些内容回去不好汇报。会议直到傍晚才散。

第二天上午，任书记把我叫到他的房间，让我坐在他对面汇报昨天会议情况，于是我翻开笔记本照本宣科。只汇报了几分钟，他就打断了我，叫我简短些。我把内容浓缩一下继续汇报。他再次打断我，叫我挑重点说。我又把重点挑出来汇报，开了一天的会议只用20分钟就汇报完了，我终于松了一口气，因为任务完成了。

没想到任书记突然说："说说你自己对这些问题的看法吧。"我惊呆了，我只是个听会者，完全没想过自己的看法，在省委第一书记面前乱说可不行呀！他看透了我的心思，微笑着说："你自己怎么看就怎么说，没有关系。"我不知从何说起。他也不说话，只是静静地用鼓励的眼光看着我。我猛然醒悟：原来带我来深圳出差，是在考察我啊！我一转念，他是广东经济特区的创办者和领导者，现在就当是接受这位最权威的老师来一场"面试"吧。于是，我明知自己对深圳经济特区认识浅薄，也只好硬着头皮，不揣冒昧说开来。

我说的大意是，当前二线的管理主要是管严物资，严防走私，而不宜管严关外的人流，否则深圳经济特区会被管死的。管严二线只是手段，目的是保障一线最大程度放开。一线的人流和物资流应在有管理的前提下尽量开放，促进深港两地经济交流和融合，以体现创办经济特区的要求，也对香港回归有正面影响。至于发行经济特区货币，似无必要，也无可能，深圳并不具备发行货币的条件，宁可在条件成熟时，让港币在深圳经济特区由地下暗流变成有管理的公开流通。

我的看法或许有不少谬误之处，但任书记并没有打断我，而是专注地静静听。说老实话，我还从没见过一个大领导如此认真地听一个小人物谈话的（后来我发现这是他的一个十分突出的长处，无论对方地位多么低微，他从不居高临下，而是尊重对方，并善于从对方的意见中汲取合理成分，哪怕对方的合理成分很少）。他的态度使我胆子壮了些，我一口气说了近半个小时。他偶尔插话，每次都点到要害上。当我提到现在深圳经济特区地下流通的港币可能超过 14 亿元时，他问，这个数字核实了吗？我说还没有。他说，没核实还不能作为依据。我说到二线建成后对深圳经济特区虽然是个严峻挑战，但也可以转化为一个……说到这里，我字斟句酌，想找个准确的词汇表达，他启发说："是契机吧？"我很不好意思："对对，就是契机。"这次"面试"持续了一个多小时才结束。他交代我，回去后把我今天所说的写成文字交给他。

此后几天里，任书记还对我进行了若干次小"面试"，例如到某单位视察，他要我说说自己的观感。他还鼓励我向其他人提些问题，他并不插话，这与我以前接触的一些领导很不一样，大多数领导并不喜欢手下的人随意说话。经过他这样不同场合不同方式的反复考察，我有几斤几两，都暴露在他面前了。人们都说仲夷同志善于用人，我感到首先是他善于"知人"，他"知人"有自己独特的一套，不偏听偏信，而是以独有的视角与方式综合考察人，尤其着重从实践中看，由此我感受到他那特有的领导风格和实事求是的作风。

“全国放慢两步，广东只能放慢一步”

我随仲夷同志出差深圳三个多月后调到了他身边当秘书。我在他身边逐渐了解到，他主政广东五年，正值改革开放和创办经济特区之初的艰难开拓时期，他带领省委一班人，闯激流险滩，一路高歌猛进，但他所面对来自上下左右内外方方面面的压力之大，考验之严峻，常人难以想象。

当 1980 年 11 月仲夷同志刚到广东来，正准备带领全省人民迈开大步贯彻中央在广东实行特殊政策和创办特区时，第二个月中央就召开了中央工作会议。会上有的领导同志提倡“抑需求，缓改革，重调整，舍发展”的 12 字方针，会议做出了调整经济的决策，要求压缩基建战线，许多建设项目要下马，对部分企业实行关停并转，要求“退够”，也想收回原给予广东的部分特殊政策。好在邓小平同志在会上说：“在广东、福建两省设置几个特区的决定，要继续下去。但步骤和方法要服从调整，步子可以走慢一点。”仲夷同志和广东省委面临的难题是：广东还能否继续实行特殊政策？还能否在改革开放中先行一步？

仲夷同志审时度势，努力把中央给予广东的特殊政策与当前的调整结合起来，一方面对上做了大量工作，积极向中央反映广东的实际情况，希望中央继续支持和维护在广东实行特殊政策、创办特区的决策；另一方面，他鼓励省里的干部：“要以调整为中心，使调整和改革相辅而行。中央给我们实行特殊政策、灵活措施的权力。放慢改革步伐，全国放慢两步，广东只能放慢一步，总得比全国要快，中央叫我们先行一步嘛！”他又鲜明地提出了“三统一”和“三真”方针：“把调整和实行特殊政策统一起来，把‘集中’和‘搞活’统一起来，把‘退够’和‘前进’统一起来”，努力做到“特殊政策要真特殊，灵活措施要真灵活，先走一步要真先走”。在他和省委一班人的不懈努力下，确保了广东的改革开放和经济建设大局在经济调整中得到稳定健康的发展。由此，广东的干部群众开始领略到他驾驭错综复杂局面的能力，领略到他把中央决策与地方实际情况紧密结合，原则坚定性与策略灵活性紧密结合的高度政治智慧和高超领导艺术。

“二进宫”与热气腾腾的传达会

1982 年 1 月 11 日，中央向全国发出《紧急通知》，针对中纪委简报反映广东一些沿海地区干部出现严重的走私贩私、投机倒把、贪污受贿等现象，要求严厉打击。这次矛头主要对准广东，来势很猛。谷牧副总理到广东一见仲夷同志，就不无忧虑地说：“仲夷同志，现在人家对广东议论纷纷啊！”仲夷同志此时面临巨大压力，但他始终认为按照中央的要求推进广东改革开放没有错。一方面，他要求全省坚决贯彻中央《紧急通知》精神，坚决打击经济犯罪活动；另一方面，继续按照“对外更加开放、对内更加放宽、对下更加放权”的“三放”方针部署全省工作。

2 月 11 日至 13 日，中央书记处让仲夷同志带队，把广东省委常委会几乎整个班子成员都叫到了北京，召开了广东、福建两省座谈会。两省会议气氛极其紧张，有人提出要整掉一批，杀掉一批。尤其不寻常的是，会上除印发中纪委反映广东走私贩私的简报外，还印发了书记处研究室编写的一份材料《旧中国租界的由来》。这意味着，会议不仅要解决走私贩私等经济犯罪问题，还涉及要不要创办经济特区的问题。在会上，仲夷同志和省长刘田夫等广东省负责人如实汇报了广东走私贩私等情况和省委反走私所采取的措施，还实事求是地反映了广东实行特殊政策、灵活措施以来的初步成就，提出省委在加强打击经济犯罪活动同时继续推进广东改革开放工作的打算。

会后几天，胡耀邦电话通知仲夷同志单独再赴京“讲清楚问题”。仲夷同志提出自己刚到广东不久，情况不熟悉，请求与刘田夫一道赴京，中央批准了。这就是后来广东广为流传的“二进宫”。2 月 19 日，中央领导召集任仲夷、刘田夫和福建省委第一书记项南等人开会，严厉批评广东贯彻中央精神不力。有的说广东对走私贩私“放了羊”。有的说，广东出那么多事，任仲夷为什么见怪不怪？他还是不是共产党员？甚至有提出要免去他广东省委第一书记职务的。可见当时他承受压力之沉重。据仲夷同志后来对我说，当时在会上，项南附在他耳边悄悄说："开了两天会我才明白，原来找福建是来'陪绑'的，实际是对你们广东的。"所幸邓小平、胡耀邦等领导同志并没有表态处分任仲夷，他才得以逃过一劫。仲夷同志事后说：在改革开放和创办经济特区问题上，我们要坚定不移地执行中央的方针、决策和小平同志的指示，不能动摇。有人说我对广东改革开放中出现一些新情况"见怪不怪"，其实主要是说的人自己"少见多怪"，对改革开放出现的新事物、新问题不研究，不到实地考察，自己不理解，不认识，又不接受，横加指责，极力阻挠，这就不对了。

这次"二进宫"，胡耀邦要求仲夷同志写份检讨，仲夷同志连夜写了。关于这个过程，张岳琦同志是亲历者，在《回忆任仲夷》一文中有详细生动的描述，为 20 多年前的这段历史提供了弥足珍贵的第一手资料，这里不赘述了。关于这份检讨，仲夷同志多年来一直萦系心头，多次对我念叨，这是他一生中唯一向中央写的一份检讨，一定要找回来看一看。这些年来，他多次托人，甚至托中央领导同志到中央机关去查找，但临终都未能如愿，成为一件抱憾终生的事。

众所周知，"二进宫"后，仲夷同志在广东省委召开的全省三级干部会议上传达两省会议精神时，注意保护干部改革开放的积极性，赞扬广大干部和群众为国家建设和改变广东面貌作出的贡献，还诚恳地主动承担责任说：凡是过去省委、省政府决定和指示过的事情，错了由省委、省政府负责，下边执行者没有责任。"缺点错误，主要在省委。""在省委里，又主要应当由我对这些问题负责。"他要求大家不要有任何消极、畏难情绪，积极努力，大胆工作，争取作出更大成绩。他这一番肺腑之言，使在场的所有人深受感动，大家报以长时间的热烈掌声。他又提出"打击经济犯罪活动坚定不移，对外开放和对内搞活坚定不移"的"两个坚定不移"方针（会后又加了第三个"坚定不移"——"执行让群众富裕起来的政策坚定不移"），大大保护和激励了广大干部群众执行改革开放政策的积极性。用一位与会干部的话说，仲夷同志将一个原本被人们估计为"杀气腾腾"的传达会，开成了一个"热气腾腾"的动员会。这件事得到广东干部群众的交口称赞，20 多年来一直传为美谈。可是，又有多少人清楚仲夷同志当时所承受的巨大压力呢？其实，以仲夷同志从政几十年的经验当然知道，他只要顺势后退一步，就可自保了，可是他偏偏选择一条利国利民而不利个人的道路义无反顾地去走，显示了一个改革先行者的气概，一位真正共产党员的本色。

纵观仲夷同志在广东五年任内，每次所遇到的压力和挑战都是与如何处理改革开放中出现的新问题有关，都是政治上工作上的分歧，并非他个人出了什么问题或与哪位领导有私人恩怨之争。联想起仲夷同志曾对我说过，1983年六届全国人大一次会议召开前夕，中央开会讨论，决定新提名两位同志担任全国人大副委员长，他是其中之一。按照仲夷同志在辽宁、广东两个大省立下的赫赫功绩和在全国人民中享有的威望，只要提名了，在人大会议上通过是没有问题的。但是，最后任仲夷的名字还是被勾掉了，没提交人大会议选举。仲夷同志平静地说："我个人怎么安排无所谓，重要的是广东改革开放的路要走好。"

仲夷同志不断承受压力，接受挑战，面对打击，矢志不渝地向这条荆棘满途的路坚定走去。他对我说："我在东北受过冷处理，到广东来又受热处理，冷热处理都受过，还有什么处理可怕呢！"他为了谁？为自己吗？当然不是。如果为自己，自然会选择一条少担风险、稳妥平安的为官之道，但他为人民的利益，为党和国家的事业，为把改革开放和现代化建设推向前进，坚持实事求是，不怕挨批，不怕受冤，不怕丢官，把个人的荣辱得失置之度外，甘愿牺牲自己个人的一切，体现一个改革先驱的大无畏精神。正如他后来在1999年写给我的那封关于实事求是的信中吐露自己心声所说："说真话实话，肯定正确，修正错误，是要付出代价甚至作出牺牲的，也包括牺牲个人生命（辽宁的张志新烈士就是一个例子）。我们坚持十一届三中全会路线需要有勇气，坚持党的解放思想、实事求是的思想路线需要有勇气，坚持改革开放需要有勇气，坚持真理、按客观规律办事需要有勇气，要有王安石所说的'天变不足畏，祖宗不足法，人言不足恤'的精神，因此要提敢于实事求是。"公道自在人心，历史功过最终由人民评说。他在两个大省共当了9年的省委第一书记，分别在拨乱反正和改革开放这两个历史转折时期带领两省干部群众做出了具有里程碑意义的丰功伟绩，虽然没有当上更大的官，却赢得人民一片称誉，是改革开放时代人民心中的英雄，人民记住他，这对他是最好的回报，比当什么大官都重要。我想，如果写中国改革开放史，任仲夷的业绩应是浓墨重彩的一章，彪炳青史。

一位称职的人大代表和党代表

仲夷同志是第一届、二届、四届、五届、六届、七届全国人大代表。他对于全国人大代表这个身份看得很重，特别珍惜。1985 年 3 月我随仲夷同志参加六届全国人大三次会议，他语重心长地对我说：人大代表承托了人民很多的期望，让我们来北京开会，不是来享受待遇的，而是为人民说话来的。过去有些人大代表来开会，一发言就痛哭流涕，除了说感激党和国家的培养和信任，拥护政府工作报告之类的话外，其他什么意见也提不出来，这不是一个称职的人大代表。人民代表代表人民来管理国家大事，监督政府工作，不只是"拥护"，而是"审议"政府工作报告，不然就失职了。从我多次随仲夷同志参加全国人大会议的经历看，可以说他忠实履行了自己职责，是一个十分称职的人大代表。

在这次人大会议上，国务院提交给人大的政府工作报告审议稿提出，从 1984 年 10 月党的十二届三中全会作出关于经济体制改革的决定以来，我国以城市为重点的整个经济体制改革进入了一个新阶段，改革和经济发展总的形势是很好的。但在 1984 年下半年特别是第四季度，也出现一些比较突出的问题：对信贷基金和消费基金管理不严，信贷增长过猛，一些企业和行政事业单位乱提工资，乱发奖金、津贴和实物，再加上乱涨价等不正之风的影响，致使部分商品价格上涨。会前有关文件把这几个问题列为"几股不正之风"。

仲夷同志认为，过分强调批不正之风，掌握不好会打击广大干部群众改革的积极性。他说，改革中出现一些问题不必大惊小怪，不能因此对改革评头品足，甚至产生动摇。改革前进中的问题，必须在继续改革前进中去解决。对于各种不正之风，应具体分析，划清政策界限，实事求是地加以处理。不能把产生不正之风的原因归咎于改革，这不是改革之过。在纠正不正之风时要保护广大干部群众改革的积极性，相信绝大多数人是想改革的。对于他们在改革中某些偏差和失误，要积极引导，提高认识，继续前进，不要笼统看成是不正之风。真正搞不正之风和违法乱纪的是少数人，不能因为少数人挫伤大多数人改革的热情。他说，他作为人大代表，有责任在会上把这个问题讲清楚。

他交代我根据他这个意思起草一个发言稿，并在此基础上准备一份新闻稿。我自以为这个题目不算难写，于是埋头写了一天多，洋洋洒洒写了两千多字呈送给他。他阅后认为太长，提了一些修改意见，叫我重写。我又花了一天再写一篇呈送给他，他还不满意，叫我再写短些。他对我说：写文章就像喝一杯糖水，水越多糖水越淡，水越少糖水越甜，文章的意思就这么多，越长越没味道。我很受教育，再花一天时间对稿子精雕细琢，压缩到 800 多字。写成后自己也没想到一篇短稿子竟然要花三天多才完成！这回他比较满意了，但还不放心，叫我当天晚上到时任全国总工会副主席的陈俊生同志（后任国务院秘书长、国务委员）家中再审一下稿。我在陈俊生同志家等到晚上十点多才见他回来。他脱下大衣，开水没喝一口就审稿，改动了个别词句后通过了。当我拿着稿子急急返回住地时，已是夜里 12 点多了。路上车少人稀，寒风凛冽。我心想，仲夷同志当这个人大代表确实够认真的，我这个人大代表的随员也得认真再认真才行，这方面还有很大差距呢！

第二天早上，《人民日报》有关负责同志到我们住地取走了稿子。第三天，4 月 1 日《人民日报》以该报记者采访任仲夷的形式，以《改革的历史趋势不容逆转》为标题发表了他的谈话。中央人民广播电台《新闻联播》也广播了，各家报纸也转载了。不少人打电话来说仲夷同志讲得好。后来正式公布修订后的政府工作报告也在一定程度上吸收了仲夷同志这方面的意见。这充分显示了他这位人民代表对政府工作的影响与作用。这时我才真正体会到他为什么如此认真地对待以人大代表身份的发言。

据我观察，以后每次参加全国人大会议，仲夷同志都从人大代表的角度，对政府工作报告和当前国家经济社会发展状况发表一些针对性很强的意见。虽然他从没有自己发起写过任何一个具体议案（他在别人发起的议案中签名的很多），但他的发言实实在在地起到一个人大代表参与管理和监督政府工作的作用。他的意见不是仅就一个地方或一项具体工作而发，而是针对全国范围内带有全局性、战略性的大政方针去阐述。他不随波逐流，而是一切从实际出发，观点独到，大胆中肯，言之有物，言之有理，往往听来语出惊人，但细想是讲真话实话，常常成为会议期间舆论关注的一个焦点。

仲夷同志又是中共八大、十大、十一大、十二大、十三大、十四大、十五大、十六大正式代表，即是说新中国成立以来党的历届全国代表大会，他除九大没参加外，其余各届都参加了，差点取得全国党代会的“大满贯”。没参加九大（就是把林彪定为“接班人”的那届大会），是当时正在“文化大革命”期间，他已被批斗（他笑称自己是“全国被批斗冠军”——共被批斗了2600多场），后下放农村劳动，那时他当然不可能成为党代表。我想，他没取得这个“大满贯”毫无遗憾可言，反而恰恰显示了他不向极左路线低头的铮铮风骨。

记得仲夷同志在出席1987年十三大前夕，曾应王恩茂同志之邀到了新疆考察，返回途中经嘉峪关乘飞机到兰州转机回广州。他在嘉峪关机场候机室候机时，当地负责同志闻讯赶来，知道他从未到过嘉峪关，便极力挽留他在嘉峪关逗留一两天看一看。他谢绝了，说要尽快回去准备参加十三大。我和裴广明同志（原警卫员后转任秘书）都觉得既然到了嘉峪关，不顺便看看很可惜。小裴劝他：“还是看完再走吧。”他问小裴：“是参加十三大重要，还是参观重要？”小裴马上知道自己说错了。当地负责同志劝说了一个多小时，仲夷同志还是执意要走，最后我们也没在嘉峪关停留，还按照原计划登机返回广州。

在十三大上，仲夷同志忠实履行了一个党代表的义务，十分认真审议了十三大报告审议稿。他认为报告原征求意见稿完全没有提到价值规律的作用不妥，建议加上这方面内容。后来报告审议稿加上了一句“必须把计划工作建立在商品交换和价值规律的基础上”。他在讨论报告审议稿时发言：有这一句虽然还不够，但比完全没有提到价值规律的作用好多了。大会报告是总结改革开放以来的实践经验，重要的是使全党在今后的经济工作中更加注意自觉地掌握和运用价值规律。

他还在讨论发言时提出：报告审议稿中提到“也不要把思想解放过头一点说成是搞资产阶级自由化”，这一句提法不确切。因为正确的东西是不能用“过头”来说的，“过头”了就不是正确的东西了。邓小平同志讲解放思想就是实事求是，如果说解放思想过了头，那就等于说实事求是过了头，这是讲不通的。如果随便指责“思想解放过头”，不利于人们在改革中进一步解放思想。这样说还容易使人产生一个错觉，似乎强调了思想解放，就有可能犯资产阶级自由化的错误。他建议，把这一句改为“也不要把思想上一时对改革要求过急，或在改革实践中因急于求成或缺乏经验而出现的一些失误和偏差，就说成是搞资产阶级自由化”。后来，中央吸收了仲夷同志的意见，在正式发表的十三大报告中，这一句修改为“也不要把思想解放中讲了点过头话说成是搞资产阶级自由化”。

“我终于安全着陆了！”

1985年9月，我随仲夷同志参加了党的十二届四中全会、五中全会，两个全会中间还有一个党的全国代表会议，这几个会议的一个主要议题是关于干部的新老交替问题，一大批党的高级领导干部将要退出中央领导机构，很多人对仲夷同志的去留格外关注。

其实，他本人对这个问题早有考虑，他淡泊功名，不恋栈权位，决定以自己的行动为促进干部新老交替做个表率。这时，不少好心人劝他留下来再干一段，他都一一婉言谢绝了。记得有一天晚上，时任全国政协副主席的王光英偕夫人急匆匆赶来。王光英同志一进门就先献上一束鲜花，然后紧紧拥抱住他说：“仲夷同志，广东不能没有您啊！”仲夷同志笑着说：“广东没有我照样能干好，放心吧。”两人为此交谈了很长时间。王光英同志说：您要是不当省委书记，至少也要当个省顾问委员会主任吧？仲夷同志回答：我当了省顾委会主任，如果不顾不问，新班子觉得不好；如果我又顾又问，新班子更不好办，还是不当为好。

9月16日，仲夷同志参加了党的十二届四中全会，他在有叶剑英、邓颖超、徐向前、王震、李德生等64人向全会请求不再担任中央委员或候补中央委员的信上签上了自己的名字。这是党有史以来最大的一次主动请求不担任中央委员或候补中央委员的集体行动，为中央领导机构成员新老交替带了个好头，受到全党和全国人民的尊敬和赞扬。9月23日，仲夷同志在党的全国代表会议上增选为中央顾问委员会委员，完成了他从一线领导工作岗位退到二线的人生转折。原听说他将被提名担任中顾委常委，但后来并没有提交会议选举，只当了中顾委委员，一些人向他表示惋惜，他却不那么看，而是坦然地说：“现在这样就好，有治病的工夫了，也有时间读书了。”他退下来后的第一件事，是吩咐我从北京飞回广州，把他在省委大楼的办公室腾出来，让给接任的省委书记林若同志使用，他在省委机关不保留办公室（没有规定要求他不保留），把工作地点搬到自己家里（秘书在机关里仍留有办公地方）。他还向省委新班子表示，不参加常委会，不干预新班子决策，希望新班子大胆工作。他的举动得到省委机关上下一致好评。

9 月底，我和小裴随仲夷同志到大连治病。路上仲夷同志告诉我，他第一次到大连是 1945 年受组织委派去接受政权，那时东北全境还未解放，仗还在打。他是头戴礼帽，身穿长袍，装扮成一个商人潜进去的。我边听边想，他从 21 岁担任北平中国大学党支部书记开始，到现在 71 岁退出广东省委第一书记的职务，在这半个世纪里经历多少次从一个领导岗位到另一个领导岗位的交替和挑战！此次他退出领导岗位后第一次回大连，想必百感交集吧？

我们住在大连棒槌岛。他为了尽早康复肢体，天天坚持走路，从山上走到海边，不停地甩手，还让我们扶着他上单杠练习。有一次，我们陪着他走到海边一条小路尽头，小裴担心他再走就会掉下去前面一米多深的断层沙滩上，便劝他往回走。他用力把手一挥，坚定地说："不怕，跳下去，我们不走回头路！"我和小裴连忙跳下去在下面接他，他接着跳了下去。当稳稳落地后，他长舒一口气，朗声笑道："我终于安全着陆了！"我们也跟着笑起来："是呀，安全着陆了！"我心里明白，他在广东改革开放的风口浪尖上苦苦拼搏了五年，不久前又经历了一场"海南岛大量进口和倒卖汽车事件"风波，而与他同时期在福建开拓改革开放局面的省委第一书记项南受到处分，他能够"安全着陆"是多么好的事哇！我相信，他安全着陆后，会从一个新的起点上继续沿着人生奋斗之路走下去的，所以他说"不走回头路！"他这两句话真是意味深长。

我一抬头，只见他正向海边走去，步履有点蹒跚，这与我第一次随他出差深圳时腿脚相当利索的情景大不相同。望着前面他踽踽独行的背影，海风吹乱他灰白的头发，我眼前突然呈现一幅"风萧萧兮易水寒，壮士一去兮不复还"的悲壮图景，心中有点酸楚，不禁想起我给他当秘书第一天他说的第一句话："我不知道自己老之将至，多少事啊！"那时我不明白他为什么这样说，现在似乎有点懂了。他像一个刚带领千军万马从战场上血拼厮杀下来的统帅，伤痕累累，精疲力竭，但壮志未酬，斗志犹存。他走到海边停下来，拿出不久前我从北京王府井新华书店买来的那本绕口令书，面对大海高声念起来。几个月前，他因脑中风一度失语，说话有些磕巴。为恢复语言功能，他每天坚持读报，让我找来这本绕口令书，躺在病床练，散步时练，到空旷处练，没想到在短短半年多时间里就使自己语言功能恢复到八成以上，连医生都称“这真是一个奇迹！”我走过去说：“您是不鸣则已，一鸣惊人呀！”他笑着指了指天：“老天爷没有收去我的说话权嘛！”接着，他又加快语速练起绕口令：“让人不软弱，忍让有道德，惹人不道德，道德非软弱。”

他在人民心中，人民在他心中

仲夷同志虽长期身居高位，但从不高高在上，而是怀着对人民深挚的热爱，将人民利益看得至高无上。人民群众也热爱他，喜欢接近他，对他讲心里话，真诚敬重他。他就像一块巨大的磁铁，吸引着周围他认识或不认识的群众，我随他外出时常可以看到这样的情景。

1985 年 8 月的一天，我和小裴同志陪着仲夷同志在北戴河海滨一条马路边上散步。马路对面正急匆匆走着的一大群人突然停下来，望着我们，开始窃窃私语，后来大声议论，最终确认是仲夷同志时，他们隔着马路大声喊：“任书记，您好哇！”然后不顾马路上来往的汽车，呼啦一下全都冲了过来，围着仲夷同志欢欣雀跃，纷纷争着与他热情握手。我和小裴一时措手不及，拦都拦不住，一问才知道他们是沈阳一个企业的干部职工，由单位组织到北戴河来休假，此刻正要赶乘列车回沈阳，没料到路上遇见仲夷同志，大家高兴极了。目睹这一动人情景，我深有感触：仲夷同志并不认识他们中间的任何一个人，但看得出来，他们爱戴仲夷同志是发自内心的真情，丝毫没有做作成分，仲夷同志离开辽宁领导工作岗位 5 年多了，辽宁的群众还那么热爱他，可见他在辽宁人民心中的位置。

1989 年 8 月，我随仲夷同志回到他工作了 26 年的哈尔滨。他刚回哈尔滨头两天，群众还不知道他回来了。8 月 4 日他去看望了他一向十分关心的哈尔滨日报报社员工，消息传开，人们奔走相告，一下惊动了全城。我们住在黑龙江省委接待处的花园村宾馆，平常很幽静，可那些天宾馆车水马龙，门外求见的人实在太多了，根本无法安排过来。想见他的除了现职干部外，也有许多退下来的老同志，更多的是先进生产者、劳动模范、文艺界人士、教师、新闻工作者及其他各行各业代表。不少人一进门刚握住任书记的手，未开口就簌簌泪下，场面感人。很多客人在我的房间里等候会见时，都向我倾吐他们思念任书记如何情切，诉说任书记如何为群众办好事做实事，讲述任书记当年如何培养帮助他们、困难时刻如何保护他们的故事，说着说着就流下泪来，我也很受感染。仲夷同志每天会见的客人，从几个增加到二三十个，而且越来越多。我担心他已年届 75 岁，又有病在身，请求他每天会见不超过五六个人，他不同意，说大家带着一颗心来见我，不可不见啊！他仍坚持每天会见很多人，终于在几天后，身心极度疲惫病倒了，咽喉严重充血发炎，声音完全沙哑。即便这样，他还边吃药边会见客人，说不出话来就用笔写，来人无不为之感动。由此可见他和黑龙江人民心心相印，情感水乳交融。我还从未见过一位已退下来的老领导像他那样，受到那么多的干部群众如此强烈的真心爱戴，不由得记起他在 1985 年曾为广东潮州韩公祠纪念韩愈写过的那幅题词：“历史上做过好事的，人民都不会忘记他。”用这句话来形容人民群众对他的感情，也是恰如其分的。

仲夷同志多次向我谈论他以人民利益至上的价值观。1996 年 10 月的一天，我去看望他，他再次向我提到群众与干部的关系问题。那时我已不是他的专职秘书，但他要求我还继续当他的“兼职秘书”，经常与他联系，完成一些他交办的事，多数是为他起草整理一些文稿。他生了几场大病，身体虚弱，视力听力都不好，自己动笔写作很不方便。但他的思维依然那么活跃，对党和国家的大事依然那么关注，对人民的福祉依然那么惦记。我常暗自惊叹：他的脑海简直就是一个取之不尽、用之不竭的巨大思想宝库！我做他的“兼职秘书”自然是义不容辞的，能得到他的面命耳提是我的幸运，每次为他起草文稿，我都获益匪浅。

那天，他严肃地对我说：现今一些下面的干部把上面的领导称为“老板”，群众把地方官员称为“父母官”，让人听了刺耳得很，可是这些被称为“老板”和“父母官”的领导人不但不制止，反而听之任之，甚至飘飘然，此风不可长，这是把官员和人民的两者关系完全颠倒了。我赞成邓小平同志的提法，我们各级干部是人民的儿子，决不是人民的“父母官”。我们干部是为人民服务的，是人民的勤务员，是人民的公仆，决不是人民的主人，更不是什么“老板”！

他越讲越激动：这些人忘了，他们的权力是从哪里来的？是人民给的！我们常说的民主民主，应是由民做主，不是自己为民做主。

我越听越觉得愧疚。人们叫“父母官”由来已久，我从未把它当回事儿。而称上级领导为“老板”，则是近年来兴起流行的，就在我们省委机关里也有不少人这么叫，我也习以为常，从未想过这里有什么问题，这就是我与他之间的巨大思想差距。其实，早在几年前我就听他说过反对称“老板”的意见，只是当时自己没有从思想理论意义上引起重视。记得1989年6月19日那天，我随仲夷同志去参加党的十三届四中全会（这是党的历史上一次重要会议，主要解决那年春夏之交的政治风波问题，江泽民同志在会上当选为总书记）。我们乘坐的专机在北京南苑机场降落后，外面的形势比较紧张，戒备森严，与会者乘坐汽车有严格控制，安排了仲夷同志和时任广东省委副书记的谢非同志同乘一辆小车（以往到京开会仲夷同志大多单独乘坐一辆小车），我坐前排副驾驶员位置。一路上只见两旁都是戒严部队，大家一直没说话。突然，仲夷同志低声问谢非同志：“你知道下面的干部私底下怎么称呼我们吗？”谢非同志说不知道。仲夷同志说：“他们称我们这些人是‘老板’呢！”谢非同志说他没有听说过。我插话说我也听说过。仲夷同志说：“这样的称呼不好，很不好！”谢非同志同意他的意见。说完大家就没再议论了。我对当时这段在特殊情景下的特别对话印象很深，但当时并没往深处想。没料到时过7年，仲夷同志还一直想着这件事，可见这个问题在他心中分量有多重。这几年人们叫“老板”和“父母官”之声更盛了，我觉得自己多少有点失责，便向他建议，是否趁最近党的十四届六中全会通过关于加强精神文明建设决议的时机，将他这一意见整理成文在报纸上发表，他同意了。于是，1996年10月24日《羊城晚报》发表了题为《各级干部决不是什么“父母官”“老板”——任仲夷谈加强精神文明建设》的访谈录。文章见报后，社会上反响强烈，全国各地报刊纷纷转载，后来看到在《羊城晚报》报道说，有人就此文评价：“文章有骨堪辅国，思想长存自写才。”

我与任老多年密切接触中强烈感到，他总是在考虑人民群众如何在经济上更快地富裕起来，在政治上更好地当家做主、拥有更多的民主权利，在文化生活上更自由地享受丰富多彩的精神文明成果，是一个时刻把人民利益装在心上的人。

“心怀千里志，不居一寸功”

任老从政几十年，勋劳卓著，但从不居功自傲，从不为个人待遇向组织提过任何要求，一直过着粗衣淡饭的俭朴生活。对于制度规定以内的待遇也是一让再让，克己奉公，风格高尚，下面两件事颇能体现这一点。

第一件事是任老主动把自己的住房退出一半来。任老住的那所房子，一直是历届省委负责同志住的。任老调到广东后，了解到机关住房比较紧张，尽管自己祖孙三代同住在一起也不算宽敞，他还是在自己临退下省委第一书记职务前夕，主动要求把他的房子和院子各让出一半，隔开成为两套住宅，自己只住其中一套。任老这种做法，与当下某些官员中流行的“有权不用，过期作废”的官场潜规则大相径庭，省委机关管房子的干部感慨地说：“历来当领导的住房都是越来越大，而任仲夷同志住的房子却是越来越小，特别是在退下来之前，不但不多要房子，还主动退房子。如果所有干部都像他那样自觉，我们的工作就好做多了！”我把任老退房子这件事，以及他退居二线后的一些生活情况，以《心怀千里志，不居一寸功》为题，写成文章刊登在 1986 年 8 月 31 日《羊城晚报》上，《文汇报》、《大公报》等香港报纸也刊登了。海内外报刊在转载时无不赞扬任老的高尚情操。“心怀千里志，不居一寸功”这两句话，是 1985 年国庆节那天我随任老参观大连市老干部之家时，他为勉励老干部所写的题词，用这两句话来概括他自己退居二线后的生活乃至他的一生，不正是一个极好的写照吗？

另一件事是任老从不运用手中权力关照自己的亲属的工作。他的夫人王玄大姐 1936 年入党，1952 年就担任了原松江省委组织部副部长兼省政府人事厅副厅长，其后随任老工作的调动而先后担任哈尔滨市副市长、沈阳市副市长、广州市副市长。几十年来任老从来没有对她的任职提拔说过话，在别的领导干部提出要提拔她时，任老也表示不赞成，她直到退下来，职务也还是从哈尔滨带到沈阳，再从沈阳带到广州的副市长一级。任老有三个儿子，老大念崎已从普通工作岗位退休，家境并不宽裕，老二克宁、老三克雷都在国有单位工作，没有一个是仰仗任老的权势当大官、发大财的。任老的高风亮节与时下官场上某些人为自己“五子登科”（唯图位子、票子、房子、车子、孩子之利）不择手段的丑陋行径，形成何等鲜明的对照！

任老临终前念念不忘教育儿孙们要做一个对社会有益的人，一个正直的人，一个追求真理的人。他在病床上殷切叮嘱儿辈们做事要对得起人民，要讲真话，再三告诫：“现在，党内有人搞腐败，贪赃枉法，坑害百姓，我真心反对！党内有人说假话，不讲真话，还不让人说真话，我真心反对！过去‘左’的路线使我们党和国家蒙受重大损失，这个血的教训不彻底吸取、彻底纠正，我真心反对！对此，你们今后还是要多多关心哪！”字字句句流露出一个老共产党人忧国忧民的深切情怀。

这位大仁、大智、大勇的长者悄悄地走了。“云山苍苍，江水泱泱。先生之风，山高水长。”（语出宋代范仲淹《严先生祠堂记》）任老所立下的丰功伟绩，他留给后人的深刻思想，他坚持实事求是的风范，他的崇高品德和强烈的人格魅力……他那山高水长之风，永驻我心，永留人间。

没齿难忘任仲夷

陈世基①

1988 年我在部队离休后，应邀参加一些社会工作，由于受聘于多家报刊作特约记者或特约撰稿人，又曾参与《任仲夷论丛》的编委工作，因而有幸较多地和任老近距离接触，聆听他的教诲，请他释疑解难，对他的博学多闻、善于思辨、谈古论今、幽默达观，留下了极为深刻的印象。在长达 17 年的交往中，我深感任老是位可亲可敬的长者，循循善诱的导师，坚持原则，爱护干部的好领导。任老虽已离世八年，但他的音容笑貌，一直萦回在我的脑际。现在，略记数事，寄托我对这位敬爱的老前辈的无限怀念与哀思。

“我是不当顾问的顾问”

1988 年 3 月，北京《中国人才报》委托我采访任仲夷，在家休养的任老欣然接受我的采访，就改革、人才、竞争和办报等问题谈了一些精辟、中肯的意见。当我提出报社有意请他出任高级顾问时，任老说：“我中风失语，刚刚

① 陈世基，曾任广州军区空军政治部宣传部部长。

恢复，不好担任什么顾问了。但是我的大脑还不会退休，只要一息尚存，我还会关注党和人民的事业，关注改革开放。以后有什么事，我们可以多交流，‘我是不当顾问的顾问’。”

20 世纪 90 年代，广州的集体经济由原来占广州经济总量的半壁江山，降到三分天下有其一，有人说它渐渐会成为“被遗忘的角落”。此时，集体经济研究会应运而生。梁灵光、焦林义、肖鸣、黄菘华、曾牧野、赵元浩等省、市领导和专家学者都同意担任名誉会长或顾问，我也被推选为副会长。研究会拟邀请任老出任名誉会长。当我和他谈及此事时，任老说：“一回生、二回熟，我们已经是好多‘回’了，有什么问题我们可以多沟通，多研究，名誉会长的衔头就不必了。需要我支持的，‘责无旁贷’！”

此后，我遇到感到困惑的问题，对某些见闻有自己的想法时，总要设法通过多种形式向任老请教，请他指点迷津。有时候，任老也找我去聊聊。每次见面，他总要问我最近忙些什么，读些什么书，写了什么文章，有什么新闻。同时，也谈他自己的见闻和正在思考的某个问题，听听我的反应；或向我推荐他认为值得采访的人和事。任老笑说：“我们是互动，经常是你采访我，有时我也采访你。”他的这种平易近人的态度使我感到亲切；他对国家大事和社会动态的关注，使我深受教育；他那举重若轻的气度，对事物非凡的洞察力和幽默的语言，更使我终身受益。1993 年底，我去看望胃部动过大手术正在康复中的任老。任老风趣地对我说：“我这个人很有意思。1983 年 11 月割了胆，人说胆小如鼠，我没有胆，我不如鼠，但也可以说我浑身是胆。10 年后，1993 年 11 月，我又割掉百分之八十的胃。我也就无所‘胃’了，也可以说是无所胃（畏）惧了。”在如何对待生活、对待疾病方面，任老也真算是不当顾问的顾问。

“你看过白云山上的大鸟笼吗？”

1992 年春天，有一次，我向任老谈到参加一个研讨会，听到有人发言中谈到关于市场第一、计划第二的关系，觉得这在理论上是个突破。我问任老怎么看。任老没有直接回答，而是反问：“你看过白云山上的大鸟笼吗？”我说：“看过。”任老说：“这个鸟笼硕大无比，但再大也还是个笼子。鸟儿只能在这个笼子里飞，无法越雷池一步。”他接着说，有人把计划经济比作“鸟笼经济”，而“鸟笼经济”是不可能有很大发展的。我说，我了解集体企业，强调自主经营，领导班子自己选，资金自己筹，生产什么产品、到哪里寻找资源、到工厂找边角废料、如何销售，都是计划外自主进行的。任老说：“是这样，乡镇企业发展得那么快，就是因为可以在‘笼子’外自由飞翔。顺德的鸿运电扇，不是飞到欧美市场去了吗？顺德的鳗鱼不是也游到日本去了吗？市场第一，这是经济的内在规律决定了的，不管你承认不承认、自觉不自觉，迟早都要走这条路。”他还意味深长地说：“到目前为止，我还没有听说有哪个国家是靠这类‘鸟笼经济’富起来的！”

我联想 1988 年就听到任老谈到对人才的选用、对集体企业的发展，都应该改革，把竞争机制引进去。用人只要德才兼备，“不拘一格”；搞企业不要定什么科级、处级，也应该“不拘一格”放手让他们去大胆经营，能发展多大就发展多大，联营、合营、集团和跨国公司等等都可以。任老很强调要充分尊重客观经济规律、价值规律，这同他不主张搞“鸟笼经济”，有着紧密的联系。

“刘海”为什么要“砍樵”？

20 世纪 90 年代，广东曾因绿化成绩突出，省里表扬奖励了一大批市、县委书记，总结了党委怎么抓绿化的经验和封山育林等方面的具体措施。当时，北京有的报纸对此颇有微言。我也听到一些人议论，怎么多是奖书记，很少奖市、县长。我问任老对这个问题怎么看。任老说他也听到一些反映，据说还有位市委书记“罢奖”（不领奖）。他认为绿化工作主要还是市、县长和机关抓的，只奖励书记，不实事求是，不利于今后工作。任老认为绿化工作是件大事，党委当然要领导，要管，但要看你怎么领导，怎么管。总结领导经验和管理的具体措施都是必要的，但最重要的还是要抓住根本的经验。接着，任老问我看过叫《刘海砍樵》的戏没有？我说："看过。"他接着说："刘海为什么要砍樵，是因为太穷了，靠山吃山，只好砍樵卖柴度日。这是禁也禁不了，堵也堵不住的。广东这些年绿化抓得好，最根本的是农村经济发展了，需要靠'砍樵'度日的'刘海'少了。广东要进一步搞好绿化，最根本的还是要深化改革，大力发展农村经济。当然，对绿化宣传教育的形式方法要不断改进，要提高全民对绿化的认识，经营管理体制也需要进一步改革，使它更有利于调动经营者、管理者的积极性，加强责任心。"

这次我去任老家，是他旧房改建后的新家。我临走的时候，任老送我到院子门口，意味深长地对我说："前几年我还可以摘点自家种的杨桃什么的送给你，今年没有了。房子高了，院子小了。"他指着外面的果树对我说："你看，这些果树都在围墙外面了。过去这些果树是'家庭联产承包责任制'，现在是'公'有制，产权不明晰。不是有个国家叫加拿大吗？我这些果树也变成'大家拿'了！"

"怎么能说社会科学不重要呢？"

我离休后，曾应邀到广州市社会科学联合会兼任副秘书长的工作，在社科联内外常听到有些人议论社科联条件差、科研经费少，同科协比起来差得太远了。有些人看到提拔技术工作出身的干部居多，就说是现在搞经济建设，重理工，轻文史；重自然科学，轻社会科学。还有的好心人对我说，现在社会科学不重要，你兼这个职没意思。我把这些情况说给任老听，他很不以为然。他说："搞经济建设，科技兴国，当然需要发展自然科学，需要大批科技人才。但是，社会科学也是非常重要的。一篇《实践是检验真理的唯一标准》的文章引发了关于真理标准问题的大讨论，使人们长期被禁锢的思想解放了，为我们党恢复实事求是的思想路线奠定了坚实的基础。一个联产责任制把中国农村搞得生机勃勃，这个改革开放的大政策，把中国引上致富的康庄大道。再说随着经济的大发展，多种经济成分都要发展，带来社会生活的多样化、多层次，也要靠社会科学进行正确分析和引导，使人们转变观念、逐步适应。诸如此类，这不都是社会科学范畴的事吗？怎么能说社会科学不重要呢？现在有些人产生误解，也说明我过去对社会科学的重要性强调得不够，关心得不够。尽管我已经退下来了，但是我还要用行动来弥补一下过去的不足，支持你们的工作。过几天安排时间，你陪我一道去社科联看看好吗？”我说：“好哇，这是大家求之不得的。”

几天后的一个上午，我陪任老一同到市社科联。在车上，任老就要我简要介绍了一下社科联的基本情况和面临的问题。到达后，社科联主席黄菘华等领导在门口迎接任老上楼。他和领导同志很轻松地交谈了一阵，还提出了一些问题，菘华等同志分别作了回答。然后，任老到各个办公室亲切看望大家，和大家一一握手，后到凉台上合影。任老看到外面就是市委大院，就说：“你们离市委大院这么近，你们的编制问题、经费问题、办公条件差的问题，都可以直接向市领导反映一下。”我在旁插了一句话：“任老你说话有影响，能不能请你给他们讲讲？”任老说：“如果让我打电话或写信，他们会感到有压力，你们先讲更好，我有机会也可以说一说。”

随后，任老问省社科联离这里远不远，听说靠得很近，任老说：“我到了你们这里，如果不就近去看看他们也不好，不能厚此薄彼嘛！”于是，菘华同志和我又陪他到省社科联看望了大家。

任老到市社科联看望的事，第二天就在市里给领导看的内部快报上反映出来了。任老巨大的影响力，辐射到各个方面，不多久，一个个老大难问题都先后获得解决。社科联又要我去请黎子流市长带头，开展市长定题的课题招标活动。从此，社会科学的课题研究活动与市领导民主科学决策紧密地联系起来，更受到市领导和各方面的重视，有效地推动了市社会科学研究的蓬勃发展。从对这个问题的处理，也可以看出高龄的任老对党对人民对社会科学事业的赤子情怀，同他善于听取民意、妥善解决问题的高超领导艺术。

“为我编书的事可以放一放，你应该先去台湾探亲！”

1999 年春，我有幸获准去台湾探视有病的大哥和其他亲人时，既兴奋又担心。兴奋的是过去连做梦都不敢想的事，终于变成现实。担心的是我参加了《任仲夷论丛》的编委工作，这时正是紧张的时候，担心请假一个月影响工作进程，但又不能不请假。我把这件给任老汇报，他问了一下情况，就说："组织上批准你这时去台湾探亲很不容易，我真为你高兴。为我编书的事可以放一放，你应该先去台湾探亲！"以往我同任老倾心交谈时，他曾告诉我，过去"左"风盛行时人家老说他右，他说其实我不过是实事求是说了真话。善解人意的任老说他很理解我过去长时间因有台湾关系承受的压力和受到的影响。他说："你能去台湾探亲，此时无言胜有言。客观上为自己'正名'，还可以为沟通两岸关系作点贡献。过去台湾当局宣传大陆人民生活在'水深火热'之中，你夫妇俩能去，至少在你的亲友中这个疑团会不攻自破。"他还说："过去，我们对台湾了解得也很少，你们去了可以了解些真实情况。对他们有误解的地方，你们作客观的介绍和必要的解释，他们比较容易听得入耳，好处很多。"从台湾回来后，任老问我对台湾的印象。我介绍了所到之处和所接触的人后说，初步印象是台湾城镇建设和经济生活的总体水平比大陆高一些，但就珠江三角洲等发达地区来看，这些地方的很多方面比台湾还好些。台湾注重保持和发扬中华民族文化，尊老爱幼，讲究礼仪，遵守公共秩序，保护园林绿化等。就我所接触的外省人包括我亲属中10多个本土人，多心向大陆，但疑虑也多，主要有两怕：经济上怕"一拉平"，政治上怕"政策变"。这是有一定代表性的。他们的误解不少，比如对蒙古国独立，就误认为是共产党毛泽东卖国。我用历史事实，详细说明这是源于美英苏各为私利秘密达成的《雅尔塔协定》。那时还是抗日战争末期，怎么能错怪在共产党毛泽东身上呢？这件事也不能怪蒋介石，当时蒋介石是不同意的，美国还派特使对蒋介石软硬兼施，逼其就范。我这一解释，亲友们都承认不了解这段历史，是错怪了。任老听我介绍后，高兴地说："看来两岸真应该广泛开展民间交流活动，多做工作、多沟通；同时，我们还要加快经济的发展，大力提高经济实力，使大陆更有吸引力和凝聚力，这样才有利于几十年的鸿沟逐步填平。"

"今天我到你家看看，算是'回访'吧！"

1992年初春的一个星期天，上午8点多，任老秘书小裴打电话来，说任老邀我夫妇带上孙子去越秀山看“西游记景点”。我问什么时候去。小裴说，就是今天上午，任老马上就要上车去接你们。事出突然，有点措手不及，我和外孙女易佳匆匆吃了早点，换了衣服，赶到大门口，一两分钟后，任老的车就到了。

上车后，任老问：“你夫人怎么没有来？”我说小孙子还没有起床，她要留下照顾，我带外孙女来了。任老说自贡市花灯很有名，在越秀山搞了个“西游记景点”。省老干局组织老同志去参观，我请你们一道去欣赏。我连忙表示感谢。在陪同人员引导下，任老和我们看了各个景点，还不时把《西游记》里的故事讲给佳佳听，大家都很开心。任老对陪同参观的原省顾委秘书长关相生同志说，组织这类参观活动，老少咸宜，对弘扬中华文化很有好处。

参观快完的时候，正好10点多钟。任老说：“你常到我家来，来而不往非礼也，今天还有点时间，我到你家看看，算是‘回访’吧！”我说：“任老想到寒舍看看，非常欢迎，说‘回访’不敢当。”任老一口气走上4楼我家，进入客厅，看到一幅中堂两边挂着他书赠我的两个条幅，一条是“松竹梅”，一条写的是陈毅同志的“大雪压青松……”这首诗。任老笑着说：“我这几个歪字还能登你的大雅之堂？”我说：“挂上你题赠的字，我蓬荜生辉呀！”大家坐下来拉家常，当他知道我爱人程凡是抗美援朝时志愿军高炮部队的作战参谋、蹲了三年坑道时，就对程凡说：“你算是巾帼英雄啊！”程凡连忙说了：“算不上。我是普通一兵。”拍照片时，任老想抱起我的小孙子洋洋坐在他膝上，洋洋怯生，拿了个小凳子坐在他脚下。任老说：“你这个小孙子还很有个性嘛！”任老对佳佳、洋洋说：“你们有两个爷爷，我也是一个好吗？”他俩高兴地说：“好哇！”任老说：“那好！我这个爷爷和你俩单独照张相吧！”

我们看快到中午了，对任老说：“请您就在我家吃个便饭，冰箱里有什么吃什么好吧？”任老说：“七十不留宿，八十不留餐，我年近八十，既不能留宿也不便留餐，老夫还是回去的好。”他亲切地和我们一一握手，上车后还把手伸出窗外挥手，示意要我们快回去。

任老这种谦和平易、关爱后辈、幽默风趣的领导风范，我们全家至今也难以忘怀。

“凡事顺其自然，遇事处之泰然”

1998年我搬住新楼房以后，任老题赠两句话："凡事顺其自然，遇事处之泰然。"这两句话是在《任仲夷谈人生》这篇很有影响的文章中提到过的。凡事，是说一个人平时做任何事情都要遵循自然规律，特别是老年人更要从实际出发，量力而行。不服老，硬干，挑战什么极限，过犹不及，容易出事。遇事，是指遇到各种偶然事件，出现任何意外情况，都要善于自我调控，保持良好的心态，面对现实，泰然自若。任老说："这两句话的意思，你写过，很清楚。概括地说，就是‘知其可为者为之，知其不可为者不为之’。我题送给你，希望你经常给自己‘提个醒’吧！”我问任老："你这次为什么写‘陈世基先生留念’，落款也写不常用的‘任重夷’呢？”任老解释说："同志是党内志同道合之谓也，过去大家常用同志，笼统地这么讲并不一定都符合实际。先生是过去对有名望的人、有学问的人的一种尊称，如对孙中山，人们习惯地称他中山先生，对鲁迅，人们也是习惯称他先生。我这个‘重夷’平时用得少。这次我用先生称呼你，用‘重夷’落款，是对你表示尊重和亲切呀！”我连声说："这是您抬举我，看得起我。谢谢！”

“松竹梅”和“大雪压青松……”就是任老到我家时在客厅见到的那两幅字。这是任老早些年书赠的。当时我也问了任老为什么题这个内容。任老作了解释，他说："松竹梅是人们所熟知的‘岁寒三友’，它们是经得起风霜雨雪考验的‘患难之交’。”陶铸同志不是有个名篇《松树的风格》吗？《沙家浜》这出戏不是也把18个新四军伤病员比作“十八棵青松”吗？《革命人永远是年轻》这首歌不也是把革命人比作挺立在高山上、四季长青的松树吗？对竹子的赞语历来就多，不是说“宁可食无肉，不可居无竹”吗？竹子有勇于开拓、敢于冒尖的品格。春笋遇到合适的天气，有时一夜之间破土而出。它又很有韧性，任凭大风吹得它摇摇曳曳，但不能把它吹倒折断。风一停，它又挺立起来了。竹子是虚心的象征，又是有节气的象征，有诗曰："翠竹虚心身有节”。竹子粗生，索取甚少，却一身是宝，为人所用，贡献大着呢？至于梅！古往今来，咏梅的诗词很多，毛主席的词《咏梅》更是千古绝唱，被人们广为传诵。“俏也不争春，只把春来报。待到山花烂漫时，它在丛中笑”，这是多么高尚的风格，多么崇高的境界！一首《红梅赞》，“千里冰霜脚下踩，三九严寒何所惧”，这种大无畏的豪情壮志鼓舞人们去战胜一切困难，坚持革命斗争。我马上接着说：“任老，我明白您的深情厚意，一定会照着这样去做的！”

谈到陈毅元帅的那首脍炙人口的诗“大雪压青松，青松挺且直。要知松高洁，待到雪化时”，任老说：“陈毅元帅把松树人格化了，表现了人的不屈不挠的精神和我们的民族精神，我们这些人读起它来，更感到亲切。为了革命事业，都在征途中经过很多坎坎坷坷，有时要承受种种不同的压力，甚至委屈，但都应该坚持真理，坚持原则，像青松那样，雪再大，都是‘挺且直’，泰山压顶不弯腰。我们共勉吧。这对我们都是有益的。”

任老还曾用硬笔写给我几句箴言。2003 年 11 月 7 日，广州新四军研究会在广州召开规模较大的“叶挺生平和思想学术研讨会”，我作为研究会的副会长参与具体的组织工作和接待工作。任老应邀参加了开幕式。开会休息时，任老把梁灵光会长的开幕词文稿递给我说：“我刚才写了几句话送给你。”我接过来一看，开幕词的反面空页上面写的是:“我既不是乐观主义，更非悲观主义。乐观易生悲，达观能生乐。”我说：“好得很，谢谢。”任老微笑着，点了点头。我仔细一想，是啊，人的一生岂能尽如人意，但求无愧我心。对不如意的事要看得开，要达观，不能自寻烦恼，更不能作茧自缚。任老给我的每一幅字，每句箴言，都寓意深刻，给我以启迪和教育，成了我家的传家宝。

“这个风险与其让你承担，不如由我来承担！”

2003 年 2 月的一天，任老让秘书打电话告诉我，说他最近对四项基本原则问题作了一些思考，希望同我谈谈。我去了以后，任老把一叠他用铅笔信手写的提纲给我看了，然后又具体地和我谈了近两个小时。我觉得他讲的很有道理，马克思主义要发展，毛泽东思想要发展，四项基本原则要坚持，但它的内涵和具体要求、做法，也要与时俱进，有所创新。任老同意我就《再论四项基本原则》问题写篇访问记。

我把访问记写好以后，送给任老审改。两三天后，任老打电话对我说:“这篇稿子，你写得是好的。只要稍加推敲、修饰就可以。我压了几天没退给你，因为我考虑，这篇稿子发表出来，可能会有风险。这个风险与其让你来承担，不如由我来承担。怎么说我的肩膀还是比你硬点。”我说 :“我同意您的意见，把访问记改成你的署名文章，这里面的思想观点本来也都是你的。”任老看过后作了些推敲和修饰，就让秘书送给报社。

这篇文章送到《南方日报》，社长范以锦同志看了以后非常兴奋，当即决定第二天见报，《南方周末》也马上转载，反响都很好。本来这篇文章并没有任何否定四项基本原则的意思，只不过是根据21年来我国实践的发展引起人们在认识、观念和理论上的变化，重点谈了关于对社会主义和社会主义道路的理解，关于发展人民民主和加强党内外监督等问题的一些积极的意见。现在看来，这些意见恐怕还说得很不够，可是在当时，遭到北京某杂志的反对。他们采取大批判的手法，大加讨伐。消息很快传到任老耳朵里，在参加一次活动时，任老告诉我，说北京有家杂志对他那篇文章开展大批判。我问任老打算怎么办，任老说:“有人还在搞‘左’的那一套，我的办法就是‘置之不理’，本来就‘不屑一顾’嘛！”两三天后，范以锦同志打电话给我，托我转告任老，北京某杂志还搞大批判，点了他们报社的名，他们准备驳斥。任老让我劝范以锦不要理会。范以锦接受了任老的意见。果然不久，这场大批判连同这家杂志很快就偃旗息鼓了。几天后，市社科联原主席黄菘华在参加一次活动时见到我，他说 :“杜老（润生）知道这件事以后，写了一首题为《观文战》的诗支持任仲夷同志，我抄给你，你可以把这首诗给任老看看。”诗的原文是“人间正道是沧桑，多元认识本无妨；只因解读四原则，缘何上线又上纲。”“文革阴影今犹在，时间未到理难张；劝君暂忍早春寒，风物长宜放眼量。”任老看了以后说:“好！我知道了。杜老站得高，看得深，难能可贵！”

事后我想，经过真理标准问题大讨论，敢于独立思考一些问题，离休后又接触了一大批坚持改革开放的省、市领导干部和企业家，自己也深受教育，所以我的思想确实解放多了。为坚持正确的意见，有点风险，我也无所畏惧。但是敬爱的任老体贴入微，为我着想，由他去承担可能会有的风险。我曾经听到不少省、市干部赞颂任老勇于支持敢于开拓进取的干部、爱护干部、保护干部的高尚情操，经历了这件事，使我更深有同感。

岁月不居，敬爱的任老已经离开我们八年了。每当想起这些他支持我、关爱我、教育我的历历往事，心情久久不能平静，实在叫人没齿难忘！

写在任仲夷画册《岁月痕迹》出版前夕

潘东生①

2005年11月15日13时46分，风云低回，厚土含悲，任老与我们永别了。正如吴老南生挽联所说的，“神州痛失骄子，岭表永怀至人”，内心哀伤，难以名状。

光阴荏苒，转瞬任老离开我们已六年。这六年，似乎很短，我们对任老的回忆却历久常新，每字每句言犹在耳；这六年，似乎很长，对任老的思念与日俱增，一点一滴积累成海。在这些日子里，我经常会想起这位亦父、亦师、亦友的长者和智者，想起在他身边工作的七年多的时光，想起他的音容笑貌、幽默深邃……点点滴滴，萦绕在脑际，仿佛他不曾离开过，犹如一切尽在眼前，不时半夜醒来，感怀往事，不能自已。

他，解放思想，实事求是，坚持改革不动摇；他，理论深厚，经验丰富，总结正反两面的经验教训不回避；他，敢于担当，勇于负责，创造性地开展工作不却步；他，勤于学习，善于思考，与时俱进不倦怠；他，无私无畏，一身正气，坚持真理不退缩；他，心系群众，相信群众，为民排忧解难不言累……这就是我们心目中近乎完美的任老，用华丽的语言却怕玷污了他的简朴纯粹，用激昂的文字却怕浑浊了他的清宁致远。

难忘任老的宽广胸襟、心明大义！叩问历史，从一二·九运动到晋冀鲁豫边区革命，从渤海岸边到千山山脉，从冰天雪地到岭南热土，关于这位老人，

---

① 潘东生，曾任任仲夷秘书。

都有无尽的铿锵回声。从20世纪之初，到21世纪之始，他见证了近百年的岁月更替，跨越了世纪的惊涛骇浪，把一生毫无保留地献给了他挚爱的祖国和民族。他用忠诚所捍卫的理想，绽放在这块多灾多难而又充满希望的土地上，并引领我们一步一步走向真理。很多经历过那场波澜壮阔的改革开放的人都说，广东有今天，多亏了任仲夷。任老却一再说，不，广东有今天，多亏了小平，耀邦、紫阳也功不可没。他还说，没有广东人民就没有任仲夷。这是历史，历史是谁也抹杀不了的。他有资格说，中国共产党的主要任务，在取得政权之前，是要带领广大党员和人民群众“由奴变主”；在取得政权之后，是要带领广大党员和人民“由穷变富”。任老不仅说了，他也做了，而且做得很踏实。

难忘任老的睿智勇气、坚守信念！因为信念，他矢志不移地坚守“实践是检验真理的唯一标准”；因为信念，他决然地执行邓小平的“先富”设计；因为信念，他运筹帷幄创造性地“变通”广东的经济棋局；因为信念，他果敢地主持制定中共广东省委“31号文件”，将蛇口“放生”为一个名震海内外的“改革试管”；因为信念，他把命运与国家和人民紧紧系在一起，哪怕危险重重，暗礁密布，他都披荆斩棘，无所畏惧。

逝者远去，精神长存。任老离开了我们，随着奔腾的历史长河东去不回，然而，他给我们留下了弥足珍贵的回忆，留下了无法遗忘的智慧和勇气。

最好的缅怀，莫过于实践他的理想事业。“在那里，每个人的自由发展是一切人的自由发展的条件。”这是《共产党宣言》中的人类社会发展的理想和谐状态，这也是任老燃尽生命所未竟的事业。这是一个不曾结束的时代，这是一场还没完成的变革。任老的遗憾，恰是我们这些后来者缅怀之后不能回避的传承和担当。

在任老身边的日子，他曾经不止一次地说过反对为他树碑立传青史留名，但出版这样一本画册，确是任老生前的心愿，不为流芳千古，只为给他所深爱的人们以及子孙后代留点纪念。我们在编辑过程中，因为思念，因为感动，泪水常常打湿了校样。千言万语欲说，奈何水平有限，虽努力对任老厚重的一生进行用心解读，竭尽全力仍难免疏漏，敬请方家谅解指正。

谨以这本画册，献给任老，寄托我们难以言表的思念；献给大家，传递我们永不磨灭的怀念。

致亲爱的爷爷

任　意①

爷爷，您好！

希望您的在天之灵，能听到我的声音。

我是那样地思念您，每时每刻都在思念您。您病重以来，我每天都给家里打电话，询问您病情的进展。我的情绪，也随着您病情的好坏而起伏。可是您终于离我们而去了。我的悲痛，是根本无法用言语来表达的。我非常的希望回来看您，送您最后一程，可是我没能如愿。因为您嘱咐过我要努力学习和工作，以事业大局为重。我听从您的嘱咐，遵从您的意志，只好一人留在海外，带着对您的深深怀念而继续工作。

这些天，我常常想起小时候和您在一起的岁月。过去的一幕幕，不断地浮现在我的心头。您记得在我两岁的时候您制作了一大本的汉字卡片，教我识字吗？您记得和我一起喝苞米糊糊，每晚睡觉前发给我一个山楂丸吗？您记得因为我在“小岛”弄脏了地毯，打我屁股的事么？您记得您亲自教我学自行车，在院子里用砖头堆成“8”字形来练习转弯，还有您带着我在家的菜地里劳动，挖地瓜，捉菜虫，摘杨桃吗？您还记得有一次我的小狗“莱克”掉到河里，是您和我一起，用一根长竹竿把它救上来的么？您记得平时跟我一起讨论思想问题、哲学问题的情形么？您总是拖着年迈的身体，为我上楼、下楼翻找学习的书籍，让我那么的感动。重温这些场景，就像在昨天发生的一样。它们是那

① 任意，任仲夷的孙子，此文写于 2005 年 11 月 20 日。

样的美好，那样的令人难忘。

可是爷爷，您离开了我们，我是如此的伤心！您在我的成长过程中，给了我那么多的教诲，寄予了很高的期望，我怎么能辜负您的一片苦心啊？您对生活的热情，您对知识的渴求，您对真理的执着，您对人民深厚的爱；您坚强、乐观，对生活的磨难泰然处之的精神，无不打动着我，感染着我，鞭策着我。我一定会以您为榜样，向您学习。也只有继承了您的精神财富和思想遗产，才可能成为一个您那样的人——一个有理想，有抱负，带着一种坚定的信念，为人民、为社会、为国家服务的人。

爷爷，您走了，有那么多的人为之哀悼，为之惋惜，为之动容。回顾您走过的历程，您的一生是这样的充实，这样的光辉，您留下了一笔思想遗产，影响了那么多人的生活，他们都将永远铭记您、感激您、爱戴您。我在美国认识了许多研究中国问题的学者和专家，他们对您都报以崇敬之情。有人甚至把您称呼为“心目中的英雄”。他们的那种钦佩和敬意，完全是发自内心的。在网上，我看到了很多的平民百姓向您表示敬意，为您送行，表达他们的哀思。您之所以为人们所爱戴，为人们所怀念，是因为您为人民做了那样多的事情。我为有您这样一个爷爷感到无比的自豪与骄傲，我也感到我的爷爷并不仅仅属于我们的家人，而是属于社会，属于人民！

宋朝的张载有一首诗，是这样写的：

“为天地立心，为生民立命，为往圣继绝学，为万世开太平。”

这四句话，不正是爷爷您的理想与抱负的最佳写照么？您的一生，都是抱着这样一种实事求是、积极入世的态度，自年轻时，就为了创造一个美好、富强、公正的社会而奋斗。您的智慧、才干、胆识，帮助您一步一步地朝着这个目标迈进。尽管，中国改革与振兴的事业尚未完全成功，但您在您的时代，圆满地完成了您的历史使命。

爷爷您要走了，带着您对这片土地的爱，带着您的未竟的理想就这样走了。您把我们留在这片土地上，踏着您那未走完的路，承接您未完成的事业，追寻您那未实现的梦想。

永别了，爷爷，再也不能听到您的教诲，再也不能听到您睿智的妙语，再也不能感受您轻松的幽默，再也不能和您交流思想，再也不能让您读我的文章，再也不能扶着您走路，再也不能替您穿衣戴帽，再也不能看见您牵着小狗在院子里的身影，再也不能和您共度春节之夜了……恍然之间，最后告别您的那一幕就在眼前，您端坐在客厅的椅子上，目送着我远去，您送了我一程，而我却不能送您。请您原谅我，请您原谅我。

为天地立心，为生民立命，为往圣继绝学，为万世开太平。

爷爷，我不会辜负您的期望，必将继承您的遗志。

您安息吧！我会永远怀念您，崇敬您，把您珍藏在我的心中。

任仲夷研究

改革大将任仲夷主政广东的历史贡献

杨汉卿

任仲夷是中国改革开放的先驱人物之一，他作为广东省委第一书记主政南粤的5年里（1980.11—1985.7），思想解放、作风开明、求实创新，和省委一班人带领全省人民排除“左”的思想干扰，正确理解和把握党的路线、方针、政策，从实际出发，把中央精神与广东实际相结合，无论是对内改革，还是对外开放都有着许多深刻的思考和精辟的见解，这些睿智的理论观点对今天的改革开放仍然具有重要的指导意义。

一、在如何贯彻中央特许广东实行特殊政策、灵活措施上，任仲夷提出“对中央的政策要用准用足用活”

20世纪80年代开始，中央连续发出50号文和41号文，让广东、福建两省实行特殊政策、灵活措施和试办4个经济特区，要求两省在对外开放和改革旧的经济管理体制先行一步。1980年11月任仲夷接替调至中央工作的习仲勋到广东上任。他传达中央领导指示时指出：“中央给了我们这样大的权力，现在就看我们敢不敢用这个权力，会不会用这个权力。我们应当大胆使用它，而且学会善于使用它。”“目的是把广东的经济搞活搞快”，“对关键问题，要组织力量深入进行调查研究，在弄清情况的基础上，大胆调整政策，解决问题。总之，特殊政策要真特殊，灵活措施要真灵活，先走一步要真先走，不然还是空的”。① 那么如何才能实现“三真”呢？任仲夷说：“广东实行特殊政策、灵活措施，必须解放思想”；“解放思想的基本要求是敢于实事求是，敢于从实际出发，研究新情况，解决新问题”；②“解放思想，需要有勇气，需要有马克思主义的坚定性”；“陈规旧套不足法，流言飞语不足畏”；③“我省贯彻特殊政策、灵活措施的一些做法，概括为对外开放，对内放宽，对下放权”；④ 后来当人们对改革开放是收还是继续放，处于莫衷一是的时候，任仲夷又明确提出了三个“更加”，即对外更加开放，对内更加放宽，对下更加放权。这里的“更加”，一是说比过去更开放、更放权，一是说中央叫广东当排头兵，那就比其他省份要更加开放。“广东应当比没有实行特殊政策的地方搞的快一些，做到先行一步。……没实行特殊政策的省，在不少方面比我们还灵活。所以，在改革和灵活方面，我们要多下一点功夫，步子再迈大一些”。⑤ 怎样才能用好中央的政策呢？他主张既要“大胆地使用”，用足、用活，更要“正确的使用”。他认为中央允许广东实行特殊政策，灵活措施，就是一切要从广东的实际出发，根据具体情况，相机办事。在政治上和总的政策上，一定要和中央保持一致，不能违背。但在具体操作过程中，要因地、因时、因情况制宜。他说可以“变通”中央的政策，他说“变通”就好比“变压”，各级党委、各部门，执行上级政策、指示，因情况特殊而必须“变通”时，要像“变压器”或“变电站”那样，把上面输送来的电流进行变压，使之适合本单位、本部门具体需要的电压，使机器正常运转，否则机器就会烧坏。但所用的“电”，还是中央“总电厂”的电，中央政策的精神和原则不能改变。为了防止政策执行的偏差和误解，他还说，“变通”绝非“变相”。“变通”是因地制宜，是为了更好地执行党和国家的政策，为人民办好事。所谓“变相”，就是借口变通，为了个人利益或局部利益，搞“上有政策，下有对策”，违反党和国家的政策去办坏事。动机和目的不同，结果不同，

---

① 张岳琦、李次岩主编：《先行一步：改革开放篇》（任仲夷论丛第 2 卷），广东人民出版社 2000 年版，第 12 页。

② 张岳琦、李次岩主编：《先行一步：改革开放篇》（任仲夷论丛第 2 卷），第 19 页。

③ 张岳琦、李次岩主编：《先行一步：改革开放篇》（任仲夷论丛第 2 卷），第 30 页。

④ 张岳琦、李次岩主编：《先行一步：改革开放篇》（任仲夷论丛第 2 卷），第 23—24 页。

⑤ 张岳琦、李次岩主编：《先行一步：改革开放篇》（任仲夷论丛第 2 卷），第 20 页。

是非要分明。① 任仲夷的“变通论”是因时、因地、因事制宜地创造性的执行中央的政策，是结合实际的实事求是的正确方法。有人把广东采取“变通”的办法，创造性地执行中央的政策形象地比喻为遵守城市交通规则，归纳为四句话：没有灯时摸着走（中央没有明文规定的问题，进行试点，摸索创造经验）；遇到红灯绕道走（政策规定有许多条，这一条不行就用那一条，积极找根据把利国利民的好事办成）；遇到黄灯准备走（如赛跑运动员进入准备状态，精神、心理、身体都高度做好准备，只等信号枪一响就立即冲击，争取起跑就比别人早一步）；遇到绿灯加快走（政策明文规定允许的好事，要用一切力量尽快办成）。当有人问起任仲夷这个比喻怎么样？任仲夷说，他们概括得形象生动而又准确。遇到不同情况采取不同措施，都没有违犯交通规则嘛！② 为落实任仲夷的“变通”思想，省委陆续制定了一系列政策措施。有些政策，如放宽进出口和引进外资的某些规定等，需要到中央、到国务院各部门去反复汇报，做工作。有些则要自己变通解决。对特区如何放权，对广州市如何放权，对海南岛（当时属广东省）如何放权等大问题，任仲夷都亲自调研、开座谈会、听汇报，主持省委会议，一项一项研究解决。他的思想观点，对于改革开放初期广东各级干部加深对中央精神的理解，消除顾虑，敢于把中央精神与本地实际结合，具有重要的推动作用。

二、为了冲破僵化的计划经济管理体制，任仲夷提出广东要“从有利于调动各方面的积极性着眼，积极进行经济体制改革”

由于长期特别是十年“文化大革命”“左”的影响，当时干部思想滞后，旧的经济管理体制又盘根错节，根深蒂固，在全国实行旧的经济管理体制的情况下，局部地区要在探索新的管理体制中先行一步，绝非易事。有了中央要求广东改革旧的经济管理体制先行一步的“尚方宝剑”，广东的主要领导人是否

① 张岳琦、李次岩主编：《先行一步：改革开放篇》（任仲夷论丛第 2 卷），第 221—229 页。
② 向明：《改革开放中的任仲夷》，广东教育出版社 2000 年版，第 382—383 页。

具有“杀出一条血路”的胆识、战略思维和领导才能，能否带领广大人民群众披荆斩棘、奋勇前进就至关重要了。

中国的改革从农村开始，农村改革则以“包产到户”为突破口。改革开放初期的各级领导班子，对“包产到户”的认识不一。任仲夷到广东还不到两个月，在1981年1月省委召开的地市县委书记会议上，强调对农村出现的新问题，要分清主流支流，不要把问题看得过重，甚至夸大，走回头路；又不要不重视解决，放任自流。他指出：“已经实行包产到户的地方，即使是搞的面大了一些，只要群众满意，又能增产，对国家贡献增多，就不要硬改过来了。政策一定要稳定下来。凡是有利于促进生产发展，又受群众欢迎的政策，都不要轻易变动。”“现在全省各个地区对包产到户的看法，分歧很大。我看不要强求统一。还是因地制宜为好。”① 他的讲话，对推动农村实行包产、包干到户，起到了一定鼓励和促进的作用。在省委贯彻全国农业书记会议上他说：“农业实行联产计酬的责任制，是一场伟大的变革，这场变革的意义不亚于三大改造。”有些同志由于“左”的思想影响和苏联农业经济模式的影响，“总认为只有集体才是社会主义；以家庭为单位的分散劳动就是资本主义；穷才是社会主义，富（特别是农民个人富）就是资本主义；只有‘统’（统收统支，统购统销，‘官商’独营的所谓统一市场，等等）才是社会主义，‘包’、‘放’、‘活’都是资本主义。”② 他强调要进一步拨乱反正，解放思想，从这些思想束缚中解放出来。他指出：现在走的是一条适合中国特点的发展社会主义农业的路子，农村要继续放宽政策，着重抓好“承包专业化，大力发展农村商品生产，经济服务社会化”这三个环节，进一步推动农村的巨大变革。经过他和其他省委领导做工作，为在省、地、市、县领导层中对“包”字之争，总算画上了句号。此后，争论还很多。“包”字之争解决后，到争一个“富”字，即允不允许一部分人先富起来；到争一个“商”字，即允不允许农民务工经商；到争一个“股”字，即允不允许农民搞股份制；到争一个“雇”字，即允不允许农民雇工等等。这些争论的焦点是前进还是倒退，是战略措施还是权宜之计。在这些重大问题上，任仲夷认为，专业户靠勤劳致富，完全正常，应当给予支持。因此，在省农委召开的一次专业户座谈会上，他说：“‘万元户’不算富，富了还

---

① 张岳琦、李次岩主编：《先行一步：改革开放篇》（任仲夷论丛第2卷），第404页。
② 张岳琦、李次岩主编：《先行一步：改革开放篇》（任仲夷论丛第2卷），第420页。

要富。”一语惊人，给带头搞商品经济的专业户吃了“定心丸”。1982 年，全省农村普遍实行包干到户或包产到户，顺利地完成了人民公社经营体制的转换。随后渔业、林业、工副业等等都实行了承包责任制，极大地调动了农民的生产积极性。

80 年代初，中央决定对全国经济进行一次大调整，到处是“下马”、“关停并转”之声。在计划经济体制下，广东要不要调整？当时人们的观点不一致。1980 年底，中央召开会议讨论国民经济的调整。会议期间，有人提出了“缓改革，抑需求，重调整，舍发展”的方针。任仲夷认为应该在调整中前进，至少在广东，改革不能缓，发展不能舍，而是改革要坚持，发展要加快。不搞改革，舍掉发展，一切都谈不上。他在分组会上强调，要把“集中”和“搞活”统一起来。他说：“我们 30 年来社会主义建设的经验证明，把经济搞活不容易，搞死却很容易。这几年好不容易才搞活了一点，如果不注意，可能一下子又退回去。”① 所以，强调集中统一的时候，一定要注意这点。他提出，“在强调集中统一的前提下，凡是有利于搞活经济、有利于发展生产、有利于增加社会财富、有利于调动群众积极性的好的政策、好的措施，都应当继续坚持下去。”② 任仲夷回广东后，全面地而不是片面地、积极地而不是消极地理解中央的调整方针，在执行中紧密结合实际，在贯彻会议上强调：一是把经济调整和实行特殊政策结合起来；二是把“集中”和“搞活”统一起来；三是把“退够”和“前进”统一起来。中央要求集中统一的，一定要集中统一，不能含糊；该搞活的，一定要继续搞活，不能倒退。在省委、省政府的领导下，先后关、停、并、转了近千家生产条件差、耗能高、效益差的小钢铁、小化工企业，把腾出来的能源和原料着重发展食品、电子、家用电器、纺织等行业，建立起具有广东特色的轻型产业结构。“珠江水”、“广东粮”以及电子、家用电器等“广货”称誉全国。不久以后，任仲夷再次提出，在调整中放慢改革的步伐，全国放慢两步，广东只能放慢一步，总得比全国快，因为中央要我们“先行一步”。这样广东就防止了把经济搞死，防止了松劲情绪。

1981 年 6 月，在着重讨论经济调整和改革的全省工交会议上，任仲夷强调，要搞好调整和改革，进一步把生产搞活。工交体制改革方面，就是一个下放，两个“结合”：即下放权力，计划调节与市场调节结合，经济手段和行政手段

---

① 张岳琦、李次岩主编：《先行一步：改革开放篇》（任仲夷论丛第 2 卷），第 158 页。

② 张岳琦、李次岩主编：《先行一步：改革开放篇》（任仲夷论丛第 2 卷），第 163 页。

结合。进一步把工交工作搞好，就要在“包、联、通、创、学”五个字上做文章。他说无论是工业、农业，“包”字都灵，他指出，包的形式很多，有上缴利润包干或利润留成，有减亏包干，有自负盈亏，有行业包干等等。对适合包干的单位和工作，都要大胆的实行包干；他说“联”就是要打破地区之间、部门之间、行业之间、不同所有制之间的分割和界限，广泛实行经济联合；他说“通”就是进一步沟通工商关系、工贸关系，沟通工业和财政、税务部门的关系，部门之间要提倡“通干线”，不能唱“三岔口”，抵消力量；他说“创”就是提倡技术创新、产品创新，要不断创造出更多更好的产品，满足人民物质文化生活的需要；他说“学”就是学上海，学先进。① 任仲夷的观点得到与会者的赞同，大家对改革、创新、搞活的道理更加清楚、明白。这对于彻底冲破长期计划经济的桎梏，促进体制改革和生产发展，是一个有力的推动。

任仲夷积极支持省内开展扩大企业自主权和实行利改税等方面的经济管理体制的改革，支持韶关钢铁厂、广州钢铁厂实行承包经营责任制。鼓励外贸体制的改革，探索“自主经营、自负盈亏、自我约束、自我发展”的崭新模式。率先在全国进行价格体制的改革，以及采取“以路养路”、“以桥养桥”、“以电养电”、“以电信养电信”等一系列大力发展基础设施的有效措施。这些打破旧的经济管理体制的做法一度受到非议，但很快作为经验辐射到了全国，对兄弟省份的改革起到了借鉴、启发和促进作用。

三、在全国开展严厉打击走私贩私、贪污受贿等犯罪行为活动中，任仲夷提出广东要“打击经济领域和其他领域犯罪活动坚定不移，实行对外开放和搞活经济坚定不移，执行让人民群众富裕起来的政策坚定不移”

1982 年 1 月，中共中央发出了紧急通知，要求在全国开展严厉打击走私贩私、贪污受贿等犯罪行为。起因是中央看到中纪委的一份简报，反映广东

---

① 张岳琦、李次岩主编：《先行一步：改革开放篇》（任仲夷论丛第 2 卷），第 349—362 页。

有极其严重的走私贩私的犯罪行为。中央认为这是严重毁坏党的声誉，关系到党的生死存亡的重大问题，必须雷厉风行的加以解决，因此发出了紧急通知。通知虽然是向全国发出的，但事因广东而起，当然是重点的重点。中纪委主要领导立即带队进驻广东，调查办案。这对广东来说是极大的震动。其实，这一问题已引起广东省委的高度重视，仅1979年全省就查获走私和投机倒把案件9000多宗，1980年7月省委省政府发出《关于坚决打击走私和投机倒把活动的指示》，并组织有关部门大规模地开展打击走私贩私的斗争。接重要紧急通知后，省委迅速于1982年1月18日召开领导干部会议进行传达贯彻。任仲夷要求全省的党员、干部，对广东省党风方面存在的严重问题，要有清醒的认识，统一的看法。2月中央召开了广东福建两省座谈会，气氛异常严峻，印发了反走私等文件，还有中央某部门编写的耐人寻味的材料《旧中国租界的由来》。会上有的领导讲得很严厉。因为“文化大革命”后已经宣布不再搞政治运动，所以就讲这场打击经济犯罪是“不叫运动的运动”，决不能手软，“要杀一批头”。任仲夷本着实事求是的态度，详细汇报了广东出现走私贩私、投机倒把、贪污受贿的情况，以及省委对上述情况所采取的措施，也谈了实行特殊政策、灵活措施以来所取得的成就和下一步的打算。同时，希望中央不要收回给予广东的特殊政策。会后广东立即召开全省领导干部会议进行传达贯彻。在胡耀邦的支持下，任仲夷对那些不利于广东改革开放，不利于在广东实行特殊政策，甚至容易引起党内外思想混乱的话他都没有传达。当时有中央领导建议要对存在问题进行大辩论，以统一认识，广东省委也没有采纳。任仲夷认为搞一次大辩论，就会出偏差，弄不好就像过去政治运动一样，上纲上线，他认为，既要清醒地认识到经济犯罪问题的严重性，又要清醒地看到执行特殊政策和灵活措施的成就。中央有领导说广东对两省会议精神的传达贯彻不够得力，又叫任仲夷和省长刘田夫去北京，后来人们称之为“二进宫”。当时有人对广东的形势看得特别严重。甚至说，广东已经改变了颜色，要收复失地。任仲夷不得不以大局为重，连夜起草了一份检讨，“二进宫”之后，广东感受的压力更大。

3月1日中央批转《广东、福建两省座谈会纪要》，后又发出《关于打击经济领域中严重犯罪活动的决定》。由于多年受极左路线的影响，基层干部和人民群众对过去“左”的一套仍心有余悸，因而产生了种种疑虑，集中到一点，就是怕改革开放的政策变。省委如何贯彻落实中央精神，一时成为上下左右关注的焦点。4 月省委召开三级干部会议，有人预测会议可能会“杀气腾腾”，有的还准备作检讨。但在会上任仲夷首先肯定全省各级干部为国家建设和改变广东面貌所作的贡献，并为近年出现缺点错误承担了责任。他说 :“缺点错误，主要在省委。我们对资本主义思想腐蚀和经济领域中违法犯罪活动的严重性、危害性和危险性缺乏清醒的认识，对打击犯罪活动抓得不紧，处理不力。实行特殊政策和灵活措施，从发展经济上考虑多，对政治上可能出现的问题考虑少；看成绩多，看问题少；对广东如何‘先行一步’想得多，从全国一盘棋想得少。”“没有及早引起足够的重视，很不清醒。”“在省委里面，又主要应当由我对这些问题负责。”他还说 :“只要不搞各种违法乱纪和犯罪活动，工作上还是允许犯错误，允许改正错误。对干劲足、闯劲大的干部应予鼓励。”① 他还阐述了办案的政策和方法“必须注重调查研究，坚持实事求是，做到证据确凿，稳、准、狠地打击犯罪活动”。“工作要做得扎扎实实，不搞大轰大嗡，不搞人人过关，不搞群众运动”。② 他的讲话既引导大家认识走私贩私、贪污受贿、经济领域严重犯罪的严重性和危害性，又重申实行特殊政策，必须反对“三特”（特权、特殊化和特殊党员），必须坚持“三更”（纪律更严、执法更严、管理更严），党员干部必须“在政治上和党中央保持一致，在工作上一丝不苟，在经济上一尘不染”。③ 后来他特别强调“打击经济领域中的严重犯罪活动，我们是坚定不移的；实行对外开放和搞活经济，也是坚定不移的；执行让群众富裕起来的政策，也是坚定不移的”。④ 任仲夷在复杂的形势下，审时度势，从容面对，敢于和善于“扬弃”，既不“偏听偏信”，又不“矫枉过正”，实事求是地分清思想界限、政策界限和应负的责任，避免了一部分干部因怕负责任而把刚刚放开的手脚又束缚起来。这次会议使广东干部明确了方向，坚定了信心，防止在执行政策时从一个偏向走到另一个偏向，会议开得热气腾腾。在任仲夷的主持下，广东先后制定了《关于处理经济领域中违法犯罪活动的若干政策规定》等 10 个文件。后来的实践证明，省委坚决贯彻落实中央精神，依法严惩

① 向明 :《改革开放中的任仲夷》，第 355—356 页。
② 张岳琦、李次岩主编 :《先行一步 : 改革开放篇》（任仲夷论丛第 2 卷），第 264 页。
③ 张岳琦、李次岩主编 :《先行一步 : 改革开放篇》（任仲夷论丛第 2 卷），第 266 页。
④ 张岳琦、李次岩主编 :《先行一步 : 改革开放篇》（任仲夷论丛第 2 卷），第 269 页。

了极少数贪污受贿和严重经济犯罪人员，有效遏制了走私贩私歪风，从而在打击经济犯罪与搞活经济两个方面都取得了显著成绩。截至 1982 年 11 月，全省揭露出经济犯罪案件 6800 多宗，其中大案要案 622 宗。截获走私船只 693 艘，罚没走私款物 9700 多万元。依法严惩了汕头地委政法委副主任王仲、原海丰县委副书记叶妈坎等违法乱纪、贪污受贿重大案件。在搞活经济方面，全省与外商签订合同 1.4 万多项，引进先进技术设备 10 万多台（套）。避免了广东因为出现走私贩私歪风而错失历史发展机遇。

四、针对一些人对经济特区的非议和指责，任仲夷以自己的认识和理解为特区正名，“搞特区不是走资本主义道路”

特区初创，任务很重，还要面临一些指责，最突出的是有人给扣了三顶“黑帽子”，即搞改革开放、办经济特区是在搞“资本主义”、“殖民主义”、“卖国主义”。有的说，“特区是搞香港化，搞资本主义”。有的说“特区不就是过去的租界吗”？有的说“特区除了国旗是红色的以外，已经没有社会主义的味道了”。这样的误解、非议、责难，持续了很长一段时间。而在开头几年尤其厉害。正如《经济日报》记者文章所说的“广东改革开放十年，全国议论十年”，“香一年，臭一年，香香臭臭又一年。”人们议论指责最集中的当然是特区。对此，任仲夷利用各种机会和方式，以自己的认识和理解为特区正名。他根据建设特区的实践，1981 年 5 月在广东省委常委会上，大力宣传创办经济特区的重要意义，他说：“建设特区，可以更多更方便地引进外资、侨资，引进先进技术和先进设备；可以更好地学习外国在经营管理方面的先进经验，培养一批人才；可以更多地为国家积累四化建设所需要的外汇；可以使特区这个局部地方加速实现现代化，为全省以至全国提供现代化的借鉴。还有一个深远的意义，就是可以稳定港澳人心和促进台湾回归。”①1980 年 12 月在中央工作会议上，他针对特区“香港化”、“特区就是租界”之说，以满腔热情肯定特区这一新事物，说：“主权完全在我

---

① 张岳琦、李次岩主编：《先行一步：改革开放篇》（任仲夷论丛第 2 卷），第 189 页。

们手里，那里的政府、警察、军队都是我们的，执行我国的法律。这有什么危险呢？没什么危险！”① 在一次省委常委会上他还指出：“有的同志怀疑办特区是否有损主权，是不是会‘香港化’，是不是会变成殖民地？对这个问题，我们要肯定地回答：不会。世界上没有任何一个地方由于办特区而变成殖民地，没有这样的先例。恰恰相反，只有掌握主权才能办特区。办特区是对主权的运用，是行使主权的表现。”“只要按中央的决定和指示办，就可以放心，不会损坏我们的主权。当然，对资本主义腐朽意识形态的腐蚀，我们必须提防，并要积极有效地进行反腐蚀斗争。”②“我们所以办特区，完全是为了我们自己的利益，而不是为了外国的利益。进行一些自愿互利的经济合作，是以不损害我国的主权为前提条件的。为了我国的利益，才给来同我们进行合作的那些人一点利益。”③ 办特区，确实能给我们带来好处。他还列举自己到深圳、珠海考察时的所见所闻，以切身体会称赞特区的新气象。以与香港一街之隔的沙头角公社为例，全公社当时人口 1300 多人。解放以来往香港外流的 2600 多人，等于两个沙头角。前几年每年外流 120—130 人。从 1979 年开始，外流大大减少，到了 1980 年不仅没有走的，以前去到香港的人还有些要回来。他说，看到特区社会安定的事实，完全应当解除顾虑和担心。对于有的人提出特区到底姓“社”还是姓“资”的问题，任仲夷公开回答，特区从社会性质来说，姓“社”，不姓“资”。因为它是社会主义中国神圣的领土，我们国家在特区保持着全面的主权。“特区是我们党和政府领导下办的，决不会丧失主权。搞特区不是走资本主义道路，不会损坏社会主义，而是大大地有利于社会主义。”“办特区如果得不到我们的干部特别是领导干部的理解和支持，或者在特区实行的政策是使外商和港澳同胞、台湾同胞害怕的政策，那个特区就搞不好。”④ 他顶住对特区的各种各样的非议，一再强调，特区一定要“特”，“特区如果不‘特’，就达不到办特区的目的。”⑤ 在试办特区工作中，“要把视野放宽些，想

---

① 张岳琦、李次岩主编：《先行一步：改革开放篇》（任仲夷论丛第 2 卷），第 196 页。
② 张岳琦、李次岩主编：《先行一步：改革开放篇》（任仲夷论丛第 2 卷），第 190 页。
③ 张岳琦、李次岩主编：《先行一步：改革开放篇》（任仲夷论丛第 2 卷），第 196 页。
④ 张岳琦、李次岩主编：《先行一步：改革开放篇》（任仲夷论丛第 2 卷），第 199 页。
⑤ 张岳琦、李次岩主编：《先行一步：改革开放篇》（任仲夷论丛第 2 卷），第 190 页。

得更远些，步子迈得更大些”，① 使特区真正“特”起来。正确的政策一经和实践相结合，会产生巨大的物质力量。以深圳经济特区为例，到 1983 年底，累计已与客商签订协议 2500 多项，协议投资总额 18 亿多美元，其中实际使用的有 4 亿多美元。引进了一批先进技术与 25000 多台（套）设备，有效地促进了特区生产的迅速发展。1983 年的各项经济指标，与办特区前的 1978 年相比，工业总产值增长了 10.7 倍；财政收入增长了 10.9 倍。建立特区的 4 年累计，国民经济各项指标超过了前 30 年的总和。1984 年邓小平视察深圳特区后，挥笔题词“深圳的发展和经验证明，我们建立经济特区的政策是正确的。”这是对任仲夷和广东省建设特区工作的最有力的肯定。

五、抵制资产阶级腐朽思想的侵蚀，清除精神污染，任仲夷提出了“排污不排外”

随着对外开放、兴办特区，引进外资，外商来往多了，西方资产阶级腐朽思想也渗透进来侵蚀我们的干部和群众。为此，80 年代初期，中央在思想文化领域开展了抵制资产阶级腐朽思想的侵蚀，清除精神污染的运动。广东是改革开放的前沿，总有这样那样的非议，有人给扣来三顶“黄帽子”：说广东对外开放之后，资产阶级思想文化进来了，“精神污染了”，“和平演变”的危险增加了。那时，很多地方曾把男人留长发、穿喇叭裤等生活小事，视为资产阶级生活方式，把表现人体美的绘画和雕塑，以及跳迪斯科、唱卡拉 OK 等外来的文娱活动视为淫秽、黄色、下流的资产阶级的东西，甚至对本来属于不同学术观点范畴的问题都视为反马克思主义的。凡此种种，统统称之为精神污染，甚至扣反党反社会主义的帽子。这反映了一些人对改革开放的担忧和对外来文化尤其是西方文化的警惕。应该说，当时“左”的意识形态还是有市场的，在某些领域“左”的气氛还很浓厚，这就形成了一股阻碍改革开放的强大势力。任仲夷和广东省委坚决拥护中央清除“精神污染”的决定，在这次运动中主要

---

① 张岳琦、李次岩主编：《先行一步：改革开放篇》（任仲夷论丛第 2 卷），第 192 页。

开展了包括拆“鱼骨天线”，堵香港电视，“打黄扫非”，清理非法小报，整治音乐茶座、歌舞厅，打击文化走私行为，堵截没经检批的外来图书入境等具体行动。一时间，广州和三个经济特区及珠三角一些城市，搞得有声有势。然而，有的地方“打黄扫非”，不分黑白，对外来的文化产品、文艺活动一扫而光。有些外商见这种“污”、“外”不分的行为有些恐慌，担心又要“闭门”了，不敢放胆来投资。鉴于反“精神污染”带来的负面影响。1982 年 5 月任仲夷在接受《世界经济导报》采访时，提出了“排污不排外”的名言。他说：“我们不排外，排外是不对的，但是我们要排污。实现开放政策，也带来一些新问题。‘近水楼台先得月’，但也会先染污。盲目排外是错误的、愚蠢的；自觉排污是必要的、明智的。排污要分清界限，要排真正的污，要作具体分析。”① 他认为，我国长期处于闭关锁国的状态，现在实行对外开放的政策，在引进国外资金和先进设备、先进技术、先进管理经验的同时，资产阶级思想的腐朽东西也会随之而入，就像一间封闭已久的房子，突然打开门窗，既进来了阳光和新鲜空气，也可能进来污浊空气、有害气体和蚊子、苍蝇。对于阳光和新鲜空气，我们应该很好的利用和吸收，对于污浊空气和有害气体，必须排除，对于蚊子、苍蝇必须消灭或驱除。他以自己深厚的马列主义理论修养，认为抵制资产阶级腐朽思想的侵蚀，排除精神污染，和实行对外开放政策的不矛盾，排除精神污染，正是为了更好地执行对外开放政策。1982 年 12 月任仲夷在全国人大发言时论述了发展经济文化交流的重大意义，他强调说，我们一定要反对资本主义腐朽思想的侵蚀，但决不能笼统地反对一切外来影响。我们应当是排污而不排外。对资本主义国家先进的科学技术以及优秀的进步的文化成果，我们不仅不能排斥，还应当积极吸收。为了继续科学地引导反“精神污染”，任仲夷以清醒的头脑，坚持对外开放的大方向，作为应对，在 1985 年又提出了“清外污”和“清内污”相结合的补充意见。他的思想打消了一些同志在是否还继续利用外资、引进先进管理经验上处于徘徊不前的顾虑。这场反“精神污染”运动前前后后紧锣密鼓地搞了 5 年多，直到 1985 年以后，才缓和下来，以后就以“打黄扫非”持续下来。由于广东认真贯彻中央的部署，坚持“排污不排外”的原则，排除了右与“左”的干扰，有效地抑制了“资产阶级自由化”，清除了“精神污

① 向明：《改革开放中的任仲夷》，第 360 页。

染”，从而稳定了文化市场，净化了舆论环境，改善了改革开放的条件，提高了外商投资的信心，促进了经济社会文化的发展。

任仲夷作为中国改革开放前沿的主政者，以其远见卓识和高超的领导才能，为实现中央赋予广东“杀出一条血路”的重任和在全国先行一步作出了重要贡献。今天我们重温他当年的思想，弘扬他在历史关键时刻勇于担当的无私无畏精神，铭记他襟怀坦白、光明磊落的高风亮节，探索研究他丰富的思想宝库，以激励我们在新时期改革开放的征程上更好的前进。

（原载《先行一步到先行先试》，广东人民出版社2009年版）

广东思想解放闸门的开启者

杨　成

德高望重的任仲夷走了，但任老的敢为天下先的精神，永远鼓舞着广东人民。他和广东干部、群众突破重重困难和阻力，在改革开放先行一步的探索中，取得了举世瞩目的成就。

受命掌南粤，“摸出规律，搞出样子”

1980年10月，中共中央决定调广东的习仲勋、杨尚昆回到中央工作，他俩的职务分别由任仲夷和梁灵光接替。任仲夷担任中共广东省委第一书记，梁灵光任广东省委书记兼广州市委第一书记。

为什么要抽调任仲夷和梁灵光到广东做领导工作？时任国务院副总理谷牧找任、梁谈话时讲了这样的话：广东现在实行特殊政策、灵活措施，需要人去加强领导，为广东和经济特区的起飞进行探索。

行前，从10月31日至11月6日，邓小平等中央领导同志先后接见了他们，并作了重要指示。邓小平对他们说：特区不是仅仅指深圳、厦门、珠海、汕头那几个地方，而是指广东、福建两个省。单搞那一点地方不行，中央讲的是两个省，要实行特殊政策，灵活措施。你们要充分发挥这个有利条件，摸出规律，搞出个样子来。

任仲夷走马上任之际，适逢全国实行经济调整之时。在这种大背景下，怎样加快广东省的经济发展步伐？经过再三斟酌，任仲夷决定根据广东的实际情况，一方面坚决贯彻执行中央从大局出发提出的经济调整方针，另一方面要根据中央赋予本省的“特殊政策、灵活措施”，坚持发展生产和对外搞活。任仲夷在省委常委会上提出：要“以调整为中心安排我省的经济工作，继续执行特殊政策、灵活措施，进一步搞好特区建设，把经济调整和实行特殊政策统一起来，把‘集中’和‘搞活’统一起来，把‘退够’和‘前进’统一起来”。

特区就要“特”，改革莫缓，发展不舍

任仲夷曾回忆说，令他印象很深的是，邓小平同志非常重视政策，他说一个地区工作好不好靠政策，政策对头，工作就好做，政策不对头，工作就做不好。

任仲夷来广东遇到的第一道难题是在1981年，中央召开工作会议，中心议题是讨论国民经济的调整，这自然就涉及改革开放，涉及广东办特区的问题。会议期间，一位中央领导同志在会上讲了一封4个青年人写给中央领导的关于经济调整的来信，信中提出了“缓改革，抑需求，重调整，舍发展”12字方针。

任仲夷认为，信的出发点是好的，但药方下得不对。中央对广东实行特殊政策，灵活措施，办特区，就是希望广东先走一步，发展得快一点。如果按照“12字方针”办，特别是要“缓改革”、“舍发展”，广东怎么能先行一步呢？至少在广东，改革不能缓，发展不能舍，而是改革要坚持，发展要加快。不搞改革，舍掉发展，一切都谈不上。

1981年3月，任仲夷在广东省对外经济工作会议上强调：要积极办好深圳、珠海以及汕头经济特区，这几个特区应该比全省其他地方更特殊一些，更灵活一些，要先行一步，为全省甚至全国提供经验。在研究特区问题的省委常委会议上，任仲夷也反复强调，办特区，就是要让特区有点“特”。

1983年4月25日，在省委常委会上，任仲夷又说：搞特区不是走资本主义道路，不会损害社会主义，而是大大地有利于社会主义。

排污不排外，“越活越管，越管越活”

1980 年前后，广东有些人“求富”心切，不顾党纪国法铤而走险走私贩私。1982 年 2 月，中央书记处召开广东、福建两省座谈会，专题研究打击走私贩私、贪污受贿问题。

如何传达贯彻这次会议精神呢？经向中央领导请示和慎重考虑，对那些不利于广东改革开放，不利于在广东实行特殊政策，甚至容易引起党内外思想混乱的话，任仲夷没有传达。

在这次会议上，任仲夷在报告中提出了“两个坚定不移”的方针：打击经济领域的严重犯罪活动坚定不移，对外开放和对内搞活经济坚定不移。不久之后，任仲夷在汕头又提出“执行让人民群众富裕起来的政策坚定不移”，和前“两个坚定不移”加在一起，就是“三个坚定不移”。为避免“一治就乱”、“一管就死”的恶性循环，任仲夷在这次会上提出了 24 字方针，即“对外开放，对内搞活；思想先行，管要跟上，越活越管，越管越活”。

任仲夷 1981 年 9 月 25 日在广东省三级干部会议上说：“中央采纳了我们的对外要开放，对内要放宽，对下要放权这几句话。其实这三句话对每个省都适用，各省都在试验。广东应该加一个‘更’字，应该对外更开放，对内更放宽，对下更放权。”他还提出了“三真论”：“特殊政策真特殊，灵活措施真灵活，先走一步真先走。”

中央要求广东“对外更加开放”，广东更加跃跃欲试。1982 年 1 月，任仲夷在地市委书记会议上提出既要注意吸引港澳资金和技术，也要吸引日本、欧美的资金和技术。对前者，广东是“近水楼台”；对后者，要学会“长袖善舞”。

1982 年，白天鹅宾馆部分试业，霍英东请了任仲夷，任仲夷到场并应要求题词：两岸猿声啼不住，轻舟已过万重山。意味深长，表达他对中国和广东坚持改革开放的乐观态度。

在五届全国人大五次会议期间，任老接受《人民日报》记者采访时说：“我们已经冲破了封锁，我们没有理由再闭关自守……对外经济、技术、文化交流，我们一定要开展，执行对外开放政策坚定不移。我们的口号是‘排污不排外’。”

1990 年 9 月任老再次谈到这个问题时指出，排污要同时针对内、外两个方面：“门窗打开了，新鲜空气吹进来，蚊蝇也乘机而入。我们不能因为有蚊蝇飞进来，就把门窗重新关上，拒绝开放。积极的办法是把它们消灭掉或赶出去……蚊蝇有从外面来的，也有原先自己内部孳生繁衍的……排除生自内部的肮脏的东西，往往更重要。古语说：‘物必先腐而后虫生之’。”

探索不停步，给个体经济正名

经济学家郑炎潮最近接受访谈时回忆道，当时任老在广东做了大量调研，断定个体经济蓬勃发展的趋势已是不可阻挡。但按照马克思的说法，雇工到了八个就不是普通的个体经济，而是资本主义经济，是剥削了。经过研究，郑炎潮认为需要一个新概念来定义和规范超过雇工八人的个体经济，但叫什么呢?

当时主政广东的任仲夷正主张实行特殊政策、灵活措施，搞活经济，为全国先行一步作探索。在看到郑炎潮这篇论文之后，他亲自约见了郑炎潮。任仲夷对他说：“现在对个体经济，只能扶持不能压制，但要扶持个体经济，首先就要给个体经济正名，如果个体经济头上始终悬着一把‘资本主义’的达摩克利斯之剑，个体经济还怎么发展?你的论文非常好，为我们的决策提供了重要依据，我支持你。并且我们还要围绕着你的这些观点，制定一个政策，给它取个正式的名字，就叫做‘私营经济’怎么样?让它发展，让它壮大。”

20 世纪 80 年代初，任老反复强调经济搞活过程中企业和市场的重要力量，鼓励企业开专业店、分店。他在哈尔滨时就常说：“怕什么，夫妻店成不了资本主义。”1982 年他去南方大厦考察时对邓汉光总经理说：“要多开分支机构，企业要善于提拔自己，你的企业小，自然‘官’（经理）小，你的企业扩大了，你的‘官’（经理）就大，这主要是看自己有没有真正本领。”

（原载《决策与信息》2006年第1期）

论任仲夷

鲍克明

任仲夷同志离开我们快一年了，时光的穿梭更加深了我对他的怀念和敬重，越发感到他的人格魅力和思想分量。任老是在他离开我国改革开放前沿大省广东主政岗位20年后远行的，组织领导尊重他的意愿，后事从简，不举行公众仪式，仅在当地报纸发了简讯。在这以后的几天里，大江南北、长城内外，许多中央领导同志和部门，他战斗、工作过的省、市、地区，多年的上级、同级、下级，众多亲朋好友以及港澳人士，纷纷致电来信，表达对任仲夷同志的深切敬意和对王玄同志等家人的亲切慰问，盛况少见。这一切显示了任仲夷同志超地区的影响。他高尚的品德和深邃的思想，值得深入研究和学习。

一、继往开来，锐意改革

任仲夷是一二·九学生运动时期投入民族解放斗争和人民民主革命的那一批宝贵干部中的一员。他们有独特的条件和锻炼成长环境：上有第一代无产阶级革命家的领导和指引，下有炽热的抗日救国民族解放斗争群众运动；既有开展武装斗争和建立敌后抗日根据地的主战场，也有大后方国统区多条战线，公开与隐蔽斗争相结合的辅战场；他们知识丰富，年富力强，斗志昂扬，在党的领导下，依靠群众，英勇斗争，虚心学习，善于学习，迅速提高，在抗日和解放战争的各条战线上，发挥了中坚骨干作用。新中国成立后，他们中不少人成为各省、市、部门的领导人，在党中央、国务院直接领导下，带领所属进行大规模的经济建设。经过几十年奋斗，既取得巨大成绩，奠定了新中国发展的基础，也遭受过重大的挫折，两次走到经济崩溃的边缘。几次全国性重大挫折，主要是个别中央领导人主观主义，脱离实际，听不得不同意见，执意推行自己的决定所造成的。任仲夷这一批主政地方的领导人，亲临实际工作受挫、干部群众利益受害的现实，心情复杂，经受自身政治觉悟、组织观念和思想方法三者之间的矛盾煎熬，难以做到三全其美。任仲夷在这些年，在自己力所能及的范围内最大可能地爱护干部、保护群众利益。常言道，挫折和逆境更能教育人。任仲夷同志在这种特殊的环境中，尤其是在“文化大革命”长期被批斗，靠边站时，抓紧时间，努力学习，勤奋思考，加速成长、成熟起来。当党和国家面临重大抉择，实行根本转折时，任仲夷同志成为自觉、坚定拥护和贯彻执行十一届三中全会决定的地方领导人之一；成为一位受命于中央，辗转主政于几个重点省区的领导人。他不辱使命，继往开来，锐意改革，披荆斩棘，在前沿省区成功地推进改革开放大业。

二、思维活跃，学业精深

任仲夷出身贫苦教员之家，自幼勤奋好学，以优异成绩考上北平的大学。为减轻家庭经济负担，放弃入北大机会，选择中国大学攻读政治经济学，同时研读唯物论、辩证法。虽任中国大学地下党支部书记，工作繁重，但不放松学业，以优异成绩毕业，为他以后长期革命斗争中深入学习，灵活应用，不断上进打下良好基础。于光远称赞任仲夷是一位能用最简练的普通语言讲明政治经济理论精华的领导人。

任仲夷年轻时思想活跃，在日常生活中也活泼有趣，不乏幽默。他和王玄同志相识相知，起缘于王玄和另一位东北大学的流亡女生在宿舍里放歌《松花江上》、《打回老家去》，感动了楼中很多同学。任仲夷悄悄到她们门口，一笔好字题写了“打回老家去，不仅要歌唱得好，还要靠枪打得好”。两位女生好奇谁写的这样含意深刻的话，一致猜到是斜对面楼上的那位年轻活跃的中国大学的任仲夷。这件事成为月下老的那条红线，把任仲夷和王玄同志牵到一起，他们成为战友、同志和终身伴侣。

任仲夷把好学、活泼、幽默，善于与人沟通的特质保持终生。他成为党的高级领导后，善于及时敏锐发现提出问题，高效思考解决问题，生动活泼地表达自己的见解和意见。他被称作为极富人性的领导人。他对于马列经典、哲学、经济学、文化艺术，以至古文、京剧等，都有深入的研究和造诣。他喜爱的一颗《是是非非》印章，道出了任老的古文功底。

三、能决善办，胆识过人

任仲夷同志投身革命不久，就走上“主官”岗位，先后担任过地下党大学、北平一个区和地、市、省各级主要领导职务；加之勤奋好学，敏锐思考，善于与人沟通合作，练就决策和执行双强能力和关键时刻的大勇大智。他率先支持“实践是检验真理的唯一标准”的讨论，反对“两个凡是”的提法，亲自撰文论述；顶住重重阻力，为辽宁的“张志新案件”平反昭雪；力陈“排污不排外”，“对外开放，对内搞活、思想先行、管理跟上、越活越管、越管越活”，排除了上下对办特区的疑虑。在一系列重大问题上认识明确，敢为人先。对于改革开放初期不少人担心境外的一些伴唱伴舞的演唱形式能不能用，个体工商业者是不是剥削这类具体的敏感问题，任仲夷用“查查马克思是怎么说的”一语回应，告诉主管同志，“共产党省委只管唱什么，不管站着唱还是走着唱”，处理得得心应手。任仲夷同志对他任内的事，深谋善断，能决能办，在党和国家重大转折关头，社会转型时期，他能深刻了解态势；团结所属上下，沿着党指引的正确方向前进。

四、爱党爱民，至善至仁

任仲夷从一个有思想见解，追求真理的知识青年，锻炼成长为一位党的高级领导干部，始终保持独立思考、追求真理的原则和信念。他坚信共产主义，力求把热爱党、服从党建立在自觉的基础上。

七七事变前，任仲夷曾是中共北平市西北区委书记，在剧烈动荡的年代，他随时服从党的安排，不畏艰难，克服困苦，完成好党交付的各种任务。他曾两次准备奔赴延安，党决定把他留在敌后，他欣然服从，到齐鲁韩复榘部、山西阎锡山部从事友军工作；在创建冀鲁豫根据地时，他先后到主力部队、地方部队和地方政权工作；党需要加强干部教育培训时，他又被分配到党政干部任职任教。总之，依靠高度的革命自觉和善于学习，任仲夷同志干一行，爱一行，干好一行。

尊重领导、爱护干部，依靠群众是任仲夷坚持始终的另一大特点。1942年春，在日寇对冀南根据地的“四二九”残酷扫荡中，任仲夷和王玄同志冒着枪林弹雨，分头只身突出敌人的重围，重新集结，全靠群众的帮助和掩护。任仲夷深知党的力量在于群众的支持，战争年代是这样，和平建设时期也是如此。

1942年的整风，对全党提高认识、统一思想，整顿作风起了巨大作用。但整风中的审干扩大化，“抢救失足者”运动，搞逼供信是错误的，伤害了一大批同志。任仲夷当时被“抢救”审查达一年多。一年多后，从中央到各根据地，开展甄别平反，向被整错的同志赔礼道歉，纠正了全局性错误。以后，任仲夷因实事求是，爱护干部，多次被批评为右倾，直到“文化大革命”被诬为长期包庇和放走大量“走资派”，在万人大会上受到戴高帽、挂铁牌，被浇墨汁的武斗迫害。

任仲夷重新回到省领导岗位后，对那些整过自己的人，从不计个人恩怨，而对在自己领导下被违心整过的人，只要有可能，他都积极甄别平反，诚恳检讨。对于批判“高饶联盟”中上级指定处理的原哈尔滨市委书记，任老一直沉重难忘。前些年，他还语重心长地对青年人讲，“对这位同志的不幸遭遇，我一直有沉重的负疚感，比我自己在‘抢救运动’和‘文化大革命’中受到打击和迫害，更加感到痛心，这是我心上一个永远难以愈合的伤口”。他坦荡地申明，“我不是一贯正确，有过不少过错；我也不是一贯右，也犯过‘左’的错误”。这些感人至深的话语，道出一个共产党人的坦诚胸怀，一个领导者对干部群众的至仁至爱。

五、胸怀宽阔，意境渊博

任老离开当政岗位后，立即投入重新学习、研究、总结的“充电”过程。他十分尊重在岗位上的各级领导，从不对他们说三道四，更不干预他们的事权，20 年来，一直遵守“不在其位，不谋其政”。正因为他的至诚至谨，上至中央、下到区县，许多在位领导同志都常常看望问候他，诚恳地向他征求意见和看法。

任老年事日高，但学习新知识，钻研新问题，了解国内外大事的劲头不减；他的思维活跃，敏锐不亚年轻人，他的风趣和幽默，更达炉火纯青。他常和一些老战友、同事、专家、学者、学生、工人、农民、企业家们促膝交谈，探讨时下关切的知识和问题。他总是悉心倾听对方见解，间或插问表达自己的看法，也是简明扼要，切中问题。他的谈吐充满智慧和哲理，表达简洁贴切，富于幽默。对于对方充满关切和爱护，使人在毫不拘束的气氛中自然而然地受到启发和教益，得到一种愉快的享受。

因长期紧张劳累的工作，任老晚年多种疾病缠身，他总是以积极乐观的态度对待疾病，主动配合医护人员治疗，幽默风趣向关怀的同志们描述自己的医疗健康状况，像什么“无所胃（畏）惧”，“浑身是胆”，“偏听不偏信”，“接受‘双规’，在规定的时间，到指定地点接受治疗”等等，表现了一个彻底的唯物主义者对待自身疾病的态度。

对国家大事，世界的发展，任老时刻关心。在 20 世纪末，他了解到国际上互联网信息化迅速发展状况，提出信息化恐将影响我国各方面发展的见解，建议积极面对，充分掌握，扬长避短，发挥后发优势，促进我国经济社会发展。任老积极热情地支持我国航天航空事业，在广东的多种航天普及教育活动，他都力争参加；珠海的各届国际航空航天展览活动，他也都积极参加。他认为航天航空既是一个大国综合国力的体现，也是鼓励人们——特别是青少年——好学上进，造福人民的得力手段。

在1996年，“文化大革命”发生30周年时，任老提出应抓紧时间总结经验教训，以避免今后再发生类似事件。30年后，对“文化大革命”发生的前因后果，看得更清楚，大家的态度也更客观冷静，一些重要的当事人还在，机会难得，时不再来。“总结历史经验教训，宜细不宜粗。”

改革开放带来全国持续的经济增长，广东省更是走在前列，成为全国的经济大省，许多本地和外地人都由衷地称赞广东经济发展的骄人成就。任老却提醒人们注意“一种倾向掩盖一种倾向”问题，不能只看到经济发展成果，还要看到成果后面的问题，付出了什么代价，用什么方法，大多数人是不是都受益了。提出：“发展是硬道理，客观规律是更硬的道理，违反客观规律，硬发展是没道理。”时下，党中央、国务院提出全面统筹的科学发展观，带领全党全国坚决落实，这与任老多年前的期望多么相合。

任老晚年非常关切经济领域改革与政治领域改革的同步问题，深入研究了马列经典和毛泽东、邓小平等中国领导人的论述。经济体制改革不仅需要政治体制改革来指引和保障，而且二者都是造福人民，建设经济发达、政治文明的和谐社会的本质要求。政治体制改革的核心是发展社会主义民主，党内党外都面临这一问题。社会主义民主要制度化、法律化。要切实做到服从宪法，党内遵守党章。我国长期革命和发展实践证明，民主集中制是符合我国国情的民主制度。在党内党外实行民主集中制的各个环节上，都要以发扬民主为基础，民主是主要方面。这样才能保障正确的集中，即使集中错了，也易于改正。任仲夷同志以共产主义者赤诚之心，期望后人抓紧时机，认清形势；努力奋斗，把我国建成经济发达、政治民主、文化丰富，人民自由幸福，社会和谐的社会主义现代化国家，走在世界前列。

任仲夷同志在毛泽东那一代老革命家的领导率领下，英勇斗争，善于学习，勤奋工作，在民主革命和社会主义建设中，作出重要贡献；在十一届三中全会重大历史转折关头，成为邓小平开创我国改革开放时代的一位得力的地方领导人；在其主政的前沿省区，以其大智大勇，作出开拓创造性的贡献，成为“总设计师”麾下的几位著名“总工程师”之一，取得了中央领导和广大群众的共同认同和信赖。任仲夷是党的八大以来，仅除九大以外的历届党代表大会代表，并在近 90 高龄时，仍被选为党的十六大主席团成员，难能可贵。他留下多方面的鲜活榜样和人格力量，值得后来者学习效仿；他对党的建设，改革开放和我国全面现代化建设的真知灼见，值得研究和领会，使其作为前仆后继的中国共产党人集体智慧的一份，发挥应有的作用。这将是对任仲夷同志最实际的敬重和怀念。

（原载《怀念任仲夷》，广东人民出版社2007年版）

解放思想的先驱——任仲夷

孙莉娜

30 年改革开放征途中，广东不乏解放思想的先驱、锐意创新的闯将，任仲夷是个绕不过去的名字。从为张志新烈士等一大批冤假错案平反昭雪，最早表态支持真理标准问题的讨论，到因其“思想特别解放”而被邓小平“点将”，主政广东“敢为天下先”，再到退出领导岗位后为政治体制改革大声疾呼，任仲夷的思维始终走在时代前列。尽管有时遭到质疑和排斥，但是他凭借“排污不排外”的睿智、“扶持不压制”的开明、“明哲不保身”的担当，在中国改革的禁区和雷区中冲锋，为自己在中国改革开放史上写下浓墨重彩的一笔。

任仲夷推动广东发展的武器，首推解放思想，大胆试验。在全省上下以新一轮思想大解放推动新一轮大发展，争当实践科学发展观排头兵的号召过程中，人们很自然地回想起当年解放思想的先驱、引领广东改革创新之风的老省委第一书记任仲夷许多关于思想解放的言论。其至理诤言，如雷贯耳；其精辟见解，激励群众。重温这些思想，对于推动今天新一轮思想解放不无借鉴作用和积极意义。

一、解放思想是改革发展的先导

任仲夷在《解放思想是伟大的历史潮流》一文中，以欧洲文艺复兴、冲破“四人帮”思想禁锢等历史上多次思想解放运动为例，论证了这样一条历史规律：“社会发展的每一次大的飞跃，都是以思想的一次大解放为先导的。”他到任广东第一个月，在省委召开的地、市委书记座谈会上说：“我们在工作中要继续解放思想。当前出现的一些问题，并不是解放思想带来的，也不是由于贯彻党的十一届三中全会精神造成的，相反，这往往正是因为解放思想不够，对党的十一届三中全会精神没贯彻好而带来的。……中央让广东先走一步，因此，我们的思想应当更要解放一些”。他在1984年6月《解放思想，大胆改革，更加开放》的讲话中指出：“思想解放必须先行。……邓小平同志指出：‘我们建立特区，实行开放政策，有个指导思想要明确，就是不是收，而是放。’我们各级领导同志，都要把自己的认识，统一到这个指导思想上来。不是收，而是放——这是指导思想。凡不符合这个指导思想的旧观念、旧框框、旧规定，都必须改过来，服从这个指导思想。”“实践证明，哪个地方和单位的领导同志思想比较解放，那里的工作办法就多，步子就快。反之，就慢慢腾腾，工作很少起色。有的人老于世故，凡事‘一慢、二看、三通过’，认为解放思想这个头不能带，还是‘稳当’一点好。在新形势下，已有许多事实说明，那种思想僵化、四平八稳、无所作为的人，是不受群众拥护的，是站不住脚的。这样的同志如不转变，在新长征中，早晚要被淘汰。”他认为，改革开放与思想解放，核心都在一个“放”字。放，就是改革开放与思想解放的指导思想和核心。思想解放是改革开放的开路先锋和思想基础，改革开放是思想解放的具体体现和必然结果。思想解放的程度，与改革开放成就的大小是成正比的。

二、解放思想与实事求是是高度一致的

任仲夷认为，解放思想与实事求是是高度统一的。解放思想就是使思想从实践证明是错误的旧框框中解放出来，使主观认识符合客观实际，把马克思主义基本原理同实践相结合。解放思想既要敢于实事求是，又要善于实事求是，善于变通；善于理论联系实际，一切从实际出发。在主政广东那段艰难的日子里，任老一方面坚持改革开放这个大原则不让步，冒着摘乌纱帽的风险顶住

那些否定改革开放的逆流，实事求是，据理力争；另一方面又以高超的政治艺术“变通”：“遇着红灯绕道走”，千方百计地达到改革开放的目的。他心里很明白：广东退一步，全国就退一百步。

他还认为，解放思想要联系实际，解放了的“思想”对不对，要放到实践中去检验，实践是检验真理的唯一标准。解放思想不是离开客观实际去胡思乱想，吹牛浮夸，也不是不讲科学的蛮干，决不能重犯“人有多大胆，地有多大产”的错误。只有实事求是才能解放思想，才能创新。

任仲夷在1987年10月参加党的十三大讨论发言时提出：十三大报告审议稿中提到“也不要把思想解放过头一点说成是搞资产阶级自由化”，这一句提法不确切。因为正确的东西是不能用“过头”来说的，“过头”了就不是正确的东西了。小平同志讲解放思想就是实事求是，如果说解放思想过了头，那就等于说实事求是过了头，这是讲不通的。如果随便指责“思想解放过头”，不利于鼓励人们在改革中进一步解放思想，还容易使人产生一个错觉，似乎强调思想解放，就有可能犯资产阶级自由化的错误。建议把这一句改为“也不要把思想上一时对改革要求过急，或在改革实践中因急于求成或缺乏经验而出现的一些失误和偏差，就说成是搞资产阶级自由化”。后来，中央吸收了他的意见，在正式发表的十三大报告中，这一句修改为“也不要把思想解放中讲了点过头话说成是搞资产阶级自由化”。

三、解放思想要有批判性思维

任仲夷对任何事物都持一种科学的态度，都要问个为什么，然后冷静深入地剖析、求证，反复琢磨，直到弄清楚弄明白为止，既不偏激，也不盲从、跟风。因此他的思想创新既切合实际、平易而又深邃，常常语出惊人，令人顿悟。

任仲夷多次讲过，解放思想要过“三关”：第一关是从“文化大革命”期间“四人帮”极左思想中解出来。第二关是从“文化大革命”前“左”的思想和苏联高度集中统一的体制影响下解放出来。第三关是从中国几千年封建社会的思想影响的束缚下解放出来。解放思想过“三关”，一关比一关难，但都必须坚决地闯过去。过不了这三关，思想僵化半僵化就不能真正解决。

他反复强调，只有把反封建主义解决好了，思想才能真正解放。他说，长期以来，由于我们过早地把封建思想视为残余，放松了对封建主义的批判，以致它至今仍是我们继续前进的绊脚石。切不可把批判封建思想看成是轻而易举的。比如，在基层最难办的计划生育、搬迁祖坟、提倡火葬问题，其阻力主要来自封建迷信思想和习惯势力。老百姓最痛恨的腐败，在用人制度方面，搞终身制、男尊女卑、宗族观念、任人唯亲、拉帮结伙，甚至利用权势，买官卖官等等，可说是最大的腐败，这种腐败有很多也是由封建主义造成的。在实行民主与法制、实行市场经济过程中，经常遇到来自封建思想的阻力和干扰，比如以权谋私、以权代法等等。这些很大程度上主要不是资产阶级世界观，而是由于封建主义世界观没有改造好的结果。如果不信，可以去调查一下，出这样那样问题的人，百分之八九十，都是由于他们脑子里还存在着浓厚的封建腐朽思想。

他说，对外开放要“排污不排外”，所说的“排污”，既要排“外污”，又要排“内污”，更强调排“内污”。有人把近年来一些腐败和社会丑恶现象全归咎于外来影响，这是片面的。贪污、受贿、嫖赌、吸毒等等腐化行为，早在中国封建社会就有了，而且对中国人民的毒害和影响，远比“外污”更为严重。只排“外污”，不排内在之污，结果是“外污”也排不了，因为“外污”往往是通过“内污”而泛滥成灾的，所以更要排“内污”，当然包括对封建思想的批判，而且要把这种批判高度重视起来。

自觉排污是必要的、明智的，但决不能因噎废食，笼统地反对一切外来思想文化，盲目排外是错误的、愚蠢的。排污要分清界线，要排真正的污，对资本主义国家先进的科学技术和优秀的文化成果，我们不仅不能排斥，还应当积极地吸收借鉴。可见，在实践中坚持马克思主义观点，独立思考，批判思维，是何等的重要！30年来，我们吸收借鉴西方科技和经济文明成果，取得了巨大成功。西方不仅在科技和经济体制以及经营机制，有其先进、合理、科学的成分，在政治体制、社会管理等方面也有其客观性和科学、合理的成分，需要我们进一步解放思想，剔除糟粕，取其精华。其实，西方也在研究借鉴吸收我们某些成功的东西。这不应以社会意识形态划线，我们要探索和掌握的是人类共有的规律性的东西。

四、解放思想要敢冒风险，要有很大的勇气和胆量

1979 年 2 月 17 日，任仲夷在辽宁省昌图县三级干部会议上谈到“左”的流毒时说：“林彪、‘四人帮’颠倒是非，混淆黑白，把靠正当劳动而过富裕生活说成是走资本主义道路，说成是变修，从而在人们思想上造成了一种‘恐右症’、‘恐资症’、‘恐修症’、‘恐富症’，至今‘心有余悸’。”

1980 年 1 月 15 日，在辽宁省财贸工作座谈会上，他指出，我们的思想要解放，不要“心有余悸”，更不要“心有余毒”。

1982 年情势最为严峻。因为改革刚启，有人求富心切，不了解国家政策，走私贩私现象频现。中央有人直指广东领导“放羊”，放言“再这样下去，不出三个月广东就要垮台”，提出要把对资产阶级的斗争进行到底。为此，任仲夷连续两次被召入京，写了有生以来唯一的一份检查。他后来回忆道，这份检查，应当说是真心的，但也有违心的地方。比如，自己实在不同意“广东不是‘活’得不够，而是‘活’过了头的观点”，“实事求是讲，广东还有很多该活的没有活起来”。这次“二进宫”最为外界所称颂的是任仲夷在重压之下的担当、对改革开放一如既往的坚持。在传达中央精神的领导干部会上，他开场就说：这不是一次杀气腾腾的会，而是热气腾腾的会。广东工作中出现问题，省委要承担责任，自己作为第一书记，更要承担领导责任。对下面的干部，他没有传递“压力”，反而强调，只要不搞违法乱纪和犯罪活动，工作上还是允许犯错误的，对干劲足、闯劲大的干部应予鼓励。

广东五年，是任仲夷事业达到顶峰的五年，更是他政治生命乃至人身安危“风雨飘摇”的五年。任仲夷被称“任胡来”，被指要把广东变成旧中国的租界，被质问“是否还是共产党员”。

任仲夷认为，解放思想就是要冲破人们久已习惯了的陈规旧矩的思想牢笼，树立一种符合时代进步的历史潮流的崭新观念，这必然会引起旧势力和具有保守观念者的反抗、抵制、阻碍和打击，因而会充满风险。他在 1978 年发表的《解放思想是伟大的历史潮流》中也提出：“解放思想并不是容易的，是要冒风

险的……作为一个共产主义战士，即使有风险也不应当害怕。我们的党，我们的国家，需要有一批不怕任何风险，英勇无畏地为真理而斗争的战士。有这样一批人，党、国家和民族才有光明的前途。”他在 1984 年 6 月《解放思想，大胆改革，更加开放》的讲话中又指出：“解放思想，需要有勇气，需要有马克思主义的坚定性。宋朝的王安石力主变法（变法也是一种改革），他曾提出：‘天变不足畏，祖宗不足法，人言不足恤。’九百多年前封建社会的政治家，尚且有这样的气魄，我们共产党人、社会主义时代的改革者，难道不应当有更宽广的胸怀和更大的勇气吗？对我们来说，陈规旧套不足法，流言蜚语不足畏！”15 年后，即他在晚年，又重提王安石的这三句话。1999 年 11 月，任仲夷在给其秘书李次岩的一封回信中这样写道：我们“还需要有很大的勇气和胆量。因为说真话实话，肯定正确，修正错误，是要付出代价甚至作出牺牲的，也包括牺牲个人生命（辽宁的张志新烈士就是一个例子）。我们坚持十一届三中全会的路线需要有勇气，坚持党的解放思想、实事求是的思想路线需要有勇气，坚持改革开放需要有勇气，坚持真理、按客观规律办事需要有勇气，要有王安石所说的‘天变不足畏，祖宗不足法，人言不足恤’的精神，因此要敢于实事求是”。

五、解放思想不能止步不前，要走出新路

2002 年 9 月，任仲夷跟随广东省委组织的老干部内蒙古、陕西考察团，来到了革命圣地延安。当时，国家“西部大开发”战略已实施有年，内蒙古、陕西两地社会经济飞速发展，包头市的城市改造和美化，鄂尔多斯的能源开发，榆林的治沙绿化，西安的高新技术产业群，都给任老留下极其深刻的印象。任老用八个字“旧地重游，满目皆新”来形容此行的观感。特别是革命圣地延安，确实比想象中和书报上看到的好很多，像是一座崭新的城市。任老感叹说：“延安就像广东的深圳、珠海一样，利用中央给予的政策，以及地缘和人缘优势，在落后闭塞的小镇建起了新兴城市。”

欣喜之余，任老的忧患意识油然而生，“广东自从改革开放以来，确实有很多值得骄傲的地方，10 年前吧，很多人就说：‘走遍全国，还是广东最好。’

那时广东的确是先走了一步啊。现在，你有的人家也有啦，像包头市的城市绿化，榆林的环境治理；人家有的你却不一定有了，有些方面在思想观念上比你还要解放。和上海、江苏、浙江等省市相比，更是如此。”“当然，广东仍有许多位居全国前列的方面，但一定要善于以人之长，补己之短，保持谦虚谨慎的作风。”

蒙陕之间的千里行程，对时年 88 岁的任老来说，是一个巨大的身体挑战，但任老从不言累，他只是如海绵吸水般认真察看，许多细节包括路边的标语、农民的衣着，都落入了他的“法眼”，从中感悟广东发展所需要取的“经”。任老概括内蒙古、陕西自西部大开发以来取得的巨大成就的原因，“主要是他们解放思想、敢想敢干的结果。这些尤其值得我们重视和学习。”后有追兵，广东如何进一步发展，保持全国领先的地位？任老心目中答案也非常明确，那就是保持广东原有的精神锐气，继续解放思想，敢想敢干。他还提出一条他自己主政期间“屡试不爽”的妙计——大胆试验！他说，20 世纪 80 年代中期，国务院就下文把广东和福建定为“综合试验省”，这个文件并没有收回，广东的今天就是从不断试验中闯出来的。有些人以谨慎为由不敢大胆试验。其实，试验本身就是谨慎的结果，做什么事情先试试看，不是很谨慎吗？毛主席就说过，一切经过试验嘛！

即使在广东改革开放取得辉煌成就后，任老仍然郑重地谈道：别人靠解放思想追赶广东，广东也只有靠解放思想，敢闯敢试，走出新路，保持领先。坚持以大胆试验为使命，敢为天下先，只有这样才能与时俱进，开拓创新，才能在新的世纪再杀出一条血路！

六、思想解放需要一个宽容、宽松、宽厚的大环境

任仲夷说，目前改革最关键的突破口是思想大解放。没有思想大解放，改革不可能取得更大成就。市场经济姓“社”姓“资”的争论不存在了，但拿西化、自由化、私有化这些大帽子扣人还有市场，这是阻碍思想大解放的难题。这个问题不解决，今天和今后都不可能真正解放思想。他说：“和谐社会就是人人

都说话，大家有饭吃。” 又说:“兼听则明，偏听则暗。一个政党，一个领导人，如果听不到批评的声音，是很危险的。”任老的话值得深思。只有创造思想自由、精神独立的大气候，中国才会出现思想大家、理论大家，才能吸收世界先进的思想理论，来创造中国式的伟大思想、理论，中华民族才能真正崛起。

作为解放思想的先驱和披荆斩棘的行动者，任仲夷的离去让我们悲伤，让我们惆怅，但不必有遗憾。因为他的勇气没有老去，他的智慧没有老去；因为这是一个不曾结束的时代，这是一场还没完成的变革。正如任老离休之后的广东，一直都在不懈地前行，继续充当着中国改革开放的“排头兵”。让我们用任老一句“天天向上” 来缅怀他，来祝福任老投以奋力、深情与热望的这片热土。

（原载《广东党史》2009年第4期）

任仲夷谈当年清除“左”的影响

李美清

1981年5月，中共广东省委召开了一次领导干部学习讨论会，省委常委、副省长和省直单位的部分负责同志，聚集在一起，连续十几日，每日半天，认真学习中央工作会议文件精神，联系工作实际，总结经验教训，共同讨论研究清除“左”的思想影响问题。这是一次十分重要的会议。

任仲夷亲自主持的这次领导干部学习会，实际上是前段在全党开展“实践是检验真理的唯一标准”大讨论的继续和补课。它对全省各级领导进一步加深对1980年底召开的中央工作会议精神的理解，从领导思想上清除“左”的影响，提高认识，排除干扰，更好地执行党的十一届三中全会所确定的正确路线、方针、政策，起了重要作用。

大家知道，粉碎“四人帮”以后，任仲夷在辽宁工作期间，就挑起了这个遭受林彪、“四人帮”严重破坏的“重灾区”拨乱反正的重担。他和省委领导同志一起，带领全省干部和群众，在辽宁省深入开展关于实践是检验真理的唯一标准的讨论，认真落实各项政策，大胆为张志新烈士平反昭雪，坚决开放和发展集市贸易，热情支持文艺工作者创作和演出话剧《报春花》等优秀作品，等等。

任仲夷到广东省工作以后，深入实际，调查研究，经过一段时间，他看到在党的十一届三中全会正确路线、方针指引下，特别是实施特殊政策和灵活措施后，广东的广大干部群众中，迸发出巨大的积极性和创造性。同时，也深深感到在一部分干部中，由于长期以来受“左”的思想影响，对各项改革仍有这样那样的思想障碍，搞活经济的一些措施未能完全落实。

任仲夷在学习会期间，针对当时干部中和社会上的思想动向，针对“左”的影响，阐述一系列重要思想观点，时至今日，犹在熠熠闪光，在改革开放和社会经济发展的新形势下，仍不失其重要的现实意义。

扫除前进中的阻力

在这次学习会上，任仲夷指出：“由于建国以来‘左’的影响时间长，根子深，正如陈云同志曾指出的那样，开国以来经济建设方面主要错误是‘左’的错误，是主体方面的错误，所以，当前从领导思想上，重点应该是清除‘左’的影响。省委常委这次扩大的学习会，重点就是放在清理‘左’的影响方面。”

任仲夷说：“左”的思想影响是我们前进中最大的阻力。在落实各项政策中，在进行各方面的改革中，在搞活经济的过程中，都会感到这种阻力的存在。他说：“现在并不存在一条需要我们与之斗争的‘左’倾机会主义路线，存在的主要是多年来‘左’的东西在人们思想里留下的影响。”“这种‘左’的思想由来已久，影响很深、很普遍，决不可忽视和小看！‘左’的思想影响是和党的路线、方针、政策尖锐对立的。如果不下大力气清除，那就不可能自觉地贯彻党的路线、方针和政策，就不可能实现四个现代化。”

任仲夷对“左”的思想特征、产生原因和如何消除“左”的干扰，作了精辟的分析。

“左”的思想影响的特征

任仲夷指出，“左”的思想影响突出特征之一是普遍性。他说：可以说每个地方、每条战线都有“左”的影响。例如，农村怕“富”，认为富则修，富就会两极分化，富就是资本主义。工业怕“利”，认为讲利就是“利润挂帅”，算政治账叫“革命”，算经济账叫“修正主义”。现在，工厂企业要实行责任制，有些人又怕起“包”来了。财贸怕“活”，认为统得死死的才叫社会主义，活就是乱，稍一活起来就大惊小怪。教育怕“智”，长期批“智育第一”，忽视知识，不尊重知识分子。文化艺术怕“放”，多年来实行文化禁锢政策，使一些人形成一种观念，似乎百花齐放这个“放”字很危险，“放”就是自由化。广东、福建要搞特区，有些人又怕起“特”，等等。

“左”的思想影响特征之二是习惯性。任仲夷说：“左”的影响，由于时间长，使一些人成了习惯，遇事总爱用“左”的观点去看，用“左”的尺子去衡量，对于拨乱反正的许多政策和措施，总怀疑“是否右了”。“左”的影响还很顽固，清理一阵之后，有所收敛，稍有风吹草动，就又走回头路。

“左”的思想影响特征之三是虚假的“革命性”。任仲夷说：“左”的东西颇能迷惑人，因为它看起来很“革命”，似乎很“正统”。长期以来，在“左”的东西面前，正确的观点反而显得右。因此，人们在反右的时候，理直气壮，声高气粗；对反“左”就有许多顾虑。越“左”越吃得开，在“文化大革命”中表现得最突出。那时候，不少人都竞相表现自己比别人“左”。在当时的气氛下，用正确的观点批评“左”的观点，根本就批不赢。要想压倒某种观点，就得比它更“左”。只有用更“左”的观点去反对另一种“左”的观点，才能占上风。不少人学会了这个办法。一个造反组织已经够“左”了，另一个造反组织为了把它压下去，还硬说它是“保守派”、“保皇派”，无辜地打倒许多干部。本来已经“左”得出奇了，却还要批判它是“舍车马保将帅”，于是再打倒更多的干部。当时笼罩着社会的就是这么一种政治空气：把“左”硬说成右，不能批“左”，只能批右。……正是由于长期存在着这种不能反“左”的政治空气，致使“左”成了最难治的顽症。

“左”的思想影响特征之四是严重的危害性。任仲夷说：不清除“左”的影响，就搞不了现代化。“左”和党的改革开放现行路线是尖锐对立的。受“左”影响严重的人，对党的十一届三中全会精神是怀疑、抵触的，甚至是反对的。这样的人很难和党中央保持政治上的一致。有些人由于抱着“左”的观点不放，而对党的路线不满。当时有个自称是“关心国家大事的共产党员”的人，给报社写信，说什么现在实行的政策是“修正主义”，“资本主义已经复辟了”，“渴望回到毛泽东时代”（实际上是要回到“文化大革命”的时代）。任仲夷认为写这种信的人，很可能就是受“左”的影响特别严重，患了“左”倾顽症。

分析“左”的思想产生的原因

任仲夷说：20多年来，为什么总犯“左”的错误，而且越来越“左”呢？这有阶级的原因和历史的原因。他认为，中国本来是小资产阶级的汪洋大海，小资产阶级的偏激和狂热对我们党内和干部队伍中许多人有很深的影响。这是“左”的错误一再产生而且很有市场的主要阶级原因。他说：我们党领导人民推翻“三座大山”、取得政权以后，产生了一定的骄傲情绪，逐渐变得不谨慎了。这种骄傲情绪反映在对外方面，是惟我独革、惟我独左。反映在党内生活方面，是“一言堂”，不民主，后来发展到神化个人，搞个人迷信。建国以后，我们长期进行反修斗争，但是，我们在许多问题上特别是在社会主义应当实行什么样的国内经济政策等方面，没有弄清马列主义和修正主义的界限，有不少地方是批得不准确，甚至是不正确的。我们对外批了的，在国内的做法当然就要和它相反，和它对着干。这样，国际反修斗争中的偏差反映到国内问题上，也形成许多“左”的东西。特别是把国际反修斗争硬搬到党内来，硬要在我们党内找一个“中国赫鲁晓夫”，在“文化大革命”中发动全党全民批判刘少奇的“修正主义”，这就更使“左”的思想合法化、系统化、普遍化了。这些事情和毛泽东同志晚年的错误又是分不开的。许多“左”的东西，就是在这样一个复杂的特定的历史环境下产生的。

清理基本理论上的混乱

任仲夷说：“左”的影响所以如此广泛，如此难以纠正，还因为多年来在许多基本理论问题上存在着严重的混乱。由于长期的、反复的宣传和灌输，这些错误的理论观点已经深入许多人的思想，很不容易清理。这种基本理论上的混乱，突出表现在：

第一，把精神和物质的关系搞颠倒了。任仲夷说："物质是第一性的，精神是第二性的；存在决定意识，意识又对存在有反作用。这些都是唯物主义最基本的观点。在长期的战争年代，我们受的就是这种唯物主义观点的教育。当时并没有因为承认物质第一性而妨碍我们发挥主观能动性，我们正是由于用无所畏惧的唯物主义武装了自己，才战胜了强大的敌人。但是，从50年代末期以后，理论宣传上渐渐对唯物主义的基本观点产生了动摇。1958年，人的主观能动性被强调到了无视客观可能性的程度。人们的头脑已经很热了，还反复地批判'右倾保守'，批判'条件论'。'人有多大胆，地有多高产'，这种唯意志论的口号，就是那个时候出现的。以后，林彪又提出精神第一，政治第一，思想第一，完全背叛了唯物主义。他宣传个人创造历史，把个人迷信弄到近乎宗教狂热的程度。唯物主义基本观点的颠倒，对人们思想以至社会风气都造成了深远的影响。不尊重客观事实，遇事从概念和教条出发而不从实际出发，后来搞'两个凡是'，都和这种影响有关。"

第二，把生产力和生产关系、经济基础和上层建筑的关系搞乱了。任仲夷认为，承认生产力决定生产关系，经济基础决定上层建筑，同时又承认后者对前者的反作用，这是历史唯物主义的基本观点。他说："多年来，特别是在十年浩劫当中，理论宣传背离了这个基本观点，实际上宣扬了历史唯心主义。主要表现是，长期反复地批判所谓'唯生产力论'，批判'生产观点'，批判'把政治挂帅落实到业务上'，批判'只埋头拉车，不抬头看路'，批判'以生产为中心'，成年累月地宣传'突出政治'，贬低发展生产力的重要性，不让人们把工作重点转移到生产建设上来。"他还说：同时，还人为地制造生产关系和上层建筑领域里的"不断革命"，而这种"革命"的出发点又往往不是为了促进生产力的发展，而是追求更加"革命化"，更加符合"左"的概念。例如，工业上取消计件工资制，农业上推行大寨工分，搞穷过渡等，都属于这类生产关系的"革命"。不从有利于发展生产力出发，而从"左"的教条出发来看待经济政策，这种影响至今仍然相当广泛。工业和财贸方面的改革遇到那么大的阻力，健全农业生产责任制受到那么多的责难，都是这种"左"的影响在作怪。

第三，把主要矛盾和主要任务搞错了。任仲夷说：全国解放前夕，毛主席在党的七届二中全会上提出，进城以后最主要矛盾是无产阶级和资产阶级的矛盾。经过三年过渡时期，实现了“一化三改”。到1957年，毛主席根据新的情况，在《关于正确处理人民内部矛盾的问题》中正确指出：革命时期的大规模的急风暴雨式的群众阶级斗争基本结束，要正确处理人民内部矛盾，以便团结全国各族人民进行一场新斗争——向自然界开战，发展我们的经济，发展我们的文化。毛主席的这些论述，是符合我国当时实际情况的。本来应当沿着这个方向走下去，但不久却发生逆转。当年青岛会议上重新把阶级斗争提到首位。接着就开展大规模的反右派运动，产生了扩大化。1959年庐山会议期间又进一步提出：资产阶级与无产阶级两大对抗阶级的生死斗争在中国党内还要斗半个世纪。1962年北戴河会议又提出四个“存在”，强调阶级斗争要年年讲，月月讲，天天讲。1965年，更进一步提出重点要整党内走资本主义道路的当权派。“文化大革命”中又提出走资派是无产阶级专政下最危险的敌人，资产阶级在党内。可以看出，从50年代后期开始，关于阶级斗争成为主要矛盾的提法，越来越尖锐。

任仲夷认为，主要矛盾搞错了，一系列做法也就出了问题。无产阶级取得政权以后的主要任务由搞经济建设，变成了连续不断的政治运动。开战的对象由大自然变成了党内资产阶级。本来早就应当把工作重点转移到社会主义建设上来，却长期把重点放在阶级斗争上，导致了阶级斗争扩大化。他说：在主要矛盾和阶级斗争问题上的理论错误，引申出了许多“左”的观点和“左”的政策，并造成了许多冤假错案。

第四，把解决矛盾的方法弄偏了。任仲夷说：毛主席曾提倡过，解决人民内部矛盾要坚持“团结——批评——团结”的公式，要和风细雨。但是，这个方法后来没有得到很好地运用。片面强调“矫枉必须过正”，实际上鼓励了“宁‘左’勿右”。长期以来，“左”被看成是方法问题，不仅予以原谅，还要加以保护；右被看成是立场问题，狠批狠整。“文化大革命”期间，在无产阶级掌握政权的情况下，还在我们社会生活中鼓吹“暴烈的行动”，反对“温良恭俭让”，把打砸抢看成是“造反精神”。后来又发展到把造反、夺权、大民主这一套“文化大革命”的做法，确定为无产阶级专政下继续革命的基本方法，宣布还要进行多次。

任仲夷认为，理论上的混乱，不是短时间的，而是持续了很多年，过去“左”

的东西，宣传声势很大，影响是很广很深的。但由于“左”的观点和政策，既不符合实际，又违背群众的利益，所以，它是极不得人心的。现在农民怕政策变，为什么？就是因为他们拥护现在的政策而不喜欢过去那些“左”的政策。因此，我们既要看到清理“左”的影响的艰巨性，又要看到“左”毕竟是不受群众拥护，而且是坚决反对的。批判“左”的危害，清除“左”的影响，一定会得到干部和群众的拥护。

关键在于清除领导干部中“左”的影响

任仲夷指出，“左”的影响，主要表现在党内和领导干部中，而不在基层干部和群众。他说：清除“左”的影响，主要针对干部，特别是领导干部。使用的方法，不能搞运动、搞批判和斗争。主要应当通过加强学习，理论联系实际，总结经验教训，开展批评和自我批评，自觉地与党中央在政治上保持一致，正确地执行党的路线、方针、政策，排除“左”的和右的干扰和影响。

任仲夷说：小平同志最近一次谈话曾指出，“作为领导思想，重点一般是防止、纠正、反对‘左’的阻力和影响。至于不同地方、不同时间、不同问题，要按具体情况办”。我们要注意对具体问题作具体分析，不要把一切问题都归之于“左”。如对四项基本原则，就有两个方面的反对者。一种是反对党的十一届三中全会的方针，说现在的路线是“修正主义”，这是从“左”的方面来反对党的领导的。还有一种人是唯恐天下不乱，打着“民主”、“要人权”的幌子，串连成立非法组织，印发非法刊物，到处制造动乱，这种人是从右的方面反对党的领导，反对四项基本原则的。此外，还有极少数人崇洋不爱国，在外国人面前连国格和人格都不要了。有的干部贪污受贿，参与走私活动，大捞一把。有一些人极端个人主义膨胀，自私自利，损公肥私，损人利己，见义不为，甚至见死不救。有些干部搞不正之风。还有些干部怕得罪人，对违犯纪律现象不敢管，对错误和不良倾向不敢批评斗争。任仲夷认为，所有这些，当然不属于“左”的表现，不能按“左”的问题来解决。

任仲夷反复强调，有“左”要反“左”，有右就反右，是什么问题就解决什么问题。他说：我们在思想上应当既反“左”，又防右。但从领导思想上讲，重点应当是清除“左”的思想影响。决不能把反“左”和反右完全等同对待，更不能借口防右而抵制肃清“左”的影响。

（原载《当代广东》1996年第2期）

论任仲夷的价值观

田　丰

任仲夷同志以理论上的坚定性、彻底性和政治上的远见卓识，带领广大干部群众创造性地贯彻落实邓小平和党中央关于广东改革发展的战略思路，奋力杀开一条血路，堪称省委书记中的政治家。而支撑着任仲夷同志过人的政治勇气和理论勇气的，是历史唯物主义和辩证唯物主义的价值观。他对人民群众无限深沉的爱，对人类公平正义的执着追求，对社会发展规律的透彻理解，构成了他制定改革发展战略的出发点和落脚点，成为渗透在他的领导风格和工作、生活风格中的基本元素。

一、以人民群众为主体的实践价值观

马克思主义揭示人类历史发展规律，是为了人类解放，而首先是无产阶级的解放。马克思指出："哲学把无产阶级当作自己的物质武器，同样，无产阶级也把哲学当作自己的精神武器；思想的闪电一旦彻底击中这块素朴的人民园地，德国人就会解放成为人。"① 马克思主义的"思想闪电"颠覆了千百年来统治着社会历史发展学说的唯心史观，破天荒地指出了人民群众是历史的主体。

① 《马克思恩格斯选集》第1卷，人民出版社1995年版，第15—16页。

用主体意识唤醒人民群众，启发他们为自己的利益、为自己的解放而斗争，是马克思主义的首要任务，也是马克思主义创始人的伟大历史贡献。正如列宁所指出："马克思和恩格斯对工人阶级的功绩，可以这样简单地来表达：他们教会了工人阶级自我认识和自我意识，用科学代替了幻想。"① 任仲夷运用马克思主义这个基本原理，结合"文革"后拨乱反正、确立实事求是思想路线的实际，结合制定正确的政策措施、调动人民群众改革开放积极性的实际，阐发人民群众是历史活动的主体、人民群众的实践是思想解放的源泉、激发人民群众的创造精神是党和政府制定政策的出发点等观点，教育广大党员干部自觉遵循马克思主义的以人民群众为主体的实践价值观，把根扎在人民群众之中，真心实意地为人民群众的利益而奋斗。

"马克思主义从来都尊重群众的首创精神"，这是任仲夷的常用语。尊重人民群众的首创精神，是马克思主义历史观和认识论的首要的、第一的观点，是保证马克思主义政党的根本性质的前提，是制定和实施党的正确领导的基本要求。任仲夷同志鲜明的政治品格和理论品格之一，就是承认并重视发挥群众的主体创造能动性。他初到广东主政工作时，面对如何冲破僵化体制的束缚，打开改革开放和经济建设新局面的问题，大声疾呼："我们的出发点，是承认广大干部和群众中存在着建设社会主义的巨大积极性和创造性，有着无穷的智慧和活力，我们的政策就是要调动这种积极性和创造性，为这些智慧和活力的充分发挥创造条件。"② 人民群众的主体作用不但表现为实践过程中改造客观世界的物质力量，而且表现为群众实践经验为真理性认识提供源泉，为政策制定提供依据。任仲夷指出，"实践出真知，广大群众在长期的实践中，摸索和创造许多切合实际的经验。党的任务，就是善于总结群众的经验，进行理论上的概括，以实现认识上质的飞跃。党在经济建设和各项改革方面的理论就是来自人民群众的实践，群众的首创精神、群众的实践经验是我们制定政策和理论探索的重要来源和依据，党的政策和理论离不开群众的实践。"③1980

① 《列宁选集》第1卷，人民出版社1995年版，第89页。

② 张岳琦、李次岩主编：《先行一步：改革开放篇》（任仲夷论丛第2卷），广东人民出版社2000年版，第222页。

③ 张岳琦、李次岩主编：《是是非非：政治文化篇》（任仲夷论丛第3卷），广东人民出版社2000年版，第94—95页。

年任仲夷同志从辽宁调到广东时，正值人们对是否实行农村土地联产承包责任制意见纷纷之时，他从农民的愿望和实践经验出发，明确地赞同支持仁化县等地率先实行包产到户的改革。20 世纪 90 年代，顺德率先进行企业产权和经济体制改革，从上到下都有反对的声音，广东省委坚定地给予支持、引导和总结推广，任仲夷同志也鲜明地支持这一新的改革探索。他提出，总结我们党形成有中国特色社会主义的路线方针政策以及理论上的不断突破的历程，最根本的一条就是充分肯定群众的创造，总结群众的实践经验，集中群众的智慧，并上升为指导改革的政策和理论，农村改革是如此，国有企业改革以及对市场经济、公有制等问题认识上的突破也是如此。十一届三中全会以来，我国的改革开放正是以广大群众的实践创新为动力和基础，不断从凡事问姓“社”和姓“资”、姓“计划”和姓“市场”、姓“公”和姓“私”的思想束缚中解放出来，形成不可逆转的滚滚潮流，这是中国改革开放在不甚长的时间内获得巨大成功的奥秘之所在，也是以邓小平为代表的中国共产党领导人的智慧之所在。

任仲夷自觉运用邓小平的人民主体思想，在制定和实施农村改革开放政策的过程中，他创造性地提出“三顺”的工作方法。在 1981 年 11 月广东省委常委会上，他提出要坚持和完善农村生产责任制，要做到因地、因时、因事、因人制宜，“不能忽视因人制宜，包括干部经验、群众觉悟。群众喜欢接受哪一种责任制，不能采取强迫命令的办法去改变。就是群众选择得不对，也只能逐步引导，不能硬扭和硬顶。总的来说，政策对就顺路，顺路就能顺心（顺民心），顺心就能顺手，要做到‘三顺’。”①“民利”是“三顺”的基础。“必须使每项政策的制定和执行符合客观经济规律，有利于发展生产和改善人民生活。任何一项政策，制定和执行是否正确，必须以群众是否拥护，是否能促进生产的发展，是否使国家和人民都得到利益来衡量。能够实现这些要求的，就是正确的政策。反之，就不是正确的政策。”② 联产承包责任制不仅体现了“按劳分配”，而且有利于“各尽所能”，把公有制和个人积极性有机结合起来，使生产力得到解放，使农民收入大幅度提高，因而是好政策，要教育我们的干部，不能因为出了一点问题就对责任制发生动摇，反之，要在完善中稳定和坚持，让农民放心。

---

① 张岳琦、李次岩主编：《先行一步：改革开放篇》（任仲夷论丛第 2 卷），第 411 页。

② 张岳琦、李次岩主编：《先行一步：改革开放篇》（任仲夷论丛第 2 卷），第 406—407 页。

“民信”是“三顺”的保证。“在政策上，必须取信于民”，要避免农业丰收时多向农民要东西的“红眼”政策，还要避免在物质紧张时取消“包干”、“留成”、“奖励”的“急眼”政策。“不管是‘红眼’政策，还是‘急眼’政策，其结果都会失信于民，挫伤群众的积极性。”① 十一届三中全会以来党的农村政策总的来说是正确的，但在实施时不能搞“一阵风”，一切政策都要通过试验，在群众实践试验中证明是行之有效的，就要大力推广。“对于成功的经验不去推广，也是失误，是官僚主义。”② 即使是废除错误的和过时的政策，规定新的、对发展生产有利、对群众带来实惠的政策，也要经过调查研究，走群众路线，证明确实有利于发展，为广大群众欢迎之后，才能决定。

“民主”是“三顺”的关键。尊重人民群众的创造性和积极性，必须遵循毛泽东所倡导的实行从群众中来，到群众中去的思想方法，就是实践——认识——实践的方法，特殊——一般——特殊的方法，民主——集中——民主的方法。这个思想方法体现了唯物论、辩证法、认识论和唯物史观的统一，体现了马克思主义思想路线和政治路线的统一，体现了人民主体历史观和人民利益价值观的统一。任仲夷 1998 年在《百年潮》杂志上发表文章指出：“在民主基础上的集中，才是真正有权威的集中，这样的集中才真正有力量，才能做到政通令行，避免那种有令不行、有禁不止的情况出现。这就是我过去讲的‘顺路、顺心，才能顺手’的道理。现在我们按照邓小平理论指引的建设有中国特色的社会主义道路走下去，路子是顺的，再认真倾听群众的意见，顺乎民心，工作就一定会顺手。我们不是常说相信群众能够辨别是非、通情达理吗？正确理解和执行民主集中制也应当以这样的思想观念作指导。”③

二、使人民群众由穷变富的经济价值观

贫穷不是社会主义。邓小平这个论断颠覆了极左的社会主义的理解，恢复

① 张岳琦、李次岩主编：《先行一步：改革开放篇》（任仲夷论丛第 2 卷），第 406 页。
② 张岳琦、李次岩主编：《先行一步：改革开放篇》（任仲夷论丛第 2 卷），第 411 页。
③ 张岳琦、李次岩主编：《是是非非：政治文化篇》（任仲夷论丛第 3 卷），第 196 页。

了马克思主义的社会主义价值观。经济解放是社会进步和人的发展的前提，社会主义应比资本主义有更高的物质生产率，这是社会主义制度的历史合理性之所在；社会主义制度下人们应拥有一天比一天更丰裕的物质生活，这是社会主义制度的价值感召力之所在。沿着邓小平开辟的正确认识社会主义本质的道路，任仲夷在改革开放初期主持辽宁工作时，鲜明地提出要让人民群众由穷变富，到广东主政工作后大力落实党的富民政策，迅速打开了改革开放的崭新局面。与此同时，他从社会主义的基本经济规律、人的全面发展规律、共产党执政规律的高度对实现人民群众富裕安康作了大量论述，丰富了邓小平的社会主义富裕论。

社会主义基本经济规律是斯大林在《苏联社会主义经济问题》一书中提出来的，他主要从社会主义经济发展的手段和目的的辩证关系来表达这一规律："用在高度技术基础上使社会主义生产不断增长和不断完善的办法，来保证最大限度地满足整个社会经常增长的物质和文化的需要"。任仲夷同志 1980 年写下了《社会主义建设必须遵循社会主义基本经济规律》的长文，发表在《红旗》杂志上。他认为，对斯大林这一表述的准确性，人们可以有不同的看法，但是不能否认社会主义基本经济规律的客观存在，社会主义基本经济规律体现着社会主义生产关系的根本性质，制约着社会主义社会的其他一切经济规律和一切重要的经济活动。搞社会主义建设，如果不遵循这个规律，必然要受到惩罚。任仲夷从三个方面或者说三对关系展开论述。

一是生产和消费的关系。"人们不是为生产而生产，而是为了满足社会的需要而生产，生产出来的东西应当有用"。① 这本来是一个很简单的道理，但"左"的路线和观念把这个关系颠倒了，相当长的一段时间里是为政治目标而生产，或者为了追求产值和产量而生产，"以致于不能讲为满足人民生活而生产，不能讲革命的目的是为了解放生产力，让人民过富裕的生活，甚至连生产本身也受到了批判"。② 这种意识形态化、政治化的"为革命而生产"、"为生产而生产"的观点体现在经济政策上，是重积累轻消费，重建设轻生活。我国经

① 张岳琦、李次岩主编：《冲破禁锢：拨乱反正篇》（任仲夷论丛第 1 卷），广东人民出版社 2000 年版，第 152 页。

② 张岳琦、李次岩主编：《冲破禁锢：拨乱反正篇》（任仲夷论丛第 1 卷），第 153 页。

济发展一向有积累过高的倾向，那是在片面的工业化政策下，以牺牲人民群众的生活为基础实现的。任仲夷指出，既然生产是为了满足社会需要，那么生产就必须考虑消费的需要。消费并不是消极的，更不是消费越少越好。消费是维持生产的必要条件，没有一定的消费，劳动者就不能继续工作，生产也就成为不可能。消费还是生产的动力，它创造出新的生产的需要。既要反对离开生产去追求消费的倾向，也要反对不考虑消费而去盲目生产的倾向。

二是两大部类生产的关系。在“左”的思想影响下，我国长期以来重第一部类生产而轻第二部类生产，连人民群众的日用品供应都十分紧张。任仲夷认为，根据马克思关于社会再生产的理论和许多国家经济发展的实际来看，在技术进步引起有机构成提高的情况下，为了保持国民经济的高速度，生产资料的生产（第一部类）要比消费资料的生产（第二部类）增长得快一些，但并不是说，在任何情况下，第一部类都必须比第二部类增长得快。如在一定时期，由于消费资料的生产严重落后于生产资料的生产，就需要突出地加快消费资料的生产。“特别应强调的是，在社会主义制度下，发展第一部类生产一定要有为第二部类生产服务的明确目的，决不能使生产资料的生产脱离消费资料的生产、脱离社会需要去盲目发展”。① 任仲夷 1980 年来到广东后，在全省局以上干部大会上强调，在抓好能源、交通、粮食的同时，搞好城市卫生、交通、治安的同时，大力抓蔬菜、水果和肉、鱼、蛋等副食品的生产，提出要落实邓小平提出的改革要给人民群众以实惠的意见，要给人民群众以看得见的利益。“我们一切工作的目的，归根到底是为了满足社会日益增长的物质和文化的需要。我们必须经常牢记这一条。”②

三是计划与市场的关系。满足人民群众的生活需要，既有认识上的问题，更重要的是体制问题。在高度集中的计划体制下，僵化的体制和机制严重束缚了生产和消费的动力，短缺与匮乏似乎成了社会主义的一个特征。任仲夷在思考如何让人民群众生活好起来时深入到计划与市场的关系这个关键而又敏感的问题，率先从广东实践经验中提出要对外更加开放，对内更加放宽，对下更加放松，也就是要冲破僵化的计划体制，运用市场机制贯彻社会主义基本

① 张岳琦、李次岩主编：《冲破禁锢：拨乱反正篇》（任仲夷论丛第 1 卷），第 155 页。
② 张岳琦、李次岩主编：《先行一步：改革开放篇》（任仲夷论丛第 2 卷），第 13 页。

经济规律，让社会主义在与市场经济的结合中获得生机与活力。他举例说，广东是有名的“水果王国”，可是由于价格背离价值规律，妨碍了生产，老百姓很难买到水果。于是广东在全国率先放开了一批农副产品价格，刺激了生产，市场上水果很快多了起来。糖、食油、粮、鱼等价格改革都是广东最早开始的。任仲夷从广东实践中总结出一条，必须自觉地运用价值规律这只看不见的“手”来建设社会主义，“对于这只‘手’，我们既不能创造它，也不能改变它，更不能消灭它。但我们可以发现它、认识它、掌握它、利用它为社会主义服务。”①无论是社会主义的初级阶段，还是社会主义的高级阶段，都必须把握和运用价值规律来搞改革、谋发展，使人民物质文化生活获得永不枯竭的活水源头。

任仲夷认为，共产党人搞革命第一条是带领人民“由奴变主”，第二条是带领人民“由穷变富”。这是革命的目的，是我们党不懈奋斗的目标，是社会主义的本质要求。他明确指出：“由穷变富是真理，是社会主义社会的发展规律。要使我们的国家繁荣富强起来，使广大群众更富起来，这是共产党人在社会主义建设中的天经地义的职责。”② 为了消除人们对“富”的恐惧和疑虑，任仲夷还进一步对社会主义的“富”作了界定：“我们讲的富，是走社会主义道路的富，是依靠发展生产、巩固和发展集体经济致富，是以勤俭为手段的富，是兼顾国家、集体、个人三者利益的富。这样的富，是光荣的，越富越好。”③与资本主义少数人占有生产资料取得劳动者的剩余价值致富的方式相反，社会主义由于广大人民共同占有生产资料而使马克思关于劳动创造价值、劳动者通过自由劳动获得全面发展的生活资料的理想成为现实。“社会主义制度允许人们通过劳动达到富裕，并为劳动致富创造了条件。”④ 因此，任仲夷理直气壮地指出：“靠劳动致富是件大好事。”在社会主义条件下，一个劳动者生活得富裕，说明他劳动得好，同时也说明他对社会的贡献大。反之，你的日子过得比别人穷，只能说明你的劳动和工作不如人家好，不如人家勤俭。任仲夷用这些朴素语言和道理为人们冲破“左”的障碍，大力发展经济和勇于致富鸣锣开道，同时也阐明了马克思主义的劳动价值论不仅是理论的抽象，而且是历史的具体。

---

① 张岳琦、李次岩主编：《是是非非：政治文化篇》（任仲夷论丛第 3 卷），第 148 页。

② 张岳琦、李次岩主编：《冲破禁锢：拨乱反正篇》（任仲夷论丛第 1 卷），第 213 页。

③ 张岳琦、李次岩主编：《先行一步：改革开放篇》（任仲夷论丛第 2 卷），第 469 页。

④ 张岳琦、李次岩主编：《先行一步：改革开放篇》（任仲夷论丛第 2 卷），第 468 页。

在社会主义制度下，广大人民不仅要成为劳动的主体，而且要在公平的社会劳动中获得一天比一天更加丰裕的物质生活。

引导群众富裕起来既是历史规律的客观要求，也是一个辩证的过程。邓小平以政治家的大智慧，创造性地提出了让部分地区、部分人先富进来，以先富带后富，实现共同富裕的观点。任仲夷在主政辽宁、广东的工作中率行应用并发挥了小平的这个观点。他经常在干部群众中阐述“国强与民富”、“先富与后富”、“敢富与会富”的辩证法。他指出，民富则国强，要国强，首先要民富，特别是要使广大农民尽快富裕起来：富裕不是两极分化，是共同富裕，然而又不是同时富，不是齐步走，而是让有条件的农民阶层先富起来，发挥示范效应和拉动效应；仅是敢富、想富还不行，还必须找到致富的途径，要发挥代表农村先进生产力的阶层的积极性和创造性，要充分发挥科技和市场的功能来发展农业和农村经济。在20世纪80年代初，任仲夷在广东亲自抓推广专业户经验的全省性活动，通过召开全省专业户表彰会，营造敢富、会富的社会环境。他抓在山区发展商品经济的新战略，根据每个地方的实际提出致富的新路子。如在乳源，他提出十句话方针：“农林牧副渔，锡锑铋煤石，能源与交通，人才和技术，商品生产多，发展专业户，外引又内联，善断且多谋，班子要团结，致富靠政策。”① 这十句话体现了任仲夷运用辩证法指导农村工作的智慧，体现了他对农民富裕起来的热切期盼。

富裕并不是社会主义的全部，任仲夷从人的发展和社会主义制度的不断完善方面思考富裕的过程性及其人文意义，提出了“富亦思变，越变越好”的观点。新中国成立之初，毛泽东曾引用“穷则思变”的古语，激励中国人民发扬艰苦奋斗的精神，改变“一穷二白”的落后面貌。但在“文革”期间，“四人帮”把“穷则思变”引申出“穷则变、富则修”的谬论。经过20年的改革开放和现代化建设，广东人民率先摆脱了贫困，逐步走上小康富裕之路。特别是在珠三角地区，人们的生活已接近中等发达国家水平。但与此同时，一些社会丑恶现象有沉渣泛起之势，是否真的应了“富则修”之说？任仲夷分别在20世纪80、90年代多次批判这种“左”的歪论，解除人们对致富的疑虑，同时提出“富亦思变”，阐发了“富亦思变”的必然性和途径。

① 张岳琦、李次岩主编：《先行一步：改革开放篇》（任仲夷论丛第2卷），第451页。

任仲夷指出，穷则思变，富了也会思变，也应当变，必须变。富的变有两种，一种是极少数人会变坏，这是事实，但不代表社会主流，不代表社会发展一般规律。另一种是变得更好，包括物质生活和精神生活。物质上是富上加富，由小康之家到大康之家；精神上也有更高要求，道德情操达到更高境界，文化教育达到更高水准，言论行动更加文明。实际上进步与文明已成为当今社会的主流方向。我们党和政府在引导人民富裕起来以后，就要解决“富了怎么办”和“富亦思变，越变越好”的问题，引导人们往更好的方向发展。一靠正确的思想观念去教育引导，鼓励好人好事，宣传高尚的思想品德，扶持良好的社会风气；二靠社会法制，严格纪律，运用一定的经济手段和行政手段控制和防范可能产生的种种违法违纪行为，严厉打击坏人坏事，制止不良社会风气的蔓延。

如果说使人民由穷变富是共产党执政的基本任务，那么引导人民“富上加富，富亦思变”就是共产党执政的新理念、新目标。任仲夷敏锐地抓住了时代性的重大实践问题，较早地从理论上进行探索，为形成全面的科学的发展理论提供了新观念、新观点。从发展的中心任务来说，仍然要坚持以经济工作为中心，任何时候都不能因为富起来后过上了好日子淡化这个中心，不能因为富起来后出现各种消极现象而动摇这个中心。“不是主流是支流，莫把开始当过头”，只有紧紧抓住经济发展，加快经济发展，社会主义才有强大的物质基础。从发展的根本动力和目标来说，要比过去更加重视政治建设、社会建设和文化建设，促进社会全面进步和人的全面发展。任仲夷引用冉有和孔子的一段对话后指出，“两千多年前的孔子尚且懂得使人民‘富之’进而‘教之’的道理，我们共产党人应该比孔子站得更高，看得更远。我们推翻了三座大山，建立了人民的政权，让人民‘由奴隶变成主人’。我们又进行了改革开放和现代化建设，让人民‘由穷人变成富人’。现在人民富起来了，我们应当进一步加强两个文明建设，真正做到邓小平同志所说的‘两手都要硬’，使物质文明和精神文明共同发展、经济财富和道德财富同步增长。让人民‘由素质不够高的人变成素质较高的人’。这是当前一个极其迫切而重要的任务。”① 可见，任仲夷价值观的落脚点是人，是人的政治和经济地位的全面提升，是人的文化素质的全面发展。

---

① 张岳琦、李次岩主编：《是是非非：政治文化篇》（任仲夷论丛第3卷），第319页。

三、让人民群众真正当家作主的政治价值观

任仲夷的政治家品格，鲜明地表现在他对社会主义民主政治的深刻理解和大力倡导上。共产党人是人民群众利益的代表者，全心全意为人民利益而奋斗，不仅要争取人民群众的经济利益，还要争取人民群众的政治利益。民主，无论在资本主义还是在社会主义社会，都是人民群众政治利益的集中体现和基本途径。列宁十分明确地指出："没有民主就没有社会主义。"社会主义为民主政治开辟了广阔的道路，然而，社会主义民主在社会制度和社会生活的实现仍处于探索之中。中国改革开放要解决两大任务：一是发展物质生产力，二是发展民主政治；因而要推进两大改革：以发展市场经济为取向的经济体制改革，以及以发展民主政治为取向的政治体制改革。相对于前一个改革任务而言，后一个改革任务更艰巨更复杂。任仲夷同志作为一个清醒的马克思主义者，充分认识民主的意义，它关系到社会主义的前途命运，关系到中国改革开放的成功与否。他结合我国社会主义革命和建设的历史教训，从世界文明发展的大趋势和马克思主义的本质特征，阐述了不少关于发展社会主义民主政治的观点，为今天我们深化政治体制改革，建设和谐社会提供了可贵的思想养料。

任仲夷把社会主义革命的目的概括为两句话："由奴变主"、"由穷变富"。历史唯物主义的一个核心思想就是人民群众是历史的主体，是国家政治生活的主人。领导人民"由奴变主"，贯穿于社会主义革命的始终，是共产党执政目标和执政价值所在。任仲夷认为，我们党要始终成为民主的推动者和领导者。在新民主主义革命时期，我们党一直是民主潮流和民主运动的领导力量。早在五四运动时期，信仰马克思主义的先进分子，就为"科学和民主"的口号英勇而战。抗日战争时期，毛泽东提出"民主是抗日的保证"。我们领导的抗日根据地就称为抗日民主根据地，根据地的政府称为抗日民主政府。解放前夕，毛泽东在回答一位朋友关于中国共产党如何避免封建王朝兴亡轮回的命运时说，我们找到了一个根本的法宝，那就是民主。然而，新中国成立以后的长时间内，党内党外民主生活严重不正常，"文革"中更是被践踏，民主的缺失给人民和

国家带来了极大的伤害，也严重影响了执政党的形象。

任仲夷多次引用辽宁省女共产党员张志新在“文革”中被杀害的事例，强调吸取惨痛历史教训，加强民主和法制建设的极端重要性。任仲夷对张志新表示了崇高的敬意：“这样一位年轻的同志，在当时那种错综复杂的斗争中，能够对大是大非问题认识得那样深刻，表现了那样高的马列主义水平，那样英勇无畏的斗争精神，确实是伟大的。我们党一向提倡‘五不怕’精神（指不怕批评、不怕处分、不怕离婚、不怕坐牢、不怕杀头的大无畏革命精神），张志新同志是真正做到了。她为了坚持真理，被开除了党籍，抓进了监狱，抛开了家庭，最后被杀了头。这一切都未能使她在真理的立场上后退一步，未能使她屈服。她的光辉形象，同历史上的许多英雄人物相比，毫不逊色。”① 他认为，这样的冤案竟然在社会主义社会中发生（尽管是在“文革”的特殊历史条件下），说明了我们的社会主义民主和法制有严重的缺陷和漏洞，从中吸取的教训是多方面的。譬如抓不抓“思想犯”要很慎重，“在历史上，凡是滥抓滥杀‘思想犯’的，无不留下恶名。滥抓‘思想犯’还容易伤害好人和社会的优秀分子”；② 又如要坚持一切按照法律程序办事，“无论处理哪一类矛盾，都必须充分依靠人民群众，严格遵守社会主义法制”。③ 更为重要的是，党内生活必须正常化。党内民主空气如何，影响整个社会的民主风气，党规党纪是否能得到严格遵守，影响到整个社会的法治秩序。为了健全社会主义法制，党内必须有正常的民主生活，必须有实事求是、言者无罪的健康风气。对每个共产党员来说，应学习张志新解放思想、独立思考、坚持真理并勇于为真理而献身的革命精神。党内生活与国家生活真正民主化了，人民的民主权利就得到切实保障，就从根本上铲除了类似张志新事件这样的历史悲剧可能重演的政治土壤。

发展民主，是中国改革深入发展的内在迫切要求。任仲夷认为，社会主义改革是全面的、整体的改革，是经济、政治、社会、文化的系统转型。中国经济体制改革是成功的，然而，政治体制改革是滞后了。民主政治不是可有可无的，它是市场经济不可或缺的制度形式，是中国走向世界、走向全球化的必然

---

① 张岳琦、李次岩主编：《冲破禁锢：拨乱反正篇》（任仲夷论丛第1卷），第291—292页。
② 张岳琦、李次岩主编：《冲破禁锢：拨乱反正篇》（任仲夷论丛第1卷），第293页。
③ 张岳琦、李次岩主编：《冲破禁锢：拨乱反正篇》（任仲夷论丛第1卷），第294页。

选择。中国特色的社会主义，不仅表现为社会主义与市场经济的有机结合，而且表现为社会主义与民主政治的有机结合。任仲夷从社会主义的人民性、普世性的价值内涵出发，阐述了民主的若干特征，如主权在民，由民作主；多数决定，保护少数；权力制衡，互相监督；依法治国，保护人权等等。他说西方民主制度的形式我们不需要照搬，但那些具有普世价值的民主原则恐怕不能违背。他特别强调言论自由，认为对一个党、一个国家来说，鸦雀无声是危险的，让每个人都有表达权利，是和谐社会的一个重要前提。“言论自由对于社会的和谐发展非常重要，一个人不犯错可能吗？重要的是能够及时把错误公开，接受监督从而改正错误。这样一个人就可以在改正错误中成长并强大起来。对于一个国家来说，亦是如此。如果我们国家真正做到了言论自由，就不可能发生反右、大跃进、文化大革命这样的人间悲剧。现在有人一提‘言论自由’就说是西方资本主义的东西，就是不坚持马克思主义。其实这些人不是无知就是明知故犯。只要读过马克思著作的就知道，第一卷第一篇就是马克思主义的《评普鲁士最近的书报检查令》，通篇都体现了言论自由精神。”① 可以说，在党内高级领导干部中，对于民主政治的重要性及其实质、内涵，任仲夷的认识是很深刻的，体现了彻底的唯物主义者的品格和精神。

过去，我们为了论证中国社会主义产生的必然性及其不可逆转性，下大气力论述社会主义革命跨越“卡夫丁峡谷”的可能性，而忽略了对东方社会主义包括中国社会主义在实践中批判封建主义，减少封建因素对社会主义政治文化发展的影响，甚至有时还以封建主义批判资本主义，走了弯路。列宁说过：“同社会主义比较，资本主义是祸害。但同中世纪制度、同小生产、同小生产者涣散性引起的官僚主义比较，资本主义则是幸福。”② 任仲夷结合中国社会主义实践的历史教训，用历史的、辩证的眼光分析社会主义与封建主义、资本主义的联系，特别强调要充分认识封建主义因素对社会主义民主政治的危害。他多次指出，在走向现代化的道路上，我们反对封建主义的任务还很重。

任仲夷对封建主义在现实生活中的表现、影响作了概括：经济上的条块割据，追求自给自足的“小而全”倾向；政治上的家长制、一言堂；组织上把党

① 关山：《任仲夷关于政治体制改革的思想》，载《炎黄春秋》2006年第11期。

② 《列宁选集》第4卷，人民出版社1995年版，第510页。

内关系和工作关系搞成君臣关系、父子关系和宗派关系等等，论资排辈也是典型的封建主义。他指出，封建意识渗透在我们的日常政治行动之中，如一个省委书记、市委书记、县委书记，坐个公共汽车，下个饭馆吃个饭，就不得了，就登报，这在国外就可能不理解，因为那是平常事。正由于封建主义在党内政治生活的泛起，造成了一些干部任人唯亲、买官卖官等用人方面的腐败，这是老百姓最痛恨的最大腐败。在任仲夷看来，不能把这些腐败都归咎于资本主义，不能批了资本主义而漏了封建主义，“出这样那样问题的人，我敢说百分之八九十，都是由于他们脑子里还存在着浓厚的封建腐朽思想。”①

封建主义在中国有几千年的历史，它深深地渗透于我国社会生活的各个方面，特别是个人专权、君临天下的帝王思想更是常常影响着社会政治生活，以各种方式顽强地延存着，可谓“百足之虫，死而不僵”。这种封建政治特征也在我们党内时有表现。任仲夷对这种专制的封建政治十分痛恨，不仅结合“文革”的教训深挖封建专制政治对社会主义民主造成危害的形式和原因，而且对改革开放中新冒出来的集权主义思潮痛加批判。20 世纪 80 年代后期，出现了一种主张以铁腕推进体制改革的“新权威主义”，不少人为之叫好，任仲夷公开表示不赞成，指出：“新权威主义主张靠强人政治，说白了，是要靠开明君主、铁腕人物。这种主张无法解答怎样才能找一个真正代表人民意志的铁腕人物，找到后又怎样才能保证这个铁腕人物不会犯独断专行的错误。……在现代社会，不讲制度和监督，不讲决策的民主化和科学化，光靠少数人的权威是不行的。不努力发扬民主，健全法制，以法治国，单靠权威行事，弄不好，新权威就可能变成旧权威，还是个人说了算那一套。过去我们党内，以及国际共产主义运动史上，吃盲目崇拜个人权威的亏，难道还少吗？”②他认为，权威来自人民，得民心者得权威，失民心者失权威。强调民主、科学、法制，强调人民意志的权威性，这是任仲夷政治民主价值观的基本立足点。

人民群众当家作主，是社会主义之所以有不可遏止的感召力和吸引力的根本，是我们党之所以受到广大人民群众拥护和支持的根本。来之人民，依靠人民，服务人民，情系人民，保持与人民群众的血肉联系，是我们党最大

① 张岳琦、李次岩主编：《是是非非：政治文化篇》（任仲夷论丛第 3 卷），第 113 页。
② 张岳琦、李次岩主编：《是是非非：政治文化篇》（任仲夷论丛第 3 卷），第 70—71 页。

的政治优势，在改革开放和发展市场经济的条件下，能否自觉地坚持做到这一点，关系到党的性质，关系到党的命运。为此，毛泽东提出了从群众中来到群众中去的群众路线；邓小平提出了一切看“群众拥护不拥护，支持不支持，满意不满意，高兴不高兴”的评价标准；江泽民提出了代表最广大人民群众根本利益的基本要求；胡锦涛提出了“情为民所系，权为民所用，利为民所谋”的执政原则。归结起来，就是要永远摆正党与人民，领导与群众的关系，不能颠倒这种关系。小平同志说：“我是中国人民的儿子，我深情地爱着我的祖国和人民”，体现了中国共产党人的崇高品格，感动了千千万万的中国人民。任仲夷经常引用小平同志这句话，他说：“邓小平同志说自己是中国人民的儿子，我赞成这样的提法”，与此同时，他对一些领导干部以“父母官”、“老板”自居等不良现象进行了评论，从中引申出防止公共权力异化的观点和道理。任仲夷指出，现在有一些党和政府领导干部，常常以“人民的父母官”自居，一些群众也常把人民做好事的干部称为自己的“父母官”，这里有某种亲民之情或感恩之情，然而相互间的关系完全颠倒了。我们的各级干部，所有工作都是为了一个目的，就是为人民群众谋取利益。各级公务员实质上都是人民的勤务员。干部为人民做事是应该的，怎么能称为人民的“父母”呢？这是封建时代的提法，连资本主义都不这样叫，没有听说美国的州长、总统称自己是美国人民的“父母官”的，也没有听说美国人民称他们的州长、总统为“父母官”的。还有一些领导干部习惯甚至喜欢手下人称自己为“老板”，其实所谓老板不过是“掌柜”，是生意场上有资本能拍板的人，而我们党政部门的一些领导，特别是一些党委书记和政府领导人，对手下人称自己为“老板”习以为常，不以为非，这就奇怪了。这些称谓上的变化，实际反映了我们一些领导干部思想上的变化，是浓厚的封建意识在市场经济条件下沉渣泛起的一种表现。

为民作主与由民作主似乎是一字之差，但反映了两种执政观的区别。为民作主在封建时代是很好的，如戏曲《七品芝麻官》有句唱词，“当官不为民作主，不如回家卖红薯”。这句话今天很多人耳熟能详，说明人民群众太需要忠诚为他们服务的好官。但在现代社会，对以立党为公、执政为民为宗旨的共产党人来说，为民作主就显得居高临下，违背了马克思主义让人民群众自己解放自己的根本原则，与现代民主相悖。任仲夷指出：“我们党说民主民主，应当是由民作主，人民有权要求干部做这些事，也有权要求干部不做那些事。领导干部做主，也只能代表人民的利益，反映人民的意愿。况且当领导决定问题时，也要经过一定的民主程序。人民当家作主，各级干部是人民群众的公仆，不是人民群众的主人。”①

“水可载舟，亦可覆舟”，这句历史名言对于提醒我们脱离人民群众就有丧失执政资格的这个意义上是形象深刻的，但对共产党人来说，党与人民、领导与群众决不仅是舟与水的利害关系。人民群众不仅仅是工具性的载体，而且是我们党执政之基、力量之源，切记自己是人民的儿子，以人民价值为根本出发点和落脚点，我们党才能永葆来自人民、为了人民的根本特性，才能永葆先进性和创造活力。

四、开放包容的文化价值观

任仲夷对广东的影响是深远的，这不仅由于他主政广东工作期间以卓越的战略眼光打下了广东改革开放的坚实基础，更由于他深刻的思想观点、鲜明的创新精神和开放的文化风格，留给广东干部群众十分珍贵的精神财富。尊重知识、尊重人才，倡导和而不同的多样化的文化价值取向，这是任仲夷文化思想的核心，体现了任仲夷对世界文化潮流、中国当代先进文化、岭南文化风格的融会贯通，体现了他对马克思主义的科学理性精神和人文关怀精神的把握和实践。

文化的源泉是实践，文化的主体是人，就实践的客观性和人的社会性而言，文化具有统一性和普适性，然而由于实践的时空差异性，由于主体的区域性、民族性、个体性特点，文化又具有多元性、多样性、多层次性，否认文化的统一性，可能导致文化相对主义，否认文化的多样性，可能导致文化专制主义。对于中国现代社会转型时期来说，如何把坚持马克思主义的指导与多元文化价值取向统一起来，建设一个既有核心价值维系又和而不同的自由开放的和谐文

① 张岳琦、李次岩主编：《是是非非：政治文化篇》（任仲夷论丛第3卷），第214页。

化体系，是中国特色社会主义建设的一个重大任务。多年来，不少干部习惯于用一种文化价值、一种文化口味来领导文化工作，窒息了文化的创造活力，满足不了广大人民群众日益增长的文化精神需求。任仲夷认为，改革开放所引起的社会生活的革命性转型，使社会文化生活变得多样化和多层次化了。“我国正处在新旧两种体制交替的时期，人们的思想观念正在发生很大变化。如果再像过去那样，对某一事物的认识，往往由某个领导人‘一锤定音’，要求大家在同一时期对同一事物都只能说‘好’，或说‘不好’，要求‘舆论一律’，实践已经证明是行不通的。在改革开放中，人们的思想异常活跃，这是件好事，是合乎历史发展规律的。”①

首先，改革开放激活了人们的文化个性。真理与谬论、美与丑、好与坏都有一定的客观标准，但是人们对事物的认识及审美价值是不可能完全一致的，因为人们的出身经历、文化科学知识结构，思想理论水平，看问题的角度和兴趣爱好等都不尽相同。好比吃饭，众口难调，对文学艺术的欣赏犹如吃饭，不能要求人们都是一个口味。比如音乐，有人喜欢现代流行音乐和通俗唱法，有人喜欢《洪湖水，浪打浪》、《春江花月夜》、《蓝色的多瑙河》等，也都是很自然的。难得的是，在当时社会上对通俗歌曲评价很不一致，甚至一些行政部门视其为异端的情况下，任仲夷同志认为，既然那么多人喜欢听、喜欢唱，那当然是好的，尽管他表示他个人更喜欢民族的、幽雅的、古典的音乐。他有针对性地指出，领导干部不要根据自己兴趣爱好轻易作结论，说什么好，什么不好，不能在艺术的问题上充当“裁判”和“法官”。允许差异，允许讨论，允许有不同的意见，才有文艺的繁荣。

其次，人们的文化需求是分层次的。人们在文化欣赏和消费上是分层次的。适应不同层次的需要，文化艺术也应该多样化，古典的、现代的，中国的、外国的，严肃的、通俗的，都要有。无论是“阳春白雪”还是“下里巴人”，不同风格的文艺产品都应该向人民群众提供，不能再回到“八亿人民只看八个样板戏”的时代。在文化消费上也提倡多样化，根据收入差异，有的人可以打高尔夫球、网球，有的人只能打桌球或乒乓球。如同生活消费不能搞一刀切一样，文化消费更不能不分层次地统一要求。

① 张岳琦、李次岩主编：《是是非非：政治文化篇》（任仲夷论丛第3卷），第364页。

再次，复杂的社会生活要求信息的多样化。新闻报道是社会实践的反映，改革开放带来了社会生活的变革和复杂多样，新闻报道也应在内容上、形式上、风格上跟上时代的步伐，敢于求真，敢于创新，才能反映火热的群众实践，才能引领时代的潮流。任仲夷同志针对新闻改革迈不开步伐的现象指出："如果报纸刊物'舆论一律'，写文章千篇一律，处理问题绝对化，'一刀切'，提倡什么就一哄而上，一面倒，那就太简单化了。所以如此，很大程度是过去那种自上而下的风气造成的。"① 他鼓励《南方日报》要办成从版面到标题都使人感到新颖、醒目、生动、活泼，令人爱不释手的好报纸；鼓励《羊城晚报》要努力形成和发展自己的独特的风格，突出"三性"（即知识性、趣味性和地方性）；鼓励记者写出"奇文"，敢于提出和回答问题。他认为改变"一刀切"、"绝对化"的弊病要从两方面努力：下面要敢于创造，敢于突破，领导者则要敢于支持这种勇于开拓创新的人。同时他指出，这是一个转型发展的过程，欲速则不达，但希望能尽快缩短这个过程。

"双百"方针是毛泽东提出的党领导文化、文艺工作的指导方针。邓小平结合新中国成立以来我国文化建设的经验教训加以发展，明确倡导创作自由。他指出，文艺要坚持"为最广大的人民群众、首先为工农兵服务的方向，坚持百花齐放、推陈出新、洋为中用、古为今用的方针，在艺术创作上提倡不同形式和风格的自由发展，在艺术理论上提倡不同观点和学派的自由讨论。"② 任仲夷认为，文化建设是党的一项重要任务，当前党对文学事业领导的一个重要任务，就是坚定地保证作家的创作自由，包括作家对题材和主题的自由选择，思想感情的自由抒发，不同艺术观点的自由讨论，以及多种艺术形式的自由发展，都是创作自由的具体表现，必须加以保护。③

正确处理文艺与政治的关系，是保证创作自由的前提。任仲夷十分赞成邓小平关于反对机械地要求文艺服务政治的观点，认为作家、艺术家应当有社会责任感、使自己的创作更好地为人民服务，为社会主义服务；但并不是要求文学艺术从属于临时的、具体的、直接的政治，并不是要求文学艺术一味歌

① 张岳琦、李次岩主编：《是是非非：政治文化篇》（任仲夷论丛第3卷），第366页。
② 《邓小平文选》第2卷，人民出版社1994年，第210页。
③ 张岳琦、李次岩主编：《是是非非：政治文化篇》（任仲夷论丛第3卷），第358页。

功颂德，而是要遵循文学艺术的特征和规律，满足人民群众的文化艺术需求。只要是人民群众喜闻乐见的作品，都应该允许存在和发展。我们要相信人民群众有鉴别是非和美丑的能力，作品的思想成就和艺术成就，应当由人民来评定。在文艺创作和文艺批判领域里的行政命令必须废止，干涉过多的偏向必须纠正，“左”的影响必须废止。党和政府应当做的，首先是执行正确的政策，造成有利于创作自由的环境和气氛；同时还要为作家的创造性劳动提供必要的物质条件。这“三个必须”和两项任务的提出，发挥了毛泽东、邓小平的文艺思想，奠定了广东文艺工作的基调。广东改革开放以来的30年，产生出不少优秀的文学、影视、音乐、美术等作品，为全国文化艺术界所瞩目，不能不溯源于任仲夷所倡导的尊重创作自由的文艺理念及其所制定的文艺政策。

任仲夷对知识、文化的高度重视，集中在他对知识分子的重视和爱护上。凡他工作过的地方，知识分子普遍感到心情舒畅。他与知识分子广交朋友，坦诚交谈，共商时政，同品艺术，在知识分子中有很强的亲和力，有很高的威信。任仲夷的知识分子价值观建立在科学技术是第一生产力的基础之上。他由衷地赞成邓小平在全国科学大会上的讲话，指出这个讲话运用马克思列宁主义、毛泽东思想，从理论与实践的结合上，对科学技术是不是生产力，脑力劳动是不是劳动人民的一部分，对知识分子队伍如何估计等一系列重大问题作了非常透彻的阐明，从根本上砸碎了长期以来“左”的路线套在广大知识分子身上的精神枷锁。他提出，领导干部要在思想方法上来一个大转变，要真正把广大知识分子当作工人阶级的一部分（而且是非常宝贵的一部分），要真正尊重知识，尊重科学，尊重科学家和各方面的专家。

任仲夷对党的知识分子政策的形成和发展以及其中的经验教训进行了总结，指出，“历史经验证明，知识分子政策的正确与否，直接关系到革命和建设事业的成败。”① 抗战时期毛泽东在为党中央写的《大量吸收知识分子》的决定指出，“没有知识分子的参加，革命的胜利是不可能的。”但在1957年后很长的时间内，知识分子被划到资产阶级的范畴，几乎每次运动他们都挨整，“文化大革命”更是登峰造极，给社会主义事业造成了巨大的损失。所以，任仲夷认为，要落实知识分子政策，最根本的是要解决对知识分子的认识问题，清

① 张岳琦、李次岩主编：《是是非非：政治文化篇》（任仲夷论丛第3卷），第409页。

除贬低知识分子的“左”的思想。一些干部对知识分子始终不能在感情上融合起来，是多年来宣传和舆论造成的。过去连演戏和文艺作品中，知识分子的形象都往往是保守的、草包的，读书多似乎是一种罪过。针对一些领导干部对知识分子的偏见，任仲夷在《羊城晚报》发表的谈话明确提出，“知识分子成堆好，知识分子多，知识就多，各项工作发展就会快。”①

重视知识分子，不仅要发挥他们在发展科技生产力方面的作用，而且要发挥他们在宏观决策上的作用。任仲夷在改革开放之初就提出，“制定重要的决策时，要充分听取专家们的意见，这应当成为一项制度。”② 也就是说，实施科学决策，民主决策，不应由领导个人的水平或爱好所决定，而是一种制度化的要求，不能因领导人的能力高低而偏废，不能因领导人的变动而随意变更。

在落实知识分子政策，创造良好的有利于知识分子成长、锻炼、发挥作用的物质、政治、社会条件方面，任仲夷发表了许许多多的讲话和意见。例如，如何不拘一格选拔人才的观点，把引进人才与培养人才结合起来的观点，选拔人才既要看文凭更要看实际水平的观点，让人才在竞争机制中脱颖而出的观点，建立人才学的观点，等等。他较早提出知识分子的使用不应受行政级别的限制。1981 年 9 月他在听取广东省社会科学院汇报工作时提出，过去我们习惯把一个科研单位机械地比照行政单位，研究人员的待遇框得很死，不利于积聚人才，其实，这些单位的科研人员可以高于或低于组织规定的单位的级别。广东是改革开放的前沿，需要大量的人才，尤其重要的是高级的人才，职能部门要研究制定灵活特殊政策，吸收国内外的人才到广东创业干事，这是广东长期快速全面发展的迫切要求。

（原载《学术研究》2009年第10期）

---

① 张岳琦、李次岩主编：《是是非非：政治文化篇》（任仲夷论丛第 3 卷），第 412 页。

② 张岳琦、李次岩主编：《冲破禁锢：拨乱反正篇》（任仲夷论丛第 1 卷），第 254 页。

搞社会主义市场经济必须重视和发挥“两只手”的作用

李次岩

“搞社会主义市场经济，必须同时重视两只手的作用，一只手是国家管理、行政干预这只‘看得见的手’，一只手是市场这只‘看不见的手’。正确运用‘看得见的手’，为的是更好地发挥‘看不见的手’的作用。”这是中共广东省委原第一书记任仲夷不久前和笔者交谈时，对社会主义市场经济问题所谈到的看法。

当前发展市场经济必须正确认识两只手的性质和关系

任仲夷同志尽管早已从广东省委领导岗位上退下来，依然时时关注和思考我国如何发展社会主义市场经济的问题，曾多次在党和国家的重要会议以及报刊上，呼吁要高度重视和充分发挥市场调节和价值规律的作用。去年 11 月间，他因病动了手术，笔者前去探望。他显得比过去清瘦，两鬓霜白，但双眼仍显露出深邃睿智的光彩。他对自己的健康状况谈得很少，却对如何发展市场经济谈了自己思考已久的见解。

任仲夷说，从全局讲，要坚持两手抓，一只手抓物质文明，一只手抓精神文明。从社会主义市场经济这个范围讲，也有两只手问题。计划管理、宏观调控、行政干预等等手段，属于“看得见的手”，也就是“有形之手”。市场调节作用，则属于“看不见的手”，也叫“无形之手”。

任仲夷认为，自从中央把建立社会主义市场经济体制确定为我国经济体制改革的目标后，大家谈计划和市场的“结合”已经很多了，但还必须同时看清并重视它们之间的差异和矛盾。要明白，两只手的性质是不同的，根本差异就在于，“看得见的手”是人们主观意志和行为的体现，而“看不见的手”是客观经济规律的必然作用。前一只手属主观因素，后一只手属客观因素。计划调控、行政干预这类人的主观行为，可以有各种做法，但都不能脱离或违反“看不见的手”的要求。当“看得见的手”符合客观因素这个要求时，它的作用是积极的，是推动生产力发展的。否则，就会起相反作用，会阻碍生产力的发展。

“看不见的手”作为客观规律，只要有市场经济这个条件，就一定会或急或缓地以各种形式体现出来，人们既不能创造它，也不能消灭它，只能利用它为人类谋利益。因此，必须善于驾驭它，特别是善于适应它，而适应的目的，全在于利用。如果运筹和发挥得好，它的作用就从正面表现出来，为人们造福。发挥得不好，它就从反面起作用，使人们碰壁。因此，正确认识两只手的性质，处理好两只手的关系，是当前发展社会主义市场经济的一个极其重要的问题。

市场经济发展的历史表明必须重视两只手的关系

任仲夷又说，历史经验表明，处理两只手的关系，是发展市场经济贯穿始终必须解决的核心问题。在18世纪中叶，英国工业革命的前夕，英国古典政治经济学家亚当·斯密最早提出，资本主义经济的发展受着市场这只“看不见的手的指导”，主张自由放任，反对国家干预经济。斯密的理论对促进自由资本主义经济的发展起了重大作用。资本主义进入垄断阶段后，20世纪30年代出现了严重经济危机，英国现代资产阶级经济学家凯恩斯的学说在资本主义世界占了上风。他主张国家要干预经济生活，在市场这只“看不见的手”的基础上，再加上国家宏观调节这只“看得见的手”。自此，各主要资本主义国家逐步实行国家干预，在市场经济基础上引进计划机制，一定程度上削弱了自由竞争无政府状况和由此而产生的经济危机的破坏性，使现代资本主义经济得以延续并有较快的发展。

自从世界上第一个社会主义国家苏联产生以来，几乎所有的社会主义国家都照搬苏联模式，实行高度集中的中央计划经济体制，都主要靠指令性计划和行政措施这只“看得见的手”，忽视或否定市场和价值规律这只“看不见的手”，充其量只把它当作不得不在一定范围内暂时保留的可怕自发势力而加以限制。

我国自20世纪50年代以来，也仿照苏联的做法，实行高度集中的计划经济体制，这在新中国成立初期确实取得一定成效。但这种忽视或否定“看不见的手”的做法，实践越来越证明是十分有害的。包括我国在内的所有实行计划经济体制的社会主义国家，经济上都先后不同程度出现困难，在与资本主义的竞争中处于劣势。

我国自中共十一届三中全会以来，经过十几年改革开放，逐步改革传统的计划经济体制，市场经济可以说从无到有，从小到大，取得了巨大成功，人民生活水平和综合国力有了较大提高。

历史表明，无论资本主义经济，还是社会主义经济，只知发挥一只手而不知发挥另一只手的作用，都是不行的。在社会主义条件下搞市场经济，毫无例外要受市场这只“看不见的手”的指导。

两只手中“看不见的手”是基础

如何认识两只手的关系？任仲夷说：首先，两只手是有机的结合，离开哪只手都会出问题，特别在由计划经济向市场经济过渡时更为重要。不过，这两只手绝不是平起平坐的。哪个是基础呢？我认为只能是以市场为基础。“无形之手”起决定性的作用，“有形之手”必须适应它的要求。价值规律和供求法则对社会主义市场的自发调节总是要进行的，并不以人们的意志为转移，“无形之手”无时不在起作用，你想不让它发生作用，是不可能的，主观意志违背客观规律总是不行的。

我们必须学会善于运用“有形之手”的本领。运用的目的，不是让“无形之手”不起作用，这实际上是做不到的，相反，是让它更好地起作用。“无形之手”的自发作用不加限制，也会有消极作用，也会出问题。当出了问题时，“有形之手”也要对它进行限制。不过，这种限制，必须按照“无形之手”本身的特点和规律来进行，而且必须掌握一定的力度。过轻，解决不了问题。过重，限制过多，为时过久，又会使它从反面起作用，对人的消极作用更大。这个力度必须掌握得很好。掌握到什么程度，只能以既控制消极作用又不过分压抑经济发展为度，归根到底，要有利于促进生产力的发展。这件事，说来容易，做起来极不容易。但我们别无选择，只有在市场经济的实践中努力学习。

要懂得，有时候我们为了某种需要不得不用“有形之手”去限制“无形之手”的作用，主观行为并不完全符合客观要求，这只能是暂时的，有限度的，因为主观因素不可以长期地严重地违背客观因素，否则，那只“无形之手”就一定会顽强地通过某种扭曲的方式表现出来，就一定要冒出来狠狠地惩罚人们。行政干预如果脱离市场实际，违背价值规律要求，则干预越大，其消极作用与破坏性就越大。1958 年，我们头脑发热，不顾当时生产力发展水平，搞“大跃进”、刮“共产风”，结果遭受很大挫折，国民经济濒临崩溃。这种情况自新中国成立以来一再发生，这样惨痛的教训至今记忆犹新。说到底，正确和善于运用“有形之手”，实质上是正确认识和善于掌握客观规律的问题。

任仲夷强调：现在我们搞市场经济，才起步不久，对市场还很不熟悉，而对过去的计划经济体制那一套有时仍觉顺手。当市场经济出现一些新情况，人们对此不适应，往往会有意无意地用过去熟悉的旧办法来处理新问题。我们通过政府行为，通过行政干预，包括运用行政和法律手段，以及过去驾轻就熟的指令性经济手段，暂时限制“无形之手”的作用，这种做法某些时候是必要的。但要注意，这只是不得已而为之，既不能为期过久，也不能用力过度，不然最终还是我们自己吃亏。这是必须竭力避免的。

当前，我们运用各种行政手段和经济手段来抑制通货膨胀，这当然是十分必要的。通货膨胀不解决，改革和发展就受到严重的影响。对此各级政府作了很大努力，这无疑是应当充分肯定的。但通货膨胀是十分复杂的现象，必须深入研究并顺着它本身的规律去加以解决。需要采取多种措施，而各种措施都有它的副作用，要掌握适度，否则会顾此而失彼。例如收紧银根是抑制通货膨胀的常用办法，但如果过度地收紧银根，就会使许多企业正常的业务无法开展，又会出现另外一些负面影响，如企业效益下降，失业人员增加，社会问题增多，等等，处理不好，会出现“滞胀”的局面。所以，我们在运用“有形之手”时，应当充分考虑到“无形之手”的作用。为什么过去我们常常出现“一放就乱，一乱就收，一收就死”的现象呢？关键还是这两只手的关系处理不好，忽视了行政干预手段必须建立在市场规律这个基础上。

“看不见的手”是连接政府与企业的桥梁

怎样才能发挥好两只手的作用呢？任仲夷认为，首先要解放思想，彻底转换观念。我们大家搞了几十年的计划经济，现在不彻底摒弃长期形成的传统计划经济体制习惯势力的束缚，就无法推进市场经济。要时时记住，搞市场经济，就必须尊重和发挥“看不见的手”的作用，以市场为经济运行的基础。当必须运用“看得见的手”时，一定要充分考虑市场经济规律，包括供求规律、竞争规律、特别是作为市场经济基本规律的价值规律的要求。

同时，运用“看得见的手”，还必须打破传统计划经济体制下政府主要采用行政办法直接管理企业的旧框框。部分国有企业中有些历史遗留问题（其中有不少是过去行政直接管理企业造成的问题）还需要政府帮助解决，但总的方向应是政府由直接管理为主转为以间接管理为主，由微观管理为主转为宏观管理为主，调控对象主要是市场，而不是企业，让企业通过市场机制，通过价值规律的调节，根据市场发出的信号，去实现自我发展，自我约束。国家运用“看得见的手”，主要以经济政策、经济法规、指导性计划为手段，配合以必要的行政管理手段。这些手段都以市场为基础，不能脱离“看不见的手”的客观要求。也就是说，不能背离经济发展的客观规律。应当把“看不见的手”视为连接政府与企业之间的桥梁。政府管理企业，主要通过市场这只“看不见的手”，而不直接去插手企业的生产经营活动。企业接受政府指导，也是通过市场这只“看不见的手”，直接上门找政府的现象应越来越少。这样，两只手就有机地结合起来了。这就可以真正做到“管而不死，活而不乱，越活越管，越管越活”了。

（原载《羊城晚报》1994年12月27日）

任仲夷赴任南粤前后

李美清

饮水不忘掘井人。南粤改革开放的“掘井人”，中央有、各部有、南粤有、各市、县都有……南粤干部群众十分爱戴的任仲夷老书记，就是这些“掘井人”之一。他赴任广东主持省委工作，带领省委一班人，带领干部群众，一步一个脚印地探索改革开放之路，他的许多言行，在干部和群众中留下了深刻印象，至今犹在熠熠闪光……

1978 年末，执政的中国共产党作出了“把工作着重点转移到社会主义现代化建设上来”的战略决策，这是当代中国历史上的一个伟大的转折点。

伴随着一场意义深远的思想解放运动，中国改革的思潮在萌生，改革的道路在探求。由此揭开了历史新一页的序曲。

战略的转移：粤闽两省作为改革开放先走一步的“试验田”

中共十一届三中全会以后，南粤大地的思想解放运动，实际上是一场关系国家前途命运的大讨论。

三中全会前后的中央工作会议，广东省的领导人习仲勋、王全国等，代表广东省委向中央汇报工作，希望中央给点权，让广东能够充分利用华侨众多、毗邻港澳的优势，在现代化建设中先走一步，加快发展经济。同时提出试办出口加工区的建设。这个建议得到了叶剑英的热情支持。邓小平给予了肯定和赞扬，他说:“还是办特区好，过去陕甘宁就是特区，中央没有钱，你们自己去闯，杀出一条血路来。”

在广东省委、省革委会研究实现工作着重点转移的关键时刻，中央派出谷牧副总理率领的工作组，来到广东同省里的干部一起，共商描绘改革开放“试验田”的蓝图，起草给中央的报告。

1979 年 7 月 15 日，中共中央批转了广东省委、福建省委分别写的《关于对外经济活动实行特殊政策和灵活措施的报告》，决定对两省实行特殊政策和灵活措施，试办深圳、珠海、汕头、厦门四个出口特区，试行经济体制改革的若干措施。这意味着我国对外开放拉开序幕。广东省成立了特区筹备小组。由广东省委书记处刘田夫、王全国、吴南生三位书记负责开展工作。在省革委会提出的《关于试办深圳、珠海、汕头出口特区的初步设想》（1979 年 5 月 13 日）的基础上，进一步研究划定特区范围、进行规划设计，以及试办特区的一些重要政策，起草《广东省经济特区条例》。

1980 年 3 月 24 日至 30 日，谷牧副总理受中央委托，再次在广州主持召开广东、福建两省会议，研究试办特区的政策，确定了深圳、珠海两个特区的范围，同意把“出口特区”改称为“经济特区”。5 月 16 日，中共中央、国务院批转了“会议纪要”。8 月，第五届全国人大常委会第十五次会议，讨论并批准颁布《广东省经济特区条例》。从此，中国的经济特区正式宣告诞生。9 月，中央书记处在北京专门听取了广东工作汇报。中央书记处成员作了许多非常重要的插话和讲话，给广东很大的权力，也提出了很高的要求。这段时间，中央、国务院召开过“务虚会”等一系列重要会议，强调放手利用国外资金，大量引进国外先进技术设备；讨论经济管理体制改革问题。这为以后的改革经济体制、实行对外开放作了理论上的准备。

这期间，在南粤大地，各项开放改革措施开始启动。1979 年 8 月，省委、省革委决定在全省推广清远县国营企业超计划利润提成奖的办法，并探索扩大企业自主权的各种形式；在农村，有四分之一的地区实行联系产量承包责任制；开始改革农产品统派购制度，逐步缩小统派购范围；放开了一批农副产品价格和日用工业品价格；把生产经营者推向市场；引进外资，让外商进来办“三来一补”和“三资”企业；改革外贸体制……开放改革“试验田”正在突破旧体制和传统观念等种种阻力，逐步前进。

1980 年 9 月下旬，中共中央书记处在北京听取广东省委的工作汇报。并形成了《中央书记处会议纪要》，指出：中央授权给广东省，对中央各部门的指令和要求，采取灵活办法，适合的就执行，不适合的可以不执行或变通办理。

同年 10 月，中共中央决定任仲夷任广东省委第一书记。

中央领导同志对任仲夷和与他同时调来广东的梁灵光，作了多次语重心长的谈话和嘱托，体现了对广东工作和广东人民的关怀，对广东办好改革开放“试验田”的支持。

受命于中央：放手把经济搞上去，闯出一条新路

改革开放的方向明确后，派谁去广东带领群众实现这一前无古人的重大举措呢？中央经过反复挑选和研究，最后确定由任仲夷去承担此重任。任仲夷自 1979 年 2 月受中央委派，从黑龙江省调至辽宁省这个深受林彪、“四人帮”干扰的“重灾区”，主持省委工作以来，大力拨乱反正，政绩斐然，人们有口皆碑。他作为地方领导人，在全国第一个公开发表文章，旗帜鲜明地支持和参与“实践是检验真理的唯一标准”的讨论，带了一个好头。他冲破重重阻力，把被“四人帮”迫害致死的女英雄张志新这个冤案翻了过来，在海内外引起强烈反响。他首先提出要给被高度集中的计划体制捆绑得死死的国营企业“松绑”。他大胆提出农村要敢于“抓富”，并恢复了过去被认为是“资本主义尾巴”的农贸市场。在他和省委一班人的领导下，短短两三年的工夫，辽宁大地显示出一派勃勃生机。因此，任仲夷无论从思想理论上，从胆略气魄上，从领导艺术上，都表现出卓越非凡。让他到广东挑起改革开放先走一步的重担，可谓理想的人选。

1980 年初冬，曾在中国东北担任过哈尔滨市委第一书记、黑龙江省省委书记，当时正在辽宁省担任省委第一书记的任仲夷和正在担任国家轻工业部部长的梁灵光，受命于党中央，调往南中国广东省工作。赴任前，奉命到北京，接受中央领导的指示。

1980年10月31日至11月6日，中央领导叶剑英、邓小平、胡耀邦、万里、韦国清、姚依林、谷牧等接见了任仲夷和梁灵光，作了具有非常重要指导意义的谈话。

进一步解放思想，发挥广东的优势。叶帅画龙点睛说，广东是个好地方。教育比较发达，水运条件好。华侨多，他们对建设祖国很热心，珠江口已钻探出石油。广东七山一水两分田。山区靠山吃山，要向山区进军。

胡耀邦巧改民谣，提出规划要求。他讲民谣唱："千海万海不如北海，千州万州不如廉州"，可以改成"千州万州廉州好，山水林田都是宝，四五规划巧安排，人平千元跑不了"。就是说，经过四个五年计划，国民收入达到平均每人1000元，是完全可能的。

邓小平高瞻远瞩，强调把特区搞好，不仅是广东本省个别地方的发展问题，而且对南中国的广东、福建两省，乃至全国的发展，都具有重大战略意义。他说："特区不仅是深圳、珠海那块儿地方，是指广东、福建两省。单搞那一点地方不行，中央讲的是两个省。""要充分发挥这个有利条件。对于搞特区，你们要摸出规律，搞出个样子来。"

万里语重心长地嘱咐："要解放思想，放手把经济搞上去，闯出一条新路。"极而言之，"你们犯了错误也不要紧，国务院负责。你们先走一步，犯错误对全国来说也是有意义的，可以吸取教训"，"你们要把广东的经济搞得更活一些，各部的规定不符合广东情况的，可以不执行"。"要强调稳、准、快，中心是发展经济，改善人民生活"。他反复强调，把经济搞上去，怎么说怎么有理。

谷牧对广东如何引进外资，提出不少具体要求和设想。他主张在广东建核电站，吸引外资进行铁路建设。又说，对特区一些建设项目，可以包给外商，我们不用出钱，只出地皮和劳动力，收税分成。珠海应建几个大旅店，吸引澳门的一些游客来住宿和休息。广东应把港澳的副食品供应包下来。

中央领导同志还指出，广东工作要从抓政策入手，调动积极性。抓政策必须从实际出发，要使人民生活好起来……

1980年11月，任仲夷和梁灵光，受命于党中央，肩负党和国家的重托，面对南粤人民的期望，赴粤上任了。

胸怀全局：调动千军万马，打开改革开放新局面

任仲夷和梁灵光到广东后，面临一个困难重重的局面。

由于林彪、“四人帮”横行的影响，广东国民经济到了崩溃的边缘，工农业之间、工农业内部、积累和消费等比例关系严重失调，人民生活欠账很多，市场长期紧张。许多归国华侨挨斗挨批，有海外关系成了“有罪”，党的华侨政策受到严重破坏。

粉碎“四人帮”后，在党中央、国务院的领导下，经过两年多的努力，广东国民经济有所恢复和发展，但困难仍然很大。政治上，主要是思想不一致，有些干部不安心，由于“左”的影响，一些人对探索改革开放，忧心忡忡，裹足不前。经济上，燃料动力、交通运输和粮食问题很大，靠国家支援有困难，主要得靠自己解决。

由于长期受“左”的思想和闭关锁国政策影响，加上要备战等种种原因，国家对广东工业和建设投资很少，主要发展农业和一些轻工业，优势难以发挥。从1966年到1978年的10多年间，广东国民经济不但落后于先进省份，发展速度还低于全国平均水平。此间，全国国民收入平均每年增长6.6%，广东只有5%；全国工农业总产值、工业总产值、农业总产值平均每年增长分别为8.5%、10.5%、2.9%，广东则分别为7.2%、9.3%、2.8%；财政收入，广东平均每年增长5.5%，也低于全国6.9%的平均水平。

任仲夷来到广东后，强调需要多听、多看，向广东干部和群众学习。他用一段时间，走访省直一些部、委、办、厅、局，一边调查研究，一边给干部做思想工作，并酝酿把广东经济搞上去的施政纲领。召开省、市局以上干部会、地委书记座谈会等等，传达贯彻中央领导讲话精神。

任仲夷针对广东历史上存在一些遗留问题需要处理的情况，引导大家向前看，他强调说，切实加强党的团结，加强干部队伍的团结，是首先要抓住的要点。强调要用历史的观点对待历史遗留问题，宜粗不宜细，引导大家向前看。讲宽容、谅解，把正在弥合的伤口挑开，有害无益。捐弃前嫌，团结起来，同心同德

地进行社会主义现代化建设。

任仲夷说，广东的中心问题是把经济工作搞上去。他认为广东的优势，不光是自然条件好，中央批准广东实行特殊政策和灵活措施，这本身就是一个优势。所谓特殊政策和灵活措施，主要表现在两个方面，一是中央授权广东独立自主地解决问题，增大了地方权力；二是允许广东对外更加开放，要使广东成为国家对外联系的枢纽和橱窗。实现这两条，要求我们思想更加解放。如果思想不解放，哪一条也做不好。我们思想要适应实行特殊政策和灵活措施的新情况。中央给了广东这样大的权力，现在就看广东敢不敢用这个权力，会不会用这个权力。任仲夷在后来的多次讲话和谈话中，还把这个思想概括为三个“更加”和三个“真”。三个“更加”，即对外更加开放，对内更加放宽，对下更加放权。三个“真”，即特殊政策要真特殊，灵活措施要真灵活，先走一步要真先走。任仲夷针对当时干部中的困惑，打破种种顾虑，要求方方面面都要做到“三真”。要大胆使用、并学会善于使用特殊政策和灵活措施。不但省里要这样，各地区、各部门都要这样。省里有权，有些该放的，要大胆地放给各地区、各部门、各单位，把大家手脚放开，目的是把广东经济搞活搞快。工业、农业、财贸等各部门都要考虑，在你那个部门怎样体现特殊政策，怎样实行灵活措施，都要搞出些条条来。对关键问题，要组织力量深入进行调查研究，在弄清情况的基础上，大胆调整政策，解决问题。

任仲夷反复强调，在工作中要继续解放思想。当前出现的一些问题，并不是解放思想带来的，也不是由于贯彻中共十一届三中全会精神造成的，相反，是因为解放思想不够，对十一届三中全会精神没贯彻好而带来的。决不可把支流当主流，而对十一届三中全会精神发生动摇。解放思想，就是要把全省党员、干部的思想统一到十一届三中全会精神上来。他还要求各级干部，要注意虚心学习兄弟省的先进经验。

任仲夷说，中央要求广东“成为全国‘四化’建设的先驱和排头兵”，要求我们“发挥创造力和闯劲”，要求我们“以很大的魄力去打开局面”。要达到中央这些要求，我们必须作出极大的努力。

背负人民希望：正视广东困难，下大力气去抓政策

针对广东当时存在的困难，任仲夷强调，一方面要积极安排长远规划，力求从根本上解决能源、交通、粮食等问题；另一方面，又要努力采取短期就能见效的措施，力争在现有条件下，把生产和人民生活搞好。他要求在能源、交通状况没有根本改善的情况下，通过增产节约和加强经营管理，通过扩大企业自主权和实行广泛的联合，通过利用外资和对外经济合作等各种办法，把广东的经济搞得更活一些，发展得更快一些。他要求各级党委都要经常给群众办一些好事。强调要给群众以看得见的利益，要经常关心群众生活，经常把群众利益问题放在心上。他说：我们一切工作的目的，归根结底是为了满足广大人民群众日益增长的物质和文化生活的需要。

任仲夷说，只要政策对头了，很多问题也就容易解决了。邓小平说，广东的问题要从政策入手，这是非常正确的。群众说："政策对了头，干部不用愁。"如果政策不符合客观规律，不符合群众利益，干部磨破嘴、跑断腿也不行。政策不对头，你打钟他不出勤，或者出勤也不出力。你政策对头，他就黎明即起，出勤又出力。任仲夷认为，政策定准了，一解决问题就是一大片。

任仲夷还提出"三要"，即政治上要安定，政策上要稳定，领导上要坚定。一项好的政策一经确定，就要坚决贯彻落实，并坚持下去，不要朝令夕改，失信于民。

对搞好党风，任仲夷强调要抗腐蚀。他提出"三不"，即领导干部不能搞生活特殊化，不能搞特权，不能当特殊党员。"在经济上要更活，在执行纪律上要更严"。他认为，不把"三特"反掉，特区就建不成，就要走偏向。

任仲夷指出：在经济改革期间，有些事情可以用变通的办法去处理，目的是更好地执行党的政策。但有的人变相地违反政策，搞违法乱纪活动。"变通"和"变相"，一字之差，性质完全不同。搞变相违反政策的违法活动是决不允许的。他认为，要抓根本，抓大的问题，要划清一些政策界限和是非界限。不要管穿什么衣服、梳什么发式等日常生活琐事，要把主要精力管那些真的属

于破坏党的纪律，破坏党的政策和组织原则，泄露党的机密，以及贪污受贿，徇私枉法，给党和国家造成损失等重大问题。

任仲夷刚刚上任广东省委书记，在省委召开的地委书记座谈会上，部署广东省委要解决的一些紧迫问题时，就把山区建设问题摆到突出位置上。他强调对山林所有权问题，山区人民的粮食问题，烧柴问题，供应问题，木材价格问题和管理问题，等等，通过调查研究，把具体政策搞好。最根本的措施是要解决政策问题。同时，建议省人大常委会制定一个办法，规定几条，搞些地方立法，保护森林资源，煞住乱砍滥伐的歪风。

从此，广东人民在任仲夷主持工作的省委领导下，进一步实施中央在广东实行特殊政策和灵活措施，创办经济特区，开创改革开放先走一步新局面的壮举。

（原载《当代广东》1995年创刊号）

重温任仲夷同志1982年间的有关讲话

卢洁峰

广东的改革开放已经走过18个年头了，今天，当谈起“成就”，论说“辉煌”，谁都不会回避，谁都理直气壮。但在它的起始阶段，特别是在1981—1982年间，并不是每个人都认同改革开放；对改革开放的认识，也并不都是那么明确、那么自觉、那么坚定的。1982年初，广东的改革开放曾遇到过一次严峻的考验。面对这次考验，省委第一书记任仲夷同志和广东省委提出了“两个坚定不移”的方针。正是有了这一方针的指引，广东的改革开放才不至于在错综复杂的情况下严重受挫，乃至中断。重温这段历史，重温任仲夷同志的有关讲话，人们或许会发现：“两个坚定不移”是一个有机的整体；它所揭示的是改革开放过程中的某些带规律性的东西。

一、中央发出《紧急通知》

中共十一届三中全会后，为了探索社会主义的生机，党中央决定在全国实行改革开放，并在广东、福建先行试验，给予广东、福建两省特殊政策和灵活措施，目的是让两省在改革开放方面，走得更快些。

从一开始，广东省委就对走私贩私问题有所警惕。但毕竟思想准备不足，加之缺乏经验，防范措施不健全，给海内外不法分子以可乘之机，沿海地区的走私贩私活动屡禁不止，且日见猖獗。1980 年至 1981 年头几个月，沿海有些地方，出现了工人不做工，农民不种田，学生不上学，纷纷搞走私贩私的严重情况。走私贩私、投机倒把、贪污受贿，严重地腐蚀了干部，毒化了社会风气，令人触目惊心。

1981 年底，中央政治局常委看到了中央纪委的一份简报，反映广东的一些干部、甚至担负一定领导职务的干部，参与极端严重的走私贩私犯罪活动。中央领导同志对此十分重视，先后作了批示。1982 年 1 月 11 日，党中央发出《紧急通知》，责令严厉打击走私贩私、贪污受贿等严重的违法犯罪行为，并派中纪委王鹤寿副书记等到广东传达中央领导同志的指示和指导工作。

1 月 14 日，广东省委召开常委会议，任仲夷同志宣读了中央的《紧急通知》；王鹤寿同志传达了胡耀邦、邓小平、陈云、李先念等同志的批示和中央书记处批示的精神。经研究，即刻成立由李坚真、寇庆延等组成的领导小组，专责贯彻中央《紧急通知》。

2 月 11 日至 13 日，中央书记处召集广东、福建两省省委常委到北京汇报、座谈，讨论贯彻中央《紧急通知》的问题。会上发了反走私等好几份文件，还有一份书记处研究室编的《旧中国租界的由来》，该文颇有所指，不知道情况的人，均不解其意。实际上，是一部分人对在广东、福建两省实行特殊政策和灵活措施，特别是试办特区的做法表示怀疑、持有异议。

两省会议后才一个星期，胡耀邦就给任仲夷打来电话，说：本来应该亲自到广东来看看，但由于实在忙，只能请任刻日单独上京讲清楚。任仲夷提出：自己来广东时间短，对情况不太了解，要求与刘田夫同行。任、刘此行被一些知情的广东干部称作“二进宫”。他们是去接受中央领导的批评的。因为，在两省座谈会上，广东省委对问题的认识和检讨，还是“不深刻”；还没“讲清楚”。2 月 19 日，中央领导同志当面指示任仲夷：广东要高度重视这场斗争，抓紧打击经济领域中的违法犯罪活动。

3 月 1 日，党中央批转《广东、福建两省座谈会纪要》。

《纪要》下达后，广东受到了来自各方面的压力。中央及有关部门为加强管理，将下放给广东的外贸进出口权收了回去；内地一些省市，也采取措施把广东运往各地的许多物资当做走私物品扣压、冻结；广东的供销人员到外省市进行正常的业务工作，均受到冷落，有的竟被看作走私分子，轻的被搜去证件，重的则被无理扣押；有些省区不准供销人员到广东来做生意，有些外省商人因怕涉嫌“走私”而不敢来广东开展正常的业务；有的省区甚至对广东实行经济封锁。省内的许多干部也因此而感到困惑。

为了摆脱困境、鼓舞士气，任仲夷同志曾借在广东召开的一个全国性会议的机会，给全省的采购员写了一封信。当李建安副省长在会上宣读完任仲夷同志的信后，与会的同志，特别是做采购工作的同志都表现得非常激动，大家都为省委第一书记充分肯定供销、采购工作而感到十分高兴。

然而，仅仅鼓舞士气还不够。因为一些深层次的认识问题还没有解决；大家都担心中央的政策会发生逆转。于是，如何正确地理解、坚决地贯彻中央《紧急通知》和《纪要》，既严厉打击经济领域中的违法犯罪活动，又不离开经济建设这个中心；既抵制腐朽思想的侵蚀，又继续改革开放，就成为广东省委必须回答的问题。

二、任仲夷提出“两个坚定不移”

在任仲夷看来，贯彻中央《紧急通知》是怠慢不得、刻不容缓的。在传达、贯彻中央《紧急通知》的各种会议上，任仲夷都强调:“要特别注意‘紧急’二字。”他本人也处于“紧急”状态中——连日召开各级干部会议；经常到走私贩私严重的地区去视察工作、了解情况；随时应召上京汇报工作。

尽管反走私斗争形势严峻、情况复杂；中央的要求很严、很急，但任仲夷还是十分沉着、冷静。他在分析形势时说：“对外开放决不是同帝国主义、资本主义斗争的停止，而是斗争的继续。”“我们要利用开放政策来引进技术、加快建设;帝国主义和反动势力则要利用我们的开放政策，对我们进行渗透、腐蚀、甚至颠覆。”“我省毗邻港澳，又实行特殊政策和灵活措施，矛盾也就特别突出。”1980年至1981年头几个月，沿海有些地方的“走私规模之大是历史上所没有的”。由于“我们在思想上、工作上对实行开放政策准备不足，抵抗力、免疫力不强，使相当一部分意志薄弱的干部受了腐蚀、下了水，使社会风气受到了污染。”“对这些新问题，我们第一要高度重视，第二不必惊慌。这是前进中的问题，只要我们引起重视，认真去抓，都是可以解决的。”

任仲夷进一步分析道：上述问题，“并不都是特殊政策、灵活措施带来的。不实行特殊政策、灵活措施，也可能产生这些问题。但是，由于实行特殊政策、灵活措施，我们的政治思想工作、管理监督工作又没有跟上，确实使这些问题加剧了。”

任仲夷的这个认识很重要，他首次说明了实行特殊政策、灵活措施与走私贩私、经济犯罪之间没有必然的联系。既然二者没有必然的联系，中央在广东实行的特殊政策、灵活措施就不应该被轻易否定。这是任仲夷脑子里一条十分清晰的思路。

然而，如何处理对外开放、实行特殊政策、灵活措施与反走私贩私、打击经济领域中的违法犯罪活动之间的关系，则是一个实际操作中不可回避的问题。为此，省委在 1982 年 3 月 20 日至 31 日专门召开了一个传达、贯彻《纪要》的三级干部会议。《纪要》指出：要坚定不移地打击经济领域的违法犯罪活动。根据中央的精神，任仲夷同志在会上提出了“两个坚定不移”的方针，即“打击经济领域的违法犯罪活动，坚定不移；对外开放和对内搞活经济，坚定不移。”

为了说明二者间的关系，任仲夷同志还特别指出：“反腐蚀、打击经济领域中违法犯罪活动，是对外开放、搞活经济、建设两个文明的保证。”“只有坚决打击经济领域中的违法犯罪活动，才能保证四化建设和社会主义精神文明建设的顺利进行”；“才能正确健全地实行对外开放和对内搞活经济的政策。可见，二者并不是矛盾的。”

早在 2 月 11 日中央召开两省会议时，广东有的干部就说：“这次中央召开两省会议，省委常委里边一定会有哭鼻子的（省委常委都出席了这次会议）。”从北京回来后，当省委决定召开三级干部会议时，有些干部就估计：“这一定是个‘杀气腾腾’的会”；许多县委书记都准备到会上来作检查、挨批评。为了使干部们安心开会，开会时任仲夷同志首先说明：“这不是个‘杀气腾腾’的会，我们这次会议，应当开得热气腾腾的，是一个热气腾腾的会。”

会议果真开得热气腾腾，任仲夷代表省委对工作中的缺点错误，承担了责任。任仲夷说：“全省广大干部和群众，这几年勤勤恳恳，努力奋斗，为改变广东的面貌和国家的建设，做出了贡献。缺点错误主要在省委。我们对资本主义思想腐蚀和经济领域中的违法犯罪活动的严重性、危害性和危险性缺乏清醒的认识，对打击犯罪活动抓得不紧，处理不力；实行特殊政策和灵活措施，从发展经济上考虑多，对政治上可能出现的问题考虑少；对工作，看成绩多，看问题少。我认为，在省委里面，又主要应当由我对这些问题负责。”“不能因为有些问题在我来之前就存在或以前决定的，就减少我的责任。如果我一到广东就注意解决这几个问题，情况会好些，至少不至于发展得这么严重。”

“省委要求各级领导干部振奋精神，努力工作。凡是过去省委、省政府决定和指示过的事情，错了由省委、省政府负责，下边执行者没有责任。只要不搞各种违法乱纪和犯罪活动，工作上还是允许犯错误，允许改正错误。对干劲足、闯劲大的干部应予鼓励。”

任仲夷的一番自责与鼓励，使与会者深受教育，县委书记们深受感动，有的甚至流下了热泪。

会后，“任仲夷勇于承担责任”的事，一时传为佳话；“两个坚定不移”的方针也广为传播。广大干部群众的心被稳住了，一度沉闷的局面被打开了，大家又振作了起来，在坚决打击经济领域的违法犯罪活动的同时，继续搞改革开放。

继“两个坚定不移”提出后，于 1982 年 5 月 3 日，在海丰和县委常委们谈话时，任仲夷又提出了第三个“坚定不移”，他说：“要向群众讲清楚，打击经济领域中的严重犯罪活动，我们是坚定不移的；实行对外开放和搞活经济也是坚定不移的；执行让群众富裕起来的政策，也是坚定不移的。”即“让群众富裕起来坚定不移”。

其实，这第三个“坚定不移”才是“主角”。因为它是前面“两个坚定不移”的出发点和落脚点。真理是最朴素不过的。在任仲夷这样的经过长期磨练的老共产党员的心目中，为人民谋利益是怎么也不会错的，无论什么时候都必须坚持。正因为如此，他们才能在错综复杂的情况下保持清醒的头脑，于黑暗中看到光明，于危机中把握生机。

三、“两个坚定不移”是一个有机体

“两个坚定不移”并不是一个孤立的方针，它是一个有机体。它包含有以下几方面的观点：

1. 政治要安定，政策要稳定，领导要坚定

任仲夷曾多次说过：“政治要安定，政策要稳定，领导要坚定。”“已经放宽了的政策不要轻易收回。”“如果一遇到困难就动摇，朝令夕改，走回头路，那就必将造成人心浮动，使生产蒙受损失，越搞困难越大，陷于恶性循环之中。”

2月11日，在两省座谈会上，任仲夷希望中央不要轻易收回给予广东的特殊政策，他恳切地说：“中央在广东实行特殊政策的决策是正确的，如果坚持下去，再有几年，广东的面貌就会有显著的变化。”

2月26日，在省直局以上干部和地市县部分负责同志会议上任仲夷说：实行特殊政策，既要搞活，又要管严，今天我主要讲管严。“哪些问题需要进一步管严，各级党委都应认真进行调查研究，要搞得很稳妥。不要给干部和群众造成一种‘政策变了’的错觉。党的十一届三中全会确定的路线、方针、政策没有变，对外开放和把经济搞活的政策也没有变。我们现在只是要解决本来应解决的问题。”

2. 搞活经济和加强管理要同步；严格管理是搞活经济的必要条件

任仲夷在大小会议上都强调：“实现‘三个更加’，必须实行‘四管’”；严格管理“同搞活经济不但没有矛盾，而且是搞活经济的必要条件。”

1982年2月11日在中央召开的两省会议上，任仲夷说：今年，我们要“坚持‘三放’，加强‘四管’，狠抓一个‘提高’。‘三放’就是继续坚持对外开放，对内放宽，对下放权。考虑到全国都在这样做，广东是实行特殊政策的，所以还要加个‘更’字。‘四管’就是在坚持搞活经济的同时，管好计划与综合平衡，管好市场物价，管好奖金的使用，管好经济纪律。一个‘提高’就是提高经济效益。”

去年我们提出：广东改革开放要实行“三个更加”，“根据现在新的情况，搞活经济和加强管理要同步。我们还强调提出了另外三个‘更’字：(1) 纪律更严；(2) 执法更严；(3) 管理更严。同时，对干部要求做到三个‘不’：(1) 不许特殊化；(2) 不许有特权；(3) 不做不遵守党纪国法的特殊党员。”即“三个更加，三个更严。继续搞活，坚持开放，思想先行，管理跟上，活与管要同步。”

任仲夷反复告诫各级领导干部：“我省在经济上实行特殊政策，……就必须要求我们的党员和干部，真正做到廉洁奉公，遵纪守法，不能有任何不正之风。决不允许党员、干部搞特殊化，不允许有不遵守党纪的特殊党员。越是对外开放，对内执行党纪国法就越要严格。”

3. 对外开放，排污不排外

当打开国门、对外开放后，也同时涌进来不少“污泥浊水”。这时，有人惊慌，也有人惊呼。任仲夷十分注意具体问题具体分析，他把“污”和“外”严格地区分开来。5月24日，在谈到如何办好经济特区时，他说：“我们不排外，排外是不对的。但是，我们要排污。”“实行开放政策，也带来一些新问题。‘近水楼台先得月’，但也会先污染。盲目排外是不能搞的，但自觉排污则必须搞。”对外开放要“排污不排外”。引进国外的先进技术和先进的管理方法要“长袖善舞”。

上述几个方面的观点，形成于“两个坚定不移”提出的前后，并共同组成为一个有机的整体：“三个更加”、排污不排外、保持政策的稳定性和连续性——对外开放、搞活经济坚定不移；“三个更严”、搞活经济与加强管理要同步——打击经济领域中的违法犯罪活动坚定不移。

正是这个“有机体”的正常运作，才使广东省经受住了改革开放以来的一次严峻的考验——既全面贯彻了中央《紧急通知》和《纪要》精神，坚决打击了经济领域的违法犯罪活动，有效地遏制住了沿海地区的走私贩私势头，又保持了对外开放、实行特殊政策、灵活措施的连续性，使广东的经济和社会各项事业得到稳定、快速的发展，从而为全国各地的改革开放，取得了经验。

作为一个有机的整体，“两个坚定不移”还揭示出改革开放过程中带规律性的东西，比如，在对外开放、搞活经济的同时，必须加强管理；严格执行党纪国法，坚决打击违法犯罪活动，以便为经济的发展和社会的进步、为改革开放的顺利进行提供有力的保障。

改革开放是中国社会主义发展过程中的一个重大的转折点，它是一种探索和试验。现在看来天经地义的事情，当初有人却疑虑重重，甚至认为“大逆不道”；现在看来很简单的问题，当年就搞得很复杂，令人是非不分、思想混乱；……当前，改革开放正在深化，但探索和试验远没有结束，15 年前任仲夷提出的“两个坚定不移”方针所揭示的一些带规律性的东西，至今还管用。愿有更多的领导者、“弄潮儿”，像当年广东省委和任仲夷等一批锐意改革开放的老共产党员那样，勤于思考、勇于实践，把中国的事情办好，为人类作出贡献。

（1997年5月31日第2稿）

任仲夷谈加强精神文明建设

李次岩

“我们党和政府的各级干部，作为人民群众的勤务员，决不能看成自己是‘人民的父母官’，更不是什么‘老板’。”这是中共广东省委原第一书记任仲夷日前谈到加强精神文明建设时所说的一番话。

不久前，笔者拜访了任仲夷。在任老家中简朴的客厅落座后，当谈到最近党的十四届六中全会决议时，任老认为，谈加强精神文明建设，应当对某些称呼上的问题引起注意。现在有一些党和政府的领导干部，常常以“人民的父母官”自居，一些群众也常把为人民做好事的干部称为自己的“父母官”。这固然带有某种感恩之情，然而相互间的关系却完全颠倒了。我们的各级干部，所有工作都是为了一个目标，就是为人民群众谋利益。各级公务员实质上都是人民的勤务员。邓小平同志说自己是中国人民的儿子，我十分赞成这样的提法。我们干部只是人民的儿子，为人民做事是应当的，怎么能以此称为人民的“父母”呢？所谓“父母官”，这是封建时代的提法，连资本主义社会都不这么叫。没有听说美国的州长、总统称自己是美国人民的“父母官”的，也没有听说美国人民称他们的州长、总统为“父母官”的。即使在香港，港督也不会说他是香港市民的“父母官”。而在中国封建社会里，当官的却把人民称为“子民”，“爱民如子”就算是好官了，总之是官在上而民在下。

任老说，有一出戏叫《七品芝麻官》，其中一句唱词是“当官不为民做主，不如回家种红薯”。这唱词出来后很受一些群众的欢迎，这说明人民群众太需要那些忠诚地为他们服务的好干部了。我们有一些干部也常把这句话作为自己的座右铭。这句话本意是好的，当官就应当为民着想，在古代能“为民做主”的官可说是很好的了。但它多少有把当官的摆在“我为你们来做主”这样一种居高临下的位置上的意味。我们常说民主民主，应当是由民做主。人民有权要求干部做这些事，也有权要求干部不做那些事。领导干部做主，也只能代表人民的利益，反映人民的意愿。况且当领导决定问题时，也要经过一定的民主程序。人民群众当家做主，各级干部是人民群众的公仆，不是人民群众的主人。这样的话，说起来容易，真正在观念上确立，在行为上实现却很难很难。

任老又提到，现在我们党和政府的一些领导干部，好像习惯了下面的人称自己为“老板”。“老板”是指什么？在旧社会，“老板”是指掌柜的，是指生意场上拥有资产拍板算数的人。记得30年代有部电影《十字街头》，里面的歌曲《春天里》唱有“哪怕老板娘作那怪模样”的歌词，就表现了穷苦青年对老板的厌恶和蔑视的心情。现在搞市场经济，在一些企业里，职员称经理、工人称厂长、伙计称店主为“老板”，这没有什么奇怪的。可奇怪的是，在各级党委、各级政府和政府的行政部门里，我们一些领导干部，特别是一些党委书记、政府领导人，听人称自己是“老板”，竟也习以为常。一些镇长或镇委书记、县长或县委书记、市长和市委书记，明知下面的人称自己为“老板”，不但不制止，反而听之任之。连美国的州长和总统、香港总督都不会认自己是“老板”，难道在我们社会主义国家里，人民赋予的权力反倒属一些领导干部自己私有的吗？

任老强调，我对“老板”、“父母官”的称呼始终感觉到很刺耳。从概念上讲，“人民的儿子”与“人民的父母官”，“勤务员”与“老板”，这些称谓实在是极为矛盾的，互不相容。老百姓称我们干部是“官”，是“老板”，我们干部也把自己当成是“官”，是“老板”，不以为非，反以为是。这些称谓上的变化，实际上反映了我们一些干部观念上的变化。这并不是什么好现象，而是浓厚的封建意识在当前市场经济开始发育的变动时期沉渣泛起的一种表现。真正成熟的市场经济不应有这些称谓。现在中央不是提出要“讲政治”吗？我看，党和政府的各级领导干部称“老板”，就是不讲政治的表现。我们防止和纠正称谓上的不良倾向，也是加强精神文明建设的一个方面。

任老还谈到，我们有些领导干部对“官”字看得过重，这种现象不好。现在我们在干部制度上取消了终身制，这是一个很大的进步。但至今仍有些干部不适应这个新制度。有些领导干部退下来以后常有失落感，有的甚至哀叹“人走茶凉”。我认为，还应当是我曾说过的那句话：“但愿客来水热，莫道人走茶凉。”对退下来的人来说，人走了，“茶”自然要凉嘛。不要埋怨，想开一些，谁当领导干部都会有退下来的那么一天，今天是别人，明天就会轮到你了。不在位，自然不谋其政，“茶”当然不会老热着，这是正常的。而对在位的人来说，对退下来的人还是要一如既往，退下来的人来了，没有“茶”也该有“热水”吧，不要“前恭后倨，先亲后疏”。退下来的人也要生活得积极乐观，遇事泰然处之。大家都热情诚恳以待，互相体谅，以平常心态相处，这样就好了。

（原载《羊城晚报》1996年10月24日）

改革开放的大将任仲夷

宋凤英

在中国的改革开放史上，任仲夷是一位标签式人物。在改革开放初期，任仲夷先后担任中共辽宁省委第一书记和广东省委第一书记。80 年代初，任仲夷在广东这块试验田上大胆推进改革开放。广东和深圳特区成为中国经济最活跃的地区，任仲夷一时成为中国改革的风云人物。如果说邓小平是改革开放的总设计师的话，任仲夷则是优秀的工程师，是中国改革的“开路先锋”，他也因此被人称为“改革开放的大将”。

任仲夷是率先起来支持真理标准大讨论的少数省委第一书记之一

1914 年 9 月，任仲夷出生于河北省威县，青年时期积极投身抗日救亡工作，1935 年参加一二·九学生运动，1936 年 2 月加入中国共产主义青年团，同年 6 月转为中国共产党党员。新中国成立后，任仲夷先后担任中共松江省委常委兼秘书长，哈尔滨市委第一书记兼市政协主席、军分区第一政委，中共黑龙江省委书记（当时设有第一书记）。在“文化大革命”中，任仲夷经历了人生中第二次劫难（按：第一次劫难指的是 1943 年 11 月，任仲夷在北方局党校参加整风，成为历史上著名的“抢救运动”的受害者，过了一年半被逼供、被“软禁”

的生活）。作为黑龙江省内最大的“走资派”，任仲夷遭到大至十几万人、小至几千人，多达2000多次斗争会批斗，最后被下放农村劳动。1972年6月，任仲夷得到“解放”，获得了重新工作的权利，被任命为中共黑龙江省委常务书记兼省革委会副主任。1977年3月，任仲夷离开了工作了26年的黑龙江，被任命为中共辽宁省委第二书记兼革委会第一副主任。1978年9月，任仲夷任中共辽宁省委第一书记。

当时正值粉碎“四人帮”不久，“两个凡是”还严重束缚着广大党员、干部和群众。1977年7月，任仲夷在全省宣传工作会议上讲话，阐述了邓小平在十届三中全会提出的完整地准确地理解、掌握和运用毛泽东思想的重要观点。他与“两个凡是”针锋相对，鲜明地举起了解放思想、实事求是的旗帜。1978年5月11日，《光明日报》发表《实践是检验真理的唯一标准》重要文章，揭开真理标准大讨论。5月14日，任仲夷即着手撰写一篇深刻论述“实践是检验真理的唯一标准”、批判“两个凡是”的文章。6月30日，任仲夷在辽宁省委信访工作会议上，作了“一定要坚持实事求是的根本观点”的讲话，鲜明地批判“两个凡是”。他说，实事求是，是马列主义的根本观点、根本方法和根本态度，我们必须坚持。8月，中共辽宁省委主办的刊物《理论与实践》在1978年第8、9期合刊发表了任仲夷撰写的《理论上根本的拨乱反正》的文章。9月9日，《光明日报》全文转载了任仲夷的这篇文章，在社会上引起了强烈的反响。在当时的“诸侯大员”中，中共甘肃省委第一书记宋平、中共黑龙江省委第一书记杨易辰、中共辽宁省委第一书记任仲夷他们三个人，率先为真理标准而呐喊。到了1978年底，几乎所有的省、市、自治区和各大军区、各总部负责人都公开表示支持“实践是检验真理的唯一标准”。

1978年9月，邓小平来辽宁视察，任仲夷全程陪同并代表省委汇报工作。邓小平说，毛泽东思想的精髓是实事求是，最大的问题是恢复实事求是的思想路线。任仲夷把《理论上根本的拨乱反正》一文送给小平同志一份，并谈了自己对这个问题的看法。小平同志表示赞赏。任仲夷立即传达贯彻小平同志的指示，带领省委领导班子推动全省开展真理标准问题大讨论，解放思想、实事求是，冲破了“左”的思想禁锢。

实践真理：任仲夷为张志新烈士平反昭雪，恢复名誉

在任仲夷的主持下，捍卫真理的英雄张志新得到平反昭雪，被追认为革命烈士。任仲夷1977年3月调到辽宁时，张志新烈士已牺牲近两年了。1979年1月，这件事情在省委扩大会议上被揭露出来，引起任仲夷的高度重视。任仲夷一再强调："公安司法部门应抓紧清查这一案件"，"这个冤案，一定要迅速查清，给予平反。"

1979年3月9日，中共辽宁省委召开常委会，听取了对张志新案复审的汇报。省委第一书记任仲夷冲破重重阻力，决心为张志新平反昭雪。这在当时是需要很大勇气的。因为当时，在中国政治舞台上，又刮起一股极左思潮的逆流，要否定刚结束不久的中共十一届三中全会确定的路线。任仲夷还说，"张志新同志是难得的好典型，是中华民族的优秀儿女，真够得上一个艺术典型。从我来说，听了觉得心中有愧。文化大革命中，整别人的事我没有干过，但像她那样坚持真理，我还做得不够，值得向她学习。"由于任仲夷的高度重视和督促，辽宁省委政法小组、省委宣传部于同年3月写出专题报告，随后报省委认真研究，作出了《关于为张志新同志彻底平反昭雪，追认她为革命烈士的决定》。任仲夷曾请当时在辽宁视察工作的党中央主要领导人华国锋为张志新烈士题词，但是华国锋不表态。有人问任仲夷怎么办？任仲夷说："他不题可能有别的考虑，这不要紧，我们还是按省委的决定办。"与此同时，胡耀邦则给予任仲夷充分的肯定和支持。这件事迅速在海内外引起强烈的反响。

2005年5月是张志新烈士殉难30周年的日子，《炎黄春秋》2005年第5期发表了纪念张志新的文章。这篇稿子是原在辽宁省委宣传部任职的干部写的，任仲夷读到后很赞赏，便给炎黄春秋杂志社写了封信。信中说："我认为这篇文章写得很好、很合时宜，更具有现实意义和教育意义。怎样体现共产党员的先进性？我想最重要的一条就是：敢于坚持真理和实事求是。而张志新同志就是敢于实事求是、敢于坚持真理的典型，特别是在'十年动乱'的政治运动中坚持真理的典型，我们广大党员更应该学习这种实事求是、坚持真理的精神。"

“这个问题马克思怎样说？”任仲夷实事求是

邓小平在辽宁视察时对任仲夷说过一句话:“要让一部分人生活先好起来。”任仲夷记得很清楚，小平同志当时原话不是说“要让一部分人生活先富起来”，但任仲夷的理解就是要让一部分人先富起来。

任仲夷提倡农民致富，率先提出搞活农贸市场；主张对企业放宽政策，松绑放权；主持制定了辽宁省发展城市集体所有制经济“三十条”。对群众的衣食住行、柴米油盐、生老病死、就业上学，任仲夷事事关心。1978 年 10 月，辽宁历史上第一次以省委名义召开了城市住宅建设工程工作会议。根据小平同志关于“走出去，引进来”的要求，任仲夷突出抓了辽宁对外开放。1980 年，任仲夷向中央建议在大连建立特区，可惜未被批准。1984 年，党中央批准将大连列入全国第一批对外开放的沿海港口城市，推动了大连的对外开放事业。

任仲夷 1977 年到辽宁不久，就提出“农村抓富”的口号，并在全省发动一场“要不要富、敢不敢富、能不能富、怎么样富”的大讨论。对此《辽宁日报》进行了大幅报道。可事隔不久，到 1979 年初，全国一度出现了否定十一届三中全会路线的“倒春寒”。一时间，“三中全会的政策过头了”、“可能诱发资本主义势力泛滥”之类的声音甚嚣尘上，大有“山雨欲来风满楼”之势。为了批驳这种错误思潮，《辽宁日报》记者范敬宜在报社领导支持下，深入农村进行调查研究，撰写了一篇题为《莫把开头当过头》的农村形势述评，发表在 5 月 13 日《辽宁日报》上。三天之后，《人民日报》又在一版头条位置全文转载了这篇述评，并加上了一个很长的编者按，予以肯定和支持，还旗帜鲜明地提出：“作为新闻工作者，要像《辽宁日报》记者范敬宜同志那样，多做一些扎扎实实的调查，用事实来回答那些对三中全会精神有怀疑、有抵触的同志。”《莫把开头当过头》见报后，不少干部纷纷议论:“现在农村资本主义势力如此猖獗，还说是没有过头，纯粹是胡说八道！”“范敬宜这个右派还没有当够！”在这种情势下，作为辽宁省委第一书记的任仲夷力排众议，仗义执言：“我完全赞成范敬宜这位记者的观点，而且我认为文章的标题还应该加上一句：莫把支流当主流！”会后，任仲夷亲自来到辽宁日报社，要见一见“这个记者”，以此表示支持。

在党的高级领导干部中，任仲夷是坚持实事求是的典范之一。1980 年，大连歌舞团到上海演出。演员在台上拿着麦克风边走边唱，这在当时是罕见的，因此引起舆论的一片哗然。有的报纸连续批评这是“港台资产阶级腐朽台风”，还为此写了内参。辽宁的同志很紧张，中共辽宁省委机关报《辽宁日报》对此拿不准。总编辑赵阜就派记者范敬宜向省委第一书记任仲夷请示。任仲夷听完范敬宜的汇报后沉默良久，忽然很认真地问：“对这个问题，马克思是怎么讲的？”范敬宜没有料到任仲夷问了这么一个问题，只好回答：“这我可没有听说过。”既然“‘老祖宗’都没有讲过站着唱是无产阶级的，走着唱是资产阶级的，叫我怎么表态呀？”接着，任仲夷很严肃地说：“我认为，共产党的省委只管唱什么，不管站着唱还是走着唱。我还没有想清楚，为什么只有站着唱才是社会主义，走着唱就是资本主义。”“那我们报纸怎么办呢？”范敬宜有点着急了。任仲夷笑了：“那是你们总编辑考虑的问题。”回到报社以后，范敬宜没敢照实传达任仲夷的原话，只是说了大意，把最尖锐的部分略去。范敬宜在 1986 年至 1993 年期间任《经济日报》总编辑，1993 年到 1998 年期间任《人民日报》总编辑，如今是全国人大常委，清华大学新闻传播学院院长。

执掌南粤大地，排除重重阻力

1980 年，广东改革开放已经开局。当时主政广东的省委第一书记习仲勋、第二书记杨尚昆调中央工作，谁来接棒呢？中央经过反复挑选和研究，最后确定由辽宁省委第一书记任仲夷和时任国家轻工业部部长的梁灵光去担此重任。

在任仲夷和辽宁省委一班人的领导下，短短两三年的工夫，辽宁大地显示出一派勃勃生机。任仲夷无论从思想理论上，从胆略气魄上，从领导艺术上，都表现出卓越非凡。让他到广东挑起改革开放先走一步的重担，可谓理想的人选。多年以后，当被问及“中央对广东实行特殊政策、灵活措施，是不是正因为你思想解放，中央才挑选你来执掌祖国的南大门广东？”任仲夷说：“不少人是这样估计的，我想也可能是这样。”

在任仲夷主政广东的5年时间里，他大胆地提出一些在今天看来再平淡不过，但在当时不亚于石破天惊的理念，勇敢地排除“缓改革”的理念，提出了“先行一步”的观念，使广东走在改革开放前沿。到广东工作后，任仲夷遇到的第一难题就是“缓改革”的阻力。

1981年，中央召开工作会议，中心议题是讨论国民经济的调整，涉及改革开放，涉及广东办特区的问题。会议期间，一位中央领导同志在会上转述了四位年轻人在一封信中“缓改革，抑需求，重调整，舍发展”12字方针。任仲夷听了以后，感到他的出发点是好的，但药方下得不对。任仲夷认为，正是由于过去思想保守，不肯和不敢进行改革，改革的步子太慢，才在经济上出现了许多的问题，所以不能“缓改革”。社会的需求、人民群众对物质、文化需求的不断增长是必然的和正常的，只能逐步地积极地去解决，逐步地去满足，特别在当时情况下，不应当再强调抑制群众的需求，所以不能“抑需求”。调整是必要的，但“舍发展”就不对了。中央对广东实行特殊政策、灵活措施，办特区，就是希望广东先走一步，发展得快一点。在改革开放初期，由于当时搞经济调整，广东遇到了较大的困难。但由于以任仲夷为首的省委政策对头，终于克服了重重困难，使广东和特区的经济那几年获得高速增长，真正实现了在全国“先行一步”。

1982年1月，任仲夷在全省地市委书记会议上提出：既要注意吸引港澳资金和技术，也要吸引日本、欧美的资金和技术。对前者，广东是“近水楼台”；对后者，要学会“长袖善舞”。1982年，中国第一家国际酒店白天鹅宾馆部分试营业，霍英东请了任仲夷，但心里没底。结果，任仲夷到场，并应要求题词：“两岸猿声啼不住，轻舟已过万重山”。意味深长，表达他对中国和广东坚持改革开放的乐观态度。

任仲夷1980年到广东工作时，广东的个体户已相当多，雇工上百人的都有。这是个敏感而又不得不正视的问题，因为政策规定个体经济雇工不能超过两个，否则就是资本主义经济，是剥削。怎么办？任仲夷要求广东社科界着手研究。当时正做研究生毕业论文的经济学家郑炎潮听到这个消息，即把自己的论文《社会主义初级阶段的私营经济》寄给任仲夷。任仲夷很兴奋，认为论文为决策提供了重要依据——个体经济蓬勃发展是不可阻挡的趋势，只能扶持不能压制，得为它正名，就叫“私营经济”，让它发展壮大。秉承这一思路，任仲夷在广东进行了一系列开创性的改革。1983 年 11 月 15 日，第一批“香港游”从广州出发到香港，改变了过去长期限制内地居民接触外面世界的状态。1984 年 1 月 1 日，中国铁路系统第一个独立的经济实体——广深铁路公司成立，从此突破了传统建制模式，实行自主经营、自负盈亏、自我改造、自我发展的管理体制。

在当时的计划经济体制下，连一盒火柴要提价两分钱，都要拿到省委常委会上讨论决定。在任仲夷的推动下，到 1983 年，广东的物价就几乎全部放开了。广东特别是深圳、珠海特区是最早突破计划经济的束缚搞市场经济的。到 1985 年任仲夷离休时，广东市场调节的物资已达到 80%，深圳、佛山高达 90%，在大陆各省市位居前列。

主政广东期间，任仲夷多次要求办好深圳、珠海以及汕头经济特区，并主持下发了中共广东省委 31 号文件，给了蛇口工业特区 4 个具有政府性质的权力，让其大力吸引外资及发展外贸经济。特区初创时期，种种非议也纷至沓来。当时有“特区除了国旗是红色的以外，已经没有社会主义的味道了”的说法。某省一位官员在参观完深圳后回家痛哭，说：“辛辛苦苦几十年，一夜回到解放前。”对此，任仲夷和省委一班人利用各种机会和方式，以自己的认识和理解为特区正名。1981 年 5 月，任仲夷在省委常委会上指出：“有的同志怀疑办特区会有损主权，会变成殖民地，我们要肯定回答不会。办特区是对主权的运用，是行使主权的表现。”1983 年 4 月 25 日，在省委常委会上，任仲夷又说：“搞特区不是走资本主义道路，不会损害社会主义，而是大大地有利于社会主义。”

任仲夷思想开放，作风开明。不少老同志都说：“广东有今天，多亏了任仲夷。”许多年以后，人们还记得任仲夷当初如何顶着来自各方面的压力，为广东做了许多好事。一位曾经采访过他的记者这样写道：“见过任老，使人产生一种强烈的感受，那就是惊异一个政治家和一个官员之间能量的巨大差异。他的力量，出之于平易中而深邃、创新中而切中实际的思想；在于那种眼观全局、鸟瞰式的审时度势的洞察力和驾驭能力。”

“与时俱进”：任仲夷的晚年生活

主政广东的五年，是任仲夷政治生涯中最辉煌的时期。1985 年，遵照中共中央关于“凡年过 68 周岁的中央委员，一律辞去中央委员及行政职务”的决定，任仲夷从广东省委第一书记岗位上退居二线，改任中央顾问委员会委员。但他并没有就此走进历史，仍执着于践行年轻时的革命理想，为了大多数人的幸福不断地奔走呼吁。那些凝聚了他数十年革命和改革底蕴的呼声，不仅引起各方的火热回响，也为他赢得改革实干家之外的赞誉。

1992 年 10 月，任仲夷同志从中央顾问委员会委员的岗位上退了下来，但他依然十分关注党和国家的事业。在 1997 年 83 岁高龄时，任仲夷以高票当选为中共十五大代表。《人民日报》曾发表文章，称此不寻常的佳话，是由于他“德高望重，众望所归。”

2002 年，已是 88 岁高龄的任仲夷当选中共十六大代表。在十六大召开期间，任仲夷在接受《羊城晚报》记者采访时，先伸出了三个指头，又伸出了一个指头。他幽默地说“三个代表”，一个都不能少。任仲夷认为，“三个代表”是防“左”思想武器，是防止和避免重犯历次政治运动中“左”的错误、特别是“文化大革命”这样“左”的错误的一种最有力的思想武器。邓小平在南方谈话中说，“警惕右，但主要是防止‘左’”，任仲夷对此非常赞同。任仲夷说：“这次‘三个代表’要写进党章，表明它是长期任务；‘警惕右，但主要是防左’仍然留在了党章里，说明它同样是长期任务。把‘三个代表’纳入党章，作为今后各项工作的指导思想，很好。”在胡锦涛提出构建和谐社会的思想后，任仲夷多次在老干部座谈会上阐述自己对“和谐”二字的理解：和是人要解决温饱，谐是人人皆可说话，言无不尽，言者无罪。广东一位退休的高级干部说，任老的这一解释，成为广东老干部圈子里的佳话，大家都说好，很好地解释了“和谐”二字。

任仲夷性格幽默，语言风趣，常常在文章和讲话中，不时插入成语、谚语、诗词等，赋予新意，使人感到耳目一新，妙趣横生，不仅增添了文章和讲话的文采，也使他阐述的改革开放政策和道理，在人们心中打上深深的烙印。

晚年任仲夷在接受记者采访时说：人到老年，更不要把名利、财物看得太重。这既有利于保持晚节，也有利于身心健康。任仲夷有句名言“凡事顺乎自然，遇事处之泰然”，他解释说：我说的“凡事”，是指一切事物，特别和自己有密切关系的事情；顺乎自然，就是要顺应客观规律去办事。任仲夷生性达观坦然，1983 年 11 月切除胆囊后，笑言自己“浑身是胆”。1993 年，因为胃癌，任仲夷的胃被切除了百分之八十。任仲夷依然幽默不减，自谓从此“无所畏（胃）惧”。任仲夷一目失明，只有一目可视，他自嘲为“一目了然”；他一耳失聪，另一耳可听，他自嘲为“偏听不偏信”。

在中共十五大召开期间，任仲夷应人民日报社总编辑范敬宜之邀造访报社。离开时，时任总编室主任的江绍高同志说了一句：“祝任老健康长寿！”不料任仲夷突然停止脚步，正色说道：“你这话说得不好！”大家都愣住了，问他为什么。任仲夷说：“凡是被人说健康长寿的，都说明他快要‘差不多’了。哪有对少先队员说‘健康长寿’的呀？对少先队员只能说‘天天向上’嘛！”说罢，他立正举手行了个少先队礼。任仲夷的确是在“天天向上”，一直都在不懈怠地前行，继续充当着中国改革开放排头方阵里的一个兵。

（原载《文史天地》2006年第11期）

改革先驱任仲夷

黄金生

2014年是改革开放的闯将任仲夷诞辰100周年，中央文献出版社于2013年推出《岁月留迹：任仲夷》大型画传，来缅怀与纪念这位智者和勇者。在广东改革开放30年来最具影响力的代表人物评选中，任仲夷名列榜首。不仅在广东，即使在中国改革开放的历史上，也必将记下任仲夷这个名字。他是勇者，敢于突破禁区，为张志新平反，顶住重重阻力，引领广东的改革开放；他是智者，其思维始终走在时代前列，即使退休后，也一直没有停止对改革的思索，并为我们留下了很多真知灼见，隽言妙语。

为张志新平反

粉碎"四人帮"后的中国政治舞台，乍暖还寒。这时，任仲夷从黑龙江调到辽宁任职。辽宁是"文革"中的重灾区。当时的辽宁，受"文革"极左路线影响很深，拨乱反正、思想解放的任务非常繁重。据原沈阳市委党校俞朱平回忆，在《实践是检验真理的唯一标准》发表后，当时中宣部主要负责同志到了辽宁，所到之处的几次讲话都避而不谈真理标准的讨论，而是大谈"砍旗"、"丢刀子"、"非毛化"等，觉得真理标准问题的讨论似有批评、否定毛泽东之嫌。身为辽宁省委第一书记的任仲夷不仅没有避谈，而是旗帜鲜明地参加关于真理标准问题的讨论。他着手撰写《理论上根本的拨乱反正》一文，刊登在辽宁省委的理论刊物《理论与实践》上，坚决支持真理标准问题的讨论。

“文革”中辽宁积累了大量冤假错案，任仲夷都一一为其平反，其中影响最大的就是张志新案。张志新原是辽宁省委宣传部的一名女干部，因同“文革”中的错误作斗争，被毛远新批准“杀掉算了”。押往刑场前，因害怕她再说什么，竟被按倒在地割断了喉管。她在割喉前说过的最后一句话是：“党啊，你为什么这样对待自己的女儿！”任仲夷在了解情况后非常气愤地说：“无产阶级专政如果变了质，就会成为法西斯！”根据任仲夷的提议，经省委常委会讨论决定，给张志新平反昭雪，授予烈士称号。

平反张志新案需要政治勇气，因为张志新曾对毛泽东的错误坦诚地提出尖锐批评，比如她认为毛泽东发动无产阶级“文化大革命”推行的是一条“左”倾政治路线，这条路线是从 1958 年人民公社、“大跃进”年代发展过来的，她还反对对毛泽东的个人崇拜。而这些在当时仍是理论的禁区。中共中央下发的红头文件还明确规定：“对攻击毛主席、华主席和以华主席为首的党中央的现行反革命分子，要坚决镇压。”当时华国锋在辽宁视察工作，任仲夷请华国锋为张志新案表态，华国锋就没有表态。张志新案平反阻力之大可想而知。有人问任仲夷怎么办？任仲夷说：“他（华国锋）可能有别的考虑，这不要紧，我们还是按省委的决定办。”“按省委的决定办”，掷地有声！任仲夷为张志新平反时说：“我们现在搞解放思想，她（张志新）早就思想解放了。要学习她那种‘五不怕’的精神。”1979 年 7 月，任仲夷在北京参加全国人大五届二次会议，曾上门看望张志新的母亲郝玉芝及其儿女。他对张志新的母亲说：“您为党生了一个好女儿！”而张志新批评毛泽东和“文革”的那些言论，直至 1981 年中共中央《关于建国以来党的若干历史问题的决议》出台，才被承认是正确的。

任仲夷在主政辽宁期间，还首先提出要给被高度集中的计划体制捆绑得死死的国营企业“松绑”。他大胆提出农村要敢于“抓富”，并恢复了过去被认为是“资本主义尾巴”的农贸市场。这一时期，“文革”重灾区的辽宁不仅政局平稳，其经济发展更是跃居全国第三位。任仲夷还提出要在大连办特区，但遗憾的是，没有得到中央批准。1980 年，中央提出任仲夷调广东任职。据任的秘书李次岩说，中央提出工作调动时，曾有多个去处，但是，任仲夷选择来到广东，就是因为他有“特区情结”。广东是任仲夷政治生涯上的高峰，正是凭借其政治勇气和智慧，他在广东“杀出了一条血路”，唤醒了这片沉睡的热土。但，这些辉煌的背后，他承受着巨大的压力。

始终有人盯着

到了广东，任仲夷虽能放开改革手脚，但也充满了政治风险。临去广东前，一位老战友对他说:“仲夷同志，此去广东，你不是立个大功，就是犯个大罪。”据任仲夷身边工作人员的回忆，任在广东期间，“始终有人盯着”。那时的中国，意识形态领域非常严峻，稍有不慎，就会被扣上资本主义的帽子。

任仲夷特别关心特区问题。刚到任的任仲夷就到深圳调研。他针对特区提出“特殊政策真特殊，灵活措施真灵活，先走一步真先走”的要求。在其后的讲话中他还提出办特区要“进一步解放思想，把视野放宽一些，步子迈得更大一些”，“要敢于和国际垄断资本集团打交道，敢于和跨国公司打交道。允许外国金融资本到我们特区来办银行”。1982 年 1 月 1 日，特区土地管理法规出台，允许外商参与开发特区土地和缴纳土地使用费，使用特区土地兴办企业。这项法规的出台，引起了国内震惊，一时间“深圳除了九龙关门口仍挂着五星红旗，一切都已经资本主义化了”的言论此起彼伏，中央有关部门甚至专门下发了一个《旧中国租界的由来》的白头文件！在高层会议上，有甚至说“要收复失地”，“要砍一批人头”。在改革最为关键的时期，任仲夷在 1982 年 2 月 2 日、2 月 18 日和 3 月 6 日，一个多月内竟三次来到深圳。他旗帜鲜明地说：“办特区是否有损主权，是不是会变成殖民地？我们要肯定地回答：不会！恰恰相反，只有掌握主权才能办特区。办特区是对主权的运用，是行使主权的表现！”他对时任深圳市委书记梁湘说：我们“少谈点主义，多谈点实际”。在他的支持下，短短几年内，深圳就由一个偏僻的小渔村变成一个繁华的大都市，成为中国改革开放最亮丽的名片。

得风气之先的广东思想开始逐步解放，人们的生活也更加丰富多彩。1983 年 11 月，第一批“香港游”从广州出发到香港。同时，香港歌星也到广州来演出。香港歌星在舞台上边跳边唱，摇头晃脑的台风一下引来舆论大哗。很多报刊批之为“资产阶级腐朽台风”。任仲夷听后则反问道，难道站着唱就是社会主义，走着唱就是资本主义？广州的东方宾馆开设了一家音乐茶座，青年男女在闪烁的霓虹灯里唱歌、跳舞、喝咖啡。广州街头，男的穿喇叭裤、留长发、戴墨镜，女的则穿高跟鞋、烫波浪头、涂香水。一些外省高官到广州出差，见此情形，捶胸顿足、痛心疾首，认为广东早已偏离了社会主义方向。汹涌的反对声浪滚滚而至，连到广东视察的时任国务院副总理万里都不无担心地劝他：“仲夷，还是管一管吧，北京议论很大啊。”任仲夷则半开玩笑地说：“万里同志啊，我们要管大事，这些生活小事还是随他吧。留胡子，我们共产党的祖师爷马克思就是大胡子。穿喇叭裤有什么不好？我们老祖先在唐朝就开始穿了。至于迪斯科不就是蹦蹦跳跳扭扭屁股吗？男女并不贴身。我们过去跳交谊舞，可都是男男女女搂在一起的。在延安时，我们党的领袖们不是每个周末都举办交谊舞会吗？”

白天鹅是中国大陆第一家五星级宾馆，由香港霍英东先生投资，但从开工的第一天起，国内就议论纷纷：“共产党怎么能和资本家签约呢”，媒体更是口诛笔伐。据霍英东回忆：“搞白天鹅，搞得自己体无完肤！”连宾馆工作人员穿丝袜都被说是有意识形态问题。他于是想出了一个转移压力的办法，请任仲夷吃饭。接到请柬后，任仲夷身边的人员劝他不要去，以免人家说你与资本家穿连裆裤，是把兄弟。任仲夷则风趣地说：“广州和香港不是把兄弟，而是亲兄弟，不仅合穿连裆裤，还同吃一个奶（珠江水）。今天亲兄弟请客，又是一个出名的好机会，我为什么不去？况且，谁规定共产党的省委书记不能去五星级酒店呢？”饭后又应约为宾馆题词：两岸猿声啼不住，轻舟已过万重山。在场者深感意味深长。

结果，白天鹅宾馆开业那天，竟有一万多人到宾馆参观，白天鹅被称为“改革开放的里程碑之作”。

“二进宫”向中央作检讨

任仲夷在广东的所作所为，使得一部分中央高层频频震怒，甚至严厉责问：“任仲夷还是共产党员吗？”1982 年，伴随着经济的蓬勃发展，沿海县市走私问题多了起来。广东、福建两省实行特殊政策，走私现象又最多。于是，借走私问题，一部分中央高层想借机调整改革开放政策。

2月上旬，中央专门召开“两省（广东、福建）会议”。会上，有中央领导严肃指出：“这是资产阶级又一次向我们的猖狂进攻”，“宁可业务上受损失，也要把这场斗争进行到底！”从而明确指示广东要查处一批，杀掉一批。有人在讲话中说：“广东已经变了颜色，经济特区就像当年的租界。广东这样的地方，是资本主义的熟门熟路，不应当用思想解放的人，必须用金刚钻。”还说，“广东出了那么多的事，任仲夷为什么见怪不怪？”他甚至提议免去任仲夷广东省委第一书记的职务。

会议结束后，任仲夷一行回到广州不久，突然又接到胡耀邦的电话，指示任仲夷一个人马上再次回京。因为主持这次会议的书记处在向中央政治局常委汇报后，政治局常委认为广东省委的主要负责人思想还是不通，需再次进京面谈。这就是传说中所谓的“二进宫”。

进京后，胡耀邦代表政治局常委希望他明确表态，并要求他给政治局写一份书面检查。对此，胡耀邦无奈地做了一个两手摊开的姿势，说：“我都检讨了啊！”当时国务院的领导也和任仲夷谈了话，要他认真地解决问题。

连总书记都做了检讨，可以想见，任仲夷是带着多大的压力回到广东的。他要如何向全省传达会议精神呢？若自私一点，他完全可以按中央的旨意，清查队伍，人人过关，查处一批，杀掉一批。自己不仅能够顺利过关，没准还能高升一步。可那样，刚刚开始的改革开放事业就会出现严重倒退。任仲夷心里非常明白：广东退一步，全国就退一百步！

几天之后，全省三级干部大会召开，各级官员早已风闻中央会议内幕，预测这将是一个“杀气腾腾”的会议，有的已经做好了接受审查的心理准备。没想到的是，会上任仲夷首先肯定了各级干部为国家建设和改变广东面貌所做的贡献，并为近年出现的问题承担了责任。他说：“责任在省委。”“在省委里面，主要应当由我对这些问题负责。”在检讨对“走私犯罪”重视不够并申明将加大打击力度的同时，仍强调“改革开放坚定不移”。同时提出“三个更加”：对外更加开放，对内更加放宽，对下更加放权。会后有的领导好心地对他说：“仲夷同志，到什么时候了，还讲改革开放坚定不移？最近中央报刊都不讲了。”任仲夷说，反正中央文件的提法没改。针对各地的领导干部，他说，只要没往自己腰包装钱，而是按省委部署抓改革开放的，即使出些问题，也应由省委负责，主要由我负责。

原本以为应该“杀气腾腾”的会议变成了一个“热气腾腾”的会议。这次会议保护了广大干部改革开放的积极性，没有因为出现走私贩私歪风而错失历史发展机遇。

但在这年秋天召开的党的十二大上，任仲夷因非议过多没能进入党和国家领导人的行列。

为私营经济正名

陈志雄是广东的一名普通农民，1979 年他承包了 8 亩鱼塘，第二年扩大到 141 亩，因为夫妻俩干不过来，只好雇人，雇请固定工 1 人，临时工 400 个工日；第三年，陈继续扩大经营，承包面积达 497 亩，雇请固定工 5 人，临时工 1000 个工日。这件事引起了广泛争议，1981 年 5 月 29 日，《人民日报》二版头条位置发表了一篇题为“一场关于承包鱼塘的争论”的调查报告，并以“怎样看待陈志雄承包鱼塘问题”为总标题，开辟了一个专栏，进行了为时三个月的讨论。尤其是围绕雇工问题的讨论最为激烈。因为按照马克思《资本论》中明确划分的“小业主”与“资本家”的界线，“雇工到了八个就不是普通的个体经济，而是资本主义经济，是剥削。”1980 年中央 75 号文件明确规定：“不允许超过雇工 8 人的个体经济存在和发展。”新华社某记者为此写了一份内参，引起高层重视。当时主管意识形态的中央领导批示：“按这个材料说，就离开了社会主义制度，需要做出明确规定予以制止和纠正，并在全省通报。事关农村社会制度的大局，故提请省委考虑。”任仲夷在组建调查组后认为这种承包方法和经营方式，就其经济效益来说，比原来“吃大锅饭”的集体经营要好，同时强调这是发生在特殊的历史条件下产生的效益，并上报中央农委，算是平息了一场风波。

任仲夷明白，对于个体经济，只能扶持，不能压制，但如果不正名的话，个体经济头上则始终悬着一把“资本主义”的达摩克利斯之剑，那还怎么发展？

当他苦思冥想之际，正好看到当时还是一位在读研究生的郑炎潮给他寄来的一篇文章。郑炎潮在对广州市超过 8 个雇工的个体企业做了大量调查后，为这种新兴的经济形式起了一个新名字："社会主义初级阶段的私营经济"。任仲夷见后，立即召见了这位年轻人，并接纳了他的意见，从此，中国改革开放史上诞生了一个全新的名词：私营经济。邓小平在 1984 年说："前些时候那个雇工问题，相当震动呀，大家担心得不得了。我的意见是放两年再看。""看"了 6 年之后，全国人大通过宪法修正案，才增加了"国家允许私营企业经济在法律规定的范围内存在和发展"等内容，1987 年中央文件中，终于去掉对雇工数量的限制。

1985 年，任仲夷从广东省委书记位置上退了下来。当时的通常做法是，新班子上任后，仍请老书记参加常委会。他主动提出不参加，说："别人都说扶上马，送一程，我不那样想，老的不放手，新的怎么工作，究竟谁负责？"

他退下来的 1985 年，广东的经济总量已经从 1978 年的全国第 23 位跃居全国第 1 位。

（原载《决策与信息》2013年第7期）

任仲夷讲话艺术——通俗易懂　深入浅出

向　明

广东省是中国实行改革开放、创办经济特区先行一步的“试验区”。任仲夷同志是这个“试验区”开创时期的领导人之一。他性格幽默，语言风趣，常常在文章和讲话中，不时插入成语、谚语、诗词等，常常赋予新意，使人感到耳目一新，妙趣横生，不仅增添了文章和讲话的文采，也使他阐述的改革开放政策和道理，在人们心中打上深深的烙印。

这里，信手摘引若干事例，以飨读者。

“浑身是胆”与“无所畏惧”

仲夷同志如今年逾八旬，不仅精神矍铄，思想敏捷，而且步履稳健，行动自如。当我们称羡他80多岁高龄，身体仍如此健朗时，他微微一笑，风趣地说：我原来有胆结石，胆囊里有大小石块六七个，但根本不感觉疼痛，所以我的方针是“安定团结，和平共处，长期共存，死而后已”。可是，1983年10月到北京开党的十二届二中全会以后，发现心脏有毛病，经医生劝告，生平第一次住进了医院，并且于11月切除了胆。虽然没有了胆，却有点天不怕地不怕，可以说“浑身是胆”。1993年11月，又把胃切除了五分之四，那时我已年近八旬，觉得动这样的大手术也就“无所谓（胃）”了，也可以说“无所畏惧（胃具）”了。

他利用中国文字单音节的特点，运用谐音的修辞方法，产生了独特的“趣味效应”。这不仅使我们感受到中国语言艺术的特殊意趣，也使我们想到了仲夷同志的为人。“浑身是胆”、“无所畏惧”，正是他正直品格和人格力量的自然表现。

这里只举一个突出的例子。粉碎“四人帮”以后，任仲夷任中共辽宁省委第一书记时，在关于真理标准问题的讨论中，他不顾不准发表文章的禁令，毅然举起鲜明的旗帜，批判“两个凡是”的唯心史观，坚决支持“实践是检验真理的唯一标准”的观点。1978 年 5 月 10 日《实践是检验真理的唯一标准》一发表，他就和秘书张岳琦研究并于同年 6 月写成了《理论上根本的拨乱反正》一文，发表于辽宁省委主办的理论月刊《理论与实践》上。12 月，他又在《红旗》杂志上发表《解放思想是伟大的历史潮流》一文。

他还和辽宁省委的领导同志一起，于 1978 年 8 月 18 日作出决定，组织全省干部和群众进行关于真理标准问题的讨论，进行思想理论上的拨乱反正。这是全国最早在一个省范围内公开进行这一讨论。

当时，批判“两个凡是”是要冒巨大的政治风险的，可见任仲夷同志的卓越胆识。

不要“心有余悸”，更不要“心有余毒”

1979 年 2 月 17 日，任仲夷在辽宁省昌图县三级干部会议上谈到“左”的流毒时说：“林彪、‘四人帮’颠倒是非，混淆黑白，把靠正当劳动而过富裕生活说成是走资本主义道路，说成是变修，从而在人们思想上造成了一种‘恐右症’、‘恐资症’、‘恐修症’、‘恐富症’，至今‘心有余悸’。”

1980 年 1 月 15 日，在辽宁省财贸工作座谈会上，他说：我们的思想要解放，不要“心有余悸”，更不要“心有余毒”。

对于“心有余悸”和“心有余毒”的现象，任仲夷归纳为“七怕一不怕”：农村怕富，工业怕利，财贸怕活，教育怕智，文艺怕放，实行责任制怕包，建设经济特区怕特，就是不怕“左”！

在这里，任仲夷用“心有余悸”与“心有余毒”这一字之差的两个词语，把道理讲得明白而又生动，给人印象很深。

“近水楼台”与“长袖善舞”

1982 年 1 月 19 日，任仲夷在广东地市委书记会议上，谈到应积极引进港澳和外国的资金与先进技术时说：“我们既要注意吸引港澳的资金和技术，同时又不要局限于港澳。对日本和欧美等都要加强经济往来和经济合作。引进港澳资金和技术，广东是‘近水楼台’；引进日本、欧美的资金和技术，我们要学会‘长袖善舞’。”“近水楼台先得月，向阳花木早逢春”这联诗句，说明占有地利的好处，颇富生活哲理。仲夷同志用“近水楼台”比喻广东毗邻港澳的地理优势，非常贴切。“长袖善舞”一词，源出《韩非子·五蠹》：“鄙谚曰：‘长袖善舞，多钱善贾。’此言多资之易为工也。”任仲夷把这句成语引用于引进欧美资金和技术，相当巧妙，颇有深意。

“不胫而走”与“不翼而飞”

1980 年 8 月 25 日，任仲夷在辽宁省商品粮基地建设座谈会上说：“过去，今天一个现场会，明天一个现场会，结果作用也不大。真正符合群众利益的经验，你不开现场会，它也会‘不翼而飞’、‘不胫而走’。比如，集市贸易，现在全省都开放，城乡都欢迎。我还没听说哪个市、地区为了推广集市贸易开过现场会，也记不得省里开过集市贸易现场会，搞什么限期推广。但是，都普遍地搞起来了。这就说明，真正符合经济规律和群众心意的好经验好政策，就是不下硬性命令，不召开什么现场会，也会推广。”

他还提出：我们的政策和工作要做到“三顺”：顺路、顺心、顺手。顺路，就是顺乎党的正确路线；顺心，就是顺乎民心；顺手，只要顺乎党的正确路线和民心，执行起来就一定顺手，也就会“不胫而走”、“不翼而飞”。

“为民作主”还是“由民作主”

1996 年夏天，广东增城举行“荔枝世界”的奠基典礼。仲夷同志和我们都应邀出席。刚巧都住在一幢别墅里，成了近邻。有一次在闲谈中，谈到了反腐败的问题，谈到了豫剧名丑牛得草主演的《七品芝麻官》，为民作主，不畏权势。感叹于有的共产党干部，贪污腐败，还不如那位“七品芝麻官”。这个话题，触发了任老的感慨。他说:《七品芝麻官》中有两句脍炙人口的唱词:“当官不与民作主，不如回家种红薯。”我在欣赏之余又有一点小小的想法。总的来说，封建时代的官吏，大多是压迫剥削人民、骑在人民头上作威作福的官老爷。但历史上也有一些刚直不阿、清正廉洁、不畏权势、为民作主的清官，他们的确为人民做了一些好事，人民感激他们，怀念他们，广泛流传着他们的佳话。

但是，现在我们所处的是社会主义社会，对于共产党的干部来说，“为民作主”是远远不够的，而应该是“由民作主”。“为民作主”与“由民作主”虽也只一字之差，却有本质的不同。“为民作主”是把自己凌驾于人民头上，为人民做点好事，只不过是对他们的“布德施恩”，把自己称为人民的“父母官”，当做人民的“救世主”、“大救星”。“由民作主”则是真正由人民作国家的主人，一切国家干部（包括共产党员）都是为人民服务的“公仆”和“勤务员”。邓小平说“我是中国人民的儿子”，就把自己与人民的位置摆得非常恰当。

“欲穷千里目，更上一层楼”

1981 年 10 月 5 日，任仲夷在广东省三级干部会议上说：“我们对经济规律的认识还不深刻。在有些问题上，好像思想已经解决了，实际上认识还很肤浅，有待深化和提高。唐人有两句诗：‘欲穷千里目，更上一层楼。’我们对有些经济问题的认识，确实还需要‘更上一层楼’。”

任仲夷同志早在1979年就提出“计划调节与市场调节相结合”。在一次关于社会主义生产目的的讨论会上，他作了题为《社会主义建设，必须遵循社会主义基本经济规律》的长篇发言。说：“通过这个讨论，要更好地理解和运用计划调节和市场调节相结合的原则。社会主义生产既然是为了满足社会需要，那么，计划就必须考虑市场情况，生产就必须考虑消费的需要，符合市场需求。”

他还具体提出，为了把计划调节和市场调节很好地结合起来，至少要做到这样几点：一是订经济计划的时候，就要认真进行市场调查，不仅要调查省内国内市场，还要调查国际市场；二是在国家计划的指导下，充分地正确地发挥国营企业的计划外生产、某些集体所有制企业的生产、个体生产、集市贸易等等经济形式对国家计划的补充作用；三是在经济活动过程中，要根据社会需要和经济情况的新变化，对计划进行及时的必要的调整，并要充分正确地利用价格、税收、信贷等方面的政策去影响和调节市场。

此后，他又陆续在《红旗》杂志、《人民日报》、《光明日报》、《经济日报》、《共鸣》杂志、《南方日报》、《羊城晚报》等报刊上，发表了《科学社会主义理论的重大突破》、《经济建设要自觉运用价值规律》、《谈社会主义初级阶段的价值规律》、《治理整顿和深化改革，必须按经济规律办事》、《搞社会主义市场经济，必须重视和发挥“两只手”的作用》、《建立社会主义市场经济体制，是理论和实践的重大突破》等文章和谈话，对建立社会主义市场经济体制和深化改革，都起了积极的促进作用。

“疑无路”与“又一村”

“山重水复疑无路，柳暗花明又一村。”这是宋代大诗人陆游的名句。仲夷同志借用来说明深入联系群众的重要意义。

1982年4月22日到5月3日，任仲夷和省委常委寇庆延到汕头地区的潮阳、惠来、普宁、陆丰、海丰等县，深入工厂、农村、农场、渔港、农科所、学校和社员家庭，同基层干部、农民、工人、科技人员、学校师生交谈，了解了许多情况，学习到群众在实践中的一些经验创造。他在和市、县领导谈话时说：要善于分析新情况，研究新问题，总结新经验，闯出新路子。往往是坐在上面想，觉得困难重重，到下面去调查一下，就有办法。在上头是“疑无路”，到下面是“又一村”。

1982 年 6 月 8 日，中共广东省委常委开会讨论《关于当前农村工作几个问题》的文件，任仲夷在会上深有体会地说：这次下去调查，给我启发很大。我们在上面瞑思苦想，常常感到“山重水复疑无路”；一到下面，群众有许多丰富的经验创造，使人大开眼界，豁然开朗，真是“柳暗花明又一村”！

刘海太多，郭橐驼太少

1978 年 7 月，任仲夷在辽宁省清原县看了山区林业建设的情况后，发表观感说：一路上看到清原县的林子很不错，但也很不够。山是青了，有的树不多，有的没有树，露石头的山也有一些。他意味深长地感叹：“中国过去刘海太多，郭橐驼太少。”接着，他指着室内挂的一幅山水画，即兴发挥说：画上只画了两棵树，还是可怜松。桂林的山多是突兀的石山，有奇特的美，但树太少。桂林山水甲天下，要遍天下就坏了。古代画就是没有画植树造林的，都是画樵夫砍树担柴。戏剧表现栽树的也很少，不是《刘海砍樵》，就是《兄妹开荒》。他还说：过去说靠山吃山，不讲养山，恐怕是“刘海砍樵”吧？应是靠山养山、开山、吃山。养山，就是植树护林。不要“刘海砍樵”，而要“种树郭橐驼”。

仲夷同志这里说的刘海，是民间故事中的人物，是一位青年樵夫，以砍柴为生。湖南花鼓戏《刘海砍樵》，就是演他的故事。郭橐驼是唐代散文大家柳宗元《种树郭橐驼传》中的人物。他以种树为生，而且技术精良，种的树成活率高，枝叶繁茂，果实丰硕。任老感叹刘海太多，郭橐驼太少，是对忽视植树造林而又乱砍滥伐感到痛心。他批评这种现象是“吃祖宗饭，造子孙孽！”

“山不在高，有文化古迹则名”

“山不在高，有仙则名。水不在深，有龙则灵。”这是唐代诗人刘禹锡《陋室铭》中的名句。任仲夷改为“山不在高，有文化古迹则名”，提出了旅游与文化结合的指导思想，提高旅游活动的文化内涵与文化素质。

1984年6月14日，在广东省市、地委书记会议上题为《解放思想，大胆改革，更加开放》的讲话中，任仲夷谈到了进一步发展旅游业的问题。他说：旅游业也是我省的一个优势，要再接再厉地加快发展。旅游要讲文化，要把自然风景和文化古迹糅合在一起。不能光让旅客住旅馆、看山水，也要让他们了解我们的文化古迹，享受与西方不同的东方文明、异国情调。古语说：“山不在高，有仙则名。”对旅游来说，“山不在高，有文化古迹则名。”广东在历史上，特别是在近代历史上，名人名胜很多，我们要加强这方面的建设，这也是精神文明。

“见怪不怪”与“少见多怪”

任仲夷有一次在回答记者的提问时说：“过去有人说，广东对外开放以来出现的一些问题‘见怪不怪’。我认为，不能笼统这样讲，更多的还是有人自己‘少见多怪’，对一些新人新事看不惯，接受不了，横加指责，干预过多。”仲夷同志用以回答无理指责的“少见多怪”一词，原出《牟子》：“少所见，多所怪，睹骆驼，言马肿背。”意在讽刺那些见识少的人，看见骆驼，大惊小怪地高呼：“马的背为什么肿起来了？”相当形象生动。

的确，广东实行特殊政策、灵活措施，尤其是创办经济特区，一开始就招来了怀疑、非议、责难。有的说“特区是搞香港化，搞资本主义。”有的说“特区不就是过去的租界吗？”有的说“搞特区会沦为殖民地！”有的说“特区姓资不姓社。”有的说“特区除国旗是红色的以外，已经没有社会主义的味道了。”……这样的误解、疑虑、非议、指责，持续了很长一段时间，而在开头几年尤其厉害。

1980年12月18日，任仲夷在中央工作会议上，专门对特区问题作了专题发言。他针对“特区就是租界”的论点，反驳说：“主权完全在我们手里，那里的政府、警察、军队都是我们的，执行我国的法律。这有什么危险呢？没什么危险！有人说，在我国领土上搞特区，和过去的‘租界’不是一样了吗？应当说，有这种担心的人，至少是不了解情况。我们所以搞特区，完全是为了我们自己的利益，而不是为了外国的利益。”

实践是检验真理的唯一标准。现在，广东省执行特殊政策和灵活措施，以及经济特区建设的巨大成就，已经是有目共睹、有口皆碑了。实践和时间作出了结论：不是广东人民“见怪不怪”，而是有些人“少见多怪”。

允许“变通”，不许“变相”

任仲夷善于创造性地执行党的政策。1983年2月3日，他在中共广东省第五次代表大会上，谈了自己的体会：我们从实践中体会到，决不能把政治上同中央保持一致，理解为只能对中央的指示照抄照转。毛泽东同志早就讲：“盲目地表面上完全无异议地执行上级的指示，这不是真心执行上级的指示，这是反对上级指示或者对上级指示怠工的最妙方法。”因此，我们必须坚持实事求是的精神，结合本地区本单位的情况，创造性地执行党的政策。

“变压器说”，是他创造性地执行上级政策的一个著名论点。意思是：各级党委、各个部门、所有干部，在执行上级政策时，都要起“变压器”的作用，把上面输送来的电流，进行变压，使之成为适合本单位、本部门具体需要的电压，去推动机器的运转。

“变通”是任仲夷在这方面的又一创造

对于变通，他作了具体的说明：“我所说的变通，就是要全面理解和掌握中央的政策，从实际出发，灵活运用这些政策去解决工作中的矛盾。”

“在变通地处理问题时，要‘一计不成，再生一计’，但要强调计计不离党的政策，计计不离社会主义，计计不离国家、集体、个人三者利益，计计都要促进生产的发展。”这就把“变通”与“变相”明确地区别开来，避免产生误会及别有用心的人钻空子，使变通的办法严格地在正确的轨道上运行。

1984 年 6 月 14 日，他对“变通”又有了更全面的阐述：

“讲‘变通’，不应形成‘变相’地违反政策。在正常工作中，必须严肃认真地执行现行政策的规定，在执行中发挥积极性、创造性。但是，至少有三种情况允许变通：第一，政策规定有许多条，为了办成于国于民都有利的事情，有时要多方查阅各种规定，这一条不行就用那一条，要积极找根据把好事办成，而不应到处找根据去卡，使好事多磨；第二，政策规定本身有幅度、允许灵活的，则应向有利于生产发展和搞活经济方面去理解，灵活执行，而不是相反；第三，确实利国利民的改革，如果从现有文件中找不到根据，还可以试点，在试点中允许突破现有规定。”

少用“否决权”，多投“赞成票”

一次，任仲夷在省委常委会上，不无气愤地说：“当前经济工作中普遍存在的一个问题，就是管得死，效率低。办一件简单的事，不知有多少部门管着，不知要经过多少审批手续，不知有多少人在那里行使‘否决权’，而投‘赞成票’的却很少。许多明明合理的事情不能办，许多明明不合理的做法不能改。造成一种体制性的官僚主义。这种官僚主义，比之纯粹个人作风上的官僚主义，在某种意义上说，往往危害更大，而且更难克服。”

在另一些场合，任仲夷同志将上述现象，用唱《三岔口》、“亮红灯”与“别马腿”作比喻。1980 年 11 月 20 日，任仲夷同志刚到广州不几天，在中共广东地委书记座谈会上，就在这方面提出了要求：“各条战线、各个部门，不要老唱《三岔口》，互相扯皮打架。为了尽快把应办的事情办成，各部门都要尽量多‘开绿灯，’不要滥用权力‘亮红灯’。要多让‘车走直路’，不要总是‘别马腿’和‘压象眼’。”有时他又说：要做“红娘”，莫当“法海”。

不要事事“一慢、二看、三通过”

在不少城市的街头，斑马线旁，常常可以看到一块醒目的标语：“一慢、二看、三通过”。它提醒行人注意交通安全，是完全必要的。任仲夷从这条标语想到了：如果把这条交通安全标语，扩而大之，用于生活的每个环节，时时左顾右盼，事事前怕狼后怕虎，就会胆小怕事，谨小慎微，这种心理状态和精神面貌，是与改革开放不相称的。任仲夷讲过这样一段精辟的话：

“思想不解放，特别是领导同志的思想不解放，搞不了四个现代化，工作也不可能大治快上。实践证明，哪个地方和单位的领导同志思想比较解放，那里的工作办法就多，步子就快。反之，就慢慢腾腾，工作很少起色。有的人老于世故，凡事‘一慢、二看、三通过’，认为解放思想这个头不能带，还是‘稳当’一点好。这种情绪的产生，是有一定的历史原因的。多年来，确实存在着一种极不正常的现象，什么事不干的，四平八稳，反而成了‘不倒翁’。但是，现在党提倡、鼓励、重用的，是敢于思考问题、提出问题和解决问题的人才。群众欢迎的也是这样的干部。在新形势下，已有许多事实说明，那种思想僵化、四平八稳、无所作为的人，是不受群众拥护的，是站不住脚的。这样的同志如不转变，在新长征中，早晚要被淘汰。”

“莫把开头当过头”

1979 年的春天，党的十一届三中全会的春风，吹遍了祖国的大地，广阔的松辽平原上，也到处出现一片解冻复苏、生意盎然的景象。但是，就在这清新的气息里，也混入一丝丝不和谐的“倒春寒”。有的习惯于林彪、“四人帮”那一套“左”的东西，怀疑现在是不是走回头路，搞资本主义；有的认为农民富得过头了……

任仲夷在一次会议上说："省委提出尽快使我省农村富裕起来，才刚刚几个月的时间，现在农民是不是富过头了？是不是右了？已经听到这种个别的议论。我们应该明确表示：不仅没有'过头'，而且仅仅是'开头'。农民刚刚敢于争取富起来，时间还很短，生产门路找得还不多，大批的生产队和社员还没有富起来，就是比较富一点的社队也还富得很不够，比国内富裕的地方还差得很远，更不要说和外国比了。所以，奔向富裕生活才仅仅是开始，必须坚定不移地继续干下去。"

《辽宁日报》一位富有才华而又眼光敏锐的记者范敬宜，针对当时农村的形势，写了一篇述评，题名《莫把开头当过头》，发表在《辽宁日报》上。当时，一些人不同意他的观点。仲夷同志看了以后则大加赞赏，以为此文正逢其时，将会对全国产生影响，并说，标题还应加一句"莫把支流当主流"。果然这篇文章很快就受到了《人民日报》重视，马上以《分清主流与支流，莫把"开头"当"过头"》的标题发表，并加了长篇的编者按语，对于排除改革开放中的阻力，推动我国社会主义建设的历史进程，起到了不小的作用。

"排污不排外"

"排污不排外"。这是任仲夷的一句生动而又政策性很强的名言。它产生的背景是这样的：

1981年1月11日，中共中央发出《紧急通知》，严厉打击经济领域里严重的犯罪活动。由于广东毗邻港澳，走私贩私、贪污受贿等犯罪活动，比其他地区更为严重，受到中央的严厉批评，于是有些人便将这归罪于改革开放政策。任仲夷同志坚决有力地驳斥了这种非难。他说：走私贩私问题，不是由于实行改革开放而产生的。在改革开放以前，它就存在。沿海走私活动比内地多，靠近港澳和台湾的地方走私多，这是地理原因造成的。浙江等地没有实行特殊政策，也有走私活动。当然，不可否认，实行改革开放，在长期封闭的墙上打开窗口，随着新鲜空气进来的，也难免有少许污浊的气息和蚊子、苍蝇。

在引进资金和先进技术时，也会受到资本主义思想腐朽方面的污染，使走私贩私活动更加猖獗。因此，我们的方针是“三个坚定不移”：打击经济领域中的严重犯罪活动，坚定不移；实行对外开放和搞活经济，坚定不移；执行让人民群众富裕起来的政策，坚定不移。

1982 年 5 月 20 日，任仲夷在接受《世界经济导报》记者采访时说：“我们不排外，排外是不对的。但是我们要排污。实行开放政策，也带来一些新问题。‘近水楼台先得月’，但也会先染污。盲目排外是错误的、愚蠢的；自觉排污是必要的、明智的。排污要分清界限，要排真正的污，要作具体分析，要总结经验，吸取教训，统一认识。”

1990 年 9 月，任仲夷在接见《南方日报》和《羊城晚报》记者时，对“排污不排外”，又提出“排外污，更要排内污”的观点。他说：“讲排污，只强调外来的一面还不够，还必须看到我们内部这一面。蚊蝇有从外面飞来的，也有内部孳生的。古语说：‘物必自腐而后虫生之。’毛主席说：‘外因通过内因起作用。’从这个意义上说，排内污比排外污更重要，这是‘正本清源’嘛！”

（原载《炎黄世界》1997年第2期）

任仲夷谈人生

陈世基

近日，我去看望原广东省委第一书记任仲夷同志。80多岁的任老精神很好，谈锋颇健。谈到有关人生方面的一些问题，见解精辟，颇富哲理，语多幽默，给人启迪。

莫道人走茶凉　但愿人来茶热

任老见面总爱问我，最近忙些什么，读了什么书，写了什么东西，遇到什么新问题。我谈到有位市委书记告诉我“人一走，茶就凉”。他认为笼统地这样讲不好，不如改成:“莫道人走茶凉，但愿人来茶热”。我问任老为何这样讲，他说，本来人走茶就会凉，难道人走了还要茶热？没有这个必要嘛！

他说，当然，这里说的“人走茶凉”，是指有些老同志退下来以后，原来的部属、同事对他的态度比过去显得冷淡。这有不同的缘由，要作具体分析。可能有的人过去对你的热情是表面的或另有所求，当你退下来，他就对你冷淡了；或因个别领导在位时态度过于严肃，使人不愿接近，退下来以后，对你“敬而远之”了；更多的是因为看到自己退下以后前来“拜会”的人少了，颇有“门庭冷落”之感，等等，本来可以理解的正常现象，误以为是“冷落”了自己，总觉得人家对自己不如过去尊重和热情了。

我们党的干部应该是能上能下、能官能民的。谁当领导干部都会有退下来的那一天。不在其位，自然不谋其政。在位的同志因为忙于日常工作，他们同退下来的同志往往见面少了，交谈少了，电话也少了，这都是正常的。再说，现在为官也不能为一世。古代为官尚且要“告老还乡”嘛！现在我国在干部制度上废除终身制，这是个很大的进步。退下来以后，只要能找准自己“下台”后的位置，你完全可以用其他的方式关心党的建设、国家的进步，关心本地区、本单位的工作，做自己的学问，继续自己的事业，安排好自己的离退休生活。生活充实了，心胸开阔了，你就不会在离退休后感到没着没落，若有所失了。这对自己的身心健康是很有益处的。

大家都知道，现在的在职干部特别是一个部门、一个地区的主要领导干部，工作是相当繁忙、紧张的，我们应该理解，并给予支持，在生活上只要按照正常的规定相待也就可以了。所以我说：“莫道人走茶凉，但愿人来茶热”。当然，在职的人对退下来的人还是要一如既往，不要“前恭后倨，先亲后疏”。退下的人来了，没有“热茶”也该有“热水”吧！这对于继承和发扬我国“敬老尊贤”的优良传统，善于对待人际关系，倡导良好的社会风尚，建设社会主义精神文明，都是非常重要的。

凡事顺乎自然　遇事处之泰然

谈到任老的名言“凡事顺乎自然，遇事处之泰然”时，他说，我说的“凡事”，是指一切事物，特别和自己有密切关系的事情。顺乎自然，就是要顺应客观规律去办事。人世间究竟谁是万物的主宰者？西方人说是“上帝”，中国人说是“老天爷”。我看这个“上帝”、“老天爷”，其实就是事物发展的客观规律。它是不以人的主观意志为转移的。人们对客观规律只能适应它，在一定条件下限制它，利用它，可是你不能违背它，违背了就要受到惩罚。无论是社会现象还是自然现象，概莫能外。比如商品经济，说到底主要还是价值规律起作用。我国解放以来的实践反复证明了这个真理。

凡事顺乎自然，是说我们对任何事情都要遵循客观规律去做。人到老年更应该这样。包括老年人的体育锻炼、外出旅游等，都要从自己的实际出发，量力而行。不服老，硬干，过头了，过犹不及，就容易出事。

遇事处之泰然。这个事，指的是各种偶发事件。一个人在人生旅程上，总有顺利和不顺利、得意和失意的时候。特别是上了年纪的人，遇到偶发的事件，更要善于自我调控。遇到非常高兴的事，不能太兴奋，激动不已，乐极也会生悲。遇到完全违背自己心意的事、生怕发生的事突然出现了，也不要悲痛欲绝，不能自已。比如遇到几十年相濡以沫的老伴，或同生死、共患难的老战友溘然逝世，或遇到意外的天灾人祸等都要处之泰然。泰然，也就是安然的意思。范浚《心箴》："天君泰然，百体从合。"这也含有不以为意的意思，就是要泰然自若。

人到老年，更不要把名利、财物看得太重。这既有利于保持晚节，也有利于身心健康。当年八国联军打到北京，慈禧太后仓皇出逃，途中住在一个农户家，在和一位老太婆交谈中，那位老太婆对西太后说：人都是光着腚来，光着腚走的。意思是荣华富贵、金银珠宝都是身外之物，生未带来，死也带不走。一个人生活淡泊也要处之泰然。《元史·许衡传》记载说：家贫，躬耕，粟熟则食粟，不熟则食糠核菜茹，处之泰然。东莞市委书记李近维称赞"红薯的风格"是有一定道理的。红薯粗生，索取少，贡献大，一身是宝。缺粮时它可上桌充饥；生活好了，往往又不被人看重，可它总是泰然自若。我看，我们这些老同志退下来以后要留给人世间的，正是这种除钱财之外的、有永久价值的精神财富。

人来自大自然　要逐步"退赔"回归

当问到任老最近的身体状况时，他说，还可以。并说，有人见到我时常说："你的身体很好啊！"我就答："好而不很，好也好不到哪里去。现在是在逐渐'退赔'。"我不解其意。他解释说：人从娘肚里怀胎，就是靠大自然给予的营养发育成长的，最后还是要回归大自然。我把这个回归的过程看成是逐步"退赔"给大自然。

他说，人的一生应当是呱呱地生，快快地长，慢慢地老，悄悄地去。呱呱地生，是说婴儿出生都是呱呱坠地的。快快地长，是说婴儿出生后，大人总是希望他快快长，盼满月、百日、周岁……儿童都愿意自己快快地长。这个"长"，不但指长身体，还包括长智慧、长才干、长工作能力，多为国家、社会和人类作贡献。慢慢地老，是指人过中年以后希望慢慢进入老年，进入老年以后，尽量延缓衰老的过程。喊“万岁”，只不过是一种愿望而已。寿比南山不老松，也是一种形象的祝愿。长生不老，更是一种幻想。秦始皇不是派了心腹带上童男玉女到东海去寻找长生不老药吗？他自己到了“天尽头”，也只能是“望海兴叹”！现在有位老年学者提出，人可以争取有第二个春天。为什么要经过两个春天呢，比两个春天更长的一个春天岂不是更好！我主张尽量想办法延缓这个春天的时间，不要过早地失去。“返老还童”是不可能的。但是养成良好的生活习惯，持之以恒，并采取科学方法指导生活，使衰老的过程尽可能慢一些，则是完全可以做到的。很多 90 多岁甚至超过百岁的健康长寿老人的实践经验，都是毋容置疑的例证。

要慢慢地老，就要有相应的办法：一是豁达乐观，精神要愉快；二是搞好经常性保健；三是有病要及时检查治疗；四是要积极从事自己力所能及的体育锻炼。外国人说：生命在于运动。这话在我国也很流行。其实，我们中国人常说的“活动”，只用两个字就表达得很准确和更为简练。你要“活”就要“动”；你想要衰老得慢，成为一个健康的“老寿星”，就得坚持活动。就“动”来说，类别很多，如走、跑、球、操、游、骑、唱、跳、琴、棋、书、画、养、种、猎、钓等。各人都可以根据自己的年龄、身体、家庭状况、居住条件等实际情况，有所选择，量力而行。这样，既可以练身、练脑，还可以陶冶生活的情趣，增强身心健康。

悄悄地走，不管你怎样延缓衰老，但人的生命总还是要终结的。一个人在火化和埋葬之后，就把他从大自然吸取物质营养而生长起来的身躯，又“完全”归还给大自然。这是很自然的事。我说的“悄悄地去”，是指人在去世之后，也要一切从简，不要铺张。发个讣告，告知亲朋好友，或者举行个简单的悼念仪式，也就可以了。当然，对某些在群众中影响很大的代表人物，当他去世以后，群众自发地以某种形式，包括举行隆重的遗体告别或追悼大会，那就另当别论了。

（原载《南方日报》1996年11月13日）

改革八贤之任仲夷：先驱的本色（节选）

赵　蕾

改革开放的先驱，是各方对任仲夷的盖棺之论。先驱，意指“在前面引导的人”，用来评价任仲夷，再确切不过。任仲夷对改革的推动，终其一生，从未放弃，从未沉默。……

1978年，《实践是检验真理的唯一标准》发表的第三天，任仲夷就撰文批判“两个凡是”，最早表态支持真理标准问题的讨论；1979年，在辽宁营口，他就有石破天惊之语：“由穷变富是革命的目的”；1980年，他初到广东，就提出“生产力标准”问题，“计划调节和市场调节相结合”的原则；主政广东的1980到1985年间，他最早主持外贸改革、物价改革、投资体制改革，支持“蛇口工业区”政改。此间各种创举，难计其数。这种改革最初的“敢为天下先”，一直延续到他退出领导岗位后。用他一位老友的话，打仗要有先锋，办大事难事又何尝不是如此。在中国改革特区中冲锋，更是在禁区和雷区中冲锋：任仲夷被称“任胡来”，被指要把广东变成旧中国的租界，被质问“是否还是共产党员”。

1982年情势最为严峻。因为改革刚启，有人求富心切，不了解国家政策，走私贩私现象频现。中央有人直指广东领导“放羊”，放言“再这样下去，不出三个月广东就要垮台”，提出要把对资产阶级的斗争进行到底。为此，任仲夷连续两次被召入京，写了有生以来唯一的一份检查。他后来回忆道，这份检查，应当说是真心的，但也有违心的地方。比如，自己实在不同意“广东不是‘活’得不够，而是‘活’过了头的观点”，“实事求是讲，广东还有很多该活的没有活起来”。

这次“二进宫”最为外界所称颂的，是任仲夷在重压之下的担当、对改革开放一如既往的坚持。在传达中央精神的领导干部会上，他开场就说：这不是一次杀气腾腾的会，而是热气腾腾的会。广东工作中出现的问题省委要承担责任，自己作为第一书记，更要承担领导责任。对下面的干部，他没有传递“压力”，反而强调，只要不搞违法乱纪和犯罪活动，工作上还是允许犯错误的，对干劲足、闯劲大的干部应予鼓励。

广东五年，是任仲夷事业达到顶峰的五年，更是他政治生命乃至人身安危“风雨飘摇”的五年。凭借“排污不排外”的睿智、“扶持不压制”的开明、“明哲不保身”的担当，任仲夷击退了诋毁广东改革的黑潮，使广东成为改革开放政策成功的铁证。他心秉真理的烛照，顶住种种强势干扰，穿越了改革开放最初的幽暗岁月。1979 年，广东省的经济总量在全国排名 23 位，远低于国内平均水平，当五年后任仲夷离任时，广东省的经济总量跃居全国第一。1980 到 1985 年广东发生的一切，已经将“任仲夷”三字深嵌中国改革开放史。

有人说，广东有今天，多亏了任仲夷。任仲夷说，不，广东有今天，多亏了邓小平。胡耀邦等人也功不可没。他还说，这是历史，历史是谁也抹杀不了的。

在历史和真理面前，任仲夷是个忠诚的信徒。

出生于五四运动前夜的任仲夷，因参加一二•九学生运动而走上革命道路。他说自己参加革命，就是为民主、自由和民族的复兴。政治的舞台风云际会，对他来说，理想主义始终是风浪吹打不去的情怀。

2000 年的一天，他和几个老干部在一起吃饭，突然停下筷子，盯着大家，问：“你们说说，年轻的时候，我们追随共产党究竟是为什么？”见大家面面相觑，他又自言自语地说：“还不是为了建立一个民主、自由、富强的国家吗？”

十年“文革”的磨难，使他对革命的初衷愈加坚定。无论处于何种位置，他总能摆脱既得利益羁绊，耳辨“左”风、眼明“右”路。

他坚持政治体制改革不能滞后于经济改革；认同人类社会进步，必经民主、科学、法治之道；力促舆论开放，言论自由，反对种种无端干预。

对好友于光远的短文“讲道理”，任仲夷点评道：世上总会有蛮不讲理和用歪理、假理欺人、骗人、压人、害人的人。对这种人，实难以理喻之，只好置之不理。必要时，联合志同道合者，坚决与之战斗，真理终将无坚不摧，战胜一切邪恶。他爱真理，常常为志同道合者挺身而出：1979 年，他大胆平反张志新案，20 世纪 80 年代初期保护清华学生周为民，晚年鼎力支持开明报刊。他说，中国最大的资源是人力资源，但只有解放思想，启蒙而不是愚民，才能让亿万人民的聪明才智竞相迸发，人口包袱才能变为国力优势。

任仲夷本人就是启蒙者。他抗言直论，批评臧否，纯然表达内心之所感。他的文章和发言，总是流露出他的本性：亦庄亦谐，生动有力，真笃诚恳。慧解"和谐社会"便是绝妙一例:"和"左边为"禾",右边是"口",即人人有饭吃:要大力发展经济;"谐"左边为"言"，右边为"皆"，即人人有言论自由。

晚年时分，他仍体察时局、放谈国是，为了政治民主化，不惜冒巨大的风险，大有赴汤蹈火之无畏。

《政治体制改革更需要勇气》这篇任仲夷留给中国的政治遗言，在纪念改革开放 30 年的今天读来，如空谷足音，弥足珍贵。他常说，自己不悲观，也不乐观，而是达观。好多事情他是看不到了，但他仍然相信那一天终究会到来。

（原载《南方周末》2008年12月18日）

任仲夷文选

解放思想，加强团结，把广东经济搞上去

最近，党中央决定调我和梁灵光同志来广东工作。我们临来之前，从10月31日至11月6日，叶剑英同志、邓小平同志、李先念同志、胡耀邦同志、赵紫阳同志、万里同志、韦国清同志、姚依林同志、谷牧同志先后接见我们，作了重要的谈话。我们觉得，这些谈话，对做好广东的工作，具有非常重要的指导意义。我现在根据灵光同志和我的记录，把中央领导同志谈话的主要精神，分几个方面向同志们传达一下：

第一，中央领导同志要求我们进一步解放思想，发挥广东的优势

叶剑英同志说：广东是个好地方。教育比较发达，水运条件好，华侨多，他们对建设祖国很热心。珠江口已经钻探出石油。广东有些山区，要靠山吃山，向建设山区进军。

胡耀邦同志说：广东的条件是好的。南方的田是高产田。土地除了种粮食以外，还适合生长水果、甘蔗、橡胶和各种速生树种。广东水多，水有七利：水电、水运、水灌、水捕、水养、水游（旅游业）、水化（海水化工）。广东有多少水面，要计算一下。山林、水面都要利用，不能光算每人平均八分田这个账。广东的潜力非常大。耀邦同志说，有一首民谣："千海万海，不如北海；千州万州，不如廉州。"我也写了一首打油诗："千州万州廉州好，山水林田都是宝，四五

规划巧安排，人平千元跑不了。”就是说，经过4个五年计划，国民收入达到平均每人一千元是完全可能的。

为了发挥广东的优势，中央要求我们把特区搞好。邓小平同志接见我们时强调指出：特区不是仅指深圳、珠海那几块地方，是指广东、福建两个省。单搞那一点地方不行，中央讲的是两个省。你们要充分发挥这个有利条件。对于搞特区，你们要摸出规律，搞出个样子来。

万里同志说：你们要解放思想，放手把经济搞上去，闯出一条新路。你们犯了错误也不要紧，国务院负责。你们先走一步，犯错误对全国来说也是有意义的，可以吸取教训。你们要把广东的经济搞得更好一些，各部的规定不符合广东情况的，你们可以不执行。万里同志还说，要强调稳、准、快，中心是发展经济，改善人民生活，把经济搞上去，怎么说怎么有理。

谷牧同志说：特区一些建设可以包给外商，我们不用出钱，只出地皮和劳动力，收税分成。珠海应当建几个大旅馆，吸引澳门的一些赌客来住宿和休息，我们有利可图。广东应当把港、澳的副食供应包下来。谷牧同志还主张在广东建核电站，吸收外资进行铁路建设。

第二，中央领导同志要我们重视广东的困难，避免盲目性

胡耀邦同志说：要弄清广东的困难是什么，关键在哪里？目前有能源问题，运输问题，农业问题，但根本困难是干部思想不一致。

韦国清同志说：广东粮食不过关，人口多，土地少，生产不稳定。广州市供应紧张，物价昂贵。过去黄永胜提出不吃外省的东西，弄得很紧。汕头非常困难。海南岛很荒凉，树砍得多，水土流失严重。所以，光笼统讲优势，不具体分析不行。

姚依林同志说：广东困难不少。政治上，主要是干部思想不一致，有些干部工作不安心。经济上，燃料动力、交通运输和粮食问题很大，靠国家给予很大支援有困难，主要得靠自己解决。广东在经济上就受这三个问题的制约。

粮食，现在一年调进十亿斤，再增加有困难。广东要大米，从全国来看，

大米产量是下降的。进口小麦、玉米可以办到，解决大米有困难。日本人已经改变了只吃大米的习惯，特别是年轻人，现在大量的是吃面包。广东大城市里可以吃些面食，一年增加一点，逐渐改变习惯。珠江三角洲粮食产量不稳定，珠江多年不整理，五条出海口堵了两条，地下水位高，哪年秋旱，哪年收成好。最担心的是海南岛森林资源的破坏。

铁路，修起来得许多年。贵州到广东的铁路怎么修，至今还未算账。煤，主要靠海运。石油，关键是南海油田，1987 年出油，高潮在 1990 年。基础工业上加工业搞多了，也有问题。基础（能源、交通、粮食）要上去，不是两三年能做到的。所以，广东今后能发展多快，值得探讨，不要有盲目性。

第三，广东的工作，要从抓政策入手

邓小平同志谈到辽宁这几年的变化以后，又说到四川，过去四川的农民把田埂都种上东西，后来由于政策不当，农民就不种了，这几年政策对头，农民又在田埂上种东西了。小平同志说：同样的条件，搞得好和搞得不好就不一样。政策一对头，一落实，情况很快起变化。广东的工作，也要从抓政策入手，调动积极性。

胡耀邦同志谈到，毛主席曾讲过一副关于如何治蜀的对联，胡耀邦同志这次也向我和灵光同志讲了这副对联，并写给我们："能攻心，则反侧自消，从古知兵非好战；不审势，即宽严皆误，后来治蜀要深思。"我领会，这副对联的上联是讲争取民心的重要；下联是讲政策必须从实际出发。胡耀邦同志把下联换了一个字，说："不审势，即宽严皆误，后来治粤要深思"。

有几位中央领导同志谈到广东的省、市关系问题。赵紫阳同志说：省要支持广州市，把广州市的工作搞好。韦国清同志说：广州市和省的矛盾一直没解决。省对市不要扣得太紧，要给市里一些外汇分成。万里同志说：要多给市里一些权限。广东如果把广州市的工作很快地搞上去，就解决了主要的问题。

姚依林同志谈到外贸政策时说：对外贸易，大家都有自主权，广东外贸，省、地、县分别进行，自己互相竞争，恐怕不行。我赞成大家都搞出口，但是，哪些省哪些县出口什么，要有大体分工，要作地区的划分、品种的划分。香港的市场有限，我们出去的东西太多了，只能起稳定香港市场的作用，并不能多卖钱。我们要掌握这样一个火候：既要让外国的东西进不来，我们又能卖最好的价钱。低价出口农副产品，高价换回工业品，不是办法，出口产品亏损过多不行。韦国清同志说：广东外汇多，如何用好是个问题。

小平同志谈到农村经济政策时说：部队里，家在农村的同志反映，家中劳动力少，收入减少了。对军属、五保户要照顾，要作出规定。“文化大革命”中把军民关系搞坏了，现在要注意搞好军民关系。

第四，要给群众以看得见的物质利益，调动群众积极性

邓小平同志说：归根到底，要使人民生活好起来。调动积极性，就要给人民以看得见的物质利益。即使搞到六千万吨钢，如果人民生活不改善，也不行。是非问题，三中全会路线对不对的问题，主要是看生产发展怎样，看人民生活是否改善。不但一个省，全国也是这样。

姚依林同志说：广东供应紧张，物价高。猪肉可以从省外调，但省里怕赔钱，怕影响当地养猪的积极性。这个问题要研究，必须多搞些吃的东西，投放到市场，逐步把物价降低。

第五，处理历史问题宜粗不宜细，要引导大家向前看

邓小平同志说：广东的情况很复杂，老案不要再提了，搞不清楚。过去的事就算了。当然，历史问题完全不接触也不行，但要粗一点，彼此照顾一下，不要再纠缠了。只能用这个办法，要引导大家向前看。

胡耀邦同志说：以前的问题，各人都有一本辛酸账。过去的事情就过去

了，今后看干部，就是要看你的成绩，看你的风是正还是不正。干部不管是本地的还是外来，老的还是新的，只要工作有成绩就是好干部。工作松松垮垮，慢慢腾腾，像打太极拳似的不行，要打少林拳。

赵紫阳同志说：希望把广东的团结搞好，要引导大家向前看。对过去的问题少翻腾为好。中央对广东实行特殊政策，就是要把生产、生活搞好。这是广东人民的共同愿望。尽管干部中对一些问题存在着不同看法，但这个愿望则是共同的，要抓这个共同愿望。要把干部、群众引导到这上面来。历史问题，过去的恩怨，一下子谈不清楚。当前的主要问题是搞建设，搞四化。组织路线要服从政治路线，要从执行政治路线的结果看干部。赵紫阳同志还说，广东的基本条件是好的，关键是要把干部的积极性调动起来。第一，要落实政策；第二，也不要争谁一贯正确。

第六，要改进领导作风，树立好的风气

胡耀邦同志说：广东外宾多，北京去的人多。你们如陷在这里面，就不行了。要下去搞调查研究，抓点事情。一个外宾，一个内宾，你下去了，就不用见了。指定个秘书长、副省长，专门应付这些事。如果让迎来送往这些陈规陋习捆得死死的，就不能甩开手干事情。

胡耀邦同志还说：现在干部中风气不正。讲党性的不多，讲个人恩怨和个人交情的太多；讲民主集中制的不多，讲自由结合的太多；按原则办事的不多，按关系办事的太多；讲实话的不多，讲假话的太多。党风不正，“香风”蔓延，走私、行贿、投机倒把、吃吃喝喝，全国来讲，广东很严重。怎么办？现在有两个偏向，要么自由主义，放任不管；要么惩办主义，动不动就判刑。我看判刑多了，也不利。现在的问题是党风党性党纪教育不够，约束不够。我主张多讲，多约束，多教育。干部中叫苦、扯皮的风气要纠正，提倡踏踏实实做工作的风气。工作有成绩的就是好干部。看干部主要看他们的工作成绩，这也是一种风气，要提倡这种风气。松松垮垮，贪污受贿，是不允许的。

第七，要加强和改善党的领导

邓小平同志说："四个坚持"的核心是加强党的领导。没有党的领导，就会四分五裂。但是，要加强党的领导，就必须改善党的领导。

对取消党委领导下的厂长负责制议论较多。问题在于什么是党的领导？党的领导应当是方针、政策的领导，党和人民应当站在一边。社会主义国家，不单是在斯大林时期，从列宁起，党和群众的关系，始终存在着对立。我们必须做到党和群众站在一起。

工业七十条基本上是好的，今后要搞个工厂法来代替，商业方面也要搞。要给工人更多的权力，依靠工人群众管企业。这样还可以解决人的问题，你不行，群众就不选你。企业党委不应包办一切。包办一切，就不是善于领导。取消党委领导下的厂长负责制，基层党组织实行保证、监督，就是属于改善党的领导的范围。过去的办法不是善于领导。搞了几十年，改也不容易。广东可以试点。

韦国清同志说：领导班子要配好，注意照顾各个方面。老干部不要配那么多，要注意选拔中青干部。对老干部要安排好。

中央领导同志有关广东工作的谈话精神，就传达这些。我们记的也不全，只能传达主要精神。

党中央、国务院对广东的工作是非常重视的。全国29个省市，中央批准广东、福建两省搞特区。去年中央发了50号文件，今年又发了41号文件。今年9月份，中央书记处专门听取广东工作汇报，作了许多非常重要的插话和讲话，给了广东很大的权力，也提出了很高的要求。我们来广东之前，中央领导同志又就广东的工作作了上面许多非常重要的谈话。所有这些，是我们搞好广东工作的重要指导方针。我们应当认真学习，深刻领会，切实贯彻到我们的各项工作中去。

我和梁灵光同志到广东才一个多星期时间，不了解情况，现在需要多听、多看，向广东的干部和群众学习，对工作还谈不出什么具体意见。今天，我只能根据中央领导同志谈话的情况，结合自己的体会，就如何贯彻中央领导同志谈话精神，谈几点想法。

首先，我觉得，我们必须按照中央领导同志的要求，切实加强党的团结，加强干部队伍的团结。贯彻中央领导同志的谈话精神，首先要抓住这个要点。

中央领导同志指出，广东根本的困难是干部思想不一致。广东自然条件好，优势很多，但如果团结搞不好，一切优势都难以发挥。反之，在党的路线指引下，只要我们各级领导班子能够紧密团结，干部队伍紧密团结，党内党外同心同德，共同奋斗，困难再多也是可以克服的。无数事实证明，团结就是力量，团结就是胜利，团结实在太重要了。

叶剑英同志同我和灵光同志谈话时，很重视团结问题，他说：要“搞好外来干部和地方干部的关系；搞好地方干部同外来干部的关系”。我认为，要团结，就必须讲五湖四海。从我们党建立之日起，经过国内革命战争、抗日战争、解放战争，直到社会主义建设时期，我们的革命队伍，我们党的各级领导成员，都是来自全国各地。毛泽东同志说过：“我们都是来自五湖四海，为了一个共同的革命目标走到一起来了。”我觉得，毛泽东同志这个话，至今仍有重大现实意义。我们现在还是要讲五湖四海，要讲共同的革命目标。我们现在共同的革命目标就是在党中央领导下实现四个现代化。在这个共同革命目标之下，我们有一千条一万条理由团结起来，没有一条理由不团结。

要团结，还必须用历史的观点对待历史遗留问题，宜粗不宜细，引导大家向前看。小平同志同我们谈话时，强调指出：“广东的情况很复杂，老案不要再提了，搞不清楚。过去的事就算了。”对历史问题“要粗一点”。并说：“只能用这个办法”。耀邦、紫阳等同志也都强调了同样的意思。大家都知道，建国以来，政治运动接连不断，有的不应当搞，有的扩大化了。对许多问题，中央已经承担了责任，特别是毛泽东同志负有更大的责任。过去错了的，都要坚决纠正，坚决平反。坚持错误，不积极落实政策，拖延甚至阻挠平反，那是不允许的。但同时又要考虑到，当时中央的路线、政策就是那样，下面干部执行了，现在不应回过头来过多地追究下面干部的个人责任。特别是十年浩劫，在干部和群众当中造成了许多创伤和裂痕。不少人挨了整，有的自己挨过整也整过别人。在我们革命队伍内部，所有这些旧账，都不要翻腾了。把这些旧账翻腾出来，只能在我们的革命队伍中引起混乱，既不利于安定，也不利于团结。我们必须考虑到，这场“文化大革命”确实是毛主席发动的，是毛主席号召人们去“整走资派”，去“造反”。林彪、“四人帮”出于反革命的目的，利用毛主席的错误，兴风作浪，许多人也认识不清楚，当时还认为那套“左”的东西是革命路线。这些事已经过去多年了，对大多数同志来说，总结经验教训就是了。除了对林彪、“四人帮”一伙和那些怀有野心、故意进行陷害、品质极坏的人以外，我们都应当宽容，大家互相谅解。我体会中央领导同志谈话的意思，是强调对于历史遗留下来的革命队伍内部的各种创伤、裂痕，应当千方百计地、小心谨慎地去医治它，弥合它，不要再去挑它。把正在弥合的伤口挑开，有害无益。我们所有的同志，不管过去有过什么毛病，互相有过什么恩怨，只要现在拥护党中央的路线、方针、政策，并且努力工作，就是好同志。在这个大前提下，大家都应当捐弃前嫌，团结起来，同心同德地进行社会主义现代化建设。

上面我讲的是第一点：团结问题。

我要讲的第二点是，必须按照中央领导同志的要求，把广东的经济进一步搞上去，把人民生活进一步搞好。

几位中央领导同志都强调，广东中心的问题是把经济工作搞上去。万里同志说，你们把经济搞上去，怎么说怎么有理。

要把经济搞上去，必须发挥广东的优势。广东的优势，不光是自然条件好，中央批准广东实行特殊政策和灵活措施，这本身就是一个优势。所谓特殊政策和灵活措施，主要表现在两个方面，一是中央授权广东独立自主地解决问题，增大了地方的权力；二是允许广东对外更加开放，要使广东成为国家对外联系的枢纽和橱窗。实现这两条，要求我们的思想更加解放。如果思想不解放，哪一条也做不好。我们的思想必须适应实行特殊政策和灵活措施的新情况。中央给了我们这样大的权力，现在就看我们敢不敢用这个权力，会不会用这个权力。我们应当大胆地使用它，并且学会善于使用它。不但省里要这样，各地区、各部门都要这样。省里有了权，有些该放的，要大胆地放给各地区、各部门、各单位，把大家的手脚放开，目的是把广东的经济搞活搞快。工业、农业、财贸等各个部门都要考虑，在你那个部门怎样体现特殊政策，怎样实行灵活措施，都要搞出些条条来。对关键问题，要组织力量深入进行调查研究，在弄清情况的基础上，大胆调整政策，解决问题。总之，特殊政策要真特殊，灵活措施要真灵活，先走一步要真先走，不然还是空的。

要把经济搞上去，还必须重视广东的困难。正像中央领导同志指出的那样，能源、交通、粮食这些大问题，不是一年两年能够解决的。我们必须看到调整的艰巨性，千万不可盲目追求新的“大跃进”。我们一方面要积极安排长远规划，力求逐步从根本上解决能源、交通、粮食等问题，同时，又必须努力采取短期就能见效的措施，力争在现有条件下，把生产和人民生活搞好。我们不能什么都等到把铁路修起来，把大油田搞出来，把核电站建起来以后再干。俗话说，远水不解近渴。我们必须考虑，在能源、交通状况没有根本改善的情况下，怎样通过增产节约，通过加强经营管理，通过扩大企业自主权和实行广泛的经济联合，通过利用外资和对外经济合作等各种办法，把广东的经济搞得更活一些，更快一些。各级党委都要经常给群众办一些好事。例如蔬菜、水果和肉、鱼、蛋等副食供应问题，城市卫生和交通、治安秩序问题，制止乱砍滥伐、保护森林资源问题，都应当尽快想办法解决，不能等若干年以后再解决。我这是顺便举这样几个例子。当然需要尽快解决的问题不止这些。中央领导同志强调要给群众以看得见的利益。我体会，很重要的一点，就是要我们各级党委经常关心群众生活，经常把群众利益问题放在心上。我们一切工作的目的，归根结底是为了满足社会日益增长的物质和文化生活的需要。我们必须经常牢记这一条。

上面说的是第二点：把经济工作搞上去。

我要讲的第三点是：必须按照中央领导同志的要求，切实改进作风，加强和改善党的领导。

胡耀邦同志指出的干部作风问题和不良风气的几种表现，我们各级党组织都要引起重视，采取坚决措施加以解决。我们要求每个干部坚决执行三中全会以来党中央制定的路线和政策，努力工作，做出成绩。胡耀邦同志说：“工作有成绩就是好干部”。我认为这应当成为考察干部、任用干部的一条重要原则。各级党委和组织部门在评价干部、选拔干部的时候，都要坚持这一条。要鼓励各级干部深入实际、调查研究、独立负责地解决问题。每个领导干部对自己负责的那方面工作，都要熟悉情况，遇到问题，积极主动地、千方百计地去解决。自己解决不了的，要提出建设性的意见。中央书记处在听取广东工作汇报时指出，有一些干部长期“墨守成规，缺乏顽强的进取精神，不去主动地、积极地设法解决工作中的问题，而把主要精力用在叫苦和扯皮上，妨碍党的方针政策的贯彻执行，这种情况必须改变。”这是中央书记处向我们提出的一项任务。今后我们各级党委和组织部门、纪律检查部门，对于因扯皮而贻误工作的干部，要给以批评教育，对造成严重后果的要给以纪律处分。对于廉洁奉公、任劳任怨的干部，对于富有创造精神和负责精神的干部，要表扬，要给以重用，并要注意宣传这方面的典型。

现在，党和国家正在进行领导体制和经济体制的改革。在新形势下如何加强和改善党的领导，是摆在我们各级党委面前的新课题。广东搞特区，实行特殊政策和灵活措施，我们必须研究，在这样一种情况下如何坚持四项基本政治原则，如何抵制资本主义腐朽意识形态的侵蚀。例如在广东表现特别严重的走私、行贿问题，就是资本主义腐蚀的一种反映，我们应当认真分析研究，找出办法，更有效地同它进行斗争。今后党委的领导方法必须有所改变。党组织不能站在群众的对立面，而必须站在群众之中；党委不能像过去那样包揽一切，管得那么细、那么死，而必须善于抓大事，善于调动各方面的积极因素。当前进行的改革，绝不是不要或者削弱党的领导，而是要求提高党委的领导水平。

今天传达的是中央领导同志谈话的主要精神。如有遗漏和不准确的地方，请灵光同志补充和纠正。上面我讲的几点，是我听中央领导同志谈话的一些体会，仅供同志们参考。对于中央领导同志的谈话精神，希望同志们联系本地区、本部门、本单位的实际，认真学习、贯彻，自己能落实的就抓紧落实，不要等。各地、各部门在学习、落实中有什么好的做法，好的经验，可随时向省委报告。重要的，省委将予以批转和推广。让我们大家共同努力，争取把我省各方面的工作做得更好。

——1980年11月18日在省、市局以上党员干部会议上的讲话

调整中凡是“四个有利于”的政策都应当坚持（节选）

宏观和微观，也就是整体和局部的问题。微观经济要搞活，宏观经济要集中统一、要干预。我认为，集中统一和干预的根本目的，也是为了把经济搞活，更好地发展工农业生产和整个国民经济。中共十一届三中全会以来，党中央在经济上，特别在农业上所采取的一系列方针、政策和措施，都是为了拨乱反正，克服长期存在的“左”的影响，调动广大群众的积极性，把经济搞活。实践证明，三中全会的路线、方针、政策都是完全正确的。我们在这次调整工作中，一定要把许多好的经验认真加以总结。在强调国家集中统一的前提下，凡是有利于搞活经济、有利于发展生产、有利于增加社会财富、有利于调动群众积极性的好的政策、好的措施，都应当继续坚持下去。我们一定要把这次经济调整和三中全会的精神一致起来，在宣传工作上也要注意把经济调整和三中全会的路线、方针、政策和近年来在经济改革中的许多成功的经验紧密衔接起来，切切不可对立起来。

在这次调整中，为了退够，要坚决压缩基建战线，对许多企业实行关停并转，不如此，就不可能克服经济上的困难。但是，为了克服经济困难，还要看到问题的另一个方面，这就是还有广开生产门路、广开就业门路、广开学路、广开财路，千方百计、齐心协力、共同克服困难的一面。我们要下决心关停一批缺乏原料、能源、以小挤大、同国家争嘴的企业。而在许多地方和社队，还应根据需要与可能，大力发展编织、采集、养殖业。在大中城市和县镇，商业和各种服务行业仍然是一条短腿，这条战线，不但不应缩短而且急需补长。这对于调整城镇中的“骨肉”关系，安置待业人员，都是非常重要的。三中全会以来，在这方面我们已经积累了比较丰富的经验，在这次调整工作中，切不可丢掉，要继续坚持下去，并且要做得更好。

——1980年12月19日在中央工作会议中南组讨论会上的发言

认识“左”的错误的特点和原因（节选）

目前的“左”，虽然主要是一种思想影响，但它也必然要反映到人们的行动和工作上。如不认真加以清理，危害也是很大的。“左”的影响所以不可忽视，还在于它有这样一些特点：

一是普遍性

每个地方、每条战线都有“左”的影响。多年来，特别是十年浩劫期间，农村怕“富”（认为富则修，富就是两极分化，就是复辟资本主义），工业怕“利”（批利润挂帅，提倡只算政治账不算经济账），财贸怕“活”（多年来只强调统购统销，统收统支，统进统出，独家经营），教育怕“智”（批智育第一，批知识分子，反对学习文化科学知识），文化艺术怕“放”（违背“百花齐放、百家争鸣”的方针，实行文化禁锢政策），政法不讲法，特别在十年浩劫期间，林彪、“四人帮”“无法无天”，不按法律办事。所有这些，全都是“左”的东西，其影响至今仍未肃清。在干部中，一般来说，“左”的影响只有多少之分，深浅之分，觉悟迟早之分，而不存在有无之分。这就是“左”的影响的普遍性。

二是习惯性

“左”的影响，由于时间甚长，使一些人成了习惯，遇事总爱用“左”的观点去看，用“左”的尺子去衡量，对于拨乱反正后的许多政策和措施，总怀疑“是否右了”。“左”的影响还很顽固，清理一阵之后，有所收敛，稍有风吹草动，就又走回头路。

三是虚假的“革命性”

“左”的东西颇能迷惑人，因为它看起来很“革命”，似乎很“正统”。长期以来，在“左”的东西面前，正确的观点反而显得右。因此，人们在反右的时候，理直气壮，声高气粗；对反“左”就有许多顾虑。越“左”越吃得开，在“文化大革命”中表现得最突出。那时候，不少人都竞相表现自己比别人“左”。在当时的气氛下，用正确的观点批评“左”的观点，根本就批不赢。要想压倒某种观点，就得比它更“左”。只有用更“左”的观点去反对另一种“左”的观点，才能占上风。不少人学会了这个办法。一个造反组织已经够“左”了，另一个造反组织为了把它压下去，还硬说它是“保守派”、“保皇派”。无辜地打倒许多干部，本来已经“左”了嘛，还要批判它是“舍车马保将帅”，于是再打倒更多的干部。当时笼罩着社会的就是这么一种政治空气：把“左”硬说成右，不能批“左”，只能批右。林彪本来已经“左”到十分荒谬的程度了，批林的时候，偏说林彪是极右。一直延续到粉碎“四人帮”之后一段时间，还说“四人帮”是极右，是“右得不能再右”。正是由于长期存在着这种不能反“左”的政治空气，致使“左”成了最难治的病症。

四是危害的严重性

“左”的影响是我们前进中的巨大阻力。在落实各项政策当中，在进行改革中，在搞活经济的过程中，都有“左”的阻力。可以说，不清除“左”的影响，就搞不了现代化。“左”和党的现行路线是尖锐对立的。受“左”的影响严重的人，对十一届三中全会精神是怀疑、抵触的，甚至是反对的。这样的人很难和党中央保持政治上的一致。有些人由于抱着“左”的观点不放，而对党的路线不满。有个自称是“关心国家大事的共产党员”的人，给报社写信，胡说什么现在实行的政策是“修正主义”，“资本主义已经复辟了”，“渴望回到毛泽东时代”（实际上他是要回到“文化大革命”的时代）。写这种信的人，很可能就是受“左”的影响特别严重，患了“左”倾顽症的人。

二十多年来，为什么总犯“左”的错误，而且越来越“左”呢？正如许多同志指出的那样，这有阶级的原因和历史的原因。中国本来是小资产阶级的汪洋大海，小资产阶级的偏激和狂热对我们党内和干部队伍中的许多人有很深的影响。我觉得，这是“左”的错误一再产生而且很有市场的主要阶级原因。我们党领导人民推倒三座大山、取得政权以后，党的主要领导人产生了一定的骄傲情绪，逐渐变得不谨慎了。这种骄傲情绪反映在对外方面，是唯我独革、唯我独左。反映在党内生活方面，是一言堂，不民主，后来发展到神化个人，搞个人迷信。新中国以后，我们长期进行国际反修斗争。但是，我们在许多问题上特别是在社会主义应当实行什么样的国内经济政策等方面，没有弄清马列主义和修正主义的界限，有不少地方批修是批得不准确，甚至不正确的。我们对外批了的，在国内的做法当然就要和它相反，和它对着干。这样，国际反修斗争中的偏差反映到国内问题上，也形成许多“左”的东西。特别是把国际反修斗争硬搬到党内来，硬要在我们党内找一个“中国赫鲁晓夫”，在“文化大革命”中发动全党全民批判刘少奇的“修正主义”，这就更使“左”的思想合法化、系统化、普遍化了。这些事情和毛泽东同志晚年的错误又是分不开的。许多“左”的东西，就是在这样一个复杂的特定的历史环境下产生的。

——1981年5月5日在中共广东省委常委学习会上的发言

清理在基本理论上“左”的错误观点（节选）

“左”的影响所以如此广泛，如此难以纠正，还因为多年来在许多基本理论问题上存在着严重的混乱。由于长期的、反复的宣传和灌输，这些错误的理论观点已经深入许多人的思想，很不容易清理。比较突出的有这样几点：

一、把物质和精神的关系搞颠倒了

物质是第一性的，精神是第二性的；存在决定意识，意识又对存在有反作用。这些都是唯物主义最基本的观点。在长期的战争年代，我们受的就是这种唯物主义观点的教育。当时并没有因为承认物质第一性而妨碍我们发挥主观能动性，我们正是由于用无所畏惧的唯物主义武装了自己，才战胜了强大的敌人。但是，从50年代末期以后，理论宣传上渐渐对唯物主义的基本观点发生了动摇。1958年，人的主观能动性被强调到了无视客观可能性的程度。人们的头脑已经很热了，还反复地批判“右倾保守”，批判“条件论”。“人有多大胆，地有多大产”这种唯意志论的口号，就是那个时候出现的。以后，林彪又提出精神第一，政治第一，思想第一，完全背叛了唯物主义。他宣传个人创造历史，把个人迷信弄到近乎宗教狂热的程度。唯物主义基本观点的颠倒，对人们的思想以至社会风气都造成了深远的影响。不尊重客观事实，遇事从概念和教条出发而不从实际出发，后来搞“两个凡是”，都和这种影响有关。

二、把生产力和生产关系，经济基础和上层建筑的关系搞乱了

承认生产力决定生产关系，经济基础决定上层建筑，同时又承认后者对前者的反作用，这是历史唯物主义的基本观点。但是，多年来，特别是在十年浩劫当中，理论宣传背离了这个基本观点，实际上宣扬了历史唯心主义。主要表现是，长期反复地批判所谓“唯生产力论”，批判“生产观点”，批判“把政治挂帅落实到业务上”，批判“只埋头拉车，不抬头看路”，批判“以生产为中心”，成年累月地宣传“突出政治”，贬低发展生产力的重要性，不让人们把工作重点转移到生产建设上来。同时，还人为地制造生产关系和上层建筑领域里的“不断革命”，而这种“革命”的出发点又往往不是为了促进生产的发展，而是追求更加“革命化”，更加符合“左”的概念。不从有利于生产出发，而从“左”的教条出发来看待经济政策，这种影响至今仍然相当广泛。工业和财贸方面的改革遇到那么大的阻力，健全农业生产责任制受到那么多的责难，都是这种“左”的影响在作怪。

三、把主要矛盾和主要任务搞错了

全国解放前夕，毛主席在七届二中全会上提出，进城以后的主要矛盾是无产阶级和资产阶级的矛盾。经过三年过渡时期，实现了一化三改。到1957年，毛主席根据新的情况，在《关于正确处理人民内部矛盾的问题》中就正确地提出，“革命时期的大规模的急风暴雨式的群众阶级斗争基本结束”，要正确处理人民内部矛盾，“以便团结全国各族人民进行一场新的战争——向自然界开战，发展我们的经济，发展我们的文化”。毛主席的这些论述，是符合我国当时的实际情况的。本来应当沿着这个方向走下去，但不久却发生了逆转。当年青岛会议上重新把阶级斗争提到首位。接着就

开展大规模的“反右派”运动，产生了扩大化。1959 年庐山会议期间进一步提出：资产阶级与无产阶级两大对抗阶级的生死斗争在中国、在党内还要斗半个世纪。1962 年北戴河会议又提出“四个存在”，强调阶级斗争要年年讲、月月讲、天天讲。1965 年更进一步提出重点要整党内走资本主义道路的当权派。“文化大革命”中又提出走资派是无产阶级专政下最危险的敌人，资产阶级在党内。可以看出，从 50 年代后期开始，关于阶级斗争和主要矛盾的提法，越来越尖锐。

主要矛盾搞错了，一系列做法也就出了问题。无产阶级取得政权以后的主要任务由搞经济建设，变成了连续不断的政治运动。开战的对象变成了党内资产阶级。本来早就应当把工作重点转移到社会主义建设上来，却长期把重点放在阶级斗争上，导致了阶级斗争扩大化。康生把毛主席在北戴河会议上关于“四个存在”的一段讲话硬说成是党在整个过渡时期的基本路线。林彪还提出要用阶级斗争的观点观察一切、分析一切。一度连自然科学也被说成是有阶级性的，田里的苗，地里的草，都有了阶级属性，都可以分为资本主义的或社会主义的。在主要矛盾和阶级斗争问题上的理论错误，引申出了许多“左”的观点和“左”的政策，并且造成了许多冤、假、错案。

四、把解决矛盾的方法弄偏了

毛主席曾提倡过，解决人民内部矛盾要坚持“团结——批评——团结”的公式，要和风细雨。但是，这个方法后来没有得到很好地运用。片面强调“矫枉必须过正”，实际上鼓励了“宁‘左’勿右”。长期以来，“左”被看成是方法问题，不仅予以原谅，还要加以保护；右被看成是立场问题，狠批狠整。“文化大革命”期间，在无产阶级掌握政权的情况下，还在我们社会生活中鼓吹“暴烈的行动”，反对“温良恭俭让”，把打砸抢看成是“造反精神”。后来发展到把造反、夺权、大民主这一套“文化大革命”的做法，确定为无产阶级专政下继续革命的基本方法，宣布还要进行多次。

理论上的混乱，不是短时间的，而是持续了很多年，过去对“左”的东西，宣传声势又很大，影响是很广、很深的。但是，我们也要看到，由于“左”的观点和政策既不符合实际，又违背群众的利益，所以，它是极不得人心的。现在农民怕政策变，为什么？就是因为他们拥护现在的政策而不喜欢过去那些“左”的政策。我们既要看到清理“左”的影响的艰巨性，又要看到“左”毕竟是不受群众拥护，而且是群众坚决反对的。

——1981年5月5日在中共广东省委常委学习会上的发言

特区一定要“特”（节选）

怎样进一步把特区工作搞好，我讲几点意见：

一、需要进一步宣传办经济特区的重要意义

办经济特区是我省实行特殊政策的一项重要内容，是中央50号文件和41号文件所规定的。通过建设特区，可以更多更方便地引进外资、侨资，引进先进技术和先进设备；可以更好地学习外国在经营管理方面的先进经验，培养一批人才；可以更多地为国家积累四化建设所需要的外汇；可以使特区这个局部地方加速实现现代化，为全省以至全国提供现代化的借鉴。还有一个深远的意义，就是可以稳定港澳人心和促进台湾回归。我们把特区办好，对港澳和台湾都有重要影响。所以，对这几块特区，我们只能搞好，不能搞坏。

中发〔1980〕41号文件中特别强调：“要进一步统一认识，把实施50号文件作为全党工作的一个重要部分，进行全面经济改革的一个突破口，给以极大的关心和支持。”办经济特区是实施50号文件的一项重要内容。中央把它作为全党的任务。那么，对于我省来说，更是重要任务，我省各部门更要给以极大的关心和支持。

办特区，并不是所有的人思想都很通的。有的同志怀疑办特区是否有损主权，是不是会“香港化”，是不是会变成殖民地？对这个问题，我们要肯定的回答：不会。世界上没有任何一个地方由于办特区而变成殖民地，没有这样的先

例。恰恰相反，只有掌握主权才能办特区。办特区是对主权的运用，是行使主权的表现。世界上办特区（有的叫出口加工区、自由贸易区等）最多的国家是美国，据说已经办了66个，还要再办11个。

我们的特区是在共产党和人民政府领导之下的实行特殊政策的小块地方，它执行的是我国政府的法律、法令和有关规定。我看，只要按中央的决定和指示办，就可以放心，不会损害我们的主权。当然，对资本主义腐朽意识形态的侵蚀，我们必须提防，并要积极有效地进行反腐蚀斗争。对敌特的破坏要保持高度警惕，一定要给以有力的打击。

二、特区一定要“特”

特区如果不“特”，就达不到办特区的目的。特区要真正“特”起来，我看最关键的有两条：一是海关免税（除个别品种外，绝大部分进出口商品免税）；二是进出比较自由（客商以及他们办企业所需要的物资、资金，进出都比较自由）。

世界上的特区，都不同程度地具有这些特点。这些特点也可以概括为两个字：开放。

当然，有了这两条之后，在我们的特区里还会派生出其他许多特点，如产品主要面向出口、以市场调节为主等等。但上述那两条是基本的。缺少那两条，特区就不“特”，就办不成特区。

为了使特区真正“特”起来，我们必须认真解决好上述两个方面的政策问题，并要注意研究香港和澳门的某些政策。港、澳离我们很近，原来都是属于广东省管辖的地方。它们现在属于英国和葡萄牙管辖，但实行的却是不同于英国、葡萄牙本土的特殊政策，实际上相当于一种特区。香港由于实行特殊政策，由于特别开放，它的经济比英国本土的经济，发展速度快得多。我们办特区，要研究港澳实行的某些经济政策和方法。在国内，我们还要注意学习福建的经验。

当前处于调整时期，国家有困难，不可能拿出很多投资来建设特区。为了加快特区建设，主要靠政策。有了使特区真正“特”起来的正确政策，特区发展就能快。省内各部门要支持特区，特区的同志要增强全局观念。特区经济发展了，以后要对国家逐步增加贡献。

三、特区建设一定要脚踏实地，从实际出发

建设项目，可以先搞容易的、赚钱快的。对小项目也不嫌弃。中央 41 号文件指出："经济特区的建设，要充分利用现有的基础，先上那些投资少、周转快、收效大的项目，在发展加工出口工业的同时，有条件的，要逐步发展住宅、旅游等事业。"我们要照这个精神办。

建设区域，要一片一片地搞，逐步扩大。3 个特区的规划范围可以初步定下来，先这么搞。中央批准的深圳特区面积为 327.5 平方公里，要一片一片地搞，逐步推进，量力而行。中央 41 号文件要求我们"一定要作好总体规划，分片、分期进行建设"，我们应当按照这个要求去做。

特区的法律、条例、规定，各项细则，也只能逐步完善。一下子都搞得尽善尽美，不可能。经过批准后，有几项，就先公布、实行几项。有的条条不太理想，以后再逐步修改完善。有些规定的制订，要从发展上考虑，注意留有余地。

四、办特区要进一步解放思想

既要脚踏实地，又要解放思想，这两条都不可忽视。进一步解放思想，就要把视野放宽些，想得更远些，步子迈得更大些。

首先，对港澳，我们既要充分利用与它们毗邻的有利条件（不利用是不对的），又不能完全靠它。引进外资（还有侨资、港澳资金）办企业，我们要坚持自己的条件。港澳不要的，技术落后、污染环境、挤占出口配额的企业，想弄到我们这边来，我们也不干。从长远考虑，深圳应当建立自己的机场和港口，

什么都得通过香港也不行。

其次，在建设项目方面，既不嫌弃小的，也要敢于搞比较大的。引进外资，要加强规划和引导。在能源、交通、通讯、精密工业、先进电子工业等方面，要有意识地吸引外资。中央给了我们特殊政策，又批准我们办经济特区，我们应当利用这个条件，努力为广东办几件大事。目前正在酝酿的核电站、高速公路，算比较大的项目，我们要力争办成。国家没有那么多投资，我们就充分利用外资，只要没有风险，就积极搞。全省如此，特区的建设也要贯彻这样的精神。

第三，不仅要和中小资本家打交道，还要敢于和国际垄断资本集团与跨国公司打交道。允许外国金融资本到我们的特区来办银行，这个意见可以向中央反映。据外国办特区的经验，允许外国银行进来是非常重要的一条政策。有了外国银行，才能大量吸引和筹集外资。让特区里的外资企业到国外去存款好，还是在特区内设外国银行好？还是让外国银行设在我们特区好，这样至少还可以增加我们的税收。在我们的主权下，引进外国银行并没有什么可怕。有的国家在特区范围内对外国银行主要控制三条：一是资金储备，二是存款和贷款的比例，三是利息率。据说，管住这几条就不会出大问题。另外，外国银行如果在我们这里营业，需要领取我们的营业执照。如果它不遵守我们的法律和规定，我们随时可以吊销它的执照。所以，没有什么危险。

五、要适应特区的情况，加强特区管理

特区管理委员会在特区创办过程中做了大量的工作，成绩应当肯定，今后还要继续发挥作用。但在具体执行中，应当注意进一步处理好管委会和市委、市政府的关系。特区管理条例上规定的管委会的权力，大部分都可以通过市委、市政府去具体执行。例如审批一定规模的客商投资项目，举办一般的教育、文化、卫生和各项公用事业，日常维护社会治安等，都应当通过市政府去办。遇有重大建设项目和重大问题，特区市政府定不了，特区管委会就行使自己的职权，代表省人民政府予以审批和解决。找管委会这一个口审批和解决，比到省里找许多部门效率高。管委会的这个作用是很重要的。当然，特别重大的建设项目，

特别重大的问题，涉及特区范围以外的问题，特区管委会也定不了，还要报请省政府甚至国务院审批和解决。

特区市政府的机构，不能照搬内地的一套，要适应特区经济的特点，适应市场调节和外资企业的特点，更灵活，更精简，更有效率。不能设七八十个局单纯用行政办法去管特区的经济。

省各部门对特区也不能像对其他地方那样管。对特区要多加支持、关心、指导，不要乱加干涉。要使特区有更大的自主权。

我们办的是经济特区，但对文化、教育方面的建设也必须重视，并及早下手抓。学校必须办好，电视、广播要尽快建起来。

——1981年5月18日在中共广东省委常委会上的讲话

切实把党的建设抓好（节选）

加强党的建设，是党的十一届六中全会《关于建国以来党的若干历史问题的决议》（简称《决议》）中总结的新中国成立32年来十条基本经验中的一条。以高度的自觉加强党的建设，这是我们取得一切胜利的基本保证。我们一定要按照《决议》精神，切实把党的建设抓好，使我省各级党组织思想一致、组织巩固、纪律严明，成为能够团结和领导全省人民进行社会主义现代化建设的坚强核心。

为此，第一，要进一步加强党员教育，充分发挥共产党员的先锋模范作用。各级党组织都要了解党员的思想状况，针对存在的问题，认真做好思想政治工作。今后一个时期要把《决议》作为党员教育的主要教材，集中一段时间对党员进行轮训，用《决议》统一党员的思想认识，总结过去的经验教训，肃清“左”的影响，使广大党员都能自觉地坚持四项基本原则，从思想到行动坚决拥护十一届三中全会以来党的路线、方针、政策，恢复并进一步发扬党的优良作风和传统，在政治上无条件地同党中央保持一致。

第二，要严格执行党的民主集中制，坚持党的组织生活制度。各级党委都要坚持集体领导，重大问题要由集体讨论决定，不能个人说了算。一经决定，就要坚决贯彻执行。党委一班人，要思想一致、步调一致。每个成员都要维护集体的决定，不能离开集体领导各搞一套。

各级党组织都要定期开好党的生活会。生活会要以学习、对照《关于党内政治生活的若干准则》（简称《准则》），开展批评和自我批评，克服缺点，增强团结，端正党风为主要内容。担负领导职务的党员要带头遵守《准则》，带头参加党的生活会，领导干部决不应成为不参加生活会的特殊党员。今年春节前后，省委、省直一些部门的党组和许多地、市、县党委，认真开了党的生活会，对增强党性、增强团结起了良好的作用。下半年县以上党委都要结合学习《准则》开生活会。今后要成为一个制度，形成好风气，使党内的一些问题能够通过党的正常组织生活及时求得解决。

当前我省农村基层党支部，有相当一部分不够健全，其中有些处于瘫痪或半瘫痪状态。各级党委和组织部门应当加强对基层组织情况的调查研究，根据农村实行各种形式的生产责任制以后的新情况，及时加强农村基层党支部的建设，以保证上级的指示和工作部署能够贯彻到底。

第三，要加强党的纪律检查工作。贯彻《准则》，搞好党风，是党的建设的一件大事，必须全党重视，领导带头，一抓到底。现在党内违背党的生活《准则》、搞不正之风的现象仍然相当普遍，有的还在发展。党的各级纪律检查委员会，要坚决维护党规党法，增强斗争的勇气，同一切违反党纪、破坏党风的不良倾向作斗争。应当承认，纪检工作碰到不少困难。党委要加强对纪检工作的领导，充实加强纪检部门的干部力量，支持他们抑邪扶正，同不良现象作坚决斗争。特别是对那些性质恶劣、影响大、民愤大的违纪案件，一定要坚决果断地严肃处理。对党员来说，这也是一种教育。广东在经济上实行特殊政策，但是不允许有不遵守党规党法的特殊党员，不允许搞特权，不允许搞特殊化。对外越开放，党内要求越要严格。

第四，要切实做好培养、选拔中青年干部的工作。中央开了省市区党委书记座谈会，研究如何使领导班子革命化、年轻化、知识化、专业化的问题，要求把更多的德才兼备、年富力强的干部选拔到各级领导岗位上来。这也是加强党的建设的一项重要内容。当然，选拔中青年干部，不完全属于党的建设的范围，对于德才兼备的党外干部，也要注意培养和提拔。

现在我省县以上各级领导班子普遍缺乏年轻干部。在许多领导班子中，年老体弱、不能坚持正常工作的干部已占 20%—30%，省直有的单位，多达一半。这个问题长期拖下去，三五年之后，当大批老干部不能继续坚持工作时，就要发生青黄不接、后继乏人的危机，就要延误党的事业，犯历史性的错误。各级党委要充分认识解决这个问题是当务之急，是关系到党和国家前途的大事，必须从现在起就抓紧进行，在三五年内切实做好。各级党委必须把这项任务真正列入重要议事日程，不能只委托组织、人事部门去办。

论资排辈的保守思想和求全责备的形而上学观点，是当前妨碍大批优秀中青年干部进入领导班子的主要思想阻力。老同志要带头克服这些不正确的观点，并对广大干部和群众进行思想教育。

各级党委都要立即着手制订三五年内培养提拔中青年干部的具体规划，并且狠抓落实。对于符合条件的优秀中青年干部，要认真培训，提高他们的理论水平、组织能力和专业知识，并采取“先进后出”或“边进边出”的办法，尽快把他们放到领导岗位上来。老同志在发现、选拔、支持和帮助中青年干部方面，负有义不容辞的责任，必须增强对这一重大问题的紧迫感。年轻的同志要尊重老同志，虚心向老同志学习，不辜负老同志的期望。

选拔中青年干部要坚持德才兼备的条件。德，首先要看他是否拥护党中央的路线，还要看政治品质、道德品质和思想作风。才，主要看他的工作成绩。对一个负责干部，要看他领导的那个地方、单位或企业的工作是否先进。对专业干部，要看他所负责的专业工作做得是否出色。这样，衡量干部就有了客观标准，可以防止任人唯亲的错误做法和派性的干扰。对于有专门知识和技能的干部，要注意发挥他们的专长。对于有成就的专家，可以授予技术职称和学衔，可以给予荣誉和地位，但不一定让他们担任党政领导职务，以免浪费人才，耽误工作。对干部专业化，要正确理解。一个城市的市长，不必是某一方面的技术专家，但他应当是城市管理方面的专家。

由于年龄和健康状况的原因，有些老同志需要从繁重的日常工作中解脱出来，退居二、三线；还有更多的老同志需要离休、退休。对退出第一线的老同志，总的原则是，政治上要充分尊重，生活上要充分照顾。原来的政治、生活待遇不变，而且在某些方面还要从优。

——1981年7月26日在中共广东省委四届四次全会（扩大）上的总结讲话

坚持三个“更放”，要求三个“更严”，反对三“特”（节选）

经济要搞活，管理要跟上，二者要同步。越要搞活，越得管好，管的目的是为了更好地更健康地搞活。要越活越管，管而不死；越管越活，活而不乱。怎样才能做到管而不死，活而不乱，这是一门学问，我们要钻研这门学识。过去多少年来，由于“左”的思想影响，我们管死的经验多，搞活的经验少，活而不乱的经验就更少了。所以，过去一统就死，一死就叫，一叫就放，一放就乱，一乱就统，统了又死，老是这样恶性循环。对于这种循环，以后我们要彻底改变。我们搞特殊政策、灵活措施，很重要的一项内容就是要摸索管而不死、活而不乱的经验。中央给我们特殊政策、灵活措施，让我们搞得更活一点，我们相应地就必须管得更好一点。中央采纳了我们的对外要开放、对内要放宽、对下要放权这几句话。其实这三句话对每个省都适用，哪个省都在试验。广东、福建应该加一个“更”字，应该对外更开放，对内更放宽，对下更放权。不加“更”字，和全国一样，就没有什么特殊了。当然，必须分期分批地、一步一步地搞，而不是冒冒失失地往前闯。

为了做到上面这三个“更”，就必须管得更严一点，不管得更严一点，这三个“更”就不能健康地进行。由于对外更加开放，我们党的纪律要更严，执法要更严，党的生活要更严。要想把特区建设好，必须反对另外三个“特”：搞特权，搞特殊化，当特殊党员。如果不反对这三个“特”，特区就建设不起来。深圳特区前一段成绩很大。一到那里就可以看见朝气蓬勃、蒸蒸日上的景象。外国人说：“现在的深圳，就像战后的西德，到处都在大兴土木，搞建设。”

我们要肯定这方面的成绩。但是，也有些问题。有些干部受了腐朽思想的腐蚀，贪污、受贿，很值得我们警惕。有些干部到深圳还没有干多少工作，那里的“三通”没有通，“一平”也没有平，自己的小洋楼就先盖起来了，这不是好的现象。对违反纪律的要按党的纪律处理，对违法的要依法制裁。我们向特区派干部，必须严格，一定要派政治上坚强的人。中央说了，宁可烂掉一批干部，也要建设特区。中央的决心是很大的。从我们工作上来讲，必须采取有效措施，加强领导，加强政治思想工作，不能让我们的干部烂掉。个别烂掉是可能的，也是不可避免的。恐怕现在就有烂掉的了。

总之，既要肯定我们的成绩，也要找出不足之处。不足之处，包括不善于搞活和活得不够的一面，也包括管得不严和不善于管的一面，各地都要看看你们自己有哪些管得不够的地方，大家出点主意。我们到中央开会要求中央放一点，中央要求我们管严一点。省里也要求各地、市、县在搞活经济的同时，一定要把管理工作紧紧跟上。

——1981年9月25日在广东省三级干部会议上的讲话

坚持对外更加开放，对内更加放宽，对下更加放权（节选）

我们曾把我省贯彻特殊政策、灵活措施的主要做法，概括为三句话，即对外更加开放，对内更加放宽，对下更加放权。中央同意我们这个提法，并体现在中发〔1981〕27号文件中。我们今年应当进一步贯彻执行中央关于在广东、福建实行特殊政策、灵活措施的一系列文件和指示，坚持“三放”，继续把经济搞活，并根据新情况和新经验，在具体做法上加以补充和丰富。

第一，坚持对外更加开放

中央要求广东“对外更加开放”。我们在这方面做了一些工作，取得了成绩，证明中央的这项方针政策是完全正确的。但我们做得还很不够。今后我们要想进一步加快广东的经济发展，必须在对外经济活动方面迈更大的步子。

实行对外更加开放的政策，总的来说，我们的知识和经验是不足的。为此，必须注意学习，认真研究有关资料，听取专家意见，听取爱国华侨、港澳爱国人士和其他朋友的意见，特别要注意从自己的实践中总结经验。陈云同志着重向我们提出了这个任务。

去年我们提出充分利用外资、充分利用外汇，鼓励出口、鼓励投资。今年仍要坚持这样做，并在利用外资、侨资，对外经济技术合作等方面，进一步放开手脚，搞得更多些、更好些。

中小合作项目要重视，较大的合作项目也要敢搞。对深圳开发和高速公路建设等较大的项目，各有关部门都要持积极态度，促使合作成功，为吸引较大的投资开个好头。

我们既要注意吸引港澳的资金和技术，同时又不要局限于港澳。对日本和欧美等都要加强经济往来和经济合作。引进港澳资本和技术，广东是“近水楼台”；引进日本、欧美的资金和技术，我们要学会“长袖善舞”。

对外经济合作、利用外资，要加强计划性。今后要有意识地多引进那些有利于我省现有企业技术改造，有利于提高我省工农业现代化水平的技术和设备。特别是在节能和交通、通讯的改造方面，要积极引进外资和引进技术，尽快做出成效。省计委和对外经委要会同各有关部门尽快提出一个对外合作计划，列出需要引进项目的单子。

经济特区建设已经取得了可喜的成绩，现在需要按照陈云同志的要求，认真总结近两年来试办经济特区的经验，进一步加快特区建设的步伐。要做好经济特区的立法工作，对已经公布的经济特区条例和几项规定，要抓好具体实施。特区对引进外资和先进技术要更加放手，以加快经济发展速度。要搞好社会经济发展的整体规划和城市建设规划，认真按规划组织实施。当前特别要注意大力发展交通、通讯事业。对已经出现和可能出现的新问题，要及时研究，认真解决。我们的经济特区，党风要特别好，精神文明要特别好，社会治安、清洁卫生和整个社会风尚都要特别好。

对外开放的一个重要方面，是大力发展外贸，不断增加出口。在保证统一对外的前提下，要进一步把我省外贸工作搞活。要加强外贸出口基地的建设，继续办好工贸公司和农贸公司。今年要进一步大力发展进料加工，争取迈出更大的步子。另外，要继续试行把外贸经营的实体放在企业和企业联合体上，再多办几个这样的试点企业。可以先把企业联合起来再给外贸权，也可以选择有条件的企业先给以外贸权，以促进联合。企业有了外贸出口权，别人就会找上门来，主动跟他联合，连上级部门也愿意往那里投资。这样就会使这个企业，甚至一批企业，迅速发展起来。我们应当更自觉地运用这个办法来推动生产的发展。在仔细调查、做好准备的条件下，要尽快再批准几个这样的企业。对于省内市场紧缺的商品，特别是人民生活必需的某些农副产品，商业和外贸要互相衔接，内外贸要统筹安排，必须十分注意搞好省内市场供应，稳定省内物价。

增设海关、装卸点、起运点，对于促进出口，减少进出口物资的迂回运输，发展进料加工、来料加工和旅游事业，都有很大的好处。中央 1980 年 41 号文件就规定“原则同意两省增设口岸和海关”，去年 27 号文件又做了类似的规定。我们要很好地运用这一项特殊政策，对要增设的海关，抓紧提出方案，报请批准。至于设立装卸点、起运点，我省自己就可以定，凡确实需设立的，就批准，并切实管好用好。

我省外汇多、增长快，去年全省留成外汇超过 10 亿美元，大约相当于 1978 年的 10 倍。如何管好、用好这样一大笔外汇，是一个新问题，也是一个大问题。各级党委和政府都要重视这个问题，都要认真研究如何管好、用好外汇。

实行对外更加开放的政策，要求我们必须认真做好对华侨和港澳同胞的团结工作，做好统一战线工作。做统战工作，要广泛团结党外朋友，爱国华侨和港澳爱国同胞是其中一部分。我们过去夺取政权，现在建设社会主义，都不能只靠共产党员，而必须团结广大的党外朋友，必须运用统一战线这个法宝。各级党委和各级负责干部，都要提高对统战工作的认识。要敢于同党外人士交朋友，并且要成为真朋友，建立鱼水相依、荣辱与共的关系。对华侨和港澳同胞的爱国心要有足够的估计。我们一定要真心实意地团结他们。要坚决落实统战政策和侨务政策，各级党委主要负责同志要亲自抓。政策是否落实，关系到党的信誉问题。要认真宣传叶剑英委员长对台湾回归祖国，实现和平统一提出的 9 条建议，以及我省根据 9 条建议提出的 4 条措施，大力促进祖国统一事业。华侨和港澳知名人士中对国家四化建设特别热心并有显著贡献的人，要吸收他们参加政协。在对外经济工作中可以请他们当顾问。

我们在对外开放的同时，对各省市也要根据自愿互利的原则，加强合作，密切往来，互通有无。加强与兄弟省市的合作，对发展广东的经济有非常重要的作用。当然，这种合作必须在国家政策允许的范围内进行，不允许搞非法活动。

第二，坚持对内更加放宽

对内放宽的主要办法，一是抓政策，一是抓改革。

我们过去讲过政治要安定，政策要稳定，领导要坚定。政策稳定，主要是指，有利于促进生产发展的正确政策不要轻易变动，已经放宽了的政策不要轻易收回。正确的政策在执行中也会遇到困难，但只要我们做好工作，坚持下去，就能渡过难关，迎来新的局面。如果一遇到困难就动摇，朝令夕改，走回头路，那就必将造成人心浮动，使生产蒙受损失，越搞困难越大，陷于恶性循环之中。当然，这并不排除对某些已被实践证明为不正确、不适当的具体政策，进行修改。这样的修改，对生产、对全局都是有利的，群众也是能够接受的。

放宽政策，主要是从有利于促进生产的发展出发而给下面一些权和利，通过促进生产的发展而使国家得到更多的好处。今后，对需要鼓励发展的产品和行业，要继续放宽政策；对困难地区，要继续放宽政策。实践证明，放宽政策，比给钱给东西更有效，于国于民更为有利。

关于经济体制改革，应当按照国务院政府工作报告中指出的基本方向，在省的权限范围内，积极稳妥地进行。

当前，正确处理计划经济与市场调节的关系，是改革中的一个关键问题。从我省情况来看，应当明确这样几点：一是要肯定社会主义经济是有计划的。计划内的生产任务、统购派购任务、财政上交任务等，一定要千方百计地保证完成。一切经济部门都要加强计划观念。二是在制订计划时要充分考虑和运用价值规律。例如，要想发展某种产品，仅仅列入计划是不够的，还必须从价格上、政策上消除阻碍这种产品发展的不合理因素。如果暂时不能加以消除，也要充分考虑到这些因素，并从行政干预、思想教育等方面采取相应的措施加以补救。订计划如果不符合客观规律，就起不到计划的作用，那种计划是不可能实现的，过去这方面的教训很多。三是计划不可能包罗万象，只能包括主要的东西，因此订计划一定要抓住经济命脉，抓住影响全局的经济问题。纳入计划的产品和建设项目，数目不一定很多，从一个地方、一个企业来看，纳入国家计划的产品也可能不占很大比重，但它是关系国计民生的，是必须特别重视的。四是在坚持社会主义计划经济的前提下，必须注意发挥市场调节的辅助作用。广东经济的特点是，市场调节的比重相当大。我省经济所以能够搞得比较活，并保持较高的发展速度，发挥市场调节的作用是一个重要因素。因此，我们一定要继续重视市场调节，更加自觉地利用它。我们要继续鼓励、支持国营企业和部分集体所有制企业在完成国家计划之后，按照市场的需要自行组织生产。要继续大力发展集体所有制企业。从实践上看，许多经济发展比较快的地方，集体所有制企业都搞得好，发展快。大力发展集体所有制企业，对提高我省经济发展速度、搞活经济、扩大就业有重要作用，对促进经济体制的改革也有重要作用。关于干部制度、劳动制度、工资奖励制度方面的许多改革设想，在全民所有制企业里不容易搞的，往往可以先在集体所有制企业里试行。今年，各地市的集体所有制经济都应争取比去年有更大的发展。在政策规定范围内的个体经营，也要适当发展。

第三，对下更加放权

在保证统一领导的前提下，把没有必要集中的权力，坚决放下去，这样有利于发挥各级的积极性，有利于提高办事效率，有利于加快建设速度。今年要结合精简机构，进一步削减办事环节和审批手续，认真解决办事难、效率低的问题。去年省委所作的关于加大广州市权力和加大海南岛权力的决定，要认真落实，各部门都要坚决按照文件的规定办。另一方面，地方有了权，更应顾全大局，看到自己的责任，真正用好这个权，不要滥用。

——1982年1月19日在中共广东省委召开的地市委书记会议上的讲话

认真总结实行特殊政策正反两方面的经验（节选）

陈云同志指示我们:“特区第一位的问题是总结经验。”实际上，不仅特区，我们全省都应按照陈云同志的指示，认真总结实行特殊政策、灵活措施以来正反两方面的经验。

从 1979 年 7 月中央下发 50 号文件算起，广东实行特殊政策、灵活措施将近两年零八个月的时间了。特殊政策、灵活措施是怎样提出的呢？1979 年 3 月，广东省委常委讨论了这个问题。4 月，习仲勋同志和王全国同志在中央工作会议上提出，中央领导同志表示赞成。会后中央派谷牧同志，带领国家计委、财政部、外贸部等部门的同志来广东，具体研究方案。同年 6 月，由广东省委向中央写了《关于发挥广东优越条件，扩大对外贸易，加快经济发展的报告》，福建省委也写了报告。同年 7 月，中央发了中发〔1979〕50 号文件。文件说:“中央确定，对两省对外经济活动实行特殊政策和灵活措施，给地方以更多的主动权，使之发挥优越条件，抓紧当前有利的国际形势，先走一步，把经济尽快搞上去。这是一个重要的决策，对加速我国的四个现代化建设，有重要的意义。”

特殊政策、灵活措施的内容是什么呢？1980 年 9 月 28 日《中央书记处会议纪要》指出 :“所谓特殊政策和灵活措施，一是增大地方的权力，一是广东、福建两省对外更加开放。”1981 年 7 月的中央 27 号文件，又进一步把特殊政策、灵活措施的内容概括为：对外更加开放，对内政策更加放宽，扩大两省的权力。从具体政策来看，最主要的有四条 ：一是财政和外汇包干（一定 5 年，到 1985

年），二是省内计划的编制“以地方为主”，三是试办经济特区，四是对外经济活动的审批权比较大。当然，后来沿海 9 省市的对外经济活动权力都扩大了。

中央在两省实行特殊政策、灵活措施的决心很大，对省委的要求也很高。中央当时明确指出，“要求省委的思想更加解放，在深思熟虑、周密计算的基础上，发挥创造力和闯劲，以很大的魄力去打开局面”，“尽快把广东的经济搞活，闯出一条道路”。50 号文件还提出了要在 1985 年达到的一系列具体经济指标。

按照中央的决策，经过全省广大干部和群众两年多的努力，执行特殊政策和灵活措施取得了一定的成效。

一是工农业总产值以较高的速度持续增长。1981 年比上一年增长 9.2%，与 1978 年比，三年累计增长 23.8%。其中工业总产值，1981 年比上一年增长 11.5%，三年累计增长 25.9%。财政收入，前两年有农产品提价等特殊因素，1981 年比上一年增长 8.9%。对国家贡献（包括定额上交、中央借款、财政购买国库券）14.2 亿元，比上一年增加 42%。全省货源的外贸出口总值，去年比上一年增长 21.9%，三年累计增长 1.2 倍。

二是对外经济合作取得重大成果。签订了 13000 多个合同，按合同可利用外资 26 亿多美元，实际已到手利用的有 5.5 亿多美元。通过利用外资，办了一批新企业；发展了省港之间的公路和水上运输；解决了一部分原有企业任务不足、原料缺乏的问题；引进了两万多台设备，有些是省内或国内一流水平的，仅电子工业方面就引进了 48 条装配生产线和 6 条元器件生产线；农业方面引进了一批猪、牛、鸭优良品种和一些先进的畜牧业生产设备；扩大了就业，仅来料加工这一种形式就安置了 21.5 万多人；在对外合作中，获得了一批技术资料，培养了一批技术人员和技术工人。

三是经济特区建设初步打开了局面。建立了比较精干的领导班子，制定了经济特区条例和一些单项法规，引进了一批外资，学到了一些管理经验，发展了经济，安定了边境。全省 3 个经济特区中，汕头起步较晚。深圳利用外资至去年底已签约 989 项，计划投资 77 亿港元，实际已投入使用的约有 12 亿港元。已建成工厂297 座，去年产值达 1.9 亿多元，比 1978 年增长近 3 倍。在电子工业等方面引进了一批比较先进的技术，有的将为我国填补空白。深圳的蛇口工业区，作为一个小型现代工业城镇，正在原来的一片海滨荒滩上建立起来。深圳市去年的外汇收入比 1978 年翻了一番。农民收入也大大提高。多年来深圳劳动力不断外流的现象，去年已基本停止，并开始有一部分人自动返回家园。珠海市发展也很快，引进项目已达 278 项，可利用外资 3 亿多美元；去年与上一年相比，工农业总产值增长 16.8%，工业总产值增长 23.7%，财政收入增长 1.5 倍，外贸出口收汇增长 40%（比 1978 年增长 1.2 倍）。特区的经济发展速度都是比较高的。

四是人民生活水平有了提高。去年职工的平均工资比上年增长 10%，比 1978 年增长 40%。农民集体分配收入达到人均 121 元，比上年增长 16%，比 1978 年增长 56%。城乡人民储蓄额达到 46 亿多元，比上年增长 45.7%，比 1978 年增长 1.6 倍，群众手头宽裕了。3 年来全省共安置城镇待业人员 134 万人。

这些成绩的取得，说明中央关于在广东实行特殊政策、灵活措施的决定是正确的。

但是，由于我们在执行中有不少缺点和偏差，许多应该做好的工作没有做好，特别是对执行特殊政策、灵活措施以后的新形势缺乏全面的、清醒的认识，再加上阶级斗争的客观存在，因而也出现了不少严重的问题。

一是走私贩私、贪污受贿、投机倒把等经济上的违法犯罪活动极为猖獗。这些违法犯罪活动的严重性在于，其规模之大，是历史上所没有的。1980 年至 1981 年上半年，沿海有些地方，出现了渔民不打鱼，农民不种田，工人不做工，学生不上学，纷纷搞走私贩私的严重情况。

经济领域中违法犯罪活动的极大危害性，不仅表现在经济上挖社会主义的墙脚，破坏四化建设，而且表现在思想上、政治上的巨大腐蚀作用和对社会风气的污染和毒化。不少党员干部受了严重腐蚀，他们为了钱而不择手段，不要党性，不顾法纪。有的机关、单位已经腐化到了“礼少难进门，无贿不成事”的程度。值得特别注意的是，一些经过长期革命斗争考验的干部也被“糖衣炮弹”打倒，下了水。由于资本主义思想腐蚀和经济犯罪活动的猖獗，致使有的领导班子不能领导，烂掉了；有的专政机关不能专政，干警带头搞走私、受贿等犯罪活动；有的监督部门不能监督，银行、工商局等也有不少搞经济犯罪活动的；有的缉私组织不缉私，带头分私、抢劫，从事海盗活动；有的“清水衙门”水也不清，这些情况，令人触目惊心。发展下去，确实要改变颜色了。当然，我们党是不会任其发展下去的。

二是在经济工作中，出现了散、乱倾向。

近两年来，盲目地从国外进口大量消费品，向省内特别是省外倾销，造成了冲击国内工业的严重后果。有的倒卖外汇，牟取高利，有的擅自把外汇存在港澳，公然违反国家外汇管理条例。

经济特区建设，还没有很好地总结经验。经济管理体制方面的一些问题没有解决好，立法不完备。城市建设、经济开发、引进外资都缺少完整的规划。深圳一些干部带头乱占土地建私房，形成一股很厉害的歪风，至今没有完全刹住。特区城市管理差，许多地方又脏又乱。

计划外的基本建设过多。有些地方的基建盲目发展，失去控制。这样就拉长了基建战线，增加了货币投放。

流通领域里出现了一种“全民经商”的混乱现象。有些机关、学校、部队也办商业，搞货栈、贩洋货、做批发买卖，赚大钱。有些商业、供销单位超越自己的业务范围，什么赚钱搞什么，而把为群众服务的正当营业丢掉了。

滥发奖金的现象十分严重。有的为了弄钱分奖金，滥用职权，不择手段，不顾法纪，甚至贩私、逃税、乱收“手续费”、乱罚款等等，无所不为。

有些国营商业企业带头违反物价政策，擅自涨价，变相涨价。物价上涨，尤其以副食品、蔬菜、水果最为突出。后来蔬菜情况有所好转。

农村一些地方基层领导班子瘫痪，集体经济无人负责。乱砍滥伐林木，有的地方至今未能完全制止。

不顾全局的本位主义、分散主义有所发展，国家观念、整体观念削弱了。有的不服从上级指示，不顾大局，自行其是。有些部门、企业、单位之间，上下之间，地区之间，互相争利、扯皮的现象非常严重。有些单位以邻为壑，损人利己，化大公为小公。对“关系户”可以破例“照顾”，对“非关系户”，则多方刁难，故意掣肘，敲竹竿，公开勒索。有的擅立规章，乱收费，乱罚款，乱没收。

本位主义、分散主义和自由化倾向，决不是什么搞活经济。这种倾向滋长的结果，个别地方、个别单位可能得到一点小利，但国家受了大害，社会主义受了大害。

三是社会风气受到了资本主义腐朽意识形态的污染。

近年来，不少反动黄色书画、录音录像制品传入我省，有入境者带进来的，有邮寄进来的，有蒋帮特务机关空飘海漂过来的。赌博、卖淫、封建迷信活动不断出现，在有的地方很猖獗。

上面这些问题，不实行特殊政策、灵活措施，也可能产生。但是，由于实行特殊政策、灵活措施，我们的政治思想工作、管理监督工作又没跟上，确实使这些问题加剧了。

这些问题是中央早就预料到的，并且向我们敲过警钟。1980 年 9 月中央就向我们指出：随着特殊政策和灵活措施的实行，经济上的开放，“势必会有一些资本主义的腐朽的生活方式和意识形态渗透进来，侵蚀我们的干部和群众，广东更是首当其冲。这种现象是不可避免的。我们既不要害怕，也不要麻痹，要针对这种现象主动地采取预防措施。要准备有少数人会烂掉，要准备付出一点代价。我们一定要做好政治思想工作，增强我们的队伍抵抗腐蚀的能力，同时采取有效措施，粉碎香港某些人妄想使广东港澳化的企图”。可见，中央有言在先，只是我们的认识不清醒，没有把反腐蚀工作做好。在总结工作的时候，要认真总结这方面的教训。

——1982年4月1日在广东省三级干部会上的总结讲话

把打击经济犯罪活动的斗争引向深入（节选）

打击经济领域中的违法犯罪活动，要抓好三个环节：一是查办大案要案；二是普遍进行遵纪守法和反腐蚀教育；三是建立健全制度，堵塞漏洞。

前一段，各地根据中央的指示和省委的部署，狠抓大案要案，初步取得了一些成绩。

我们现在需要把斗争继续引向深入。首要的是，各级党委的态度必须十分坚决，真正按照中央的要求，下最大的决心，保证抓好。对大案要案，特别是对占据重要职务的犯罪干部，不得手软，不得姑息，更不得包庇。要按照邓小平同志的指示，“越是大人物、大机关，处理越要严、要重”。发现领导核心成员中的问题，更必须彻底查清，严肃处理。

省地县的主要领导同志都要亲自抓这场斗争。省委成立了打击经济领域里违法犯罪活动的 6 人领导小组。目前，实际上省委、省政府、省人大常委会三个方面的主要领导同志，都直接领导这一斗争。另外还有 3 位省委常委集中全力参加 6 人小组的工作。省委还规定，其他书记、常委都要对自己分管部门的办案工作加强具体领导。省委对一些重点地、市、县派了工作组，目前，省地（市）县三级派出的工作组将近 3000 人。省委要求各地市县委，都要根据中央 17 号文件精神，切实加强对本地区打击经济犯罪活动斗争的领导，党委要直接掌握、研究、审查大案要案，不断督促检查进展情况。要把纪律检查部门、司法机关、打击走私的机构、财经纪律检查组等几个方面的力量组织起来，联合办案。对重点单位要由负责同志带工作组下去抓，一定要把这一斗争进行到底。

办案的政策、方法，要按照中央 17 号文件和中央《紧急通知》的规定来掌握。最主要的是必须注重调查研究，坚持实事求是，做到证据确凿，稳、准、狠地打击犯罪活动。核心是准，只有做到了准，才能达到狠和稳。工作要做得扎扎实实，不搞大轰大嗡，不搞人人过关，不搞群众运动。要牢牢掌握中央17号文件提出的三个重点。对于在经济上犯有轻微错误的人，要选择适当时机，让他们把问题讲清，清退财物，及早放下包袱。党员一般可以先在党的生活会上讲清。对有问题的人要交待政策，指明出路，做好工作，防止发生意外事故。

打击经济领域中的违法犯罪活动，同生产和其他各项工作，一定要统筹安排。县以上各级党委可以分成两条战线，一条战线抓打击经济领域中的违法犯罪活动，一条战线抓生产和日常工作。县以下各级党委和各企业单位，是否分两条战线，可根据本单位的实际情况决定。生产和各项经济工作不能放松。对外经济活动，包括进出口贸易、利用外资等，都要照常积极开展。对外经济合作要讲信誉。即使原来负责洽谈和签订合同的人出了问题，他代表政府机构或企业签订的合法的合同仍然有效，不受影响。

在狠抓大案要案的同时，各地都要按照17号文件的要求，对全体党员、干部和群众，普遍进行一次反腐蚀教育。党员、干部要学习中央17号文件和中央《紧急通知》精神，同时组织群众学习报刊上的有关社论、评论和关于大案要案的报道。干部和群众都要学习全国人大最近通过的《关于严惩严重破坏经济的罪犯的决定》。大案要案不是每个单位都有，但反腐蚀教育和遵纪守法的教育要普遍进行，不能有死角。

在查办罪案、开展教育的基础上，要抓紧建立健全各种规章制度，例如财会制度、物资管理制度等等，以堵塞漏洞。我们这次会上讨论的各项政策规定，也都有堵塞漏洞的作用。我们过去在这方面提出的一些要求，还应当重申，例如：实行特殊政策，必须反对“三特”（特权、特殊化和特殊党员），必须坚持“三更”（纪律更严、执法更严、管理更严），党员干部必须“在政治上和党中央保持一致，在工作上一丝不苟，在经济上一尘不染”，等等。各个部门和单位可以结合自己的实际情况，制订具体的经济纪律守则。要在全体干部中大力提倡廉洁奉公、全心全意为人民服务的精神，并使之制度化。

——1982年4月1日在广东省三级干部会议上的总结讲话

端正党风的主要措施和主要标志（节选）

各级党委要下最大的力量端正党风。中央 17 号文件特别指出，广东“当前要特别注意解决好”的问题之一，是“大力整顿党风，严肃党纪”。能否把反对经济领域里违法犯罪活动的斗争进行到底，搞好社会主义物质文明和精神文明的建设，关键在于加强党的领导。当前，关键又在于端正党风。

执政党的党风问题是有关党的生死存亡的问题。在我省，资本主义思想腐蚀在党内的反映是十分严重的，经济上违法犯罪的党员干部也比其他省多；部分党员中一切“向钱看”，把个人利益、本位利益放在党的利益之上，特别是以权谋私的不正之风十分惊人；无组织无纪律，不执行上级指示，在有些单位是公开的；对坏人坏事不斗争的老好人风气有一定的普遍性。对这样严重的情况，广东的每个党员，特别是党的各级领导同志应当深思。我们一定要痛下决心，乘这次开展反腐蚀斗争的大好形势，坚决把党风整好。

端正党风靠什么？

首先是靠党的正确理论、路线、方针、政策。十年内乱期间，林彪、“四人帮”鼓吹一整套“左”的东西，那时党风总的来讲很难端正，必然要遭到破坏。党的十一届三中全会以来，党纠正了“文化大革命”的错误理论和政策，进行了一系列的拨乱反正。党中央按照马列主义、毛泽东思想的基本原则，制定了新的历史时期的政治路线、思想路线和组织路线。这就使我们端正党风有了根本条件。我们各级党委应当把组织党员学习马列主义、毛泽东思想，学习十一届三中全会以来党的路线、方针、政策，当作一项经常性的基本的任务，切实抓好。党员不学马列主义，不懂党的路线和政策，就谈不上端正党风。

其次，端正党风，要靠党员增强党性。党员如果党性削弱了，不能自觉地遵守纪律，良好的党风就无法维持。从共产党员的党性抓起，是整顿党风的基本环节。为了端正党风，各级党组织都要组织党员反复学习《关于党内政治生活的若干准则》，学习中央关于端正党风的一系列指示，使广大党员进一步增强党性，更好地发挥先锋模范作用。各级党委对党性坚强的优秀党员，要大力宣传表扬，发动大家学习。

再次，端正党风，还必须加强党组织的战斗力。党的各级组织，从基层支部开始，都要有严格的组织纪律，严格的组织生活。要充分运用批评与自我批评的武器，随时向违反党规党法和违反党性要求的不良现象作斗争。各级党委都要十分重视和切实加强纪律检查工作。对违法乱纪的党员，不管其职务高低，都要严格检查，严肃处理。要讲真理，不要讲面子。机关党委要集中力量抓党风，各部门、各单位的领导同志要积极支持，紧密配合。

党中央指出，反对资本主义思想的腐蚀、打击经济领域中的违法犯罪活动，是整顿党风的突破口。各级党组织，都要自觉地在这场斗争中整顿党风，在斗争中教育、考验党员，要求党员不仅自己拒腐蚀（如果手脚不干净，要主动洗手洗澡，保证今后一尘不染），还要勇于向违法犯罪活动作斗争，不做无原则的老好人，要做反腐蚀斗争的坚强战士。在这场斗争中，每个党支部和每个党小组都要经常检查每个党员把党的根本宗旨和党的最终目的记住了没有？身体力行了没有？对党的关于四化建设的方针政策和反腐蚀斗争，坚持了没有？做得怎么样？

党风是否有了明显好转，根据中央提出的对党风的检查条件和我省实际情况，主要看五条：

一、对党的路线、方针、政策，是否坚决执行。

二、对党分配的任务和本职工作是否认真负责。

三、对党的生活准则、国家法令是否模范遵守，有无违反的行为。

四、是否坚持党的原则，对党内的极端个人主义、无政府主义、官僚主义以及拉山头、搞宗派等错误言行敢不敢进行抵制和斗争。能否积极开展批评与自我批评，抵制资本主义思想和一切非无产阶级思想的侵蚀。

五、是否关心群众，密切联系群众，与群众同甘共苦。

党风究竟有没有好转，各级党组织都要用这五条来检查。党支部、党小组开生活会，要经常拿这五条进行对照，认真找差距，并不断采取措施加以改进。

全省党风好转的主要标志，是看省地（市）县三级党委的领导同志是否达到了五条要求。省地县各级党委和各级领导机关，还应当做到团结、坚强、廉洁、效率。当然，省地县三级，关键又在省委。这样说，并不减少各地市县委的责任。同在省委领导下，不同的地方也有差别。

省委要求各级领导干部振奋精神，努力工作。凡是过去省委、省政府决定和指示过的事情，错了由省委、省政府负责，下边执行者没有责任。只要不搞各种违法乱纪和犯罪活动，工作上还是允许犯错误，允许改正错误。对干劲足、闯劲大的干部应予鼓励。对工作成绩显著的干部，党组织会做出公正的评价。任何消极、畏难情绪，都是不对的。每个部门、每个单位、每个工作岗位上的干部，都要积极努力，大胆工作，争取做出更大成绩。

当前斗争十分复杂，任务十分艰巨。全省各级党组织和全体党员，一定要紧密团结在党中央周围，把反对资本主义思想腐蚀、打击经济领域里违法犯罪活动的斗争进行到底，把社会主义物质文明和精神文明建设进一步搞好，让全省人民高兴，让党中央放心。

——1982年4月1日在广东省三级干部会议上的总结讲话

“排污不排外”，扩大对外交流（节选）

现在海内外有些人对我们的开放政策还有这样那样的疑虑。还是先从历史说起吧。人类的经济文化就是在对外交流中才更好地繁荣发展起来的。我国唐朝，有一段经济文化都很繁荣的时期，被称为盛唐，那时，也正是对外交流最发达的时期。印度文化、中东和欧洲的文化传到中国来，中国的文化也传到外国去。不是有著名的丝绸之路吗？再说日本吧，这是一个善于吸取外来文化的民族，在古代受我们汉唐文化的影响很大，明治维新后吸取了西洋文化，二次世界大战后又大量地引进了世界的先进科学技术，才有了今天这种状况。五四运动是我国新文化运动的开端，赛先生（科学）德先生（民主）不是从外国请来的吗？现在指导我们思想的理论基础马克思列宁主义也是从国外传进来的。当今世界的先进科学技术文化是全人类的财富，我们也有份的。我们有权利利用这些财富，也有责任来增加人类财富。我国古代的四大发明、今天的中国革命和建设的经验，不都是对人类文明的贡献吗？特别是在 20 世纪 80 年代的今天，只有扩大这种交流，才能加快我们的建设。广东省的实践也证明，哪里越开放，哪里的经济、文化发展就越快。哪里闭塞，哪里发展就慢些。过去是帝国主义封锁我们，阻碍我们对外交流。现在我们已经冲破了封锁，我们没有理由再闭关自守，不充分利用开放的有利条件。对外来的侵略和资本主义腐朽思想的侵蚀，我们要坚决斗争。但是，对外经济、技术、文化交流，我们一定要开展，执行对外开放政策坚定不移。我们的口号是“排污不排外”。

有的同志怕接触外国人，其实毛主席早就说过，我们看人家是外国人，人家看我们，不也是外国人吗？

中央号召我们要利用两种资源——国内的和世界的，开发两个市场——国内的和国际的，学会两套本领——国内建设和发展对外经济关系。现在世界形势对我们十分有利，许多国家都在闹经济危机，不少人想跟我们做生意。当代的中国人有责任，为自己的祖国努力开创新局面。

——1982年12月上旬在五届全国人大五次会议广东代表团驻地接受《人民日报》记者采访时的谈话

打开广东新局面的四条基本经验（节选）

在过去的几年中，为什么我省能够不断克服困难，取得这样的成绩，这是值得我们认真回顾的。这首先是由于党中央的正确领导，其次是由于全省人民坚持不懈地努力奋斗。从我们的工作上，也有一些值得总结的经验教训。

第一，最重要的是在政治上同党中央保持一致，坚定不移地执行三中全会的路线，在实践中不断增强马克思主义的坚定性

在政治上同党中央保持一致，是我们党的一条重要政治纪律，也是我们能够顺利工作，在各方面取得成绩的根本保证。十一届三中全会以来，同党中央保持一致，最重要的就是坚定不移地执行十一届三中全会的路线、方针、政策。回顾这几年来，我们所做的各项重要工作，所进行的一切改革，在打开新局面方面所采取的一切措施，无不是遵循十一届三中全会的路线进行的。我们深深体会到，十一届三中全会不仅为我们的各项工作指明了方向，而且为我们提供了正确的思想方法和丰富的智慧。

十一届三中全会以来的4年，的确是大转折、大变革的4年。这样大的转折，必然伴有不同思想的斗争。起初有人曾对指出毛泽东同志晚年的错误不理解，对经济体制改革和实行对外开放、对内搞活经济的政策疑虑很多，特别是有不少干部甚至是相当一部分领导干部一度对农村实行“双包”生产责任制抱抵

触和反对的态度。在我们遇到困难、工作中出现某些缺点的时候，怀疑和反对就更强烈些。

我们执行十一届三中全会路线的决心，没有被错误思想和暂时的困难所动摇，而是始终坚定不移。我们对思想不通的干部群众一方面耐心讲道理，更重要的是用执行十一届三中全会路线取得的越来越明显的成绩不断教育他们，而没有采取乱批、乱斗、乱扣帽子的压服办法。因为我们相信十一届三中全会的路线是正确的，而真理终会赢得广大干部、群众的拥护。现在，事实已经证明了这一点。绝大部分干部和群众都心悦诚服地称赞十一届三中全会路线。

实践使我们深深体会到，执行正确的路线和政策，不是一帆风顺的，关键是领导必须坚定。特别是在遇到困难的时候，只有保持马克思主义的坚定性，才能迎来“柳暗花明又一村”的新局面。

第二，坚持一切从实际出发，鼓励广大干部、群众在四化建设中发挥创造性

我们从实践中体会到，决不能把政治上同中央保持一致理解为只能对中央的指示照抄照转。中央批准广东实行特殊政策，并“要求省委的思想更加解放，在深思熟虑、周密计算的基础上，发挥创造力和闯劲，以很大的魄力去打开局面”。根据十一届三中全会制定的思想路线和中央对广东省委的上述指示，我们在贯彻执行中央、国务院的工作部署时，始终注意把这些部署同广东的实际结合起来。在经济工作中我们提出坚持对外更加开放、对内更加放宽、对下更加放权；在试办特区工作中，提出要把视野放宽一些、想得更远一些、步子迈得更大一些，使特区真正“特”起来；在工交战线提出包（经济责任制）、联（经济联合）、通（沟通各个环节和各部门关系），等等。这些口号都是以中央指示精神为根据的，又是从广东的实际出发的。1981 年初，中央部署对国民经济进行进一步的调整。我们认真贯彻了中央的这一部署，同时根据广东重工业少、大型建设项目少、利用外资多等实际情况，提出把进一步调整国民经济同继续实行特殊政策统一起来，把必要的集中统一同继续搞活经济统一起来，把某

些方面的“退够”同全省国民经济的继续前进统一起来。这样做的结果，使我省经济在调整中始终保持着较大幅度的增长，经济效益也有所提高。

省委一再强调，全省各地区执行中央的政策和省委的决定，都要联系当地的实际，在一些具体做法上不搞一刀切。例如实行农业生产责任制，我们始终没有要求全省采取统一的形式，而是允许各有特点。

在四化建设实践中，必须支持、爱护那些敢想、敢说、敢做、善于闯出新局面的干部。多干工作的干部，有创造性的干部，在工作中难免有一些缺点、毛病，我们必须看他们的主流。否则，敢闯敢干的、有贡献的干部受打击，四平八稳、无所作为的人反而成了“不倒翁”，那是不公道的。省委明确提出，要保护和鼓励有创造性的干部。几年来，在工业、农业、商业服务业、对外经济工作等方面，以及经济工作以外的各条战线，都创造了一些新的经验，出现了一些打开新局面的先进单位，出现了一些有作为的干部。

邓小平同志在十一届三中全会前的中央工作会议闭幕会上说：“在党内和人民群众中，肯动脑筋、肯想问题的人愈多，对我们的事业就愈有利。干革命、搞建设，都要有一批勇于思考、勇于探索、勇于创新的新闯将。没有这样一大批闯将，我们就无法摆脱贫穷落后的状况，就无法赶上更谈不到超过国际先进水平。”我们一定要记住邓小平同志的这一重要指示。各级党组织都要鼓励、支持党员和群众在工作中发挥创造性，做开创社会主义现代化建设新局面的促进派。

第三，在实际工作和宣传舆论中，避免摇摆和折腾，努力保持政策的连续性和稳定性

由于现在党的政策正确，深得人心，也由于还存在着多年来政策多变遗留的影响，因而当前在相当多的干部和群众中还有一种担心：怕政策变。历史经验证明，政策多变的结果总是挫伤群众的积极性，给生产造成损失。因此，我们不论是在实际工作中，还是在宣传上，都特别强调保持政策的连续性和稳定性。

政策像其他一切事物一样，很难达到十全十美。如果因为政策不完善就朝令夕改，其结果必然使政策不能取信于民。政策不完善固然是缺点，而政策多变则是更大的缺点。当然，一切政策都一成不变，也是不行的。阻碍生产发展和社会进步的错误政策必须改，而且应当彻底改。修改这样的政策，群众并不认为是“变”。群众所担心的“变”，是怕走回头路，怕现在一系列好的政策向不好的方面改变。

为了保持政策的连续性和稳定性，我们强调在修改和调整某项政策时，必须进行充分的调查研究，广泛听取干部和群众的意见。政策修改的方向应当是使它更有利于促进生产的发展，更符合国家、集体、个人三者的利益，更能调动群众的积极性。

几年来的实践告诉我们，不走极端，不搞形而上学，是避免摇摆、保持政策连续性和稳定性的重要条件。十一届三中全会以后，在提倡解放思想、发扬民主的时候，我们总是不忘强调坚持四项基本原则；在反对资产阶级自由化的时候，我们同时不放松肃清“左”的影响，继续提倡解放思想；在强调搞活经济的时候，我们总是同时要求加强管理，反对歪门邪道；在强调集中统一的时候，我们仍然不忘搞活经济。由于注意保持基本政策的稳定性和连续性，避免折腾，现在看，效果比较好。

第四，落实政策，加强团结，使各级领导班子和广大党员在党的路线的基础上，保持步调的一致性

步调一致才能得胜利。几年来我们所以能够克服种种困难不断前进，一个非常重要的原因就是切实维护并增强了党的团结。

无庸讳言，我省党内和干部队伍内存在着一些复杂的矛盾，主要是过去历次政治运动特别是“文化大革命”各个阶段遗留下来的矛盾。此外还有本地干部和外来干部之间，不同语系、不同民族之间的问题。正是由于认识到这一复杂的情况，我们就特别注意在党的路线的基础上，细心地做好维护团结的工作。

中共十一届三中全会以来，我们遵照党中央的部署，对维护党的团结和统

一，采取了一系列的措施。清查“四人帮”的帮派体系，平反和纠正冤假错案，落实关于人的政策等，都是维护和发展安定团结的重大步骤。同时，我们组织全省党员、干部认真学习了三中全会关于团结一致向前看的精神。十一届六中全会以后又组织党员和干部认真学习了六中全会决议中关于正确处理人民内部矛盾是国家政治生活的主题的重要论述，清除“以阶级斗争为纲”、“路线斗争事事有”等“左”的思想影响，改变了党内长期存在的随便“上纲上线”、无休无止地开展批判斗争的紧张气氛，逐步建立了正常的党内生活。

实践证明，党内团结的关键在于各级领导班子的团结。省委把搞好团结作为领导班子建设的一条重要要求，强调凡是党内同志之间的相互关系，各部门、各地区、各单位之间的相互关系，都要讲党性，讲大局，讲团结。坚决贯彻中央领导关于处理历史遗留问题宜粗不宜细的指示精神，坚持用历史唯物主义观点看待历史问题。经验教训要总结，大是大非要分清，但是不要争个人的我长你短，不要计较个人恩怨。属于一般思想认识问题，对具体工作的看法问题，强调多谈心，多交换意见。在同志之间提倡“话不投机越要谈”，主动听取不同观点的同志的意见，在坚持四项基本原则和党的路线的前提下，学会从多种角度考虑问题，在可此可彼的问题上互相妥协。领导班子的成员都要坚持过党的组织生活。党的生活会的内容主要是开展批评与自我批评。

尽管有错误、挫折和困难，但我们深感在党中央指引下这几年所走过的道路是正确的。四项基本原则必须坚持，实事求是、解放思想必须提倡，把工作着重点转移到社会主义现代化建设上来不能改变，坚持改革和坚持对外开放、对内搞活经济不可动摇。当回顾三中全会以来的工作时，我们应当进一步坚定这样的信念。只要我们坚定不移地沿着这条路子走下去，就一定能够全面开创社会主义现代化建设的新局面，前途无限光明。

——1983年2月3日在中国共产党广东省第五次代表大会上的报告

实现高度民主是我们的一个根本任务（节选）

社会主义物质文明，社会主义精神文明，社会主义民主，三者是互为条件，缺一不可的。党在新的历史时期的总任务就是要把我国建成四个现代化的，具有高度文明、高度民主的社会主义国家。所以，实现高度民主，不仅是建设社会主义现代化国家的重要条件，而且是我们的根本目标和根本任务之一。

一、建设高度的社会主义民主，首先必须对广大党员特别是领导干部进行关于社会主义民主的教育

为此，要组织党员、干部认真学习党章中有关社会主义民主和党的民主集中制的部分，认真学习五届全国人大五次会议通过的《宪法》，还要重新学习邓小平同志在党的十一届三中全会上所作的《解放思想，实事求是，团结一致向前看》的重要讲话。邓小平同志在这篇讲话中，通过分析总结建国以来特别是“文化大革命”以来的历史经验，深刻地论述了发扬民主对于社会主义现代化建设的重要意义。他指出，不大大解放干部和群众的思想，四个现代化就没有希望，而民主是解放思想的重要条件，加强法制是民主的保障。

二、健全党内民主集中制，是建设高度社会主义民主的关键

历史经验证明，党内民主生活是否正常，必然反映到整个社会民主生活方面来。在党内，我们一方面要反对分散主义、自由主义，在各级组织和党员中进一步加强组织性和纪律性；另一方面，也要反对“一言堂”、独断专行等不民主的现象。各级党组织都要按照党章的规定按期召开党代表大会或党员大会。党委要加强集体领导，重大问题必须经集体讨论才能决定。领导机关决定涉及各地区、各部门的政策或重大问题，事前要尽可能充分听取各地区、各部门的意见，听取专家和内行的意见，防止主观性和片面性。这不仅是工作方法问题，也是民主作风问题。县以上党委必须认真执行每年开两次领导班子民主生活会的制度。各级领导同志都要自觉地接受群众的监督，耐心听取不同的意见，要以“闻过则喜”的态度接受群众的批评，对提批评意见的人，决不能打击报复。

三、必须把社会主义民主扩展到政治生活、经济生活、文化生活和社会生活的各个方面，使人民群众充分享有当家做主的权利

为此，最根本的是严格按照《宪法》的规定，加强人民代表大会制度，充分发挥各级人民代表大会作为权力机关的作用。各级党委要支持人大的工作，凡是按照法律规定应当提交人大常委会审议的事项，都要提交人大常委会审议；一经人大做出决定，就要教育干部、群众认真执行。要注意发挥人民政协对国家大政方针和群众生活的重要问题进行政治协商，提出建议和批评，进行民主监督的作用。

在各种基层组织中要进一步建立健全民主制度，大力倡导社会主义民主精

神。工厂、企业、商店、学校和农村基层单位，都要按照有关规定逐步实行民主管理。在广大城乡，要普遍建立和健全居民委员会、村民委员会，发动群众制定乡规民约，实现基层社会生活的群众自治。要在实践中，使党员、干部进一步学会用民主的方法解决社会矛盾和工作中的问题，使人民群众学会用民主的方法进行自我教育和自我管理，根据社会主义民主原则建立人与人之间的平等关系和个人与社会之间的正确关系。

四、社会主义民主建设必须同社会主义法制建设紧密地结合起来，使社会主义民主制度化、法律化

只有加强社会主义法制，社会主义民主才有保障。邓小平同志曾经在1978年12月中共中央工作会议闭幕会上极其深刻地指出："为了保障人民民主，必须加强法制。必须使民主制度化、法律化，使这种制度和法律不因领导人的改变而改变，不因领导人的看法和注意力的改变而改变。"加强社会主义法制，要求我们各级党委和各级领导干部都要尊重和遵守法律，不能以领导者个人的意见代替法律。

只有加强社会主义法制，公民的人身自由和民主权利才能得到保障。像"文化大革命"中那样，无辜的人们横遭诬陷和迫害，人身权利得不到保障的情况下，是不可能发扬民主的。因此，必须加强保护公民权利的工作。还要通过教育，使广大公民划清正常的民主和极端民主化的界限，在行使自己的自由民主权利的时候，不得侵犯国家的、社会的、集体的利益以及他人的自由民主权利。

只有加强社会主义法制，才能有效地打击那种打着"自由"、"民主"旗号进行的反党、反社会主义活动，打击各种敌对分子，打击各种危害社会的犯罪活动，从而保障社会主义民主建设的顺利进行。

——1983年2月3日在中国共产党广东省第五次代表大会上的报告

进一步开创广东工作新局面（节选）

广东省第五次党代表大会，对前五年的工作做过总结，还总结了四条经验教训，即：第一，最重要的是在政治上同党中央保持一致，坚定不移地执行党的十一届三中全会以来的路线，在实践中不断增强马克思主义的坚定性；第二，坚持一切从实际出发，鼓励广大干部、群众在四化建设中发挥创造性；第三，避免摇摆和折腾，努力保持政策的连续性和稳定性；第四，落实政策，加强团结，使各级领导班子和广大党员在党的路线的基础上，保持步调的一致性。省五次党代会之后，又过了一年。现在回过头来体会一下，觉得这几条仍然是十分重要的。

当前，面临着新形势、新任务，我们在工作中必须做出新的努力。邓小平同志和胡耀邦同志于今年 1 月和 2 月，先后来我省视察工作。小平同志为经济特区所作的题词，意义极为重大，不仅对于建设经济特区，而且对于我们坚持对外开放，进行改革，加快四化建设，都是极大的鼓舞，使我们进一步明确了方向，增强了信心。我们特别应当注意一点，虽然中央领导同志对我们的工作作了较高的评价，说了许多鼓励的话，但我们决不可有丝毫的自满，必须看到我省工作中还存在着许多缺点、不足和失误，在很多方面同先进地区比还有很大的差距，我们务必做到戒骄戒躁，更加兢兢业业地做好工作。

今年工作多，任务重，我们必须抓住中心，突出重点，全面妥善安排。对各项工作要统筹部署，坚持以经济建设为中心、两个文明建设一齐抓。其他工作都必须服从和服务于经济建设这个中心。在经济建设中，继续坚定不移地执行对外开放、对内搞活经济的方针。在对外开放过程中，坚持排污不排外（不盲目排外，但要自觉排污）。我们对全省各地区的经济发展要统筹规划。要把广大农村的经济进一步发展起来，使之对整个国民经济起推动作用。要注意充分发挥广州市在全省的经济中心作用，充分发挥其他一些城市的作用，以城市带动和支援农村，活跃商品经济。我省有三个经济特区，海南岛也执行类似特区的政策，这是我省的一个优势。我们还要积极争取中央对加快发展以广州为中心的珠江三角洲地区的经济给一些政策。这样，我们就可以充分利用三个特区、一个海南岛、一个三角洲经济区在引进外资、引进先进技术和引进先进管理经验方面的有利条件，带动和支援广大山区，把全省的经济进一步搞活，加快广东四化建设的步伐。我省山区面积大、资源多，但还比较穷，省委和各有关地区的党委都应加强对开发山区的领导，对山区进一步放宽政策，使之尽快改变面貌。另外，对建设项目也必须统筹安排，真正体现以能源、交通建设为重点。对各种措施要统筹研究，突出抓责任制的完善、落实和技术进步，大力引进先进技术，加快技术改造。新的产业革命正在兴起，我们必须自觉地、积极地迎头赶上。这一环抓住了，可以带来一系列的进步和变化，对全面开创我省新局面具有重大意义。

经济工作和其他各项工作能否做好，归根到底，还要看能否把广大干部和群众的积极性、创造性调动起来。过去的经验，充分证明了这一点。因此，我们必须提倡进一步解放思想，进一步解放干部和群众开创新局面的手脚，进一步解放生产力。这方面有很多文章可做。同时，要进一步加强思想政治工作，加强管理措施，该集中统一的必须集中统一，做到搞活经济和加强管理同步进行，越活越管，越管越活。

在中央正确领导下，由于各级党组织、广大干部和群众的努力，我省这几年的工作取得了一些成绩，但也有不少问题。省委工作中的缺点、错误和失误，首先应由我负主要责任。我在北京住院期间曾给省委常委写信，希望大家在整党中毫无保留地对我提出批评意见。

——1984年2月14日在中共广东省委第五届第二次全体会议上的书面发言

我检查自己还是思想不够解放（节选）

整党期间，在总结前段工作时，有些同志反映我的思想比较解放。但是，按照十一届三中全会确定的思想路线来衡量，我认为自己应当检查的第一个问题还是思想不够解放。

解放思想，是中共十一届三中全会方针的重要内容。中央决定在广东实行特殊政策时，明确指示，省委要进一步解放思想，要以很大的魄力去打开局面。经过这一段整党，我进一步认识到，思想是否解放，不是一个小问题，而是关系到能否正确执行中共十一届三中全会以来党的路线，能否很好地执行中央给予广东的特殊政策的重大政治问题。

我的思想解放不够，首先表现在没有大胆地、充分地运用中央给予广东的特殊政策，从而也就没有达到中央制定特殊政策之初对广东工作寄予的很高的期望。有的同志提出，如果我们按照中央当初给予我们的那些特殊政策大胆去做，坚持下来，今天广东的形势肯定会大不相同，会更加好得多。我认为：对省委，首先是对我的这个批评，是对的。我也曾批评有关部门，中央给了权，不敢用。实际上，有些权我自己就没敢用。应当承认，中央给予广东的特殊政策，几年来确实是有变化的，例如，进出口权、建设项目的审批权等，很多都上收了。这是国家根据全局需要做出的变动，我们必须服从。问题在于，国家即使未收回的权力，我们也没有充分运用。我们自己可以决定的问题，也未敢大胆决定。例如，早就有人建议我们办理对香港的家庭劳务出口，即组织一些中年妇女去香港作家庭佣人。这同其他劳务出口，在性质上并没有什么不同。开展这项工作，不需任何工农业产品，每年就可以给国家赚回大量的外汇，对四化建设是有利的。但是，这个建议一提出就遭到有些人的强烈反对。从心里讲，我是赞成这种劳务出口的。但是，谁也不敢担保，出外做工的绝对不会有个别人出点什么问题。考虑到目前封建思想影响还相当严重的现实情况，我没有正式明确表态，也未建议由省委或政府做出允许这种劳务出口的决定。后来，中央领导同志同意了，这项工作才开始搞。但是，由于迟迟不敢决断而拖了一年多时间，是有损失的。又如，珠海要求扩大特区范围，有些地方和部门要求再多下放给他们一些必要的权力，有人建议再多取消一些派购等等，我对这些问题开始都曾犹豫不决。总之，有很多事实，使我深感自己的思想还是不够解放的。

对有些应当决断的问题，我所以不敢轻易表态、不敢当机立断，主要有两种情况：一种是自己对那个问题缺少知识和了解，未能摆脱一些旧框框的束缚；另一种是各方面的意见不一致，自己有顾虑，担心自己即使同意了，也不可能获得通过或批准，甚至担心，一有不慎，出了毛病，会招致许多反对和非议，因小失大，反而会给对外开放、对内搞活经济方针的贯彻执行增加困难和阻力。这是我的真实内心活动。从此也可以看出，我在有些问题上往往注意了稳妥而影响了创新，顾虑多端，踟蹰不前。中央要求广东省委解放思想，以很大的魄力去打开局面。对照起来，我的上述精神状态太不适应了。

有很多事情是需要国家有关部门批准和支持才能办的，这就需要我们认真细致地向有关部门反映情况，及时汇报，反复请示。我们在这方面做得很不够。就我个人讲，我就不如天津的陈伟达同志、福建的项南同志以及其他有些省市的主要领导同志做得好。他们亲自带人去北京向国家有关部门汇报，对工作很有利。我除了去京开会时顺便汇报工作外，极少亲自带人去北京汇报。

几年来的工作实践使我体会到，思想解放的一个重要方面，是执行党的正确路线的坚定性。省五次党代会总结的五条经验中，有一条就是执行党的正确路线的坚定性。也有不少同志称赞省委在这方面做得不错。但是，从我个人检查，坚定性还是不够的。在执行对外开放政策过程中，由于各种原因，有一段时间出现了一些问题，各方面的批评较多，工作上的困难也越来越多，各种非议出现了。例如有人说，广州正在大踏步地向香港化迈进；羊城街头出现了“美军”（说广州“很多”青年崇外，以穿美军制服为荣）；说特区的性质如何如何，说广东办特区使别的地方成了灾区等等。虽然事实并非如此，但这类舆论却不翼而飞。在我们的领导干部队伍中，出现了许多新的争论，例如，工、商企业里实行“包”的办法对不对？我省对较多的农副产品取消了统购统销对不对？

今后还能不能到外省采购某些农副产品？等等。许多原来没有争论的问题，也成了怀疑和争论的对象。这种情况使我感到有压力，顾虑颇多，缺乏足够的坚定性。虽然在大的方面努力坚持了对外开放、对内搞活经济的方针，但在具体问题上，却做了一些与这个方针不大符合的规定。对这些规定，我也是同意了的。

广东实行特殊政策，按中央的要求，在改革方面本应走在前头，但由于我思想解放不够，坚定性不足，魄力不大，改革的步伐并不快。除了经济特区以外，我们所进行的改革基本上都是局部的、零散的小改小革。当然，涉及全局的重大改革，要听中央的，一个省不能贸然行动。但是，省里有权改、可以改的，我们也没有改好。各地市、各部门和许多企业单位，特别是经济特区，有很多成功的改革经验，由于我决心不大，抓得不紧，没有在全省普遍推开。省五届党代会前，我对省内的改革经验，曾作过一点调查。党代会报告的题目定为《改革，前进，开创新局面》，提出了8个方面的改革任务，即：精简机构，解决机构臃肿、互相扯皮、干部老化、工作效率不高的问题；广泛推行责任制，革除吃“大锅饭”的严重弊端；有领导地下放权力，进一步解决权力过分集中、控制过死的问题；坚持以国营经济为主导，同时发展国营、集体、个体等多种经济形式，进一步解决国营一家独揽、渠道单一的问题；沟通城乡、地区之间的联系，打破地区封锁、城乡分割和条块分割；实行政企分开，解决以政代企、以企代政、滥用行政手段干预经济的问题；贯彻物质利益原则，更好地实行三兼顾和解决平均主义问题；增强服务精神，解决官僚主义和官商作风问题。省党代会通过的这8项改革任务，每一项都是有破有立，概括得还是比较全的。如果照此抓下去，我省的改革就能取得较好的成果。可惜，党代会后没有坚决地抓落实。从我个人检查，还是有个思想不够解放、态度不够坚决的问题。有一段时间，因为听到一些舆论，产生了等一等、看一看的思想，因而把改革的步伐放慢了。

——1984年5月10日任仲夷《我在整党中的对照检查》

“变通”辨

“变通”之说，古已有之。《辞海》的注释是：“灵活运用，不拘常规。《易·系辞下》：‘变通者，趣时者也。’趣时，即趋时。”《现代汉语词典》的注释是：“依据不同情况，作非原则性的变动。”从本义来看，变通是个好意思。它是说在不违反原则的前提下，根据实际情况，灵活处理，适当作一些必要的调整与变动，把事情办通，甚至办得更好。这符合实事求是和具体情况具体分析的辩证唯物论原则。只有懂得灵活变通，才能适应发展变化的情况，把事业推向前进。

我们对党和国家的方针政策必须严肃认真地执行。执行时应从实际出发。在某些情况下，是需要实行灵活变通的。这是因为，我国地广人多，各地发展很不平衡，情况千差万异。中央的方针政策对全局具有普遍的指导意义，但不可能每一项政策对每一个局部的不同情况都做出不同的具体规定。这就需要各地方充分发挥执行者的主动性、创造性，把中央的政策精神与当地的具体情况相结合，制定出适合本地的行之有效的措施和办法。只有这样，才能使中央的政策在各地落到实处。这是执行政策的积极态度，体现了一般与个别相结合的原则。

还因为，我们的改革事业无先例可循，必然会遇到许多预想不到的新问题，错综复杂。许多时候从现有文件中找不到根据，或者原有的规定已不适应变化了的新情况，不作相应的变动，就无法前进。这就要在实践中去探索、去创新，学会灵活变通处理。否则，就无法调动起广大群众改革的积极性和创造性。回想十年前，农业联产承包责任制的产生和发展，就是先有群众的实践，后有“红头文件”规定的。

今天的情况与十年前大不相同了。现在，我们开始走出了一条适合本国国情的道路。现行的方针、政策，总的来说是符合实际的，是正确的。但在建设有中国特色的社会主义问题上，我们面前还有一个相当大的必然王国未被认识，还不能说一切政策、规定，都完全与改革开放的形势相适应了。各地执行政策，还需要从本地实际出发，不排除在某些情况下，因时因地实行灵活变通处理。

关于“变通”，有一点要特别注意明确的：“变通”是为了更好地执行党和国家的政策，而不是变相地违反政策。“变通”不等于“变相”，两者决不能混为一谈。在今天的治理、整顿中，划清这两者的界限，有着重要的现实意义。

“变通”与“变相”有哪些区别呢?

动机不同。“变通”是出于公心，从全局利益出发，千方百计地想把利国利民的好事办成，努力探索建设有中国特色的社会主义的经验，使国家兴旺，人民富裕。“变相”则是出于私心，为一己私利或小集团利益，自作主张，我行我素，不惜为个人或局部的利益牺牲全局利益。

内容不同。“变通”是在党和国家的政策规定许可的范围内，根据当地的实践灵活处理，作一些非原则性的变动，变动的内容并没有违反政策。即使在现行规定以外遇到了新情况，需要有所变动，也是根据中央的政策精神，按照工作发展的方向，结合改革的要求，去探索和创新。变动的内容，也没有背离政策总的精神。这里判断是非的标准，是看主观是否符合客观实际，看中央的方针政策能否有效地变为当地人民群众变革现实的自觉行动。“变相”则是变换手法抵制党和国家的政策，随心所欲曲解政策，擅自超越政策规定许可的范围，对政策作了原则性的变动，有令不行，有禁不止，实行“上有政策，下有对策”，搞的是不正之风，与政策的精神是背道而驰的。

方式不同。“变通”是以公开的方式进行的。光明磊落，堂堂正正，没有什么可欺骗和隐瞒的。参加者是广大的干部群众。“变通”的办法，凡属重要的，都是征得上级同意的。因此，既经得起上级部门的检查，又经得起广大群众的监督。“变相”则是脱离广大群众，在少数人中偷偷摸摸地进行的。当面一套，背后一套，弄虚作假，巧立名目，欺上瞒下。因此，害怕公之于众，经不起上级检查和群众监督。

结果不同。“变通”的结果是使党和国家的政策得到更有效的执行，并在执行中进一步完善和发展，推动改革开放，搞活经济，有利于社会生产的发展，有利于国家和人民的整体利益。“变相”的结果则是破坏了政策，干扰改革开放，搞乱经济，必然阻碍社会生产的发展，损害国家和人民的利益。

可见，变，有变好与变坏之分，既不能一成不变，也不能无原则的乱变。“变通”是正道的变，变而通之，越变越好。“变相”是邪门歪道的变，变而不通，越变越坏。我们提倡“变通”，同时反对“变相”行为。至于那种明目张胆地拒不执行党和国家的政策的做法，连“变相”也谈不上。公然与政策“对着干”，是一种严重的错误行为，是绝不允许的。对“变相”或“对着干”的行为应当予以坚决的揭露和抨击。这对于维护政策的严肃性，加强全局观念，做到令行禁止，很有必要。但注意不要把“变相”或“对着干”说成是“变通”，并以此去指责“变通”，以致把“孩子”和“污水”一起倒掉，那就欠妥当了。

对于改革开放中出现的一些好经验和好提法，宣传上应当有一个连续性，不要采取轻率的态度，今天肯定了，明天又否定，使人无所适从。一些提法，本来是正确的，但是由于认识上有偏差，或实践时经验不足，因而在工作中发生了这样那样的错误。这就要作具体分析，是什么问题就说什么，不宜把实践上的失误，统统看作提法本身之过，进而否定提法。

改革开放十年，全国各地的广大干部群众，本着中共十一届三中全会精神，解放思想，实事求是，从当地的实际出发，在许多问题上创造性地执行了中央的方针政策，进行了卓有成效的工作，取得了巨大成就。今天，改革到了关键时刻，前进道路上遇到一些新问题新困难，更需要人们发扬这种精神，勇于探索，积极进取。中央提出治理、整顿的决策，是要治理混乱现象，为的是进一步搞活，把改革和建设搞得更好。而不是要我们走回头路，更不是要否定十年改革的成绩和经验。贯彻治理、整顿的方针政策，还应当与本地区、本部门的实际情况相结合。不久前，中央领导同志提出，在治理整顿中，对沿海地区发展外向型经济实行网开一面的政策。这问题提得非常及时、非常重要。网开一面，从某种意义上可以算是对沿海地区在治理、整顿中的一种变通处理。体现了中央实行灵活策略和不搞一刀切的思想。我们应当重视这一点，并在实践中努力贯彻。

——1989年1月6日刊于《羊城晚报》

实行特殊政策就是要更“特”，同时坚持三个“更严”（节选）

邓小平同志早在改革开放之初就对我们讲过：要两手抓，一手抓改革开放，一手抓严厉打击经济犯罪，包括抓思想政治工作。根据广东的经验，我认为，越是搞活经济，越要加强管理，越要加强思想政治工作。实行特殊政策，办好经济特区，必须纪律更严，管理更严，执法更严；必须在党员、干部中反对特殊化，反对特权，反对特殊党员。越是对外开放，越要坚持排污不排外的原则，不但要排除和抵制外来的污，更要排除和洗涤我们内部原来就有的污。

大家都知道，江泽民总书记不久前来广东视察提到，充分肯定广东省和经济特区十年来在改革开放中所取得的成绩，反复强调改革开放政策以及中央对广东实行特殊政策、灵活措施和办经济特区的决策是完全正确的，决不会改变。江泽民同志十年来特别是创建特区的头几年，曾多次来过广东，对广东和特区的情况是熟悉了解的。我认为他对广东工作的评价，是符合实际的。

广东十年来的变化，有目共睹。其中极其重要的一条经验是坚决贯彻执行中央给予广东的特殊政策、灵活措施。这个政策，是 1979 年习仲勋、杨尚昆同志主持广东工作期间，广东省委向中央提出并得到批准的。记得 1980 年我临来广东工作之前，邓小平同志嘱咐我：广东的工作要从抓政策入手，调动积极性。要充分发挥广东实行特殊政策和办特区的有利条件，摸出规律，搞出个样子来。十年后重温小平同志的指示，感到倍加亲切和重要。实行特殊政策、灵活措施，调动了广大群众和各方面的积极性，使广东潜在的优势发挥出来了，并为全国的开放改革探索了道路。这样一项利国利民的好政策，实践证明是完全正确和成功的。现在，江泽民同志表示中央对广东的特殊政策、灵活措施和办特区的政策不变，这对广大干部群众是个很大的鼓舞。大家应当继续努力，把广东的工作做得更好。

这次江泽民同志到深圳、珠海、汕头等地，特别提到，在办特区初期，说我一来到这里就讲，广东实行特殊政策、办经济特区，在政策方面要“特”，但不允许有特殊的共产党员，我记得当时是这样的：我 1980 年 10 月到广东来工作。当年 11 月间，我到深圳、珠海等地视察。当时我说，广东既然实行特殊政策、办经济特区，就一定要在“特”字上做文章。同时，还必须研究在办特区、实行特殊政策的情况下，如何坚持四项基本原则，如何抵制腐朽思想的侵蚀。同年 12 月，谷牧同志来广东视察。当时江泽民同志在中央国家机关工作，他也和谷牧同志一同来了。他也是最早参加创建特区的人之一。他提到我的那些话，是我在广东省委常委向谷牧同志汇报工作时讲的。当时我提出，广东实行特殊政策，特区就更要“特”一些。同时，在广东，特别是在特区，经济上要搞得更活，在纪律上必须更加严格。就是说，我们在经济政策上要“特”，但在党员、干部的思想作风上却不能搞特殊化，不能搞特权，不能当特殊党员，对那些违法乱纪的党员、干部，要严肃处理，绝不能放松。否则，对实行特殊政策、办好特区，极为不利。江泽民同志当时提出，在特区工作的干部，政治上一定要很强。我同意他的意见，并且说，在特区工作的干部，既要在开放中学到本领，又要做到出污泥而不染，不能掉到“泥坑”里头。

我在广东工作期间，一条极为深刻的体会是，越是对外开放，党纪国法越要严。为了实行特殊政策，我们当时曾提出:“对外更加开放，对内更加放宽，对下更加放权。”因为那时全国都在实行开放、放宽、放权，作为实行特殊政策、灵活措施和创建特区的广东，当然应当加上“更加”两个字。同时，对我们的党员、干部，则必须提出更加严格的要求。为此，我们当时还强调了另外三个“更”字，就是纪律更严，执法更严，管理更严。有了这三个“更严”，才能保证中央给予广东的特殊政策、灵活措施的正确贯彻实施。

现在，中央不止一次提出，对外开放的政策不仅不变，而且要更加开放。江泽民同志也明确指出，中央对特区的政策不变，并且要求我们把特区的工作做得更好。这都是非常英明正确的，是会得到广大群众和干部的热烈拥护的。正因为如此，过去我们强调的三个“更严”和反对党员、干部思想作风上的“三特”，也必须坚持不变，或者再提出一些新的要求，执行得更好。十年来，干部队伍中之所以出现了不少违法乱纪的现象，有的干部甚至垮掉了，一个主要原因是管理工作跟不上，放松了这方面的思想工作，没能很好地坚持三个“更严”和反对思想作风上的三个“特”。因此，必须在党员、干部中，经常进行这方面的思想教育，并制定严格的规章制度和管理办法。不要等到发生了严重的错误，再来算总账，那时党和国家的损失就大了。

——1990年9月19日接受《南方日报》、《羊城晚报》记者采访时的讲话

任仲夷治粤要事录

编者按：为了让读者较全面了解任仲夷一生中的重要经历，在撰写“任仲夷治粤要事录”时，执笔者撰写了任仲夷主政广东之前和离任之后的一些重要工作和经历情况，列于本编。

1914年 9月20日，任仲夷生于河北省邢台威县西小庄村一个书香人家。

1934年 刚满20岁的任仲夷（时名任兰甲）从河北省立法商学院转学到中国大学政治经济系。

1935年 任仲夷12月9日参加一二·九学生运动。1936年2月任仲夷加入中国共产主义青年团；6月转为中国共产党党员。先后担任中国大学党支部书记、北平西北区委书记。

1937年 任仲夷8月离开北平，投入抗日救国前线。此间化名任夷，先后担任鲁西抗日游击第三纵队司令部秘书长，泰西八路军六支队军政干部学校校长，山东聊城政治干部学校专职政治教员、党总支书记，冀南行署教育处副处长、处长，冀南区党委干部教育处副处长、党校校长、党总支书记，冀南五分区行政干部学校校长，冀南五分区专员等。

1945年 9月，冀南二分区常委兼专员的任仲夷率部队攻占邢台；与此同时，任仲夷被任命为邢台市第一任市委书记、市长。

1953年 7月，任仲夷出任哈尔滨市委第二书记，主要负责基本建设。

1956年 6月，任仲夷任哈尔滨市委第一书记。按照市委提出的“城市工作中心是工业，是生产，要把基本建设放在首位，其他工作也要抓好，都要为中心服好务”而努力。1958年任黑龙江省委书记兼哈尔滨第一书记。

1966年 “文化大革命”的风暴席卷全国。9月，中共中央东北局批准对省委书记王一伦、陈雷、任仲夷等“停职反省”。任仲夷随即作为哈尔滨市头号走资本主义道路的当权派被打倒，接受造反派的批斗。

1972 年 6 月，任仲夷重新担任黑龙江省委书记兼省革命委员会副主任。

1977 年 2 月 9 日，中共中央任命任仲夷为辽宁省委第二书记、省革委会第一副主任，全面主持辽宁工作。

1978 年 9 月 4 日，中共中央任命任仲夷担任辽宁省委第一书记兼辽宁省革委会主任兼辽宁省军区第一政委。10 月 8 日，任仲夷在全省市、地、盟、县、旗（区）委书记会议上提出“拨乱反正必须坚持实践是检验真理的唯一标准这个基本观点”，并提出“凡是被实践证明是正确的东西，就要坚持；凡是被实践证明是错误的东西，就要坚决纠正。”12 月 18—22 日，任仲夷参加党的十一届三中全会。

1979 年 2 月 11 日，任仲夷参加辽宁省革委五届三次全会，在会上指出转移工作着重点需要抓三件大事：一、科学地分析当前阶级关系，正确处理人民内部矛盾。二、各个方面都要狠抓调整政策，落实政策。三、真正把工作着重点转移好，集中全力搞现代化建设。在这次会议上，他强调：“在文化大革命中，省委宣传部有个女同志（张志新），就因为说了反对林彪、江青的话，结果遭到惨无人道的摧残，最后被迫害而死！这个冤案，一定要迅速查清，给予平反。”省委经过认真研究，作出了《关于为张志新同志彻底平反昭雪，追认她为革命烈士的决定》。3 月 31 日，任仲夷主持辽宁省委召开的为张志新平反昭雪大会，号召全省党员和干部向她学习。12 月 6 日，在社会主义生产目的讨论会上，任仲夷作了题为《社会主义建设必须遵循社会主义基本经济规律》的发言，提出“要更好地理解和运用计划调节和市场调节相结合的原则”。该发言被载于《红旗》杂志 1980 年第 3 期。

1980 年 2 月 28 日，任仲夷在中共十一届五中全会上作了书面发言，提出培养集体接班人和在制度上搞长远建设是组织上的根本拨乱反正。9 月，任仲夷在中央召开的省委第一书记座谈会上支持农村包产到户，成为少数支持这一改革的省委第一书记之一。

1980年

10 月 中共中央任命任仲夷为中共广东省委第一书记，梁灵光为广东省委书记兼广州市委第一书记。11 月 15 日，省委在广州举行干部大会，习仲勋传达了中共中央的通知。任仲夷传达了从 10 月 31 日至 11 月 6 日叶剑英、邓小平、李先念、胡耀邦、赵紫阳、万里、韦国清、姚依林、谷牧等中央领导同志先后接见他们时所作的重要指示。任仲夷表示将与广大党员干部一道，坚决贯彻中央特殊政策、灵活措施，努力把广东的经济搞上去。

11月18日至19日 省委召开工作会议，任仲夷向省和广州市局以上党员干部传达中央领导同志最近对广东工作的重要谈话，要求全省各级领导同志充分运用中央给予的权力，进一步解放思想，发挥广东的优势，尽快把广东经济搞上去。他强调我们的思想必须适应实行特殊政策和灵活措施的新情况，要求思想更加解放。提出“三真”方针：特殊政策要真特殊，灵活措施要真灵活，先走一步要真先走。

11月20日 任仲夷在中共广东地委书记座谈会上提出要求：各条战线、各个部门，不要老唱《三岔口》，互相扯皮打架。为了尽快把应办的事情办成，各部门都要尽量多“开绿灯”，不要滥用权力“亮红灯”。要多让“车走直路”，不要总是“别马腿”和“压象眼”。

11月22日 任仲夷到广东省财贸办公室进行调研，提出广东既然是特区就要在“特”字上做文章，把广东的经济搞活。究竟怎样体现特殊政策，怎样实行灵活措施，各条战线都要搞出些条条来，财贸部门也要好好研究。他强调，要把广东的经济搞活，就必须解放思想。他充分肯定和赞许省、市财贸部门提出国营商业善于在多条流通渠道中发挥作用，以及搞好同兄弟省、市开展经济协作和物资交流、办好城市农副产品市场的意见和设想。

11月23日至25日 任仲夷与梁灵光先后到深圳、珠海视察，听取两市的工作汇报，考察领导班子情况。不久，经研究决定对深圳领导班子进行调整。

12月8日至14日 任仲夷和吴南生陪同副总理兼国家进出口管理委员会主任谷牧和国家进出口管理委员会副主任江泽民等视察深圳、珠海两个经济特区，在汇报时他提出，特区在对外经济活动中一定要更开放，在国民经济调整时期，尤其要注意充分利用外资，要善于利用这个有利条件。

12月10日 任仲夷在省政协常委第十一次会议上强调，搞好特区建设，必须把党风搞好。广东经济建设在实行特殊政策、灵活措施的同时，一定要反对三个“特”字：共产党员不能搞特权；不能搞生活特殊化；共产党员内，特别是领导干部中，不允许有特殊共产党员，都要严格按照《关于党内政治生活的若干准则》办事，模范执行党纪国法。

12 月 13 日　任仲夷到省委纪律检查委员会同省纪委的处以上干部见面，对纪律检查工作提出了一些意见。他特别强调端正党风，抵制资产阶级腐朽思想的侵蚀，在广东，搞好党风，加强思想政治教育，有特殊重要意义。

12 月 16 日至 25 日　中共中央工作会议在京举行，主题是调整和稳定经济，准备压缩基本建设，对部分企业实行关、停、并、转，强调集中统一和进行行政干预。任仲夷在中南组讨论会上作了四次发言。他首先表示坚决拥护和执行中央关于调整的决策，然后又提出希望中央和国务院在强调集中统一和行政干预的同时，继续强调把经济搞活，把这两者结合起来。他针对某些人对广东实行特殊政策、灵活措施，尤其是创办经济特区的误解和指责，对特区作了专题发言。他回顾了多年来社会主义建设的经验和教训，还向中央陈述他对辩证地全面领会和理解中央决策的意见。他说："我希望中央和国务院在强调集中统一和行政干预的同时，继续强调把经济搞活，把这两者集合起来，以免使干部和群众误以为政策又'翻个'了。政策总发生'一百八十度的大转弯'，那就是'折腾'，就会引起波动和造成损失。我认为这是应当防止和避免的。我们 30 年来社会主义建设的经验证明，把经济工作搞活不容易，搞死却很容易。这几年好不容易才搞活了一点，如果不注意，可能一下子又退回去。我们有些部门的干部，本来就习惯于统死，一阵风退回去，那是很容易的。"他提出从三方面防止这种片面性：第一，应当划清界限。该集中的要集中，该搞活的要继续搞活。第二，应当继续给下面必要的自主权和办事权。要防止一提行政干预，就对下边事事干预，捆住手脚，统得过细、过严、过死的现象发生。第三，希望政策保持相对的稳定性和连续性。他又说：中央和国务院的文件都提到，两省实行特殊政策，中央是下了决心的，中央确定的这个政策是不会变的。中央这么重要的决策，不宜朝令夕改，轻易改变。我们希望中央和国务院有关部门都能支持和维护中央的这个政策。

12 月 24 日　任仲夷出席由胡耀邦主持召开的广东、福建实行特殊政策、灵活措施座谈会。次年 1 月 21 日，中共中央办公厅印发《广东、福建实行特殊政策灵活措施座谈会纪要》指出，中央在广东、福建实行特殊政策、灵活措施的方针是不动摇的。中央给出几项政策：一、广东、福建要千方百计充分利用外资；二、中央各有关部门要贯彻执行中央有关政策，关照、支持广东、福建的特区建设；三、水产公司要搞渔贸统一；四、坚决打击走私活动；五、坚决简化各种审批手续等。

1981年

1月9日至17日 中共广东省代表会议在广州举行。任仲夷认真传达了中共中央工作会议的精神，会议一致拥护中共中央关于在经济上实行进一步调整、政治上实现进一步安定的重大方针，强调要解决三个问题：一、把经济调整和实行特殊政策统一起来；二、把“集中”和“搞活”统一起来；三、把“退够”和“前进”统一起来。任仲夷还作了题为《经济要调整，政治要安定》的总结讲话。

1月16日 任仲夷针对当时广东各级领导干部内部对于双包到户的（包产到户、包干到户）的农村改革意见分歧很大，从上到下，争论不休，各地领导各唱各的调，长达一年多时间处于僵持的状态，在中共广东省代表会议上明确提出：“农村政策一定要稳定，凡是有利于生产发展，为群众所欢迎的政策，都不要轻易变动。当前最重要的是贯彻好去年中央关于完善农业生产责任制的文件精神。已经包产到户的，即使是本来可以不包的，只要群众满意，又能增产，就不要硬改过来了。不管是哪一种责任制形式，都要稳定下来。”他要求“不要再争论不休，变来变去了。应在稳定中逐步完善、健全、提高。”

1月22日 任仲夷在全省地、市、县委书记会议上讲话，用搞包产到户、包干到户，增产增收、经济发展、市场活跃等大量事实，说明农村双包后形势的主流是好的。他的结论是：“实行包产到户的地方，绝大多数都增产增收，国家、集体、个人都多得。应当说，在这些地方，生产关系上所作的这一调整，使我们党和农民的关系密切了，绝大多数农民是拥护的。”他重申，“现在实行的不管是哪种责任制，都要稳定下来，不要总是争论不休，动动摇摇，以致造成人心惶惶，耽误生产。”强调：“已经实行包产到户的地方，即使是搞的面大一些，只要群众满意，又能增产，对国家贡献增多，就不要硬改过来了。政策一定要稳定下来。凡是有利于促进生产发展，又受群众欢迎的政策，都不要轻易改动。”还说：“现在全省各个地区对包产到户的看法，分歧很大。我看不要强求统一。还是因地制宜为好。”任仲夷以其鲜明的态度、有力的论证、灵活的做法，使多数不同意双包的干部心服口服，转变了看法，为广东各级干部的“包”字之争打上了句号。

1月25日 任仲夷到广州缝纫机工业公司和广州自行车厂视察，提出：

要打破条条块块的分割，打破行业和所有制的限制，走联合之路，要提高产品质量，降低成本，增加花色品种，做到物美价廉，提高本省工业产品的竞争能力。

2 月 25 日 任仲夷在解决蛇口工业区问题座谈会上说，蛇口工业区对外进出要简化手续，内部要严格管理。我们一定要把特区搞好，使中央放心。

3 月 16 日 任仲夷参加广东省对外经济工作会议，在会上提出，要积极办好深圳、珠海以及汕头经济特区，抓紧搞好有关特区的各种具体立法。

3 月 21 日 中共广东省委常委听取市场问题的汇报。当听到关于有些人对当前市场形势从活的方面看得少，从乱的方面看得多的汇报时，任仲夷说，要毫不犹豫地回答，活是主要的，是主流，乱是次要的，是支流。

4 月 10 日 任仲夷与有关负责人前往叶剑英住处，向他汇报最近到汕头、梅县地区检查工作的情况。叶剑英对汕头、梅县地区广大农村、城镇出现的新面貌和发生的变化表示高兴，强调要支持任仲夷放手工作，共同把广东工作搞好。

4 月 10 日至 18 日 省委召开地、市委农业书记会议，传达全国林业会议精神，研究部署在全省开展稳定山林权、落实林业生产责任制的工作。任仲夷在会上讲话，要求对林业，必须提高认识，加强领导，要发动全省人民植树造林，绿化广东，并强调稳定山林权，落实林业生产责任制，是保护森林，发展林业的一个带根本性的问题。对木材要集中统一管理，既要严，又要活。

4 月 11 日至 16 日 任仲夷、刘田夫、梁灵光等广东省党政负责人向到广东检查的国务院副总理万里及国家经委、国家计委、交通部等部门的负责人汇报经济、交通工作。任仲夷、吴南生等陪同万里视察深圳经济特区、珠海经济特区。任仲夷在 4 月 16 日与万里等人研究解决广东交通问题的会议上讲话，说："广东要搞上去，我概括了八个字，就是要抓农业、轻工、能源、交通。能源交通是先行，对广东特别重要。我还讲了我们的工作用六个字来表述，就是：农、轻、能（农业、轻工业、能源），住、教、行（行就是交通），缺一不行。在这两种提法中，都少不了交通。""对历史问题、政治问题宜粗不宜细；对经济问题就一定要宜细不宜粗。如果前个粗我们抓得好，后个细也抓得好，我们的工作就能搞得好。"

4 月下旬至 5 月上旬 中共广东省委进行了一次重要的省委常委学习讨论，

任仲夷亲自主持学习会。有省委常委、副省长和省直各部门的部分负责人参加，连续十几日，每日半天，认真学习中央工作会议文件精神，联系工作实际，总结经验教训，讨论研究清除“左”的思想影响问题。任仲夷在5月5日省委常委学习会上作长篇发言，深刻分析和批判了当前存在的“左”的思想，部署了今后的做法。这次学习，对广东干部队伍克服多年来根深蒂固的“左”的思想，明确实践是检验真理的唯一标准的观点，准确贯彻执行中共十一届三中全会以来的路线、方针、政策，起到重要作用，实际上是对“实践是检验真理的唯一标准”讨论的深入补课。

5月18日 中共广东省委常委研究特区工作会召开，任仲夷作关于特区建设和对外经济工作的讲话，强调特区一定要“特”，特区如果不“特”，就达不到特区的目的。同时指出，对外越开放，对内越要严格。要严格要求，严格纪律，严格法制，反对贪污，反对走私，反对受贿。这方面一定要抓得很紧。

5月27日至6月14日 任仲夷和刘田夫、吴南生、梁湘、曾定石等参加国务院在北京召开的广东、福建两省和经济特区工作会议。会议讨论研究了两省实行特殊政策、灵活措施和设置经济特区的理论、体制、政策和管理等问题，提出了十条重要政策和措施。6月2日，任仲夷在省政府农业顾问组顾问和有关专家座谈会上，对如何更好地依靠科学发展农业生产问题作了专题发言，提出五点意见：进一步提高对科学的重要性的认识；进一步重视专家、科技人员的作用；调整与改革农业科研体制；要使更多的科研成果发挥作用；自力更生，发挥优势，发展广东农业的有利条件。

6月6日 全省工交工作会议在广州召开。任仲夷在会上强调，工交体制改革实行一个“下放”，两个“结合”：下放权；计划调节与市场调节结合，经济手段和行政干预结合。进一步把工交工作搞活，就要在“包、联、通、创、学”五个字上做文章。

6月7日 省委常委举行扩大会议，讨论对外经济工作和特区工作。任仲夷在讲话中提出几点意见：一、要鼓励投资。鼓励港澳商人、华侨、外商到广东来投资，与广东合作办厂、办各种企业事业，并给予优惠待遇。二、要鼓励出口。要树立一个明确的思想，出口成效大，经济发展就快，在出口贸易上，一定要解放思想，积极支持和鼓励更新，对妨碍产品出口的某些规定，要坚决加以更改。三、要更加开放，特区实行的某些政策和办法，要有选择地逐步推广到广州以及其他中等城市。要让海南岛有更多一些自主权。四、要更加灵活。进一步搞好扩大企业自主权，以提高经济效益。

6月14日 在任仲夷支持下，由广东省出版事业管理局、广东省新华书店、广州市新华书店在广州联合举办第一届羊城书市，全国各地103家出版社1万多种图书参加展出。这是国内第一个全国性书市。

6月30日 遵照任仲夷要求，省委发出《关于认真学习党的十一届六中全会精神的通知》，指出党的十一届六中全会是继党的十一届三中全会以后党的历史上又一次具有重大历史意义的会议，是总结经验、团结前进的会议。全省各级党委、全体党员和全体人民要认真学习。

7月初 《瞭望》杂志以《清除"左"的影响主要靠学习》为题刊登了任仲夷对新华社记者发表关于肃清"左"的影响的谈话。谈话分析了"左"的特征、影响、产生原因及清除方式。任仲夷认为，清除"左"的思想影响不能采取过去那种斗争的方式，而主要应当靠学习，靠发扬理论联系实际的好学风。

7月16日 任仲夷在省委常委会（党员副省长参加）上传达党的十一届六中全会精神后，在谈到今后如何贯彻全会精神时，突出提出两个观点：在经济上主要以生产为中心，在政治上要以正确处理人民内部矛盾为主题。他指出，历史问题俱往矣，不能再纠缠，要团结一致向前看。

7月17日至26日 任仲夷参加省委举行的四届四次全体（扩大）会议，会议通过了《中国共产党广东省第四届委员会第四次全体（扩大）会议关于贯彻党的十一届六中全会精神的决议》。任仲夷代表省委常委作了总结讲话，要求进一步贯彻特殊政策、灵活措施，实行对外开放，对内放宽，对下放权，这三个"放"应当做得比全国更好些。力争在较短时间内为人民多办几件好事。要进一步加强党的建设：一、要进一步加强党员教育，充分发挥共产党员的先锋模范作用，认真做好思想政治工作；二、要严格执行党的民主集中制，坚持党的组织生活制度；三、要加强党的纪律检查工作，贯彻《关于党内政治生活的若干准则》，搞好党风；强调不允许搞三个"特"："广东在经济上实行特殊政策，但是不允许有不遵守党规党法的特殊党员，不允许搞特权，不允许搞特殊化。对外越开放，党内要求越要严格。"四、要切实做好培养、选拔中青年干部的工作，把更多德才兼备、年富力强的干部选拔到各级领导岗位上来。任仲夷特别指出，通过学习、贯彻党的十一届六中全会精神，要进一步认清我国政治生活的主题是正确处理人民内部矛盾，全党全国的中心任务是搞经济建设，政治生活的主题的转变同工作重点的转移，两者是一致的，是我们长期的指导思想。

7月19日 中共中央、国务院发出批转了《广东、福建两省会议纪要》，要求充分发挥两省发展经济的自主权，制定适合本省情况的法规或条例，把特区建设好。同意任仲夷代表广东省委提出的对外更加开放，对内更加放宽，扩大两省的权力的提法，并体现在中发〔1981〕27号文件中。

7月27日至8月2日 任仲夷参加在广州举行的全省侨务工作会议和省侨联二届二次全会。他在会上讲话强调，广东是主要的侨乡之一，全省各级党组织必须高度重视华侨在革命和建设中的作用，必须高度重视侨务工作，必须高度重视侨务政策的落实，一定要按照中央的指示精神，进一步把侨务工作做好，更好地为"四化"建设服务。

8月4日至12日 任仲夷和省委常委兼秘书长杨应彬到韶关地区的韶关、佛冈、始兴、南雄、仁化、乐昌、英德、清远等市县了解情况，指导工作。任仲夷在同地、市、县领导谈话时谈到了山区各方面建设，提出9大类24方面的指导意见。他一路上都关心教育工作，到韶关后去的第一个单位就是北江中学。在北江中学，他和学校的领导及教师代表进行了谈话。

8月13日至19日 中共中央政治局常委、国务院总理赵紫阳出国访问后乘专机回到广州，任仲夷、王全国、吴南生等陪同赵紫阳，先后到广州、深圳、蛇口、珠海、中山等地视察。

8月21日至25日 省委召开了全省思想战线问题座谈会，传达学习邓小平、胡耀邦以及中央其他领导同志关于思想战线问题的谈话和讲话。任仲夷在会上讲话指出，当前思想战线上需要着重解决领导的涣散软弱状态。这次对错误思潮开展批评，应当注意以下三条：不搞运动；不搞围攻；不要扩大。对文学艺术，应当坚持政治上从严，艺术上放宽。"应使我们的宣传工作、理论工作和文艺工作更健康，同时更活跃、更繁荣。要使人们从事研究、写作和创作的积极性不仅不降低，反而更高涨，使大家更愿意写，更愿意画，更愿意演，更愿意唱。"9月1日，省委发出通知，要求各级党组织认真组织传达学习邓小平、胡耀邦关于思想战线问题的谈话和讲话。

8月29日 任仲夷到《羊城晚报》去看望编辑、记者，并和他们进行了亲切交谈。任仲夷支持他们在坚持党的办报方针原则下，突出知识性、趣味性、地方性的办报思想。

9月2日至9月7日 省委召开建设社会主义精神文明座谈会，任仲夷主持会议并讲话。他提出，当前抓精神文明的问题，是如何把“五讲”、“四美”和社会主义、爱国主义、集体主义这三个主义的教育坚持下去，深入一步，不能只抓一阵。抓精神文明要找突破口，就是两个“先”字：先从城市搞起，以城市带动农村；先从清洁卫生搞起，带动其他。广东要推动普通话，学校要坚持推行普通话教学，机关和服务行业的工作人员都应会讲普通话，这要作为一项考核条件。广东由于对外开放，更要加强对干部和群众的爱国主义教育，在外国人面前，要维护国格人格，既要讲友好讲礼貌，又要保持民族尊严。10月16日，省委转发这次座谈会纪要。

9月3日 任仲夷到省旅游局听取汇报旅游工作时发表了谈话。关于旅游工作方针，他认为，要做到政治与经济相结合，名利双收，重视信誉，统一领导，分散经营，这是领导经济工作的原则，对旅游事业也适用。关于搞中国式的旅游，他认为这是个方向。外国人到中国来，就是想看看中国特有的东西。中国不仅山川壮丽，而且有几千年悠久历史和灿烂文化，要让外国游客看到中国的文化和文明，还要宣传新中国的成就，宣传我们社会主义的精神文明，扩大我国的影响。也要照顾外国旅游者的生活和欣赏习惯。旅游的名利双收，名，是中华民族之名，祖国之名;利，是要赚外汇。旅游工作的宣传，不是硬性说教，不是强加于人，而是把宣传寓于吃喝玩乐之中，潜移默化地发生作用。

9月10日 任仲夷到广州市蔬菜办公室座谈蔬菜问题。在听取蔬菜办同志的汇报后，任仲夷针对各方面问题都提出了一些建议，最后还强调各级党委、政府要共同努力，把蔬菜搞好。搞好这项工作，思想教育、经济办法、行政措施都要跟上，三者缺一不可，做到活而不乱，管而不死。

9月21日 任仲夷应中山大学党委和学生会邀请，到中山大学宣讲党的十一届六中全会《关于建国以来党的若干历史问题的决议》。他向师生介绍了党的十一届六中全会的概况、《决议》的起草过程和指导思想，并向师生传达了7月份省委召开的四届四次全会（扩大）提出的学习贯彻《决议》，引导干部和群众要在五个方面统一认识的意见：一、统一对毛泽东同志和毛泽东思想的历史地位的认识；二、统一对建国以来的工作的认识；三、要统一对“文化大革命”的认识；四、要统一对十一届三中全会和三中全会以来党的路线、方针、政策的认识；五、要统一对六中全会所作出的中央人事变动的认识。

9月25日至10月5日　省委、省政府在广州召开全省三级干部会议。会议传达贯彻国务院召开的广东、福建两省和特区会议精神。任仲夷在会议开始和结束时都讲了话，明确阐述实施特殊政策、灵活措施“三个更加”的方针和内涵。他指出，实行特殊政策、灵活措施必须注意几点：一、必须以敢于实验、敢于创新的精神，坚持“三放”。中央采纳了我们的对外要开放，对内要放宽，对下要放权这几句话，其实这三句话对每个省都适合，我们应当做得比全国更好些，应该加一个“更”字，对外更加开放，对内更加放宽，对下更加放权。二、必须加强管理。经济要搞活，管理要跟上，二者要同步。越要搞活，越要管好，管是为了更好地更健康地搞活。要越活越管，管而不死；越管越活，活而不乱。三、必须提高对经济发展的预见性。各个经济部门和企业，都应重视市场调查，加强经济预测，提前采取措施，走一步看两步，甚至向前看三四步。四、必须保持各级机关的廉洁和效率。为了做到三个“更”，必须管得更严一点。由于对外更加开放，党的纪律要更严，执法要更严，党的生活要更严。要想把特区建设好，必须反对另外三个“特”：搞特权，特殊化，特殊党员。如果不反对这三个“特”，特区就建设不起来。保持干部队伍的廉洁，要对干部加强廉洁奉公的教育，要严格党内组织生活，要从制度上堵塞贪污受贿的漏洞。我们的工作必须特别讲究效率，当前要狠抓两点，一是提高办事效率，二是狠抓落实。

10月9日　广东省、广州市各界人士隆重集会纪念辛亥革命70周年。任仲夷在会上提出加强同台湾同胞友好往来的四条措施：一、欢迎台湾同胞，包括台湾党政军要人，来广东看望家乡，探亲访友，观光旅游；二、欢迎台湾同胞到广东定居，保证来去自由；三、欢迎台湾工商界人士到广东投资，在特区投资保障其享受特区的各种优惠待遇；四、台湾渔船因海上遇难到广东沿海避风、修船以及采购、治病等，我们将提供各种方便。10月24日，省委发出关于认真学习贯彻叶剑英委员长9月30日重要谈话和胡耀邦总书记在纪念辛亥革命70周年大会上的讲话，做好对台工作的通知，要求认真学习与贯彻《谈话》与《讲话》精神，落实任仲夷提出的四条措施，进一步把对台工作做好。

10月21日至31日　任仲夷率曾定石、梁湘副省长等赴香港、澳门参观考察，分别会晤港督、澳督。此次港澳之行，主要是了解情况和学习，是“开眼界”，同时也是交朋友，做些礼节性的拜访，阐述中央及广东对外开放的政策，从而鼓励港澳同胞和华侨踊跃回内地参加四化建设。

11月5日 任仲夷主持省委常委会议，听取薛光军汇报全国农村工作会议精神，并讨论了国家农委代中央起草的《中共中央关于农村工作的通知》。任仲夷在会上谈了农村工作的几个问题：一、农村政策和农业管理体制要稳定，要完善；二、建立生产责任制要强调因地、因时、因事、因人制宜，群众喜欢、接受哪一种责任制，不能采取强迫命令的办法去改变。就是群众选择得不对，也只能逐步引导，不能硬扭和硬顶。强调因地制宜，不搞“一刀切”。强调一切通过试验，不搞“一阵风”。政策对就顺路，顺路就顺心（顺民心），顺心就顺手，要做到“三顺”。三、强调加强管理。四、积极推广科学技术。五、思想工作要加强。六、抓农村工作，各条战线、各个部门思想要一致，步子要协调，都要关心农业，要打总体战。七、广东实行特殊政策、灵活措施，在农村也应有所体现，农业战线也要研究如何利用外资、引进技术。八、农村建设新的小城镇问题，应该提到党委的议事日程上来。九、下大力气抓城市的蔬菜供应不足的问题。

11月18日 任仲夷在广东省各界代表举行庆祝中国女排夺得世界冠军的祝捷大会上发表讲话说，我们向中国女排学习这样几点：学习她们一心为国争光的爱国主义精神；学习这个战斗集体紧密团结、步调一致的集体主义精神；学习中国女排不骄不躁、临危不惧、顽强战斗、誓夺胜利的革命英雄主义精神；学习中国女排刻苦训练、积极进取，对本职工作精益求精、一丝不苟的敬业精神。

11月21日至25日 省军区召开学雷锋、学英模，建设社会主义精神文明经验交流会。11月25日，举行了广州军区授予守备六团十三连一班为“遵纪守法模范班”，省政府、省军区授予南雄县梅岭公社梅关大队“三八”民兵班为“艰苦创业模范民兵班”荣誉称号命名大会。任仲夷、广州军区副政委杨树根、省军区司令员郝盛蛳、政委熊飞等出席会议并讲话。12月23日，省委转发了省军区党委《关于召开学雷锋、学英模，建设社会主义精神文明经验交流会情况的报告》。《报告》指出，在广东实行特殊政策、灵活措施的条件下，应该严格要求，部队和民兵应当更好地起模范带头作用。

11月 《新闻业务》杂志上发表了任仲夷纪念新华社成立50周年的文章：《坚持鲜明的党性，密切同群众的联系》，文章指出，新华社把党性、人民性和客观真实性很好地统一起来了。

12月9日 据新华社报道，全国人大代表任仲夷在全国人大五届四次会议讨论会上，发表了既要精简机构，也要建立责任制的意见。他说：克服官僚主义，除了精简机构之外，还要辅之以建立责任制，改进工作方法等重要措施。现在办事难，环节多是原因，每个环节都行使否决权也是原因。不解决这个问题，即使机构精简了，效率还是很低的，办事还是难的。要解决这个问题，必须一级一级实行责任制，把责、权、利结合起来，做到一级负一级的责任，一级有一级的权威，说话算数，减少扯皮。另外，在工作方法上也必须改进。领导机关要集中力量把大事管好，既保证必要的集中统一，又调动各级的积极性。

12月16日 任仲夷在中央召开的省、市、区党委第一书记座谈会发言，先汇报了当年的政治、经济情况，总的来说是好的。接着汇报来年的打算，包括继续把经济工作搞活，同时加强各方面的管理，促进对外经济活动，加快经济特区的发展；下大功夫狠抓党的建设、思想政治工作、社会主义精神文明的建设等思路。又提出三条希望：希望国家支持解决影响广东下一步发展的能源、交通问题，希望支持广东解决因出入境人数大增所带来的副食品供应紧张的问题，希望支持广东继续实行特殊政策、灵活措施。

1982年

1月9日 任仲夷针对广东省机关经商出现的一些问题作出批示：材料反应的问题，我们应当高度重视，认真解决。材料后面提出的三条建议，看来是可行的。建议由财办牵头，和各地市协同，抓好这项工作。

1月10日至19日 省委召开地、市委书记会议，任仲夷传达了中央召开的省、市、区党委第一书记座谈会精神，并在会议结束时代表省委作了总结讲话。他对广东上一年的工作作了总结，肯定主流是好的，成绩是主要的，政治上安定，经济上活跃，发展比较快，同时又指出存在的问题。会议确定，是年全省工作的目标是，在经济建设上力争实现较高的经济效益，较高的发展速度；在政治上实现党风、社会风气、社会治安三个决定性的好转，使各方面的工作达到一个新的水平。总的安排是：两手抓，一手抓物质文明建设，一手抓精神文明建设。为了实现是年的奋斗目标，会议要求全省各级党委：一、坚持

“三放”（对外更加开放，对内更加放宽，对下更加放权），继续贯彻执行特殊政策和灵活措施。二、加强“四管”（管好计划和综合平衡，管好市场和物价，管好奖金的使用，管好经济纪律），努力做到活而不乱。三、狠抓提高经济效益。根据广东省当前的实际情况，主要是抓布局，抓整顿，抓责任制。四、抓科学技术。强调指出，广东在经济上实行特殊政策，在党风党纪上绝对不能有任何特殊。对于那些敢于以身试法的违法乱纪行为，要雷厉风行地坚决反对和打击。

1月14日　省委常委举行会议，任仲夷宣读了中央《紧急通知》，中纪委副书记王鹤寿到会传达了中共中央主席胡耀邦和副主席邓小平、赵紫阳、陈云、李先念等领导同志对中纪委编印的《信访简报》反映广东省的一些干部极端严重的走私贩私问题的批示，以及中共中央书记处就这个问题所作的指示精神。（1月5日，邓小平在陈云批转的《广东一些地区走私活动猖獗》一文及其严惩严重的经济犯罪分子的批语上加批：“雷厉风行，抓住不放。”陈云的批语是：“对严重的经济犯罪分子，我主张要严办几个，判刑几个，以至杀几个罪大恶极的，并且登报，否则党风无法整顿。”1月11日，中共中央发出《紧急通知》，指出：广东省的一些干部存在极端严重的走私贩私的犯罪行为，其他省、市、自治区和中央一些部门的干部同样不同程度存在。对那些情节严重的犯罪干部，必须依法逮捕，加以最严厉的法律制裁，有的特大案件的处理结果还要登报。要求广东、福建、浙江、云南等走私贩私最为严重的省认真查处，采取紧急措施，其他各地也要重视，采取相应措施。）常委一致表示，坚决拥护中央《紧急通知》，并决定由李坚真、寇庆延、王宁、范希贤、杨德元、杨应彬（后增加）为领导小组成员，组成六人小组，负责抓好贯彻中央《紧急通知》的工作。15日，省委在地市委书记会议上传达了中央《紧急通知》和中央常委的有关指示精神，以及省委常委会议的决定。

1月18日　省委召集正在参加地、市委书记会议的与会者和省直机关局以上领导干部开会，任仲夷宣读了中央《紧急通知》，王鹤寿传达了中央的指示并作了讲话，任仲夷代表省委就贯彻执行中央《紧急通知》问题作了讲话。他提出，中央指出的广东党内和干部中存在的问题，完全符合广东的实际。我们能否抓好这项工作，是关系到广东的工作能不能按照党中央制定的路线、方针、政策前进的大问题，是关系到广东能不能顺利执行特殊政策、灵活措施和经济特区的大问题，是关系到广东的四化建设成败的大问题。在这样大的原则问题上，要态度鲜明，立场坚定，不能稍有含糊和手软。我们应当既对外开放，办好特区，搞活经济，又有一个好的党风，好的社会风气。经济要搞活，党风要端正。任仲夷代表省委常委对贯彻落实中央《紧急通知》作了全面部署。会后，省委以粤发〔1982〕1号文件向县以上党委印发了中共中央《紧急通知》及王鹤寿、任仲夷的讲话。

1月20日至2月7日　邓小平到广州休息和视察。任仲夷，省委书记、省长刘田夫，省委书记李坚真、王德和广州军区负责人吴克华、王猛等迎接和陪同。2月6日，邓小平分别接见了广东省委常委、广州军区常委及警卫接待工作人员。在广州视察工作期间，邓小平听取了任仲夷、刘田夫的工作汇报。邓小平就广东实行特殊政策、灵活措施和试办经济特区问题表态说："你们觉得好就继续办下去。"

1月21日　任仲夷在1982年春节广州地区军政座谈会上作了讲话，提出在新的一年里地方上在拥军优属等方面要做几件得军心的事：一是继续做好优待烈军属的落实工作；二是做好部队的物资供应，尽可能满足部队的生活需要；三是解决好部队家属就业和子女入学问题；四是提高干部、群众对加强军政、军民团结重要性的认识；五是协助部队维护营区和其他军事设施的安全。

1月22日　任仲夷与刘田夫等领导同志到广东省农科院看望专家，向大家祝贺春节，并进行了座谈。任仲夷、刘田夫在座谈中对如何打好农业科学翻身仗，加强和改进农科院各方面的工作，作了许多重要指示。

2月3日　任仲夷在省委研究室全体人员会议上讲话，省委研究室是他主政广东后提出新设立的第一个省委直属机构。他在会上说，研究室的任务，主要是为省委决策起参谋部的作用，包括三条：一是在深入调查的基础上提出自己的意见，作为省委决策的依据；二是宣传、解释政策；三是检查政策的贯彻执行情况。人不在多，精干就行。我把办公厅和研究室比作热线和冷线。冷线就是要冷静考虑问题，要十分慎重，要搞准。一条政策定得正确，就能变成巨大力量；搞错了损失也很大。任仲夷要求研究所当年调研的重点任务，按照省委对全省工作的指导思想安排，概括为几个字，叫做"三放"（对外更加开放，对内更加放宽，对下更加放权），"四管"（大的计划平衡要管好，市场和物价要管好，奖金的使用要管好，经济纪律要管好），"一提高"（提高经济效益)。他还要求研究计划经济与市场调节的问题。

2月7日 省委常委举行会议，任仲夷通报了他和刘田夫向邓小平汇报工作的简要情况。常委决定由任仲夷、刘田夫、梁灵光、李坚真、郭荣昌、吴南生、寇庆延、梁湘、薛光军、王宁、杨应彬、陈越平、黄静波、熊飞、杜瑞芝、薛焰、范希贤、杨德元共18人进京参加中央召开的广东、福建两省负责人座谈会。

2月9日 任仲夷在省委研究室给省委的报告上批示：今年本省在经济工作中，要坚决执行以计划经济为主、市场经济为辅的方针;既要继续坚持“三放”(指对外开放、对内放宽、对下放权)，又要加强管理;既要严厉打击走私、贩私、投机倒把活动，又要继续把经济搞活，真正做到管而不死，活而不乱。

2月11日至13日 中共中央书记处在北京召开广东、福建两省座谈会。会议的中心议题是：如何更坚决、更有效地贯彻执行中央《紧急通知》，进一步开展打击经济领域中违法犯罪活动的斗争，认真总结经验，端正对外经济活动的指导思想，更好地实行特殊政策和灵活措施，进一步发展两省经济。广东省负责人任仲夷、刘田夫、梁灵光等共18人出席了会议。会议期间，广东、福建两省负责人汇报了关于贯彻中央《紧急通知》的情况，胡耀邦等中共中央领导同志作了重要讲话。任仲夷汇报说，去年广东的政治形势进一步安定，社会治安情况在中南五省中是比较好的，发案率比邻省都低，社会秩序有很大进步,人们心情舒畅。经济形势也很好。但我们工作中的问题和困难还不少,走私、贪污受贿和其他违法乱纪的行为还比较多，我们已采取措施进行打击和遏制，去年处理经济案件1000多件，受处分的党员1300多人，其中党员干部175人。走私活动在前年下半年是最高潮，去年抓了一年，已有显著好转，去年抓获走私船900多艘，破获走私案上万宗，是历来破获走私案最多的一年。广东实行特殊政策、试办特区，是一件新的工作。既然是新的工作，就有两个问题：一是缺乏经验，难免发生这样那样的问题；二是必然会有相当一些人不赞成，看不惯，本来不是什么问题的也会有人议论。前一段的实践证明，中央三中全会以来的路线是正确的，中央在广东实行特殊政策的决策也是正确的。希望中央不要轻易收回给予广东的特殊政策，如果坚持下去，再有几年，广东的面貌就会有显著的变化。参加会议的中央领导明确表示，中央对两省的政策，只有总结经验，继续前进，不会改变。会后形成了《广东、福建两省座谈会纪要》，中央批转了这次会议纪要。《纪要》要求：“坚定不移地把打击经济领域中违法犯罪活动的斗争进行到底”，并指出：“党的对外实行开放和对内搞活经济的政策，是我们党根据社会主义现代化建设需要和国际形势所采取的坚定不移的政策”。

2月19日 任仲夷和刘田夫按中央通知前往北京。胡耀邦、赵紫阳同他们谈了中央政治局常委碰头会对广东贯彻《紧急通知》问题的意见，并作重要指示。

2月22日 省委召开常委会议。任仲夷、刘田夫传达了2月18日中共中央政治局常委会议和19日中央领导同志的重要指示。会议研究进一步贯彻中共中央关于反腐蚀斗争和端正党风指示的部署，决定：一、召开省委常委民主生活会，着重谈思想认识，讲清楚个人问题，开展批评与自我批评；二、向省直厅局以上党员负责人和参加五届人大四次会议的地、市、县委书记，传达广东、福建两省北京座谈会精神；三、召开全省三级干部会议，系统地贯彻中央召开的广东、福建两省座谈会精神和中央政治局常委对广东的指示精神；四、省委加强反腐蚀斗争的领导，除了省委第一书记、省长等亲自抓之外，省委常委、副省长也要抓好各自分管的战线、部门的工作。

2月24日至3月5日 省委常委（党员副省长参加）召开民主生活会，任仲夷主持会议。常委决定：一、省、地、市、县党政负责人不接受外商邀请去港澳和出国考察，如有特殊情况，确实需要应邀的，必须报上级批准；二、除因统战或外经工作需要的特殊情况外，省、地、市、县党政负责人不接受外商和港澳商人的宴请。

2月26日 省委召开省直局以上单位和参加五届人大四次会议的地、市、县委党员负责干部会议。任仲夷代表省委在会上强调指出，广东存在的资本主义腐蚀和资产阶级自由化倾向，必须认真解决，要严肃处理经济领域里的犯罪活动和纠正自由化倾向，抓紧大案要案的查处，不能手软，不能姑息。对经济工作，既要搞活，又要管严，做到活而不乱，管而不死。他在讲话结束时恳切地说：“最后，我要特别强调一点，我省前段工作中的缺点错误，责任在省委，特别是我要负主要责任。去年一年，各地和各部门的绝大多数同志，勤勤恳恳、兢兢业业地做了大量的工作，使我省的经济取得较大的增长。除了少数下了水的干部以外，全省绝大多数的干部和党员都是好的。今后，大家要继续振奋精神，认真执行党的方针政策，积极主动，大胆工作，不要有消极畏难情绪。全省各级党组织、广大干部和党员，一定要同心同德，努力奋斗，争取把广东的工作做得更好，让人民高兴，让党中央放心。”到会者听后无不动容，精神为之大振。

3月2日　省委常委听取各地市负责人关于贯彻中共中央《紧急通知》的情况汇报。任仲夷要求各地必须做到执法更严，纪律更严，管理更严，用“三严”保证“三放”（对外更加开放，对内更加放宽，对下更加放权）的贯彻执行。

3月19日至26日　省委召开全省统战工作会议，着重研究加强本省统战工作的问题。3月25日，任仲夷在会上讲话指出：当前统战工作的主要阻力就是“左”的影响还没有肃清。为了正确理解和执行党在新时期的统一战线政策，必须侧重克服“左”的影响。现在正在传达贯彻中央文件，开展打击经济领域中严重犯罪活动的斗争，它同加强统一战线工作并不矛盾。绝不能把外商、侨商和港澳商人都看成是腐蚀者和危险分子。大多数华侨和港澳同胞是爱国爱家乡的，他们真诚希望祖国繁荣富强。我们一方面要坚决打击走私、受贿等经济领域中的严重犯罪活动，同时又要真心实意地团结广大爱国华侨和港澳同胞，继续坚持执行对外开放政策和党的统一战线政策。5月3日，省委转发《全省统战工作会议纪要》。

3月20日至4月3日　省委在广州召开了省、地（市）、县三级党政主要领导干部会议。3月20日，任仲夷在大会开始时作了讲话，指出这次会议的主要任务，是传达贯彻《中共中央批转〈广东、福建两省座谈会纪要〉的通知》（中发〔1982〕17号）文件，侧重解决几个问题：真正认识打击经济领域中违法犯罪活动和反腐蚀斗争的必要性、重要性和紧迫性；进一步研究和部署开展打击经济领域中违法犯罪活动的斗争；研究如何加强经济管理、克服自由化倾向，制定若干政策规定和管理办法，这些政策包括：加强计划管理和综合平衡，正确使用外汇和加强外汇管理，加强农副产品收购工作，纠正“全民经商”的混乱现象，制止滥发奖金，控制基建规模与加强基建管理，整顿社队企业等。

4月1日　任仲夷在省委召开传达贯彻中发〔1982〕17号文的省三级干部会议上作总结讲话，提出必须清醒地认识对外开放的新形势，认真总结广东省实行特殊政策、灵活措施以来的经验。他全面系统地讲了广东、福建两省实行特殊政策、灵活措施的由来、内容及过程，广东执行这一政策所取得的成效和出现的问题。他强调，中央让广东实行先走一步的决策是正确的。他讲了要清醒和正确地认识经济犯罪问题的严重性和原因，不能把经济犯罪活动猖獗归咎于改革开放政策；讲了打击经济犯罪要严格掌握政策，做到“三不”：不搞大轰大嗡，不搞人人过关，不搞群众运动；讲了对经济工作中的混乱现象要严格整顿，继续管严，但要注意结合实际，坚持搞活经济的方向；讲了要正确看待外商，决不能把他们都看成是腐蚀者和危险分子，华侨和港澳同胞大多数是爱国爱家乡的，是遵守我国法律、做正当生意的。既要清醒认识经济犯罪活动的严重性和危害性，也要清醒看到执行特殊政策和灵活措施的巨大成就。不认清前者并予以严厉打击和制止，改革开放就不能健康前进；不认清后者，就会惊慌失措，迷失前进方向。前者只是支流，后者才是主流，不能错把支流当主流。对外开放、对内搞活经济的基本政策要坚持，不存在什么政策“变了”、“收了”的问题。他提出了“两个坚定不移”——“打击经济犯罪活动坚定不移，对外开放和对内搞活经济坚定不移”的方针，连同会后他又提出的“执行让人民群众富裕起来的政策坚定不移”的方针，加在一起是“三个坚定不移”的方针。他在会上重提了“对外更加开放，对内更加放宽，对下更加放权”的“三放”方针。还提出为避免“一治就乱”、“一管就死”的恶性循环，对过去提的“对外开放，对内搞活，越活越管，越管越活”十六字方针，这次会议改为二十四字方针，即“对外开放，对内搞活，思想先行，管要跟上，越活越管，越管越活”。他再次主动承担责任，保护了大批干部。他诚恳地说：省委认为“全省广大干部和群众，这几年勤勤恳恳，努力奋斗，为国家建设和改变广东的面貌，做出了贡献。缺点错误，主要在省委。”“我认为，在省委里面，又主要应当由我对这些问题负责。”“不能因为有些问题在我来之前就存在或以前决定的，就减少我的责任。”他在讲话结束时，动情地勉励大家，“省委要求各级领导干部振奋精神，努力工作。凡是过去省委、省政府决定和指示过的事情，错了由省委、省政府负责，下面执行者没有责任。只要不搞各种违法乱纪和犯罪活动，工作上还是允许犯错误，允许改正错误。对干劲足、闯劲大的干部应予鼓励。对工作成绩显著的干部，党组织会作出公正的评价。任何消极、畏难情绪，都是不对的。每个部门、每个工作岗位上的干部，都要积极努力、大胆工作，争取做出更大成绩。”任仲夷这一番肺腑之言，引发全场报以长时间的热烈掌声，不少人流出激动的泪水。

4月4日　任仲夷在省委常委会上通报中共中央对古大存、冯白驹问题的复查结论和对“闵（一帆）、车（学藻）、张（天陶）”、“张（云）、戈（枫）、黄（施民）”及赵卓云问题的处理意见。20日，常委讨论“闵、车、张”、“张、戈、黄”的审查结论。

4月8日 历时六天的广东省民兵工作会议在广州闭幕，省委第一书记、省军区第一政委任仲夷在大会闭幕时作了讲话。他说，我们是在很不安宁的国际形势下搞四化建设的，必须时刻不忘虎狼在前，重任在肩，居安思危，常备不懈，一定要做好战备工作。在未来反侵略战争中，民兵的战略地位不是降低了，而是更高了，民兵的作用不是小了，而是更大了。民兵工作只能加强，不能削弱。我们广东地处祖国的南大门，战略地位很重要，必须把民兵办得更好。他要求全省民兵要努力做到五个带头：带头学习党的路线、方针、政策；带头发展生产，完成国家计划；带头拒腐蚀，严格遵守法律、法令，并向各种违法犯罪行为作斗争；带头学雷锋、树新风，争当“五讲四美”的光荣民兵；带头做政治思想工作，搞好安定团结。

4月24日至5月8日 任仲夷先后到汕头、惠阳地区的两个市（汕头市、惠州市）、8个县（潮阳、惠来、普宁、陆丰、海丰、惠东、东莞、博罗）检查工作，主要是了解各地查办经济犯罪的大案要案的情况，同时了解工农业生产和精神文明建设的情况。5月3日，任仲夷在海丰和县委常委们谈话时指出：“打击经济领域中的严重犯罪活动，我们是坚定不移的；实行对外开放和搞活，也是坚定不移的；执行让群众富裕起来的政策，也是坚定不移的。但是这个富，不能靠走私贩私，而只能是劳动致富，兼顾国家、集体、个人三者利益致富。”

5月8日至13日 广东省西北部地区连降暴雨，北江出现解放以来最大洪水，西江水位急剧上涨，全省18个县不同程度受灾，其中清远、英德、阳山、怀集、广宁、四会、封开县灾情严重，清远、英德两县49万多群众被洪水围困。省委、省政府连续召开会议部署抗洪救灾工作。13日，省委、省人大常委会、省政府发出慰问信，向奋战在抗洪抢险第一线的军民致以亲切慰问。19日，省委、省人大常委会、省政府联合组成救灾慰问团，分赴受灾地区，慰问受灾群众。从20日起，任仲夷、刘田夫到清远县受灾最严重的山塘、回澜公社了解灾情，亲切慰问受灾群众，并在清远县城召开救灾战地会议，研究和部署下一段抗洪救灾工作。24日，任仲夷、刘田夫专程到京广铁路清远境内的旧横石段，向日夜抢修塌方、使全线迅速恢复通车的铁路员工表示亲切慰问。25日，任仲夷、刘田夫看望参加清远救灾的部队，高度评价解放军指战员在抗洪救灾中的功绩。25日至28日，任仲夷、刘田夫又到四会、广宁、怀集、封开、德庆等县了解灾情，并建议各地要认真研究这次水灾情况和暴露出来的问题，总结水利、造林、农村建房、保险事业等各项工作的经验教训，加以改进。任仲夷要求山区县逐山、逐围、逐块地进行规划，把水利、生产布局、林、粮等通盘考虑。刘田夫勉励山区县努力提高森林覆盖率，并注意搞好造林的综合利用和加强科研工作。中央和省还拨出救灾款1880万元，修复水利工程专款1000万元，以及化肥、水泥等一批物资。7月20日，广东省抗洪救灾表彰大会在广州隆重开幕，任仲夷、吴克华、刘田夫、王猛等出席了大会。

5月14日　省委召开常委会议讨论经济工作，会上常委们反映了全省经济发展情况，提出了经济工作中存在的一些问题和建议。任仲夷针对经济工作面临的困难，详细地提出了促进经济工作发展的几个方面的意见。

5月20日　任仲夷在接受《世界经济导报》记者采访时，提出了“排污不排外”的名言。

5月31日至6月6日　全省宗教工作会议在广州召开。会议期间，任仲夷、刘田夫、尹林平、黄静波及中央统战部副部长李贵等分别在会上讲话。7月27日，省委转发《全省宗教工作会议纪要》。任仲夷参加广东省民委委员（扩大）会议和宗教工作会议，并在会上发表讲话。他指出，民族工作也好，宗教工作也好，从各级党委来看，应当着重解决好两个问题：一是提高认识，二是落实政策。

6月4日至14日　中共中央政治局候补委员、国务委员兼对外经济贸易部部长陈慕华到广州参加中国国际投资会议并视察广州、深圳、珠海。11日至14日，任仲夷、吴南生等陪同陈慕华到深圳、蛇口、珠海视察。

6月8日　中共广东省委常委开会讨论《关于当前农村工作几个问题》的文件，任仲夷在会上深有体会地说：这次（4月至5月下乡）下去调查，给我启发很大。我们在上面冥思苦想，常常感到“山重水复疑无路”；一到下面，群众有许多丰富的经验创造，使人大开眼界，豁然开朗，真是“柳暗花明又一村”！

6月10日至18日　省委在广州召开地委农业书记会议，进一步贯彻中央批转的《全国农村工作会议纪要》精神，研究实行农业责任制后出现的新情况、新问题，明确今后一个时期农村工作的指导思想。省委常委杜瑞芝代表省委作《关于当前农村工作的几个问题》的报告。会议结束时，任仲夷、刘田夫、王德讲了话。任仲夷强调要保持“三个稳定”（稳定政策、稳定生产责任制、稳定粮食种植面积），同时要因势利导，抓好“三新”（推广新技术、组织新的联合、开辟新的生产领域）；当前在解决某些自由化倾向的同时，也要注意清除“左”的思想影响，继续把经济搞活；农民靠辛勤劳动致富是件大好事，不能泼冷水；要继续扶持社员发展家庭副业。7月27日，省委批转《地委农业书记会议纪要》。

6月24日至30日　省委在广州召开农村不脱产老党员代表座谈会。6月30日下午，省委负责人会见代表们时，任仲夷提出应着重向老党员学习不居功，不骄傲，全心全意为人民；不求名，不图利，甘做普通劳动者；不褪色，不停步，革命到底意志坚定的精神。

7月6日至19日　副省长王全国在北京汇报经济工作。国务委员谷牧、张劲夫主持了汇报会。有关主管部门的负责人听取了汇报。在京的任仲夷、刘田夫也参加了第一天的会议。

7月8日至13日　任仲夷前往湛江地区检查工作，先后到了湛江市和徐闻、阳江、阳春、电白、遂溪等县视察。

8月17日　省委常委举行会议，任仲夷向常委传达了党的十一届七中全会精神和党的十二大人事安排座谈会精神。决定省第五次党代会召开的时间；成立由王德牵头的省委人事安排小组，李坚真、尹林平、王宁、李建安、许士杰、范希贤、钟明、白修成、李振卿为小组成员；免去王宁兼任的省公安厅厅长、厅党组书记职务，省委常委分工由王宁管党群工作。宋志英任省公安厅厅长、厅党组书记；推选任仲夷为广东省出席党的十二大代表团团长，刘田夫、梁灵光为副团长，杨应彬为秘书长候选人；省的有关部门要立即着手抓好中秋节、国庆节的物资供应工作，及早动手做好准备。

8月17日至21日　广东省党史资料征集会议在广州举行。任仲夷在讲话中指出，我们党在广东的斗争历史，在整个党的历史上占有重要位置。广东党组织的斗争史有三个特点：一是“早”，广东是建党最早的地区之一；二是“大”，在党的斗争历史上，许多重大的事件发生在广东；三是“长”，党在广东的斗争历史很长。因此广东的党史资料十分丰富和重要，征集、整理、研究、编纂和出版广东党史有着重要意义。

8月18日　任仲夷、刘田夫、梁灵光、梁湘在广州会见了香港实业界人士胡应湘等。会见时，任仲夷说，我们现在办特区，搞现代化建设，做的是崭新的事业，在前进中是会有困难的。但是，党中央、国务院确定的对外开放、对内搞活经济、办好经济特区等基本政策是不会变的，是坚定不移的。

8月18日至26日 省委召开全省政法工作会议，分析了广东政法工作的形势，研究了新时期政法工作的任务。任仲夷、刘田夫到会作了讲话。会议强调，当前广东政法工作的任务是，坚决打击严重经济犯罪活动，继续整顿城市社会治安，整顿和训练好政法队伍，进一步搞好法制宣传。11月24日，省委批转省委政法委员会《关于全省政法工作会议的情况报告》。

8月24日 全省城市卫生工作会议在广州召开，任仲夷致函会议并提出要求，希望广东省出现更多像水东镇（电白县城）那样的卫生城镇，每个城市都要大力除“三害”，即：灭蚊蝇、除垃圾、治污水。

8月29日 中共中央政治局委员王震，全国人大常委会副委员长廖承志，全国政协副主席康克清，民革中央副主席屈武、吴茂荪等乘专机到广州，广东省、广州市和广州军区负责人任仲夷、刘田夫、尹林平、刘昌毅、姜林东、薛焰、梁威林等到机场迎接。30日，王震、廖承志在广州参加了仲恺农校举行的“廖仲恺何香凝纪念馆”揭幕仪式。任仲夷、李坚真、尹林平等省委、省人大常委会、省政府、省政协和广州军区，以及省市各民主党派、各人民团体负责人参加了揭幕仪式。

同日 省委召开常委扩大会议，讨论了是年后四个月的工作。任仲夷在会上讲话，简要地总结了前八个月的情况，对后四个月的工作部署讲了四点意见，并要求各部门同心协力，紧密团结，加强合作，进一步振奋精神，鼓足干劲，争取全年工作的更大成绩。

9月1日至11日 中国共产党第十二次全国代表大会在北京举行。广东省出席大会的正式代表59人，候补代表6人。大会选举了新的中央委员会、中央顾问委员会和中央纪律检查委员会。广东代表任仲夷、梁灵光、林若、王全国等当选为中共中央委员会委员，刘田夫、李坚真、尹林平、区梦觉、欧阳山等当选为中央顾问委员会委员，谢非、叶选平、刘维明、王越丰等当选为中央委员会候补委员，范希贤等当选为中央纪律检查委员会委员。

9月14日 赴京参加党的十二大的任仲夷等出席由国务院副总理谷牧主持的研究广东省汇报经济工作时提出的问题的会议。会议形成了《广东省经济工作汇报纪要（续）》。

9月16日 省委常委举行会议，传达、学习党的十二大精神和胡耀邦在党的十二届一中全会上的讲话、邓小平在中顾委第一次全体会议上的讲话以及陈云在中纪委第一次全体会议上的讲话。与会者一致表示衷心拥护党的十二大通过的文件和作出的各项决议，坚决拥护新选出的中央领导机构，坚决与中央在政治上保持一致。广东省这次新当选的中央委员、候补中央委员、中央顾问委员会委员、中央纪律检查委员会委员表示要努力学习，谦虚谨慎，兢兢业业，竭尽全力搞好工作，为开创新局面而奋斗。会上，任仲夷受党的十二大主席团委托，宣读了党的十二大主席团给王德的信，并把这封信转交给王德。常委决定：（一）召开省、地、县三级干部会议，学习领会党的十二大文件精神。（二）召开省、广州市局以上和部分处级党员干部大会，由任仲夷传达党的十二大精神。

9月22日至28日 省委召开省、地、县三级干部会议，传达和学习党的十二大精神。任仲夷传达党的十二大精神并代表省委作了总结讲话。会议还对全省进一步宣传、学习、贯彻党的十二大精神及近期工作作了部署。10月6日，省委向中共中央呈送了《广东省召开三级干部会议传达学习十二大精神的报告》。

10月5日 任仲夷到广州市南方大厦百货商店检查工作，并和商店职工座谈，研究进一步把商业搞活的问题。

10月10日 广东省第六届运动会在佛山市胜利闭幕，任仲夷、刘田夫、王全国等负责人出席闭幕式并向运动队颁奖。

同日 《理论动态》（中共中央党校理论研究室编）第380期上，发表了任仲夷《关于共产主义思想的宣传问题》一文。他在文中指出，应当把宣传共产主义思想与执行社会主义的现行政策统一起来。

10月12日 任仲夷、刘田夫、梁灵光、尹林平等会见香港花园酒店有限公司董事长利铭泽。

10月19日 省委常委举行会议，讨论广东省1983年经济计划的安排问题。任仲夷在发言中指出，1983年的计划，总的来说，应当是积极稳步，留有余地，综合平衡，不留缺口，努力做到在保持一定发展速度的情况下，实现财政基本平衡，物价基本稳定。任仲夷还对1983年经济计划提出了几点原则意见：（一）明年计划，应当和党的十二大提出的二十年奋斗目标联系起来。

（二）一定要千方百计地做到财政平衡。（三）要正确理解和贯彻计划经济为主、市场调节为辅的原则，在坚持国营经济的主导地位的同时，积极发展多种经济形式。（四）必须狠抓技术改造。（五）进一步狠抓经济责任制。（六）要进一步加强对外经济工作。（七）认真研究、改进商业流通领域的工作。

10月20日至26日 省委召开全省打击经济领域中严重犯罪活动工作会议。任仲夷到会讲话，寇庆延作总结讲话。会议指出，一定要坚定地、持久地开展打击经济领域中的严重犯罪活动。

10月21日 陈慕华到广州参加交易会开幕式。任仲夷和刘田夫向陈慕华汇报广东的工作情况。

10月28日至29日 任仲夷、陈越平召集省宣传、文化、教育、体育等部门和工青妇等群众团体的负责人，就“加强共产主义教育，搞好社会主义精神文明建设”问题进行座谈。任仲夷在座谈会上指出：“在进行共产主义思想教育工作中，组织干部、群众学习辩证唯物主义与历史唯物主义，是个根本问题。”“通过共产主义教育能够做到三条就很好：一是自觉地关心、维护公共利益、公共财物。二是涉及个人利益问题时，不斤斤计较。三是能够积极参加义务劳动和各种为国家、为人民尽义务的活动。”“开展丰富多彩的群众性文娱活动是精神文明建设中的重要问题。要组织群众开展业余歌咏、演出、体育等活动。”“提高群众生活水平，不应仅仅理解为物质生活，还必须包括文化生活。城乡不仅要注意增设商业服务网点，还要注意增设文化服务网点。”11月15日，省委印发《加强共产主义教育，搞好社会主义精神文明建设座谈会纪要》。

10月30日 王震受国务院委托，在广州听取省委关于加快海南岛开发建设的意见。11月1日，任仲夷与梁灵光、王德、许士杰陪同王震在广州接见驻广州地区部队师以上干部。王震勉励部队深入学习贯彻党的十二大精神，进一步清除“左”的思想影响，搞好领导班子的新老结合和新老交替，努力开创部队建设的新局面。11月3日，王震在广州就加快海南岛开发建设问题召开座谈会，广东省、海南行政区、海南自治州的负责人和省农垦局等有关部门的负责人参加了座谈会。通过座谈会的讨论，形成《关于加快海南岛开发建设问题座谈会纪要》。11月5日，广东省委常委举行会议，讨论通过了这个纪要，并立即报送王震。12月10日，国务院主要负责人对这个纪要作了批示，指出：海南岛不作特区，但在对外合作，给以自主权，我认为是需要的。属于政策问题，海南孤悬海外，我认为可以从宽（不会影响内地），需要中央投资支持的，也应采取积极态度，量力而行。海南虽属广东包干范围内，但也可直接给以支持，使该岛发展更快些。批示建议谷牧主持召集有关部门参加座谈一下，把能够定的问题先定下来。12月12日，谷牧、王震在北京约请国务委员张劲夫，广东省负责人任仲夷、刘田夫以及农村部门的负责人，讨论如何充分利用国内外的有利条件，采取有力措施，扩大对外开放，加快开发建设海南岛的问题。这次会议研究了给海南以比广东、福建两省更为放宽的政策和自主权，让其参照经济特区办法，以及解决海南岛燃料和发展规划等问题。

10月下旬 在中共广东省委召开的"加强共产主义教育，搞好社会主义精神文明建设座谈会"上，任仲夷说，社会主义精神文明以共产主义思想为核心，而共产主义理论，是从辩证唯物主义与历史唯物主义的哲学体系中产生出来的。不是说在少数人中有信仰危机吗？对社会主义、共产主义的信仰是建立在辩证唯物主义与历史唯物主义世界观基础上的，根本问题还是在这里。

11月15日至25日 中南五省（区）宣传工作协作会议在肇庆市举行。会议的中心议题是交流各省（区）学习党的十二大文件的情况和经验。会前和会议期间，任仲夷、郭荣昌会见了与会者。会议后期，与会者参观、访问了深圳特区。

11月18日至22日 广东省普教系统、先进教育工作者和先进集体代表大会在广州举行，刘田夫、任仲夷先后在开幕式和闭幕式上讲话。

11月20日至21日 省委召开地市委书记座谈会，任仲夷、刘田夫、王德出席会议并作讲话。省委负责人分析了当时广东的形势，要求各级党委和全省人民珍惜大好局面，完成和超额完成当年的生产计划。

12月2日 任仲夷在五届全国人大五次会议分组会上发言说：开展对外经济技术文化交流是社会进步的必要条件。事实证明，开放政策是正确的，是对我们有利的。现在总的看来，对外开放不是过头了，而是开放得还不够。自实行特殊政策以来，广东的工农业生产发展很快，持续高速度增长，引进了一大批外资和先进技术，显著改变了经济技术面貌，增加了对国家的贡献，改善了人民生活。在实行对外开放政策过程中，广大爱国侨胞和港澳同胞作出了重要贡献。

12月9日 任仲夷在五届全国人大五次会议广东代表团驻地接受记者访

问时说，知识分子成堆好。知识分子多，知识就越多，各项工作发展就越快。要落实知识分子政策，最根本的是要解决对知识分子的认识问题。我们要重视工农，但贬低知识分子是不对的。要清除“左”的思想，要为活着的蒋筑英、罗健夫想想。只要正确对待知识分子，就能极大地调动他们的积极性，这对社会主义现代化建设是非常重要的问题。

12 月 15 日 省委召开常委会，任仲夷、刘田夫分别传达胡耀邦在省、市、区党委主要负责人座谈会上的谈话要点和赵紫阳主持召开的关于核电站问题座谈会精神。常委拥护中央关于调水电部副部长李鹏任建设核电站领导小组组长，调彭士禄任省委常委、抓核电站建设工作的决定。常委决定，由刘俊杰参加专抓这项工作。

12 月 17 日至 26 日 省委召开地、市委书记会议，贯彻全国农业书记会议和农村思想政治工作会议精神，要求在全省农村坚持实行农业联产计酬的责任制。任仲夷、刘田夫在会上讲了话。任仲夷指出，农业实行联产计酬的责任制，是一场伟大的变革，其意义不亚于三大改造。有些同志由于“左”的思想和苏联农业经济模式的影响，总认为只有集体劳动才是社会主义，以家庭为单位的分散劳动是资本主义；穷才是社会主义，富（特别是农民个人富）就是资本主义；只有“统”才是社会主义，“包”、“放”、“活”都是资本主义。强调要进一步拨乱反正，解放思想，从这些思想束缚中解放出来。他强调现在走的是一条适合中国特点的发展社会主义农业的路子，农村要继续放宽政策，着重抓好“承包专业化，大力发展农村商品生产，经济服务社会化”这三个环节，进一步推动农村的巨大变革。刘田夫着重强调省直各部门一定要真正树立起改革的思想，以适应农村形势的巨大变革。

12 月 23 日至 28 日 广东省五届人大五次会议在广州举行。大会通过了《关于学习、宣传和执行〈中华人民共和国宪法〉的决议》、《关于广东省人民政府工作报告的决议》、《关于广东省 1982 年国民经济和社会发展计划执行情况》、《1983 年国民经济和社会发展计划草案报告》等。会议期间，任仲夷、刘田夫参加省五届人大五次会议和省四届政协五次会议的港澳代表、委员小组讨论会，并就香港前途和广东实行特殊政策、灵活措施以及兴建核电站等方面回答了代表和委员们提出的问题。

12 月 30 日 任仲夷参加省政府和广州军区政治部、广州市政府在广州联合召开的广州地区计划生育宣传月动员大会，并在大会上讲话。

1983年

1月8日 在广东省科协二届二次全体会议上，任仲夷发表热情洋溢的讲话，他通过中共历史上知识分子政策的正确与否对革命事业造成的不同结果，有力地证明尊重知识、重视知识分子的重大意义。呼吁采取切实措施，把广大知识分子的积极性进一步调动起来。之后，任仲夷和副省长杨康华一起，同28位科学家、科技工作者进行座谈，虚心地听取他们对于发展广东科学技术事业的意见。

1月16日至20日 任仲夷与刘田夫、尤太忠、王猛到海南自治州和部分县的机关、农村、农场、林场、工矿、部队视察工作，了解情况，共同商讨在新形势下进一步搞好“双拥”（拥军优属、拥政爱民）工作问题。他们先后视察了海南黎族苗族自治州机关、通什军分区机关、海南军区某部以及通什、崖县、乐东等县的一些大队、农场、林场和厂矿。

1月18日至22日 中共中央政治局常委、国务院总理赵紫阳结束对非洲11国的正式友好访问，乘专机抵达海南岛，随同出访的中共中央书记处书记、国务委员谷牧，外交部部长吴学谦同机到达，任仲夷，刘田夫，广州军区负责人尤太忠、王猛等到海南岛迎接。他们在海南行政区党政军负责人陪同下先后视察了海南岛海军基地、天涯海角、兴隆农场、琼海县、文昌县、海口市，召开了关于加快海南岛开发建设问题的座谈会。22日，赵紫阳离开海南岛返回北京，谷牧继续在海南视察和指导工作。

1月25日 任仲夷、刘田夫、王猛视察革命老区琼山县咸来公社，对老区人民表示亲切慰问，希望老区人民发扬革命传统，搞好生产和建设，迅速富裕起来。同日，他们还到文昌县文昌中学，清澜钛矿、清澜港等地视察。

1月27日 广州地区党政军民3000多人在中山纪念堂隆重集会，纪念“拥军优属、拥政爱民”活动40周年，任仲夷、刘田夫、尤太忠、王猛、王海等出席大会，王宁主持大会，刘田夫、王猛先后在大会上讲话。他们强调在党中央领导下，一定要加强军政、军民团结，为加速广东“四化”建设作贡献。

2月 任仲夷给《鸦片战争演义》作者回信，指出小说选了一个很有意义的题材，并希望有更多的好的历史小说问世，为社会主义精神文明建设增添硕果。

2 月 3 日至 5 日 省委四届五次全体委员会议在广州举行。全会审议并通过了四届省委向中国共产党广东省第五次代表大会的报告。全会决定，2 月 24 日召开中共广东省第五次代表大会。会议还传达、学习了中央领导同志关于改革问题的讲话精神。任仲夷主持会议，并在会议结束时就如何搞好本省改革问题讲话。出席这次会议的有省委委员 72 人，省委候补委员 21 人。

2 月 6 日至 14 日 中共中央总书记胡耀邦，先后在任仲夷、刘田夫、吴南生、杜瑞芝、宋志英、尤太忠和省委书记林若、中国人民解放军海军司令员刘华清等陪同下，到韶关、深圳、海南和湛江等地进行为期 8 天的视察，沿途听取当地各级党委的工作汇报，并对广东省各方面工作作了十分重要的谈话和指示。3 月 14 日，省委印发《胡耀邦在广东视察期间的谈话纪要》。

2 月 18 日 《周末》画报创刊 3 周年，任仲夷给编辑部写了贺信，称赞这份小报“堪称图文并茂，老少咸宜，雅俗共赏，健康有益”。

2 月 24 日至 3 月 4 日 中共广东省第五次代表大会在广州举行。出席大会的正式代表 797 名，候补代表 71 名，共 868 名。大会审查并通过任仲夷代表四届省委所作的《改革，前进，开创新局面》的报告。报告总结了广东贯彻党的十一届三中全会的路线以来所取得的成绩和主要经验，提出了往后的主要任务和经济建设的奋斗目标：在不断提高经济效益的前提下，到 2000 年，全省工农业总产值由 1980 年的 339 亿元增加到 1356 亿元，每年平均递增 7.2%，力争超过这个速度，提前实现翻两番，达到小康水平。审议并通过了省纪律检查委员会的报告；选举产生了中共广东省第五届委员会、中共广东省顾问委员会和中共广东省纪律检查委员会。3 月 5 日，五届省委、省顾委、省纪委分别举行第一次会议，选举产生新的领导机构。选举任仲夷为第一书记，林若、梁灵光、谢非、吴南生、王宁为书记，彭士禄、李建安、叶澄海、杨应彬、杜瑞芝、凌伯棠、宋志英为常委。省顾委由寇庆延任主任，陈越平、萧焕辉、陈德、杨康华为副主任，省纪委由王宁任书记，程里任常务副书记，路光、唐顶立为副书记。

3 月 5 日 中国共产党广东省第五届委员会第一次全体会议召开，会上选出了中国共产党广东省第五届委员会常委、第一书记、书记，并一致通过了中共广东省顾问委员会的主任、副主任和中共广东省纪律检查委员会的书记、常务副书记、副书记、常委的人选。任仲夷在会上提了几点意见，他强调一定要加强党的团结，要坚决落实大会提出的各项任务，并要求新班子要树立新作风。

3 月 29 日 任仲夷接见电白县水东镇委书记吴瑞兰，号召全省城镇学水东，建设大批水东式的卫生城镇。

4 月 2 日至 10 日 政协广东省第五届委员会第一次会议在广州举行。政协主席尹林平代表四届省政协常务委员会作工作报告。会议选举了省五届政协主席和副主席。省委书记梁灵光、谢非、吴南生、王宁等出席了大会开幕式，任仲夷，刘田夫以及尹林平、罗天、薛焰等出席了大会闭幕式。

4 月 3 日至 10 日 省六届人大第一次会议在广州举行。刘田夫作了题为《加快改革步伐，充分发挥优势，为全面超额完成第六个五年计划而奋斗》的政府工作报告。会议选举廖承志、任仲夷、梁灵光、李坚真、罗天、李建安等 163 人为广东省出席第六届全国人民代表大会代表，选举罗天为省人大常委会主任，薛焰、范希贤、郭棣活、杜长天、曾定石、钟明、萧隽英、蚁美厚、黄友谋、梁广、罗雄才、王维、吴有恒为副主任；选举梁灵光为省长，李建安、梁湘、杨德元、刘俊杰、王屏山、匡吉、杨立为副省长。

4 月 9 日 省委在中山纪念堂召开厅局以上党员负责干部和部分处级党员干部参加的报告会，任仲夷作关于如何办好党校、加强干部的培训和教育工作的报告。

4 月 13 日 省委召开常委会议讨论农业问题，任仲夷在会上作了重要发言。他针对广东的粮食问题从几个方面提出了解决办法，还专门讲了农业发展速度，珠江三角洲地区和山区的经济发展问题。他指出在农业问题上要进一步加强党的领导，充分发挥政府和各个部门的作用。

4 月 16 日 省委召开常委会议，任仲夷作《关于贯彻全国工交会议精神的讲话》，他建议按照常委讨论的精神，以省政府的名义召开全省工交工作会议，尽快把全国工交工作会议精神传达贯彻下去。他还提出了三点意见：坚持党的十一届三中全会以来的路线、方针、政策，把全国工交会议精神贯彻好；要坚持改革，以改革的精神推行利改税；要坚决按照全国工交会议精神，狠抓经济效益，狠抓重点建设，狠抓技术进步，狠抓思想政治工作。

4 月 20 日 任仲夷到广东省广播事业管理局和有关领导进行了一次较长时间的谈话，主题是发挥新闻舆论的监督作用。

4月25日　任仲夷在中共广东省委常委会研究特区问题时，特别指出特区对于体制改革方面应起的总结经验的特殊作用：办好特区，从经济上说有利于四化建设，从政治上说有利于台湾的回归和香港的收回。特区还可以为改革提供新的经验。

4月　任仲夷与新华社记者谈广东的企业实行税后利润分成等一系列“利改税”问题。

4月28日至5月1日　任仲夷到顺德县检查工作，在顺德糖厂看望节日仍坚持生产的干部职工。

5月4日至8日　任仲夷和中顾委委员刘田夫到龙门、从化县检查工作。任仲夷听取龙门县委负责人有关招聘人才的情况汇报后指出，招聘人才要注意两点：（一）要认真调查本县还有什么人才没有正确使用，要把被埋没的人才启用起来，充分发挥他们的作用，不能一面招聘人才一面又埋没人才；（二）对应聘的人也应有所选择。聘请来了就要兑现政策，一些不那么需要的，就不要一下子都涌来；龙门县安排不了的，也可以推荐给省、市和兄弟县。5月11日，《南方日报》以“发展商品经济是山区致富之道”为题，刊载了记者黄峨、杨兴锋关于任仲夷、刘田夫检查龙门县工作的报道。

5月11日　中共广东省委常委研究特区问题会议召开，任仲夷在会上强调，办特区，就必须让特区有点“特”，这是一开始就遇到的问题，今后还必须在实践中进一步研究、解决。

5月16日至23日　全省纪检工作会议在广州召开。参加会议的有省纪委委员，各地、市、县党委和纪委以及省直单位有关领导，共310多人。主要议题是：进一步学习贯彻中纪委第二次全会、中共中央4号文件和省第五次党代会关于加强党的建设的精神；检查前段各地市贯彻执行中共中央4号文件的情况；交流和总结整顿党风，严肃党纪，开创纪检工作新局面的经验；研究和落实加强纪律检查工作及尽快实现我省党风根本好转的措施。会上，中纪委副书记刘宁一就坚决反对以权谋私问题讲话；王宁作题为《深入贯彻中央重要文件，尽快实现我省党风好转》的报告，杨德元提出了加强反走私斗争的几项措施。任仲夷、林若作了讲话。任仲夷指出，没有纪律就不能保证“四化”建设顺利进行。林若强调，要以纠正建房分房中不正之风为端正党风的突破口。

5月27日　由国家科委、原国家农委、中国科协和中共广东省委共同组织的海南岛农业建设与生态平衡学术讲座会在广州开幕。30日，任仲夷与林若、梁灵光、谢非、杨应彬、杜瑞芝、凌伯棠等省委、省政府负责人会见了出席会议的知名专家、学者。

6月2日至18日 经省委批准，省委政法委召开全省公安工作会议。会议讨论了加强和改革广东省公安工作的问题。7月10日，省委印发任仲夷、王宁、宋志英关于加强和改革公安工作的讲话。任仲夷指出，加强和改革公安工作必须在指导思想上强调清除“左”的影响，改变“左”的做法，一定要发扬公安工作的优良传统，加强公安队伍建设。

6月25日至30日 任仲夷参加中共中央在北京召开的工作会议，会议讨论适当集中财力物力、保证重点建设的问题。在中共中央起草的文件中，提出了对社队企业征收较重的税收，任仲夷即在会上发言，为减轻社队企业的税收呼吁。

7月13日 省委决定调整省委人民武装委员会领导成员，任仲夷为主任，李建安、张巨惠、边贵祥为副主任。

7月20日至26日 省委在广州召开工作会议，传达贯彻中央工作会议精神，研究集中资金和压缩基本建设规模的问题。省委常委、副省长、市地委书记和省直机关部分部委办厅局的负责人出席会议。省委、省政府负责人任仲夷、林若、梁灵光、杨德元在会上讲话。

7月28日 任仲夷一行8人到《周末》画报编辑室视察工作，他和编辑部的工作人员一一握手，亲切问候，询问了解编辑、印刷、发行等方面的情况，肯定并鼓励编辑部工作人员的工作。

7月29日 任仲夷和梁灵光会见香港知名人士李嘉诚，赞扬李嘉诚赞助祖国四个现代化建设，捐献巨款兴办汕头大学及家乡公益事业的爱国热忱。

8月1日 赵紫阳接见任仲夷、梁灵光，强调争取采用外资搞重点建设。

8月2日 广东省利用外资引进技术成果展览会在广州外贸中心开幕。任仲夷为展览会题词：“坚持对外开放，积极利用外资，引进先进技术，加快‘四化’建设”。

8月11日至17日 省委召开全省政法工作会议。会议由宋志英主持，任仲夷、林若、梁灵光到会讲话。

8月29日 任仲夷阅读省政府26日发出的向国务院特区办并谷牧同志的

电报《关于特区出口商品倒流内地初步检查情况的报告》后，在文内作了批示。

9月5日 任仲夷在北京开会，他给林若、谢非和中共广东省委写了一封信，着重谈到引进人才和智力的问题。

10月 任仲夷到北京参加党的十二届二中全会。

1984年

1月24日至2月5日 中共中央政治局常委、中央顾问委员会主任、中央军委主席邓小平到广东视察。随行的有中共中央政治局委员王震，中共中央政治局委员、中央军委常务副主席杨尚昆等。邓小平于1月24日上午在任仲夷、刘田夫的陪同下到达广州，作短暂停留。随后，邓小平等视察了深圳和珠海经济特区等地，为深圳和珠海特区题词："深圳的发展和经验证明，我们建立经济特区的政策是正确的。""珠海经济特区好。"邓小平、杨尚昆、王震一行在任仲夷陪同下出席中共广东省委、省政府在广州军区礼堂举行的春节联欢会，同各界人士一起欢度春节。

1月29日 在广东省人大会议上，任仲夷在反复强调给企业"松绑"时指出，现在的问题是绑得太多，绑得太死。企业和个人的手脚舒展不开，不利于充分发挥他们在社会主义现代化建设中的积极性。

2月13日至18日 省委五届二次全会在广州召开。任仲夷作了书面发言，提出在经济建设中继续坚定不移地执行对外开放、对内搞活经济，在对外开放过程中，坚持排污不排外等方针。林若受省委常委和任仲夷委托，向全会作了题为《加快全面开创社会主义现代化建设新局面的步伐》的报告，梁灵光向全会就经济工作问题作了发言。会议增补了省委委员，通过了《中共广东省第五届委员会第二次全体委员会决议》。

3月19日 广东省社会经济发展研究中心成立。吴南生、杨应彬、杨立等出席成立大会，谷牧发来贺词，任仲夷给大会写了贺信，吴南生在会上讲话。大会推选吴南生为广东省社会经济发展研究中心理事长，杨应彬、杨立、古念良为副理事长。

4月20日 任仲夷住院期间，针对中央召开的沿海部分城市座谈会精神给林若、梁灵光和省委常委写信，指示一定要花很大力量，认真贯彻执行，并在信中提出自己的一些建议，再三叮嘱：要把中央给的权力梳理起来，让有关部门都知道，熟记善用。中央给了权力，我们要敢用、善用、充分地用，不失时机地加快我省现代化建设事业的发展。

4月26日 任仲夷约见广州市市长叶选平，市委常委、公安局长宋恕忠，着重谈了如何搞好广州市容的问题。他就城市管理问题提出了许多很中肯、很深刻的具体意见。

5月10日 整党工作中，任仲夷作《我在整党中的对照检查》的书面检查。

5月20日至6月11日 谷牧到广东，先后视察深圳、珠海、中山、佛山、广州等地、市，会见各地、市负责人，发表重要谈话。6月8日，谷牧在任仲夷、许士杰、朱森林、杨立等省、市负责人陪同下，视察广州黄埔经济技术开发区和广州绢麻纺织厂、海珠区手表装配厂、亚洲汽水厂、广州冰箱厂、广州第一橡胶厂等单位，听取了广州市对建设黄埔经济技术开发区的规划情况和各个工厂的工作汇报，对经济技术开发区规划等问题提出指导意见。6月9日，谷牧参加广东省委常委举行的第二十七次会议，听取广州、湛江市委负责人关于贯彻中央书记处、国务院召开的沿海部分城市座谈会精神和今后工作意见的汇报，接着听取广东省委汇报，并发表重要讲话。他指出，广州、湛江这两个新开放城市，当前主要应抓改革，抓引进外资。体制改革很重要的一个问题就是要“松绑”。他肯定了广州经济技术开发区的选址，并强调“不要急于求成、全面铺开，要一小块一小块地搞”。6月10日，省委书记集体办公，听取梁湘、袁庚关于解决蛇口工业区几个问题的汇报，谷牧出席会议并发表重要讲话。

5月22日至24日 胡耀邦、谷牧、郝建秀等在任仲夷、梁灵光、宋志英陪同下，陪同南斯拉夫共产党主席（南共中央主席）马尔科维奇率领的南共联盟代表团访问广州、深圳后，视察深圳和珠海两个经济特区和中山、顺德。23日至24日，任仲夷、梁灵光陪同胡耀邦、谷牧、郝建秀等人到深圳经济特区，先后参观了香蜜湖度假村、八卦岭工业区、怡景花园别墅区、深圳国际商业大厦、蛇口工业区的赤湾港深水码头和蛇口码头。胡耀邦在参观中说，我们发展旅游事业，光搞高档的旅游宾馆不行，还要搞一些中低档的。要提倡搞旅游专业户，有的可以兼营。旅游业搞好了，将吸收更多的国内外游客。在此期间，胡耀邦为深圳特区题词“特事特办，新事新办，立场不变，方法全新”。为珠海宾馆题词“友谊遍天下”。

5月30日至6月3日 任仲夷先后到韶关、乳源、阳山、连县、连南、连山、怀集、广宁、四会等地考察。

6月5日至19日 由中国作家协会副主席周扬率领的中国著名作家代表团到广东参观访问。6日，中国作家协会广东分会举行宴会欢迎中国作协访粤代表团。任仲夷、林若、梁灵光、杨应彬、中顾委委员欧阳山、省顾委会副主任陈越平等出席宴会，会见了中国作协访粤代表团的全体人员。任仲夷、周扬、欧阳山等人在宴会上讲话。任仲夷强调，在坚持四项基本原则的前提下，解除各种不应有的禁锢，放开宣传工作者和文艺工作者的手脚，努力把宣传和文艺工作搞活。

6月14日至22日 省委在广州召开各市、地委书记会议，学习讨论邓小平关于对外开放和特区工作的重要谈话，吴南生传达中央书记处、国务院召开的沿海部分城市座谈会的精神。会议认为，中央历来对广东的改革和开放寄予希望，要广东“先行一步”，当好“排头兵”。我们要认识肩负的重任，以高度的责任心办好三个特区，搞好广州、湛江的进一步开放和海南岛的开发建设。任仲夷在会议上作题为《解放思想，大胆改革，更加开放》的讲话，要求进一步解放思想，加快全省引进外资、引进技术和引进智力，经济体制改革，能源、交通、通讯等基础设施建设的步伐。他还指出要抓好开放和改革这两件大事，必须切实加强和改善党的领导。7月13日，省委、省政府印发《关于贯彻〈沿海部分城市座谈会纪要〉，进一步实行改革开放的意见》，要求各级党委、政府进一步解放思想，克服“左”的影响和因循守旧观念，抓好改革和开放两件大事，推动全省经济建设的全面高涨。

7月2日 任仲夷在省委招待所会见全国妇联张帼英、侯荻以及省妇联王守初等同志。他在会见中听取了张帼英等关于妇女工作的汇报，肯定了妇女工作的重要性，并对妇女工作的问题提出一些建议。

7月4日 为迎接第六届全国运动会而兴建的广州天河体育中心举行奠基典礼。任仲夷，林若，梁灵光，省委常委、省军区政委张明远，省顾委会副主任陈越平，省人大常委会副主任范希贤、曾定石、钟明，副省长刘俊杰、左洪涛、许士杰、叶选平等出席奠基仪式。

7月5日至15日 全国妇联主持召开的各省、市、自治区妇联主任工作会议在广州举行。会议宣传和动员广大妇女群众积极投身改革，在改革中发挥“半边天”的作用。全国妇联副主席张帼英等出席会议。任仲夷到会并讲话。

7月12日至17日 任仲夷到江门市及新会、开平、恩平、台山、鹤山等县视察、检查工作，进行调查研究。

7月18日 广州国际科技贸易展览交流中心举行奠基典礼，王震从北京发来贺词，任仲夷、林若、梁灵光、吴南生、李建安、许士杰、叶选平为“中心”奠基题词致贺，任仲夷、李建安、许士杰参加奠基仪式。

7月30日 应广州军区负责同志之约，任仲夷向驻穗陆海空军部队的同志作了一次报告，介绍地方工作情况。报告用事实概括地说明广东省执行党的十一届三中全会以来的路线所取得的主要成绩，阐明了党的对外开放、对内搞活经济的方针的正确性，并且指明，应当如何执行好中央进一步开放的决策，以加快广东的发展。报告还列举事实，高度赞扬了部队在支援地方社会主义现代化建设方面所作的卓越贡献。部队同志对此很重视。

8月13日 《人民日报》刊出《庆祝中华人民共和国成立35周年广东省专版》，同时刊登了任仲夷的文章《在开放和改革中前进》。文章赞颂广东在贯彻改革开放政策以后取得的巨大成就和经验。

8月18日至25日 任仲夷到陕西、河南、湖北等地访问，考察兄弟省民主选拔干部的经验。

8月 任仲夷到东莞县参观了解东莞县委党校、东莞县轴承厂、万江区滘联乡、莞城镇糖果厂、莞城镇塑料厂、东莞宾馆、可园等单位和广深公路江南大桥工地。他在参观中发表一些讲话。

9月10日 任仲夷到省航运总公司检查工作，公司负责人向他汇报广东省航运发展情况。任仲夷针对汇报中提到的一些问题谈了自己的看法，强调指出，航运要多想办法找出路。

9月27日 在广东省直机关整党工作汇报会上，任仲夷作了必须彻底否定“文化大革命”的讲话。

10月8日 广东省公路建设公司与香港合和（中国）发展有限公司，在广州签订《合作兴建广（州）深（圳）珠（海）高速路》的协议。省委、省政府负责人任仲夷、梁灵光、李建安、刘俊杰、中顾委委员刘田夫，以及交通部顾问潘琪等出席签字仪式。

同日 上午，广东省广播电视厅在广东迎宾馆举行茶话会，庆祝广东、广州人民广播电台建台35周年和广东电视台建台25周年。任仲夷、杨应彬、陈越平、王屏山、林江等负责同志以及各部门负责人、各界人士出席了茶话会。任仲夷在会上讲话，肯定了党的十一届三中全会以来广东、广州人民广播电台、广东电视台、太平洋影音公司和整个广播系统工作的成绩，并对今后进一步搞好电台、电视台的工作提出了几点希望。9日,《广州日报》刊登记者李清仪写的《任仲夷说：广播电视应本着开放和改革的精神去办》的报道。

10月23日　省委常委扩大会议召开，任仲夷在会上指出传达贯彻党的十二届三中全会精神，主要是传达贯彻《中共中央关于经济体制改革的决定》，对中央各位领导同志的讲话、批示都要认真学习、贯彻。他还对回省以后怎样抓贯彻落实，详细阐明了自己的观点和意见。

10月25日至11月2日　应日本社会党之邀，任仲夷随以乔石为团长的中国共产党代表团去日本访问了8天。此后，根据赵紫阳的建议，任仲夷又作为大使馆的客人，留下来就新兴工业和城市管理等问题进行了6天考察。事后，任仲夷就参观、考察中的印象和感受，向中央领导同志作了书面汇报。

11月16日　中国驻外使节参观团一行47人，由外交部副部长钱其琛率领到达广州。晚上，任仲夷会见参观团，感谢他们对广东涉外工作的合作和支持，并希望他们对广东对外开放等工作提出批评和建议。

11月17日至21日　任仲夷视察深圳经济特区，检查推广普通话工作。17日晚上，他到深圳戏院观看广东话剧院实验剧团用广州话演出的话剧《特区人》时，提出必须用普通话来统一各种语言，话剧团是全省推广普通话的尖兵，要坚持下去；18日下午，任仲夷视察了筹建中的深圳湾大酒店和银湖宾馆，指出深圳是需要推广普通话的典型地区，因为它是开放地区，越开放，越要有统一的语言工具，旅游业更是如此；20日下午，任仲夷视察华发电子有限公司时提出工厂要用普通话统一工人的语言；21日下午，任仲夷到深圳中学与教师们座谈，提出学校是推广普通话的主要基地。12月6日,《南方日报》刊登李次岩写的通讯《开放地区语言也要开放——任仲夷同志深圳之行纪事》，记述了任仲夷在深圳之行中，时时处处宣传推广普通话的事迹。

11月25日　广（州）珠（海）公路容奇大桥举行通车典礼，至此，广珠公路全线实现无渡口通车。广珠网桥建成后，实行过桥收费。这在中国大陆首开引进外资进行交通基础设施建设和“以路养路”、“以桥养桥”的先河。省党政负责人任仲夷、刘田夫、李建安、曾定石、刘俊杰和港澳知名人士柯正平、霍英东、马万祺、何鸿燊等人剪彩，任仲夷、霍英东作了讲话。任仲夷深刻阐明了狠抓建桥的重要意义，并对港澳人士和华侨等在建设大桥中的大力支持和贡献表示感谢。

12月14日至17日 谷牧在任仲夷、吴南生、杨德元，福建原省长马兴元、副省长王一士等陪同下，先后视察汕头经济特区、汕头大学和汕头市塑料二厂、汕头半导体器件厂、潮州电植绒厂、潮州无线电瓷件厂等企业，听取东方塑料片材厂的汇报，详细调查企业生产情况，与企业干部探讨经济体制改革等问题；为汕头大学题词“办好汕头大学，为四化建设多作贡献”；参观潮州西湖、开元寺、汕头妈屿等旅游点；听取汕头市委、市政府和经济特区负责人的汇报并发表重要讲话。

12月23日至27日 省委召开市、地委书记会议，传达贯彻赵紫阳视察广东时的讲话精神和中央在福州召开的广东、福建两省会议以及全国农村工作会议、全国宣传部长会议、全国对台宣传工作会议的精神。任仲夷、林若、梁灵光、吴南生等分别在会上作讲话。其中，任仲夷发表题为《发扬成绩，防止失误，再接再厉》的讲话，针对会议讨论中涉及的问题和个人的一些想法提出了几点意见。

12月28日 任仲夷在广东省人才学研究会年会上指出，广东需要大力培养各方面的人才，就必须大力发展教育事业。

12月30日至1985年1月7日 李鹏先后视察深圳、东莞、广州。6日至7日，李鹏到广州，任仲夷与梁灵光、李建安、许士杰、叶选平等省、市负责人陪同他先后参观华南电子计算机厂、美化广州博览会、花园酒店、中国大酒店等。

1985年

1月2日 省委召开常委会议，学习中共中央《关于进一步发展体育运动的通知》，研究如何搞好本省体育工作。任仲夷主持会议并讲话。

1月29日 任仲夷给中国作家协会广东分会第三次会员代表大会写去贺信。

1月 《中国现代画报》记者对任仲夷进行了专访，应记者要求，任仲夷对艺术创作问题作了深刻而风趣的谈话。他对记者谈到《中国现代画报》的方针时，特别强调了要与中央改革开放政策相符合。

2月15日至25日 邓小平在中共中央政治局委员王震陪同下从上海乘专

列到广州休息并过春节。19日晚，任仲夷与广州军区司令员尤太忠等陪同邓小平、邓颖超、徐向前、王震、杨得志、韩先楚等党和国家领导人出席了省委、省政府在广州白天鹅宾馆举行的春节联欢晚会，同广州地区党政军民一起欢度春节。

4月2日 《人民日报》头版发表任仲夷《用改革的办法对付改革中的问题》一文，文章在当时产生了很大影响。

5月15日 任仲夷给《深圳特区报》写信，肯定他们创办"用普通话统一深圳的语言"专栏的意义，并表示希望深圳在推广普通话工作上，不仅能推动全省，而且能影响港澳。

7月4日 中共中央批准和同意广东省委、省顾委、省人大、省政府、省政协组成新领导班子及候选人提名；林若为省委书记，叶选平、谢非、王宁、郭荣昌为省委副书记。任仲夷正式离任广东省委第一书记岗位，退居二线。

9月16日 在参加党的十二届四中全会后，任仲夷在有叶剑英、邓颖超、徐向前、王震、李德生等64人向全会请求不再担任中央委员或候补委员的信上签下了自己的名字。这是中共有史以来最大的一次主动请求不担任中央委员或候补中央委员的集体行动，为中央领导机构成员新老交替带了个好头。

9月23日 任仲夷在党的全国代表会议上增选为中央顾问委员会委员，完成了从一线领导工作岗位退到二线的转折。

1986年 3月26日，任仲夷参加第六届全国人大四次会议，发言谈了主流与支流的关系等。他的发言受到舆论界的广泛重视，《人民日报》分两次刊登了任仲夷发言的主要内容，《经济日报》作了详细的报道，新华社还以"牙齿的哲学"为题，报道了任仲夷把前进中出现的问题，比喻为幼儿换牙，旧牙去了，新牙更加坚固，风趣而富有哲理。9月，任仲夷参加中共十二届六中全会，在讨论《中共中央关于社会主义精神文明建设指导方针的决议（草稿）》的发言中，任仲夷提出精神文明建设要促进社会主义市场经济等一些新的精辟的见解。

1987年 6月20日至27日，任仲夷参加在广州举行的省政协五届六次会议。7月11日至16日，谷牧到广东就进一步开发海南问题分别与广东省委、省顾委、省政府及海南区党委负责人任仲夷、刘田夫、林若、叶选平、梁灵光、于飞、姚文绪等交换意见。是年，任仲夷全票当选为中共十三大正式代表。

1988 年 6 月 10 日，《羊城晚报》第一版刊登该报特约记者对任仲夷的专访，标题是《社会生活的多样化与多层次——任仲夷同志一席谈》。其中谈到了文艺欣赏问题，体现了领导者可以有偏爱、不可有偏向的公正原则。6 月 13 日下午，江门市隆重举行外海大桥暨五项工程落成剪彩典礼，习仲勋，王光英，中顾委委员任仲夷、刘田夫，全国人大常委会华侨委员会副主任梁灵光等参加剪彩仪式。

1989 年 4 月上旬，《开拓者》杂志记者就“新权威主义”这一问题对任仲夷进行了专访，以“任仲夷谈新权威主义”为题，发表于《开拓者》1989 年第 10 期。这是任仲夷发展社会主义民主的思想之一部分。

1990 年 9 月中旬，任仲夷会见《南方日报》和《羊城晚报》记者，对“排污不排外”的论点又有新的发展，提出“对外开放，排‘外污’，更要排‘内污’”。

1992 年 任仲夷高票当选为中共十四大正式代表；10 月，离任中央顾问委员会委员。

1994 年 12 月 27 日，《羊城晚报》刊登李次岩根据任仲夷的谈话整理的《任仲夷说搞社会主义市场经济，必须重视和发挥“两只手”的作用》。

1997 年 10 月，任仲夷高票当选党的十五大正式代表。中共十五大期间，《人民日报》发表《银发一丝不乱》，赞叹任仲夷是“德高望重，众望所归”。

2001 年 4 月，任仲夷和黎子流、杨资元等前往上海参观。在参观陈云纪念馆时，任仲夷在题词本手书：不唯书，不唯上，要唯实。

2002 年 任仲夷高票当选党的十六大正式代表。11 月，在十六大期间，接受《羊城晚报》记者采访，表示：“三个代表”，一个都不能少。

2004 年 10 月，任仲夷在阔别家乡 60 年后，回到河北威县西小庄村。

2005 年 任仲夷因病于 11 月 15 日 13 时 46 分在广州逝世，享年 92 岁。

（撰写：李次岩　杨海霞　王涛）

后 记

2014年是中共广东省委原第一书记任仲夷诞辰100周年。任仲夷在1980年11月至1985年7月主政广东期间，率领广东广大党员干部和人民群众，坚定不移地推进改革开放，努力探索和实践中国特色社会主义，为广东改革开放和社会主义现代化建设事业做出了重大贡献，深受广大干部群众的信赖和尊敬，在国内外有着重要的社会影响，被誉为"中国改革开放的先锋"。在吹响全面深化改革号角的今天，重温任仲夷的改革实践和思想，弘扬任仲夷的崇高精神和风范，对广东在全面深化改革开放中继续走在前列，必将起到很好的鼓舞和促进作用。经中共广东省委批准，2014年9月召开"任仲夷与广东改革开放"座谈会，同时，由中共广东省委党史研究室编纂《任仲夷与广东改革开放》一书。

中共广东省委常委、组织部部长李玉妹对《任仲夷与广东改革开放》编纂工作十分关心。本书的编纂工作，得到任仲夷夫人王玄及任克宁、任克雷等家人的大力支持，得到张岳琦、方苞、张汉青、黎子流、李近维、雷宇、周鼎等一批老同志的大力支持，得到琚立铭、李次岩、潘东生等任仲夷原身边工作人员的大力支持，得到研究任仲夷的一批专家学者的大力支持，得到中共党史出版社的大力支持，在此一并表示衷心的感谢！

为了做好《任仲夷与广东改革开放》编纂工作，中共广东省委党史研究室成立编辑委员会，杨汉卿为主任，陈弘君、李森翔、杨建为副主任，王涛、李次岩、谢涛为编委会成员；省委党史研究室第三研究处成立编审组，陈弘君为主审，王涛为主编，师春苗、王莹、杨海霞为成员，具体承担编纂任务。杨汉卿、陈弘君审定书稿，王涛对书稿进行修改和统稿，李次岩审改并补写任仲夷治粤要事录。任克宁、李次岩为本书提供了照片。谢涛、张秀玉、洪晓霓协助部分工作，陈晖参与部分资料的文印。

在编辑过程中，对序言、任仲夷生平、怀念任仲夷、任仲夷研究、任仲夷文选等的部分文稿，做了必要的标点、文字方面的修改、史实的校正，个别文稿的标题亦做了适当处理；怀念任仲夷的大部分文稿选自2007年广东人民出版社出版的《怀念任仲夷》一书，在此以予说明，书中不一一标注。

书中疏漏和不足不当之处，敬请读者批评指正。

编者

2014年6月